Johannes Voigt
Deutsches Hofleben im Zeitalter der Reformation

SEVERUS Verlag

ISBN: 978-3-95801-679-8
Druck: SEVERUS Verlag, 2017
Nachdruck der Originalausgabe von 1927

Der SEVERUS Verlag ist ein Imprint der Diplomica Verlag GmbH.
Bibliografische Information der Deutschen Nationalbibliothek:
Die Deutsche Nationalbibliothek verzeichnet diese Publikation in der Deutschen Nationalbibliografie; detaillierte bibliografische Daten sind im Internet über http://dnb.d-nb.de abrufbar.

© SEVERUS Verlag, 2017
http://www.severus-verlag.de
Printed in Germany
Alle Rechte vorbehalten.
Der SEVERUS Verlag übernimmt keine juristische Verantwortung oder irgendeine Haftung für evtl. fehlerhafte Angaben und deren Folgen.

Johannes Voigt

Deutsches Hofleben im Zeitalter der Reformation

Inhaltsverzeichnis

Einleitung: Abriß einer Autobiographie von Johannes Voigt..1

Fürstenleben und Fürstensitte im sechzehnten Jahrhundert..14

Hofleben und Hofsitten der Fürstinnen im sechzehnten Jahrhundert. Eine Skizze........................90

Das Stilleben des Hochmeisters des Deutschen Ordens und sein Fürstenhof.............................161

Des Grafen Christoph des Älteren von und zu Dohna Hof- und Gesandtschaftsleben..................184

Einleitung: Abriß einer Autobiographie von Johannes Voigt

Jeder Mensch ist seines Glückes, seines Schicksals Schmied. Ich darf mit Recht dieses Wort an die Spitze dieses kurzen Abrisses meiner Lebensschicksale stellen. Im Jahre 1786 im Kirchdorf Bettenhausen, eine Meile von Meiningen entfernt, sehr schwächlich geboren, war ich lange meinen Eltern der Gegenstand großer Sorge und man zweifelte fort und fort an meinem längeren Leben. Zum Knabenalter herangewachsen, stärkte mich tägliches Herumschweifen in Feldern und Wäldern und angemessene Tätigkeit in meiner Gesundheit mehr und mehr. Die Dorfschule kostete wenig Anstrengung, denn im Lesen, Schreiben, Rechnen und Auswendiglernen der Bibelsprüche und Gesänge war ich immer der Erste.

In meinem zwölften Lebensjahre aber sollte meine Lebensweise eine etwas ernstere werden. Mein Vater, Chirurg und als solcher in der Umgegend weit und breit gesucht, wünschte, daß ich einst seine Stelle einnehmen und vorerst als Gehilfe ihm zur Seite stehen möge. Dazu schien einige Kenntnis der lateinischen Sprache und eine gewisse Übung und Fertigkeit in schriftlichen Aufsätzen notwendig. Im Dorfe Henneberg, am Fuße der Berghöhe, auf der einst das prächtige Stammschloß der Grafen von Henneberg stand, eine kleine Meile von meinem Geburtsort entfernt, bot sich dazu Gelegenheit im Hause des älteren Bruders meines Vaters, der dort Pächter einer herzoglichen Domäne war. Sein Sohn, ein tüchtiger Musiker, dem auch etwas Latein angeflogen war, sonst in allen Dingen unwissend, wurde zu meinem Lehrer bestimmt; einen schlechteren hätte ich nirgends bekommen können.

So verließ ich zum erstenmal das väterliche Haus und es begann nun mein erster Unterricht in der lateinischen Sprache und in deutschen Stilübungen. Die völlige Planlosigkeit aber, das Widersinnige in der Lehrart und die Qual, womit der Unterricht betrieben wurde, erzeugten in mir den gründlichsten Widerwillen gegen alles Lernen solcher, wie es mir schien, völlig nutzlosen Dinge. Der Lehrer war unerbittlich streng, oft barbarisch hart, drohte selbst mit körperlicher Züchtigung und ich mußte, von Hause aus schon an strengen Gehorsam gewöhnt, mich in mein schweres Schicksal fügen. Oft indes, wenn mich der Lehrer in den alten Schloßruinen, wo ich im Sommer meinen Unterricht empfing, mit meinem Pensum stundenlang allein ließ, versteckte ich die Grammatik in ein Gebüsch, um an den alten Mauern irgendeine Spur des einstigen gräflichen Lebens, eine Zeichnung oder eine Jahreszahl aufzufinden; denn seit ich an der Bettenhäuser Dorfmauer solche Jahreszahlen aus dem Ende des 16. und 17. Jahrhunderts entdeckt, hatten sie für mich einen eigenen Reiz. Hier war mein Suchen zwar vergeblich; allein ich lernte doch aufs Genaueste alle einzelnen noch erkennbaren Räumlichkeiten des Grafenschlosses kennen und es gewann daher auch der nachmalige Unterricht über die Geschichte der alten Grafschaft Henneberg, so trocken und dürftig er auch war, für mich ein außerordentliches Interesse. Es lebte dies in mir so lebendig fort, daß ich mich auch später noch in meinen Studentenjahren mit dem Gedanken beschäftigte, eine Geschichte der Grafen von Henneberg und ihres ritterlich-gräflichen Lebens auf ihrem Stammschlosse abzufassen.

Öfter besuchte mein gestrenger Vetter mit mir den unserer Familie verwandten Schulmeister Voigt in dem nahe an Henneberg gelegenen Dörfchen Bauerbach, einen klugen und weltgewandten, damals aber schon ältlichen Mann. Von ihm hörte ich zuerst den Namen Schiller nennen, denn als sich dieser seit Dezember 1782 und Januar 1783 unter dem Namen Doktor Ritter in dem stillen, abgelegenen Bauerbach, einer Besitzung der Frau von Wolzogen, aufhielt, hatte auch Voigt mit ihm Umgang gehabt und wußte allerlei von ihm zu erzählen. Der Name Schiller war mir aber so neu und gleichgültig, daß ich von allen jenen Erzählungen nichts mehr weiß.

Mein Aufenthalt in dem schönen, mir so schwer verleideten Henneberg dauerte zum Glück nicht lange. Im Winter 1799. zog mein Vetter und ich mit ihm nach Meiningen, wo ich durch Privatstunden eines anderen Lehrers so weit vorbereitet wurde, daß ich im Juni 1800 in die untere Klasse des Gymnasiums aufgenommen werden konnte. Ich gehe über meine. Schulzeit bis zu Ostern des Jahres 1806 schnell hinweg und hebe nur einige, Momente hervor, die auf mein späteres Leben von Einfluß waren. Da sich mein gestrenger Vetter in der untergeordneten Schulstelle, die er angenommen, als Lehrer nicht halten und durchaus keine Autorität unter den Knaben gewinnen konnte, die Stadt also wieder verlassen mußte, ward ich bei einem pensionierten Kriegsrat, einem ehemaligen herzoglichen Prinzen-Instrukteur, in Pension untergebracht. Die leibliche Kost war bei ihm freilich nur sehr spärlich zugemessen und ich lernte jetzt zuerst, was Hunger heißt. Aber der alte Herr, der auf Gottes Erden durchaus nichts mehr zu tun hatte, machte sich ein Vergnügen daraus, mir Unterricht im Französischen zu erteilen, und weil er dabei gefunden zu haben glaubte, daß ich zu etwas besserem, als zu einem Chirurgen, geschaffen sei, wußte er meinen Vater zu bewegen, mich studieren zu lassen. Kein Mensch war glücklicher als ich.

Dieser Umstand aber gab auch meinem Fleiß einen neuen, gewaltigen Sporn. Je mehr ich manche Mitschüler in Sprachkenntnissen mir voranstehen sah, um so eifriger eilte ich ihnen nach. Der Unterricht in manchen Klassen war zwar oberflächlich und mangelhaft genug; allein als ich nach vierjährigem Privatfleiß in die oberste Klasse, damals Selecta genannt, einrückte, lernte ich in den Stunden unseres ausgezeichnete Direktors Schaubach, was gründliches Sprach- und Sachverständnis der alten römischen und griechischen Klassiker heißt. Nur in der Mathematik wollte bei mir sein Unterricht nicht anschlagen; ihm auf seine Fragen eine völlig genügende Antwort zu geben oder eine befriedigende schriftliche Arbeit zu liefern, war ich fast nie imstande. Dagegen erfreute ich ihn mit einigen meiner Mitschüler wieder durch die schnellen Fortschritte, die wir in der englischen Sprache bei ihm machten. Die Hennebergische Landesgeschichte, wie sie von einem Lehrer vorgetragen wurde, erregte in mir, wie schon erwähnt, das lebendigste Interesse, denn nun kam mir das alte Bergschloß Henneberg eigentlich erst zum Leben. Dagegen konnte ich an dem Unterricht über allge33meine Staatengeschichte durchaus keinen Gefallen finden und ich blieb darin sehr unwissend. Ich stöberte zwar zuweilen in geschichtlichen Büchern umher, aber ohne feste Anhalte, ohne Ziel und Plan. So gingen meine sechs Schuljahre vorüber. Nachdem ich in den letzten anderthalb Jahren mit zweien meiner Mitschüler vieles von Aeschylus, Sophokles, Thucydides, Horaz und Tacitus und im Deutsehen manches von Goethe und Schiller, Wielands Agathon und Shakespeare in Eschenburg's Übersetzung gelesen hatte, schien mir und einem anderen meiner Mitschüler der gewöhnliche Schulgang zu langsam; wir hielten uns beide zur Universität für reif. Obgleich nach alter Schulordnung der Abgang von der Schule erst zu Michaelis 1806 hätte erfolgen dürfen, kamen wir insgeheim, ohne den Direktor davon zu benachrichtigen, beim Konsistorium, als oberste Schulbehörde, um Entlassung ein. Die Erlaubnis wurde erteilt, mit dem Auftrag an den Direktor, uns zu examinieren. Dieser aber, von Ärger und Zorn darüber außer sich, daß wir die alte Schulordnung durchbrechen wollten, weigerte sich standhaft, mit uns ein Examen zu veranstalten. Unsere Meldung dazu war ohne Erfolg. Gestützt jedoch auf die erhaltene Erlaubnis zum Abgang verließen wir die Schule oder vielmehr wir entliefen ihr, ohne examiniert zu sein. Es lag mir aber lange Zeit unsäglich schwer auf dem Herzen, den von mir so tief verehrten Direktor, dem ich so unendlich viel zu verdanken hatte, in solcher Weise erzürnt zu haben. Doch schrieb er mir in mein Stammbuch auf meine dringende Bitte beim Abschied die Worte: Forsan et haec olim meminisse juvabit.

Gegen Ende April 1806 trat ich ganz allein über den Thüringer Wald, alle meine Habseligkeiten vorzubereiten, setzte ich im Winter 1808 alle Zeit daran, die Lücken in meinen theologischen Kenntnissen soviel als möglich zu ergänzen. Ich gönnte meinem Körper kaum fünf Stunden Schlaf, und die Folge dieser unverständigen Anstrengung war eine äußerst gefährliche Krankheit, eine Brust- und Lungenentzündung, die in wenigen Tagen einen so reißenden Fortschritt nahm, daß ich am Rand des Grabes stand. Schon am vierten Tag lag ich neun Stunden lang, während der Arzt nach Weimar an den Hof gerufen war, ohne jedes äußere Zeichen des Lebens in einer tiefen Ohnmacht da, und wie man mir nachmals sagte, war die Länge meines Sarges schon abgemessen und mein Begräbnis von meinen Landsleuten besprochen. Mein Wiedererwachen war wie aus einem süßen, ruhigen Schlaf. So wie die Krankheit schnell gekommen, ging sie schnell vorüber, und bei meinen sonst so kerngesunden Körperkräften erholte ich mich von Tag zu Tag. Die Folge aber war: ich schonte mich jetzt soviel nur möglich, denn ein Rest von Brustschmerzen warnte mich lange Zeit noch jeden Tag.

Im Frühling 1808 meldete ich mich in Meiningen zum theologischen Examen und reise zu diesem Zweck in die Heimat.

Weil ich aber der einzige Gemeldete war und die geistlichen Herren nicht Lust hatten, mit mir allein ein Examen anzustellen, wurde es bis zum Herbst verschoben und fand dann, nachdem, ich den Sommer in Jena meine Studien fortgesetzt, im Oktober auch statt, Es fiel für mich sehr günstig aus und ich wurde alsbald in die Kandidatenliste aufgenommen. Nun wurde auch der sehnliche Wunsch meiner innigstgeliebten Mutter erfüllt, sie sah ihren Liebling Johannes auf der Bettenhäuser Kanzel. Es war die fünfte meiner teils in der Nähe von Jena, teils in der Umgegend meines Geburtsorts gehaltenen Predigten.

Als Belohnung für diese letzte Predigt erhielt ich die vom Vater erbetene Erlaubnis, zur Fortsetzung meiner Studien nach meinem geliebten Jena zurückzukehren. Es begann das für mich sehr glückliche Jahr vom Herbst 1808 bis zum Herbst 1809. In meinen Studien war ich jetzt sozusagen ganz zügellos und ungebunden. Außer den philologischen und historischen Vorlesungen bei Luden und über Kirchen- und Dogmengeschichte bei Griesbach besuchte ich auch die bei Oken über Zoologie, bei Voigt über Physik, bei Töpfer über Pädagogik, bei Lenz über Petrefakten-Kunde. Vom studentischen Leben hatte ich mich ganz zurückgezogen. Ich hatte das Glück, öfter in die Familienkreise des Hofrats Succow, des berühmten Physikers Seebeck, deren Kinder ich unterrichtete, Ludens und Griesbachs eingeladen zu werden, bei dem ich einmal auch mit Goethe in Gesellschaft war, den ich übrigens schon früher im Sommer auf seinem Spaziergang um die Stadt sehr häufig gesehen und respektvoll gegrüßt hatte.

Im Anfang des Sommer-Semesters meldete ich mich bei Eichstädt zu einer von ihm ausgebotenen Hauslehrerstelle in Weimar. Sie wurde mir von ihm zugesagt, trotzdem aber durch seine eigene Intrigue entzogen. Davon war, wie mir mein Busenfreund Bernstein, ein Liebling Eichslädts, — starb als Professor der orientalischen Sprachen in Breslau 1860 —, entdeckte, der einzige Grund, daß ich eine philologische Vorlesung nicht mehr bei dem Herrn Hof rat, bei dem ich bisher gut angeschrieben war, sondern bei einem jüngeren Dozenten, einem Gegner Eichslädts, angenommen hatte.

Das Intriguenspiel schlug zu meinem Glück aus. Der Kanzler Niemeyer aus Halle hatte auf einer Reise, auf der er in Jena auch Griesbach besuchte, diesem mitgeteilt, daß er einen jungen

Mann zu einer vakant gewordenen Lehrerstelle am Pädagogium in Halle suche. Mein hoher Gönner schlug mich dazu vor. Gerade an meinem Geburtstage — ich hatte mein ag. Lebensjahr zurückgelegt — erhielt ich das Anerbieten und nahm es freudig an, doch unter der Bedingung, daß ich zuvor die Anstalt näher kennen lernen wolle. Dies geschah auf einer Reise nach Halle. Nachdem ich dann noch einmal meine Eltern besucht, promovierte ich in Jena am 13 Oktober 1809, als Doktor der Philosophie auf Grund einer Abhandlung über Theokrit, meinen Lieblingsdichter.

So mußte ich nun das mir teuer gewordene Jena verlassen. Ich verließ es, glücklich darüber, daß ich auf diese Weise dem Hauslehrerleben entgangen war; ich verließ es aber dennoch auch mit tiefer Betrübnis, mit Schmerz über die Trennung von Männern, denen ich viel zu verdanken hatte, und mit gleichem Schmerz über die Trennung von einer anderen Persönlichkeit, an die mich die ganze Macht der Liebe fesselte. Ich fand in Halle ein ausgezeichnetes Lehrer-Kollegium und hatte das Glück, daß mir Lehrgegenstände zugewiesen wurden, die meinen Wünschen und Neigungen völlig entsprachen: Allgemeine Religionsgeschichte, Geschichte des Mittelalters und Erklärung Griechischer und Römischer Klassiker.

Während der ersten Jahre meines Lebens in Halle beschäftigte mich mein Lehramt mit einer bedeutenden Zahl von Lehrstunden viel zu sehr, als daß ich an eigene Studien viel hätte denken können. Je mehr ich aber meine wenigen Mußestunden auf ein gründlicheres Studium der Geschichte des Mittelalters zu verwenden suchte, um so mehr ward mir der schroffe Widerspruch klar, in welchem die Ansichten und Urteile Griesbachs und Ludens über einzelne Erscheinungen dieser Zeit, zumal über Päpste und Papsttum einander gegenüber standen. Obgleich beide für mich gewichtige Autoritäten, beschloß ich, mich von beiden in ihren Ansichten loszusagen, um mir selbst die Frage zu lösen, was in diesen Erscheinungen historische Wahrheit sei? Ich hielt dies nur für möglich durch das Studium der Quellen selbst und begann es mit der Zeit Gregorius' VII. Mit allem Eifer las ich zuerst seine Briefe und dann alles, was ich an sonstigen Quellen über diese Zeit habhaft werden konnte. So war in mir schon im Frühling 1812 der Gedanke reif, einst diesen Papst in einer Biographie, unbekümmert um alle anderen

Urteile und Ansichten, so darzustellen, wie sich mir sein Bild gestaltet hatte.

Auf einer Ferienreise teilte ich in Jena diesen Plan auch Luden mit; er billigte ihn. Als dann aber die Fortsetzung meiner Reise zum Besuch meiner Eltern durch eine gewaltige Überschwemmung im Thüringer Walde unmöglich geworden war und ich, nach Jena zurückgekehrt, Luden den Grund dieser Wiederkehr mitteilte, unterbrach er mich mit den Worten: „So hat's für Sie Gott recht gemacht; kehren Sie nach Halle zurück, habilitieren Sie sich dort und fangen Sie an zu lesen. Schulmeister werden Sie, wie ich glaube, nun einmal doch nicht bleiben." Ich folgte dem Rat und begab mich nach Halle.

Da mir bereits ein reiches Material zu Hand lag, schrieb ich sofort eine lateinische Dissertation über Gregor VII. und habilitierte mich damit als Privatdozent bei der Universität am 21. April 1812. Schon acht Tage nachher bestieg ich zum erstenmal den akademischen Katheder in einem Kollegium über die Geschichte der Kreuzzüge vor einer ansehnlichen Zuhörerzahl.

Ich wundere mich noch über die gewaltige Anstrengung, die mir, neben meinem Schulamt, diese neue Aufgabe kostete. Allein ich war von jeher ein Mann der Uhr, hielt strenge Tagesordnung und kaufte jede Stunde von 4 Uhr morgens, wo mich meine Wanduhr weckte, den Tag hindurch so teuer wie möglich aus. Schlaf bedurfte mein Körper, an frühes Aufstehen von Jugend auf gewöhnt, in der Regel nur sechs Stunden, dagegen aber eine regelmäßige tägliche Bewegung in frischer Luft, an der ich mich jetzt noch durch keine Witterungsverhältnisse hindern lasse. Dieses Geizen mit meiner Zeit, hatte es möglich gemacht, daß das Manuskript der Biographie Gregors VII. im Frühling 1814 druckfertig vor mir lag. Nun aber kostete es Mühe, meinen Erstling unter die Presse zu bringen. Von zwei Verlagshandlungen zu meinem Verdruß zurückgewiesen, wurde der gottselige Papst durch Ludens Vermittlung endlich von Bertuch in Weimar wie aus Gnaden angenommen und im Jahre 1815 in schlechtem Druck ans Licht gefördert. Er hat späterhin diejenigen, welche ihn abwiesen, dadurch beschämt, daß er in Wien sogleich nachgedruckt, dann in einer zweiten Auflage erschienen, zweimal ins Französische und einmal ins Italienische übersetzt worden ist.

Anfangs veranlaßte mein Gregor mir manchen Kummer und

Arger. Ich wurde von mehreren Rezensenten, namentlich von protestantischen Theologen, wegen meiner Ansichten vom Papst und von der Bedeutung des Papsttums heftig und scharf getadelt, vom alten J.H. Voß öffentlich als geheimer Katholik ausgeschrieen und vom Kanzler der Universität Königsberg, der nicht wußte, daß ich der Verfasser sei, mußte ich mir bei einem öffentlichen Redeakt im Jahre 1817 ins Gesicht sagen lassen: es sei jetzt sogar Jemand auf die verschrobene Idee gekommen, den Höllenpapst Gregorius VII. zu vergöttern und in einen Heiligen zu verwandeln.

Und doch zieht sich dieser mein Gregorius in einem großen Teil meines Lebens wie ein roter Faden hindurch. Er gab zuerst Anlaß, daß ich in meine jetzigen Ämter nach Königsberg gerufen wurde; er bewog im Jahre 1839 den ehrwürdigen Bischof Clemens Villecourt von la Rochelle, mit mir in Korrespondenz zu treten, mich zum Übertritt in die katholische Kirche aufzufordern und unter lockenden Aussichten zu sich nach Rochelle einzuladen; er hat mir auf meinen vielen Reisen in Süddeutschland, in München, Würzburg, Wien und auf meiner zweimaligen Reise nach Italien bei Geistlichen und Laien die, freundlichste - Aufnahme verschafft und meine Wünsche für literarische Zwecke allenthalben vorbereitet.

Sobald mein Gregorius erschienen war, stieg in mir der Gedanke zu einem größeren Werke, einer Geschichte unseres Vaterlandes unter den Hohenstaufen auf. Ich wußte wohl, welche große Aufgabe ich mir damit stellte; aber es entging mir zugleich auch keineswegs, daß ich sie in meiner dermaligen Lage nimmer würde lösen können. So wachte in mir immer lebendiger der Wunsch auf, mich möglichst bald meines Schulamts enthoben zu sehen. Diesen Wunsch nährte vorzüglich in mir auch der für mich so äußerst lehrreiche Umgang mit dem berühmten Staatsmann von Dohm, der den Winter 1815-1816 in Halle verlebte und mich bei seinen damaligen wissenschaftlichen Arbeiten mit so großem Vertrauen beehrte, daß ich auch zu ihm das unbedingteste Zutrauen gewann. Auf seinen Rat deutete ich bei Übersendung meines Gregor meinen Wunsch auch in einem Schreiben an den Minister von Schuckmann an. Bei diesem hatten nun zwar, wenn er auch meinen Fleiß im Quellenstudium anerkannte, meine Ansichten keineswegs viel Anklang gefunden; indes schien er mich doch mit den Worten vertrösten zu wollen: „man werde bei angemessener Gelegenheit auf Erfüllung meines vorgetragenen Wunsches Rücksicht nehmen." (22. Nov. 1815.)

Das befriedigte mich sehr wenig. Ich schrieb nach einiger Zeit an den mir sehr gewogenen Staatsrat Nicolovius, daß ich Willens sei, wegen meines Planes einer Geschichte der Hohenstaufen mein Schulamt niederzulegen und eine Reise nach Italien zu unternehmen; nur möge ich versichert sein, ob ich als Nichtpreuße nach meiner Rückreise wieder auf eine geeignete Anstellung in Preußen hoffen könne. Er widerriet mir diesen Plan und gab mir die Versicherung: es werde, sobald sich eine geeignete Gelegenheit biete, auf eine akademische Anstellung für mich Bedacht genommen werden.

Diesem Rat folgend, setze ich meine Studien über die Geschichte der Hohenstaufen mit allem Eifer fort. Ein im Sommer 1816 beim Ministerium eingereichtes Gesuch um eine Anstellung in der vakant gewordenen Professur der historischen Hilfswissenschaften in Königsberg, womit die Direktorstelle am dortigen Geheimen Archiv verbunden war, schlug abermals fehl, denn die Professur war, bevor noch mein Gesuch in Berlin ankam, bereits besetzt. Da traf mich im Herbst ein schreckliches Unglück, welches mich beinahe das Leben kostete. Ein schmerzhaftes Leiden, gegen welches ich bereits allerlei Kuren überstanden hatte, meinte ein Arzt endlich dadurch zu beseitigen, daß er mir eine den Körper durchschütternde Reise auf dem ordinären Postwagen vorschrieb. In der Nähe von Naumburg aber stürzte in finsterer Nacht der Wagen auf einem Abhang um, und eine schwere Kiste, die hinter mir herrollte, schlug mir den rechten unteren Schenkel zweimal entzwei. Darauf vernachlässigte mich in Naumburg ein gewissenloser oder unwissender Arzt eine Zeitlang dergestalt, daß Brandflecken sichtbar wurden und eines Tages die Amputationsinstrumente bereits vor meinen Augen lagen. Ein ehemaliger österreichischer Feldchirurg, der dabei zu Hilfe gerufen war und die weitere Kur übernahm, rettete mich. Von acht Soldaten in einem Bette nach Halle zurückgetragen, lag ich noch 13 Wochen danieder, ehe ich, auf Krücken gestützt, wieder etwas umherwandeln konnte. Der Winter 1816 bis 1817 ging für mich höchst jammervoll vorüber.

Um so erfreulicher waren für mich im Frühling unerwartet

neue Aussichten zur Erfüllung meiner Wünsche. Luden, der einen Ruf als Professor der Geschichte an der Universität zu Greifswald erhalten, ihn aber abgelehnt hatte, meldete mir im März, daß er mich zu dieser Professur in Vorschlag gebracht habe, und riet zugleich, mich auch selbst deshalb an die dortige philosophische Fakultät zu wenden. Es geschah; allein es gingen mehrere Monate vorüber, ohne daß ich Antwort erhielt, obgleich ich anfangs Juni erfuhr, die Professur sei noch nicht besetzt. Da wurde mir in demselben Monat vom Landhofmeister und Oberpräsidenten von Preußen, Herrn von Auerswald, der meinen Gregor VII. gelesen hatte, als dem Kurator der Universität Königsberg, die Professur der historischen Hilfswissenschaften und die Direktorstelle am dortigen Geheimen Archiv in einem sehr schmeichelhaften Schreiben angetragen. Es war dieselbe Stelle, um die ich im Jahr zuvor ohne Erfolg angehalten hatte.

Ein wunderbares Spiel des Schicksals. Mit einemmal standen mir zwei Professuren vor Augen. Ich schwankte mehrere Tage zwischen der Hoffnung nach Greifswald und dem Ruf nach Königsberg. Hierhin lockten ungleich günstigere wissenschaftliche Aussichten, dorthin weit bedeutendere pekuniäre Vorteile. Indes nach Greifswald war doch immer erst nur Hoffnung, nach Königsberg hingegen volle Sicherheit. Ich sagte am 3. Juli für dieses zu.

Von meinem Plan einer Geschichte des Hohenstaufischen Kaiserhauses konnte nicht mehr die Rede sein, denn in Königsberg schien seine Ausführung unmöglich. Ich schob ihn in die Zukunft, wo sich mein Schicksal wieder ändern könne. Als mir indes die Nachricht zukam, Friedrich von Raumer befinde sich bereits zu demselben Zweck auf einer wissenschaftlichen Reise in Italien, benutzte ich meine Mußestunden im Sommer, einen schon früher verfaßten Entwurf einer Geschichte des Lombardenbundes und seines Kampfes mit Kaiser Friedrich dem Ersten, als einen Teil meiner bisherigen Studien, noch einmal umzuarbeiten. Das Werkchen wurde späterhin (1818) in Königsberg gedruckt. Den Sommer hindurch suchte ich mich teils durch fleißige Lektüre mittelalteriger Manuskripte auf meine künftigen diplomatischen Beschäftigungen vorzubereiten, teils mich in der Geschichte Preußens zu orientieren, zu welchem Zweck ich mich nicht ohne Mühe und Ekel durch die vier Bände von Kotzebue's Preußens ältere Geschichte hindurcharbeitete.

Wie oft fiel mir da die Wahrheit ein: es gibt kein so schlechtes Buch, aus dem man nicht etwas lernen kann. Mich hatte Kotzebue, der Mann der theatralischen Knalleffekte, aufs gründlichste belehrt, wie verkehrt es sei, auf seine Weise Geschichte zu schreiben oder vielmehr Geschichte zu machen. Wie ganz anders hatten mich seit Jahren die Werke Johannes Müllers begeistert. Ich hatte, was wohl selten, seine Schweizer-Geschichte bis zur letzten Zeile gelesen. Nachdem ich in Halle eine Abhandlung über „die Notwendigkeit der Reformation" geschrieben, trat ich mit meinem Freund und bisherigen Kollegen Drumann, der als Professor der alten Literatur mit mir nach Königsberg berufen war, die elftägige Reise nach unserem neuen Bestimmungsort an. Wir erreichten ihn gegen Ende Oktober. Er machte auf uns keinen günstigen Eindruck und fast bereute ich, nicht nach Greifswald gegangen zu sein. Der Gedanke aber tröstete mich; das Schicksal, oder, um christlich zu sprechen, Gott habe es so gewollt und es so geschehen lassen.

Ich gehe fetzt über meine Lebenszeit in Königsberg – sie umfaßt bereits dreiundvierzig Jahr – schneller hinweg. Neben meinen Vorlesungen über Universal-Geschichte, Geschichte des Mittelalters und der neueren Zeit, Geschichte Preußens und der Kreuzzüge, über Diplomatik und diplomatische Übungen, war meine wichtigste Aufgabe, in das, noch in größter Verwirrung liegende Ordensarchiv Ordnung und Zusammenhang zu bringen und die wissenschaftliche Benutzung des überaus reichen geschichtlichen Materiales durch Herstellung von sächlichen und chronologischen Registranten aufs möglichste zu erleichtern. So viel Zeit, Arbeit und Mühe aber diese Beschäftigung mehrere Jahre hindurch auch kostete, so gewann sie doch täglich für mich neuen Reiz und neues Interesse, denn es war täglich Neues und Interessantes, was mir in die Hände kam.

Im Herbst des Jahres 1818 lernte ich zuerst den Herrn von Schön, damaligen Oberpräsidenten von Westpreußen, in Marienburg, wohin ich von ihm eingeladen war, persönlich kennen. Es war bereits damit begonnen, das prachtvolle Ordenshaus womöglich in seiner alten Herrlichkeit wieder herzustellen. Wie es damals zum großen Teil noch tief in Schmutz und Schutt dalag, so war über die einstmalige Bestimmung und Bedeutung der verschiedenen inneren Räumlichkeiten alles völlig dunkel. Das außerordentliche Interesse, das ich sogleich an dem großartigen einstigen Haupthause des Deutschen Ordens gewann, und die Aufforderung Schöns bewogen mich, im Archiv alles zusammenzusuchen, was nur irgend auf Marienburg Beziehung haben konnte. Zuerst war ich so glücklich, alte Baurechnungsbücher aus dem 15. Jahrhundert aufzufinden, aus denen durch fleißiges Forschen, Zusammenstellen und Vergleichen mit den Örtlichkeiten so viel Licht hervorging, daß über die einstmalige Bestimmung jedes einzelnen Gemaches und den Zweck jeder Räumlichkeit kein Zweifel mehr übrig blieb. Nach meinen hierauf noch einige Jahre fortgesetzten Studien und Sammlungen verfaßte ich meine „Geschichte Marienburgs, der Stadt und des Haupthauses des Deutschen Ritterordens in Preußen", die im Jahre 1824 im Druck erschien.

Marienburg gab, so lange Herr von Schön noch in Danzig blieb, den ersten Anlaß zu einer sehr lebendigen Korrespondenz mit ihm, an deren Stelle, als er nachher als Oberpräsident von Preußen seinen Wohnsitz in Königsberg nahm, ein immer vertraulicheres Verhältnis, ja ich darf sagen, wahre Freundschaft trat. Sie hat, nur einmal durch ein Mißverständnis gestört, bis an sein Lebensende fortgedauert, und ich schreibe diese Zeilen nicht ohne den herzlichsten Dank für die Belehrungen, deren ich mich von ihm, dem berühmten Staatsmann, zu erfreuen gehabt. Für alles Wissenswürdige aufs Lebendigste empfänglich, nahm er an meinen wissenschaftlichen Arbeiten regsten Anteil, zumal an meinem Plan zu einer ausführlichen Geschichte Preußens.

Noch während ich mit der Geschichte Marienburgs beschäftigt war, erwachte in mir der Gedanke einer umfassenden Geschichte Preußens von den ältesten Zeiten bis zum Untergange der Herrschaft des Deutschen Ordens. Noch mit dem Ordnen des Archivs beschäftigt, benutzte ich die ersten Jahre zu den nötigen Vorarbeiten, indem ich alles Material prüfen und sichten mußte. Im Herbst 1826 konnte ich den ersten Band dem Druck übergeben, und im Jahre 1839 erschien der neunte Band. Ich hatte, mit Hinzurechnung der Zeit zu den Vorarbeiten, auf das Werk an siebzehn Jahre der schönsten Zeit meines Lebens verwandt, legte aber auch die Feder mit der größten Erschöpfung meiner Kräfte nieder. Nie im Leben hatte ich mehr eine Erholung und ein Ausruhen von aller geistigen Arbeit bedurft. Da machte es mir unerwartet ein sehr ansehnliches Gnadengeschenk des hochseligen Königs Friedrich Willheim III. als Belohnung für mein Werk möglich, das Land meiner längst gehegten Sehnsucht, Italien, zu sehen. Ich kehrte zwar gestärkt zurück; allein die Todesfälle von drei Söhnen im frischesten Alter und wiederkehrendes körperliches Leiden ließen mich Jahre lang nicht wieder zu Kräften, viel weniger zu einer heiteren Stimmung kommen. Ich durfte und konnte mich nur mit leichteren Arbeiten beschäftigen und so erschien von mir im Jahre 1841 der „Briefwechsel der berühmtesten Gelehrten des Zeitalters der Reformation mit Herzog Albrecht von Preußen"; im Verlauf der Jahre verfaßte ich dann verschiedene Abhandlungen für Raumer's „historisches Taschenbuch". Erst nachdem ich fünfmal den Badeort Kissingen besucht und durch wiederholte Reisen am Rhein und Main und im ganzen südlichen Deutschland neue Kräfte gewonnen hatte, fühlte ich mich zu einer größeren Arbeit aufgemuntert. Zuerst veranlaßte mich die Aufforderung eines jetzt noch lebenden Staatsmannes zu der kleineren Schrift „Geschichte des sogenannten Tugend-Bundes oder des sittlich-wissenschaftlichen Vereins. Nach den Original-Akten 1850." Dann erschien im Jahre 1852 die Biographie „Markgraf Albrecht Alcibiades von Brandenburg-Kulmbach" in zwei Bänden.

Bald darauf leitete mich das von mir geordnete reiche Material des Archivs auf den Gedanken, es zu einer Geschichte des Deutschen Ordens in Deutschland zu verarbeiten. Auf einer Reise, die ich zum zweitenmal über Steiermark, Kärnten, nach Italien und durch Tirol ausdehnte und auf der bei einem längeren Aufenthalt in München und Wien durch Benutzung der dortigen Archivschätze meine Sammlungen ansehnlich bereichert und vervollständigt wurden, gewann mein ursprünglicher Plan eine ungleich größere Erweiterung. Das Werk erschien im Jahre 1857 unter dem Titel: „Geschichte des Deutschen Ritterordens in seinen zwölf Balleien in Deutschland".

Endlich habe ich seit dem Jahre 1836 einen Codex diplomaticus Prussicus, eine Sammlung von Urkunden zur älteren Geschichte Preußens, herausgegeben, von der in diesem Jahr der sechste Band erschienen ist.

Meine äußeren Lebensverhältnisse habe ich in diesem Abriß meiner Lebensgeschichte mit Absicht nur so wenig wie möglich berührt. Ich führe davon nur folgendes an. Im Jahre 1823 wurde ich zum ordentlichen Professor der mittleren und neueren Geschichte an der Universität Königsberg ernannt. Im Jahre 1823 wählte mich der akademische Senat zum Vertreter der Universität Königsberg im Herrenhause; am 13. Oktober 1859, wurde mir das Glück zuteil, mein fünfzigjähriges doppeltes Amts- und Doktor-Jubiläum in frischer Gesundheit feiern zu können, wobei mich Beweise der Liebe und Teilnahme von Freunden und selbst Unbekannten aus weitester Ferne erfreuten.

So blicke ich mit ruhigem und zufriedenem Auge auf meine durchlaufene Lebensbahn zurück; indem ich mit den schönen Worten schließe: Was der Mensch säet, das wird er ernten, und was dabei auch Gott tut, das ist immer wohlgetan. (Geschrieben im November 1861.)

Fürstenleben und Fürstensitte im sechzehnten Jahrhundert

Wenn die Geschichtsschreiber die Fürsten nur auf der Bühne des öffentlichen politischen Lebens dem Leser vor Augen führen, so tun sie recht daran; denn zuerst und vor allem gehört der Fürst dem Staate und seinem Volke. Was der .Regent in seinem hohen Amte als seines Landes Schirmherr und Beschützer, als Gesetzegeber und oberster Ordner aller bürgerlichen Tätigkeit, als Förderer aller Zweige menschlicher Betriebsamkeit, als Pfleger der Wissenschaft und Kunst schafft und vollendet, das hebt die Geschichte als das wichtigste aus seinem Leben hervor.

Durchläuft man das große Buch der Weltgeschichte im Überblicke, so möchten sich wenige Zeiten finden, in denen die Fürsten mit regerem Eifer das geistige Heil und die innere Gedanken- und Gemütswelt ihrer Völker in bestimmten Richtungen zu leiten bemüht gewesen wären, als dies im Verlaufe des 16. Jahrhunderts in unserem deutschen Vaterlande geschah. Je anziehender aber und gewichtvoller das Leben und Wirken der Fürsten auf der großen Weltbühne des Glaubens- und Gedankenkampfes jener Zeit erscheint, um so lieber befreundet man sich auch mit dem, was in ihrem Leben nicht der Öffentlichkeit, dem Staate und Volke, sondern ihnen allein in ihrem Privatleben und ihrem Hause zugehört. Für ihr großes Bild im öffentlichen Leben sind auch die häuslichen Ergötzlichkeiten, die Lieblingsbeschäftigungen, die geselligen Vergnügungen, die Erheiterungen bei freundschaftlichem Zusammensein, die Moden und Sitten ihres stillen Hoflebens freundliche lichte Farben, die dem ernsten Charakter jenes Bildes eine heitere Milde geben; aber auch an sich betrachtet sind Sitten und Moden älterer Zeiten keineswegs altertümliche abgemachte Zustände, hinter denen die Türe der Zeit geschlossen ist, sondern wir haben sie anzusehen als aufgestellte lebende Bilder auf der Schaubühne des Völkerdaseins, als Bildungsstufen späterer sittlicher Zustände.

Noch sind wir nicht imstande, Ansprüche auf ein vollendetes Sittengemälde dieser Zeit geltend werden zu lassen. Mag daher auch das Dargebotene vorerst nur als eine Reihe von Vorstudien zu einem einstigen vollständigeren Bilde betrachtet werden. Wir geben, nicht ohne Absicht, manches einzelne in der Farbe und im Gewande jener Zeit; denn selbst die Sprache einer Zeit über ihre Mode und Sitte gehört der Mode selbst wieder an. Wir beschränken uns jedoch, um dem ganzen eine gewisse Einheit zu geben, nur auf die Sitten und Bräuche der deutschen Fürstenhöfe des sechzehnten Jahrhunderts.

Fassen wir das Leben des Fürsten von der Wiege auf, so war es an Fürstenhöfen schon damals nicht immer Brauch, den jungen Prinzen alsbald, wenige Tage nach der Geburt, durch die Taufe in die christliche Kirchengemeinschaft einzuführen. Man schob nicht selten das Tauffest längere Zeit auf, besonders, wenn fremde Fürsten zu Gevatter gebeten und als Taufzeugen eingeladen waren. Meist erschienen die Eingeladenen in Person, um dem Feste beizuwohnen; nur wenn die Entfernung zu groß, die Reise zu beschwerlich war, oder wichtige Geschäfte und andere Hindernisse das persönliche Erscheinen nicht zuließen, sandte der zu Gevatter gebetene Fürst einen seiner vornehmsten Beamten oder Hofleute, um seine Stelle vertreten und zugleich das oft kostbare Patengeschenk, das bei einer fürstlichen Gevatterschaft nie fehlte, durch ihn überbringen zu lassen. Ebenso war es Brauch bei der Taufe der Prinzessinnen. Als dem Herzog Albrecht VI. oder dem Schönen von Mecklenburg im Jahre 1533 seine Tochter Anna geboren wurde, lud er den Herzog Albrecht von Preußen zu Gevatter. Der Gevatterbrief kam jedoch bei diesem zu spät an, als daß er selbst hätte erscheinen können. Ein Abgesandter mußte seine Stelle vertreten, das stattliche Patengeschenk und ein Entschuldigungsschreiben des Herzogs wegen seines Nichterscheinens überreichen. Der Herzog von Mecklenburg erwiderte darauf dem von Preußen: „Wir haben aus Euer Liebden Schreiben vermerkt, daß Euer Liebden mit sonderlich erfreutem Gemüte und hoher Frohlockung verstanden, daß Gott der Allmächtige die hochgeborene Fürstin Frau Anna, geborene Markgräfin zu Brandenburg und Herzogin zu Mecklenburg, unsere freundliche liebe Gemahl, mit Gesundheit und glücklicher Wohlfahrt mit einer jungen Tochter und Fräulein begabt, und wären Euere Liebden uns nicht allein in diesem göttlichen christlichen Werke willfährig und bei uns zu erscheinen hoch begierig gewesen; aber dieweil unser Bote etwas zu spät ankommen, also daß es Euer Liebden in solcher Eil zu kommen hoch beschwerlich gewesen und insonderheit des Postierens nunmehr zu schwer und zuviel sein will, aber Euer Liebden nichts desto weniger einen Geschickten an Euer Liebden Statt, solch göttliches Werk zu vollbringen, abgefertigt, so wollen wir Euer Liebden derselben Glückwünschung und des Gesandten wegen uns gar höchliches Fleißes gegen Euer Liebden bedankt haben, und wiewohl nun solche stattliche und tapfere Verehrung und Geschenk, so durch Euer Liebden Geschickten überreicht und überantwortet worden, nicht Not gewesen wäre, – denn daß wir Euer Liebden neben anderen unseren Herren und Freunden unsere junge Tochter zum Sakrament der heiligen Taufe bestätigen zu helfen freundlich ersucht und gebeten haben, ist aus sonderlicher, alter, freundlicher und brüderlicher Liebe und Freundschaft, die wir je und allwege zu Euch getragen und noch haben, geschehen –, so wollen wir doch nichtsdestoweniger dieselbigen Geschenke und Verehrungen von Euer Liebden als unserem freundlichen lieben Oheim, Schwager und Bruder mit hoher und freundlicher Danksagung in die Gevatterschaft empfangen und genommen haben." Treuherzig und naiv bedankt sich beim Herzog Albrecht auch die Herzogin Anna selbst, wie sie sagt: „mit freundlicher Erbietung, womit wir solches um Euer Liebden freundlich zu verschulden wüßten, sollte dieselbe uns also spüren und finden, Gott den Allmächtigen bittend, daß seine Allgewaltigkeit Euer Liebden Gemahl, unsere freundliche liebe Muhme und Schwester, in Jahresfrist mit einem jungen Herrn und Erben uns darnach auch mit einem, damit es verglichen würde, gnädiglich begaben wolle." Der Herzog Albrecht von Preußen wünschte sich allerdings mit aller Sehnsucht einen Prinzen; seine Gemahlin Dorothea spricht selbst von dem Eifer, womit er einen solchen erzielte; denn als ihr im Jahre 1532 ihre jüngere Tochter gestorben war, schreibt sie darüber einer befreundeten Fürstin: „Als auch Euere Liebden mit uns des tötlichen Abganges halber unserer jüngsten Tochter ein herzliches Mitleid tragen, tun wir uns gegen Euer Liebden freundlich bedanken und sind zu Gott getroster Hoffnung, er werde uns nach solcher Betrübnis mit einem jungen Erben wiederum gnädiglich erfreuen und begnadigen, denn wir unserem lieben Herrn und Gemahl, der sein Werkzeug als der Zimmermann, wie ihn Euer Liebden in ihrem Schreiben nennen, weidlich braucht und nicht feiert, gar keine Schuld zu geben wissen." Allein des Herzogs Wunsch wurde nicht erfüllt; er konnte noch lange nicht zur Taufe eines Prinzen bitten und mußte deshalb von manchem Fürsten in vertraulichen Briefen allerlei Neckereien hören. So schrieb ihm einst der Markgraf Georg von Brandenburg: „Dieweil sich jetzt ein glückliches Neujahr anhebt, welches, wie wir zu Gott hoffen, auch ein gutes Ende nehmen soll, so erinnern wir Euere Liebden freundlich, sie wollen sich dermaßen in die Arbeit schicken, daß sie einen jungen Sohn erobern möchten und hinfüro nicht so faul sein, wie Euere Liebden bisher gewesen ist." Graf Wilhelm von Henneberg, ein alter, vertrauter Freund des Herzogs, meldet ihm einst, daß er noch neun lebendige Kinder, fünf Söhne und vier Töchter, um sich habe; es seien ihm aber schon sechs Kinder gestorben; „also," fügt er hinzu, „daß meine Hausehre mir fünfzehn Kinder gebracht hat, wobei ihr wohl merken könnt, was für ein köstlicher Mann ich bin." Neckend fragt er dann beim Herzog an: „Euere Liebden wollen uns doch verständigen, ob der allmächtige Gott Euch auch einen jungen Fürsten oder zwei zu Erben beschert habe; denn wo solches nicht geschehen wäre, müßten wir es Eurer Liebden Faulheit und daß der gute Zwirn hievor in die bösen Säcke vernähet worden, Schuld geben."

War der junge Prinz zum Alter des Unterrichts herangereift, so wurde ein Lehrer an den fürstlichen Hof gerufen, der ihn mit jenen Gegenständen des menschlichen Wissens, die man damals für einen jungen Fürsten notwendig und zweckdienlich fand, bekannt machte. Man hielt darauf, daß gewöhnlich Männern von Ruf und Gelehrsamkeit die Erziehung der Fürstensöhne anvertraut wurde. So waren es bekanntlich Wilhelm von Croy, Herr von Chievres, und Hadrian von Utrecht, der nachmals bis zur Papstwürde emporstieg, die Kaiser Maximilian zu Lehrern und Erziehern des jungen Prinzen Karl, des nachmaligen Kaisers, ernannte. Der Kurfürst von Sachsen, Johann der Standhafte, zog den berühmten und gelehrten Georg Spalatin als Lehrer seines Kurprinzen Johann Friedrich und der beiden braunschweig-lüneburgischen Prinzen, Otto und Ernst, an seinen Hof. Johann der Große, Kurfürst von Brandenburg, ließ seinen Prinzen Joachim durch den gründlich gelehrten kurfürstlichen Rat Dieterich von Bülow, der sich zu Bologna die Würde eines Doktors der Rechte erworben hatte, erziehen, und neben ihm erteilte der bekannte Historiker Johann Cario dem jungen Fürsten so trefflichen Unterricht in fremden Sprachen, daß dieser nachmals als Kurfürst den bei ihm erscheinenden Gesandten gewöhnlich in ihren eigenen Sprachen zu antworten verstand.

Durch solchen Unterricht im fürstlichen Hause vorbereitet, besuchten die jungen Prinzen häufig auch die deutschen Universitäten, meist in Begleitung ihrer früheren Lehrer, die hier ihre Bildung fortleiteten. So führte Spalatin seine drei fürstlichen Zöglinge im Jahre 1511 auf die hohe Schule zu Wittenberg. Der junge Prinz Ernst von Braunschweig saß in Luthers theologischen Vorlesungen mitten unter dessen Zuhörern; um sich Kenntnisse in der Rechtsgelehrsamkeit zu erwerben, besuchte er zugleich auch die juristischen Vorträge mehrerer Professoren und eignete sich dabei ganz ausgezeichnete Kenntnisse in der Geschichte an. Ebenso besuchte der junge Fürst Wolfgang von Anhalt zuerst die Universität Leipzig und dann auch Wittenberg, wo er, noch vor der Reformation, das Rektorat dieser Hochschule verwaltete. Auch der junge Prinz Georg von Sachsen hatte sich auf derselben hohen Schule so gute gelehrte Kenntnisse gesammelt, daß er, nicht ohne Geschmack und Geschick, seines Vaters, Albrecht des Beherzten, Leben und Taten in lateinischer Sprache beschreiben konnte. Man rühmte von dem pommerischen Prinzen Barnim, dem Sohne des Herzogs Bogislaw X. von Pommern, der seit dem Jahre 1518 zu Willenberg studierte, bald dort Rektor wurde und Luther im Jahre 1519 nach Leipzig begleitete, daß er in theologischen Dingen weit gründlichere Kenntnisse besessen habe als alle papistischen Theologen bei dem damaligen Colloquium.

Häufig hielten sich junge Prinzen auch eine Zeitlang an fremden Höfen auf, um Weltkenntnis, Erfahrung und überhaupt innere geistige Reife zu gewinnen oder die Sprache eines anderen Volkes durch tägliche Übung zu erlernen. Schon im Mittelalter besuchten nicht selten königliche Prinzen vorzüglich den französischen Hof. So begab sich im sechzehnten Jahrhundert der Prinz Ludwig, Sohn des Kurfürsten Philipp I von der Pfalz, an den Hof Ludwigs XII. von Frankreich, wo sich im Jahre 1518, zur Zeit Franz' I., auch der herzogliche Prinz Ernst von Braunschweig ein Jahr lang aufhielt, um sich in der französischen Sprache gründlich zu vervollkommnen. Der Kurfürst von Sachsen, Johann der Beständige, hatte als Kurprinz seine Bildung vorzüglich am Hofe Kaiser Friedrichs III. erhalten. Der junge Kurprinz Friedrich von der Pfalz ward an den Hof Philipps von Spanien gesandt, um sich dort auszubilden, lernte freilich in wissenschaftlicher Beziehung bei der engherzigen Pedanterei seiner Lehrmeister nur wenig; es wurde dort überdies weit mehr Wert auf Übung und Ausbildung in ritterlichen Künsten gelegt, worin Friedrich auch eine große Gewandtheit erlangte. Ungleich mehr an feiner und wissenschaftlicher Bildung gewann der Kurprinz Joachim von Brandenburg am Hofe des Kaisers Maximilian. Mitunter brachte man die Prinzen schon sehr jung an fremde Fürstenhöfe. So war der dänische Prinz Adolf, der nachmalige Stammvater des Hauses Holstein-Gottorp, erst zwölf Jahre alt, als ihn sein Bruder, König Christian III. von Dänemark, an den Hof des Landgrafen von Hessen zu schicken beschloß, und seine Schwester, die Herzogin Dorothea von Preußen, billigt dieses sehr, indem sie ihm darüber schreibt: „Daß Euere Königliche Würde unseren freundlichen lieben Bruder Herzog Adolf mit sich genommen, in Willens, ihn zu dem Landgrafen von Hessen zu tun, haben wir ganz gerne gehört, wiewohl es vorlängst Zeit gewesen und wir es auch gerne eher gesehen hätten, freundlichen und schwesterlichen Fleißes bittend, Euere Königliche Würde wollen daran sein und es befördern helfen, daß auch Herzog Friedrich – der Bruder Adolfs – nicht zu lange daheim verhalten, sondern an eines Fürsten Hof, wo er in Gottesfurcht, Zucht und guten Lehren, auch anderen fürstlichen Tugenden auferzogen werde, zum allerersten möge gebracht werden."

Hatte sich der junge Prinz teils auf diese Weise, teils auch durch Reisen die nötige Bildung und Weltkenntnis erworben, war er durch Teilnahme am Verwaltungswesen oder durch Anwesenheit auf Reichsversammlungen und Fürstentagen, wohin die Söhne den fürstlichen Vater bisweilen begleiteten, auch mehr und mehr in die Staatsverhältnisse mit eingeweiht und die Körperkräfte in ritterlichen Übungen durch Rossetummeln und Lanzenstechen hinreichend gestärkt und ausgebildet, so trat dann wohl der Wunsch nach einem selbständigen und unabhängigen Leben ein. Der Gegenstand der Liebe war auf des Prinzen Reisen oder beim Aufenthalt an fremden Fürstenhöfen bereits gefunden. Die fürstlichen Väter verständigten sich; es folgte die Verlobung und bald darauf die Vermählung oder das fürstliche Beilager. Kein Fest wurde im sechzehnten Jahrhundert an Fürstenhöfen mit so großem Aufwand und Prachtgepränge, mit so mannigfaltigen Belustigungen und Vergnügungen und meist mit so zahlreich eingeladenen Gästen begangen als eine fürstliche Hochzeitsfeier. Sollte an einem Hofe eine Hochzeit ausgerichtet werden, so wurden die Gäste, Fürsten, Grafen und der übrige Adel, den man zum Feste hinzuziehen wollte, durch Hochzeitsbriefe eingeladen. In dem Einladungsschreiben des Herzogs Moritz von Sachsen an den Herzog Albrecht von Preußen zur Vermählungsfeier des Herzogs August von Sachsen mit der dänischen Prinzessin Anna im Jahre 1548 heißt es: „Da sein Lieb – Herzog August – aus freundlicher Vereinigung, so beiderseits geschehen und verglichen worden, vermittelst göttlicher Verleihung entschlossen, bedacht und im Vorhaben sein, zu endlicher Vollziehung solcher ehelichen Vertrauung auf den Sonntag nach Francisci, den siebenten Tag des Monats Oktober, die Heimfahrt und ehelich Beilager mit seiner Liebden Vertrauten allhier zu Torgau zu haben und zu halten, darzu auch sein Lieb und wir etliche, so uns mit Freundschaft verwandt, freundlich erfordert und geladen, weil wir denn Euer Lieb auch zum liebsten bei solchen christlichen Ehren haben und wissen wollten, so gelangt an Euer Lieb unsere freundliche Bitte, dieselbe wollen Seiner Lieb und uns auch allerseits Freundschaft zu freundlichem Gefallen in dem freundlich willfahren und auf angezeigtem Tage allhier zu Torgau einkommen und folgends das christliche Fürhaben neben anderen Herren und Freunden in Freuden vollbringen helfen und Euer Lieb daran nichts, wie wir uns freundlich zu Euer Lieb versehen, verhindern lassen."

So oder ähnlich lauteten gewöhnlich die Hochzeitsbriefe. Konnte der Eingeladene nicht selbst erscheinen, so war es

Brauch, einen Stellvertreter zu senden, der dann am Feste alle dem Fürsten gebührliche Ehre genoß. Gewöhnlich ward ein Sonntag zur eigentlichen Vermählung fürstlicher Personen gewählt. Waren die geladenen Gäste, deren Zahl sich häufig auf zwei- bis dreihundert belief, teils selbst, teils ihre Stellvertreter oder Botschafter am festlichen Tage versammelt, so begann die Feier mit einem glänzenden Aufritt oder der sogenannten Auffahrt, oder die fürstliche Braut wurde durch einen stattlichen Ausritt in Schmuck und Harnisch bei ihrer Ankunft feierlich eingeholt und mit großen Ehrenbezeigungen empfangen. Den Zug eröffnet dann gewöhnlich der eingeladene Landadel mit seinen Rossen, die Landjunker mit ihren und der Hofleute Dienern; ihnen folgt das Hofgesinde in Gliedern von drei und drei, die fürstlichen Stallmeister mit Knaben auf den fürstlichen Leibrossen, meist alle in schwarzen Samt gekleidet. An sie schließt sich eine Schar von einigen zwanzig welschen und deutschen Trompetern an, um durch schmetterndes Getön den festlichen Aufzug zu verkünden. Darauf ziehen etliche vornehme Hofleute in schwarzen Samtkleidern oder fürstliche Kammerjunker vor den Fürsten her; zuerst folgt der fürstliche Bräutigam selbst, entweder von den beiden anwesenden vornehmsten Fürsten als Bräutigamsführern oder von den Botschaftern des Kaisers und römischen Königs geführt, wenn solche, wie häufig geschah, gesandt waren; nach ihnen die übrigen Fürsten, die Bischöfe, Herzöge, Markgrafen, Landgrafen und die Stellvertreter fremder Fürsten nach ihrem Range, dann die Grafen, Herren und Ritter. Jetzt erscheint die fürstliche Braut im glänzendsten Gewande vom kostbarsten Goldstoffe auf einem weißen Zelter mit carmesinroter Samtdecke, ihr zur einen Seite ein Herzog oder Markgraf und zur anderen eine Königin oder sonst vornehme Fürstin, hinter ihr ihre Hofmeisterin und die ersten ihrer Hof Jungfrauen, alle in schwarzen Samtkleidern auf weißen Zeltern mit schwarzsamtnen Decken, dann ihr übriges Hofgesinde in Kammerwagen, jeder von vier Hengsten gezogen. An dieses endlich schließen sich die Marschälle der eingeladenen Fürsten nebst der übrigen Dienerschaft an, deren Zahl sich meist auf mehrere Hunderte belief, ein buntgeordneter Haufe in Reihe und Glied, mitunter auf türkische Weise oder nach Husarenart gekleidet, alle zu Pferde.

Führten die kaiserlichen und königlichen Botschafter den

Bräutigam, so wurden die beiden vornehmsten Fürsten zu Brautführern während des ganzen Festes erkoren. Zuerst traten diese zur Seite, wenn durch Trompeten und Heerpauken das Zeichen zum Kirchgang gegeben ward. Alles ordnete sich jetzt nach vorgeschriebener Regel. Den feierlichen Zug eröffnete der Bräutigam selbst, entweder von zwei Fürsten oder von den Botschaftern des Kaisers und des römischen Königs geführt; ihm folgten dann zuerst die angesehensten der Grafen, Herren und Ritter, hierauf die Fürsten und die Botschafter fremder Höfe; oder es zogen voran die Grafen, Herren und Ritter, nach ihnen die Fürsten und Botschafter, und dann erst der fürstliche Bräutigam, vor ihm her ein Herold. Jetzt schloß sich eine Zahl reich geschmückter Edelknaben oder zwölf bis fünfzehn Grafen und Ritter an, die hellflammende Windlichter oder Kerzen vortrugen. Ihnen folgte die Braut im weißglänzenden Brautgewande, den Kopf mit einem kostbaren Kranze von Perlen und prächtigen Kleinodien geschmückt, von Fürstinnen und anderen edlen Frauen begleitet und von den fürstlichen Brautführern bis zum Traualtar geführt. Nach vollendeter Trauung geschah der Auszug aus der Kirche wieder in gleicher Ordnung.

Wenige Stunden nach der Trauung versammelten sich die Gäste zur fürstlichen Abendtafel. Es war an manchen Höfen Brauch, daß die Fürstinnen, die Braut und alle edlen Frauen während der ganzen Hochzeitsfeier in einem Saale besonders speisten, und ebenso der Bräutigam, die Fürsten und alle übrigen Gäste in getrennten Gemächern. So ließ Herzog Friedrich von Bayern während seines Vermählungsfestes täglich an fünfzig Tafeln decken, an denen nur Fürsten, Grafen, Ritter und fremde Botschafter speisten. Gewöhnlich indeß saßen an Hochzeitsfesten die Gäste in gemischter Gesellschaft. Zuvor ward jeder Zeit eine sogenannte Dienstbestellung entworfen, worin die Grafen und Ritter genannt waren, welche die Setzung an den Tafeln besorgen, als Truchsesse und Tischdiener gewisse Geschäfte verrichten, das Essen oder die Teller reichen, das Wasser aufstellen und die Handquehlen halten mußten; denn jeder der fürstlichen Tafeln waren aus dem Adel des Landes oder aus den Oberhaupt- und Amtleuten der verschiedenen Kreise des Landes eine bestimmte Anzahl Truchsesse, Speise- und Trinkmarschälle oder Schenke zugewiesen, die den fürstlichen Gästen die Speisen und Getränke vorzusetzen hatten. Ihnen waren Laufbuben zugeordnet, welche die Speisen und Getränke herbeitragen mußten.

Nach aufgehobener Tafel begann der Fackel tanz, eine alte Fürstensitte, worüber gleichfalls eine bestimmte Dienstbestellung vorgeschrieben war. Zwei Grafen hatten dabei die Anordnung; sie gaben zuerst den Fürsten die Tänze aus; dann tanzten vier Grafen dem Bräutigam und der Braut vor und zwei andere Grafen tanzten diesen nach. War die bestimmte Reihe von Tänzen der Fürsten, Grafen und Edelleute vollendet, so führte einer der Brautführer die fürstliche Braut zum sogenannten Beilager. Von einer Fürstin oder Gräfin begleitet, wurde sie auf ein kostbar zugerichtetes Bett gelegt; der Bräutigam, von einem Fürsten geführt, ward zu ihr hingewiesen und dann die Decke über ihnen zusammengeschlagen. Dann wurden beide aus dem Bette wieder aufgerichtet und so mit dem Beilager der Ehebund völlig geschlossen, womit der erste Freudentag sich endigte.

Am anderen Morgen erfolgte zuerst die sogenannte Morgengabe. Nachdem sich alle Hochzeitsgäste in einem großen Versammlungssaale des fürstlichen Schlosses eingefunden und die Braut auf einem erhöhten Sitz sich niedergelassen, überreichte ihr zuerst der Bräutigam kostbare Brautgeschenke als Morgengabe; ihm folgen dann mit ihren Ehrengeschenken die Fürsten, Grafen und Botschafter, hierauf auch die Fürstinnen, und selbst die Landesstädte sandten oftmals Abgeordnete, die der Braut Ehrengaben entgegenbringen mußten. Von solchen, die im Namen ihrer Herren Geschenke überreichten, wurden Anreden an die Braut gehalten; denn auch die Fürsten, die, zum Feste eingeladen, nicht hatten erscheinen können, ließen entweder durch ihre gesandten Stellvertreter die Braut beschenken oder schickten wenigstens Geschenke ein, welche ihr überreicht wurden. So rühmt der Herzog von Preußen bei seiner zweiten Vermählung mit Anna Maria, des Herzogs Erich von Braunschweig Tochter: der Kurfürst Moritz und Herzog August von Sachsen hätten sich wegen ihres Nichterscheinens bei seinem Hochzeitsfeste entschuldigt; ersterer aber durch einen Diener eine goldene Kette geschickt und durch des Herzogs Marschall der Braut übergeben lassen, und sein Vetter, Markgraf Albrecht der Jüngere, habe diese ebenfalls mit „einem tapferen Geschenke einer goldenen Kette mit Edelsteinen" beehrt. War nun die Brautbeschenkung geschehen, so trat ein Graf oder hoher fürstlicher Beamter in des

Bräutigams und der Braut Namen auf, um für die gespendeten Ehrengaben in wohlgesetzter Rede den gebührenden Dank zu sagen.

Darauf folgten, wie an diesem, so an den folgenden Festtagen Vergnügungen, Belustigungen und Ergötzlichkeiten von allerlei Art. Regelmäßig wurden Turniere gehalten, an denen die Fürsten und meist selbst auch der Bräutigam teilnahmen. Zuweilen begann das Lanzenrennen unter den Rittern schon am ersten Hochzeitstage, und am zweiten und den folgenden Tagen setzten es Fürsten und Ritter unter einander fort; man sah dann den Kurfürsten gegen einen Ritter, den Herzog gegen den Grafen die Lanze versuchen. Wer am meisten traf und am wenigsten fiel, galt für den ausgezeichnetsten Kämpfer. Statt mit der Lanze wurden auch oft Turniere mit dem Sehwerte gehalten, wobei vorher bestimmt ward, wie viele Streiche jeder mit dem Schwerte zu tun habe. Abends beim Tanze erhielten die besten Kämpfer aus den Händen der vornehmsten Fürstin neu die im Turniere verdienten Belohnungen, oder, wie es hieß, es wurden die Danke an sie ausgeteilt. So erwarb sich am fürstlichen Vermählungsfeste des Herzogs Johann Albert von Mecklenburg mit der Prinzessin Anna Sophia von Brandenburg im Jahre 1555 in einem Turniere, in dem 28 Kämpfer erschienen, Herzog Heinrich von Münsterberg als ersten Dank einen Kranz mit einem Fürsprang, einer Art Schmuckzierde, Herzog Friedrich der Jüngere von Liegnitz den zweiten, einen Kranz mit einem Ringe; der Ritter Hans von Oppersdorf den dritten, ebenfalls einen Kranz mit einem Ringe; der vierte Dank endlich, ein Kranz mit einem kleinen Ringe, fiel Friedrich von Rödern zu. Am Hochzeitsfeste des Herzogs Friedrich von Bayern zu Heidelberg im Jahre 1535 errang sich im Turniere der junge Rheingraf Philipp Franz den ersten und besten Dank, einen goldenen Spieß; den zweiten, ein goldenes Schwert, ein Herr von Verwegk von des Herzogs Hofgesinde; den dritten, eine goldene Schwebscheube, erhielt der Ritter Wilhelm Georg von Leenrode; den vierten, einen goldenen Handschuh, Herr Johann von Heideck.

Wer am Turniere nicht teilnahm, versuchte sich im Gesellenstechen, einem gewöhnlichen Waffenspiele vorzüglich des jüngeren Adels, wobei zur Aufrechthaltung der Ordnung bestimmte Gesetze vorgeschrieben waren, an die sich jeder, der sich zum Kampfe verstand, pünktlich halten mußte. In einer solchen Vorschrift des Gesellenstechens vom Jahre 1545 heißt es: „Nachdem es alter löblicher Brauch und Gewohnheit ist, daß man auf fürstlichen und königlichen Hochzeiten und Freudenfesten allerlei Ritterspiel mit Rennen, Stechen und Turnieren zu üben pflegt, so wollen wir neben anderen Ritterspielen auch ein Gesellenstechen halten lassen und haben darauf nachfolgende Artikel gestellt, wollend und gnädiglich begehrend, daß sich ein jeder, der sich zu solchem Gesellenstechen gebrauchen lassen will, denselben gemäß verhalte bei festgesetzter Buße: Wer sich zum Gesellenstechen gebrauchen lassen will, er sei, wer er wolle, soll ein Rittermäßiger von Adel sein und seinen Namen anzeigen mit Vermeldung, wer und von wannen er sei, damit man ihn nachmals erkenne. Alle, die sich zum Gesellenstechen gebrauchen lassen wollen, sollen zu Mittwoch an dem ihnen bezeichneten Orte zusammenkommen, allda mit Zeug und Roß sich vergleichen und einander auch mit Hand und Mund zusagen, daß einer gegen den anderen keinen falschen und betrüglichen Vorteil gebrauchen wolle, außer den ihm seine Stärke gibt. Ein jeder soll den Zeug, Sattel, Sack und Stange, wie ihm solches gegeben und gezeichnet wird, behalten und nichts daran ändern oder verwandeln bei bestimmter Buße. Ein jeder soll sich befleißigen, daß er seinen Mann wohl treffe, aber nicht, mit Willen und vorsätzlich dem anderen nach den Fäusten oder dem Pferde nach dem Kopfe stechen. Bleibt einer, wenn er getroffen ist, noch am Pferde hängen, so soll ihm niemand aufhelfen; geschieht dieses, so soll es für einen Fall gerechnet werden. Niemand soll auf die Bahn reiten außer die Stecher und die Personen, welche dazu beschieden und verordnet sind. Kein Stecher darf von der Bahn abziehen und sich austun, es wäre denn wegen solches Mangels an seinem Zeuge, den man nicht alsbald verbessern kann; er muß es aber den Verordneten stets zuvor anzeigen. Jeder soll sich zur bestimmten Stunde auf der Stechbahn in seiner Rüstung völlig fertig einfinden. Nie sollen zwei zugleich auf einen anderen einreiten." Weil aber während des Stechens selbst, bei geschlossenem Visire, die Kämpfer nicht immer zu erkennen waren, so wurden gewöhnlich vor Anfang des Kampfspieles ihre Helme mit den verschiedenen Helmzeichen und Farben mit Angabe ihrer Namen verzeichnet und den Ordnern übergeben, die während des Kampfes, rechts und links, zu beiden Seiten des Helmes, Gewinn und Verlust vermerkten. Auch hier errang den Siegespreis, wer am wenigsten fiel und am meisten traf. So gewann am Hochzeitsfeste des Herzogs Friedrich von Bayern im Gesellenstechen der Edle Hans Jakob von Thurn durch zehn Gewinne den ersten und besten Dank beim Tanze; den zweiten erwarb sich Sittich von Berlepsch und den dritten Heinrich von Riedesel.

Im Wechsel mit solchen Ritterspielen wurden häufig auch lustige Mummereien aufgeführt, dramatische Aufzüge mit allerlei schnurrigen Possen, wobei die Fürsten oft selbst die ersten Rollen spielten. Am Hochzeitsfeste des Herzogs August von Sachsen ergötzte der Bräutigam selbst mit den Herzogen Ernst von Braunschweig, Franz von Lüneburg, Hans von Holstein, zwei jungen Prinzen von Braunschweig, dem Markgrafen Albrecht von Kulmbach, dem Landgrafen von Leuchtenberg und Markgrafen Hans von Küstrin, alle als Husaren in roten Sendel oder Taft gekleidet, durch eine lustige Mummerei die ganze versammelte Hochzeitsgesellschaft; sie fand solchen Beifall, daß am folgenden Tage eine andere wiederholt wurde und der Markgraf Albrecht von Kulmbach mit schneeweißgekleideten Hofjunkern endlich noch eine dritte zum Besten gab.

Dabei wechselten täglich noch allerlei andere Vergnügungen und Ergötzlichkeiten ab, wie Witz und Laune sie nur irgend erdenken konnten. So wurde auf Herzog August von Sachsens Hochzeit zu Torgau ein Haus auf einem freien Platze mit vier Rotten zur Verteidigung besetzt. Die erste bildeten der Kurfürst von Sachsen und drei Edelleute in roter Husarenkleidung; die zweite, aus blauen Husaren bestehend, Herzog August selbst und fünf Edelleute; die dritte, in gelber Husarenuniform, Herzog Georg von Mecklenburg und unter ihm vier Edelleute; die vierte endlich, in grüner Husarenkleidung, Johann von der Asseburg, Amtmann zu Kolditz, mit noch vier Edelleuten. Im Kampfe mit dieser Besatzung des Hauses sollte es mit Sturm erobert werden. Als Feinde lagen vor ihm drei angreifende Streithaufen; der eine, angeführt von Hans von Dießkau, hatte unter seinem Fähnlein fünf Grafen und neunzehn Edelleute; der andere, unter Ulrich von Miltitz, zählte dreiundzwanzig edle Kämpfer; den dritten sogenannten Gewalthaufen mit einem Leutnant, einem Hauptmann, zwei Fähnrichen, bildeten zwei Herzoge von Braunschweig und fünfundsechzig Edelleute zu Roß und zu Fuß. Jetzt begann ein heftiger Kampf. Die Besatzung wagte einen Ausfall und kam mit dem Feind ins handgemeine Gefecht. Da ward hin und her gerungen und geritten; der Sieg schien sich bald hierhin, bald dorthin zu wenden, bis es endlich den Angreifenden gelang, die Burgbesatzung in das Haus zurückzuwerfen. Nun donnerten aus dem Hause Feldgeschütze und Falkonette; der Feind prallte auf einen Augenblick aus Schrecken zurück, griff aber, sich schnell ermannend, zum Sturm, und obgleich fünfzehn Hakenschützen mit der ganzen Besatzung sich tapfer wehrten, so ward die Veste, unter Kampf und Donner, zur Ergötzlichkeit der Zuschauer endlich doch erobert. Noch mehr belustigte, bei dem damaligen Interesse für den Türkenkrieg, ein anderes Freudenspiel zur Abendzeit. Auf des Kurfürsten Befehl hatte Herzog Moritz von Sachsen ein schwimmendes Türkenschloß von Holz auf der Elbe erbaut. Das mittlere Haus, 20 Ellen im Quadrat, war zwei Gemache hoch, jedes 4 Ellen in der Höhe; in der Mitte des Hauses ein Turm, 3 Ellen weit und 5 Ellen hoch; darin befanden sich 300 Geschosse, auf dem mittleren und unteren Boden 200 Haken- und 4 Kammerbüchsen. Auf der Ecke des Hauses stand ein gevierter, 6 Ellen breiter Turm, zwei Gemache hoch, und in der Mitte des Turmes obenaus ein kleines geviertes Türmlein, 2 Ellen weit und 3 hoch, in jedem eine ziemliche Anzahl Geschosse und Doppelhaken, sodaß überhaupt im ganzen Hause an 2100 Geschosse waren. Als Besatzung lagen im Türkenschlosse 4o Kriegsleute, alle auf Türkisch rot gekleidet mit weißen Binden, jeder mit einer rot, blau und weiß gefärbten Tartsche und einem Spieße mit blauen und weißen Fähnlein und einem roten Kreuze obenan versehen. Als abends gegen neun Uhr die Trommeten das Zeichen gaben, daß das Türkenschloß erstürmt werden solle, hatte sich die gesamte Mannschaft oben auf der Wehre aufgestellt. Im nämlichen Augenblick standen drei hochaufgetürmte Holzhaufen in hellem Feuer und 40 mit Pech und Teer versehene Bierfässer wurden in Brand gesteckt, um weit und breit die ganze Gegend zu beleuchten. Jetzt ward das Schloß mit grobem Geschütz, drei ganzen und vier halben Schlangengeschossen, nebst 25 Hakenschützen angegriffen; es segelten alsbald auch drei Nassutenschiffe, jedes mit einem Kapitän, acht Ruderknechten, vier Hakenschützen und einem Büchsenmeister, alle weiß gekleidet, mit Tartschen und Spießen bewaffnet, und neben ihnen sechs Kähne, jeder mit vier Kriegsleuten von gleicher Bewaffnung und einem Hakenschützen besetzt, gegen dasselbe heran. Mit gewaltigem Geschrei begann der Sturm. Während des Ringens und Kämpfens am Schloß und mitten unter dem Donner des großen und kleinen Geschützes, das aller Augen fesselte, ließen plötzlich Büchsenmeister hier Feuerkugeln und hundert fliegende Feuer in die Luft emporsteigen, dort löste sich mitten im Wasser ein laufendes Feuerrad mit 25 Schüssen ab, und hier wieder schwärmten aus zwölf Röhren im Wasser Raketen mit hundert Schlägen auf. Mittlerweile waren die kämpfenden Fahrzeuge vom Türkenschlosse zurückgetrieben; aber sie stürmten von neuem an. Der Kampf entbrennt jetzt hitziger; vier von den Schiffsleuten werden ins Wasser gestürzt, von den Türken im Schlosse aufgefangen und als Feinde zur Strafe über die Mauer gehenkt. Während abermals leuchtende Feuerkugeln, schwärmende Raketen und hunderte von springenden und fliegenden Feuern emporsteigen, wird der Sturm vom Schlosse nochmals abgeschlagen. Jetzt donnert das grobe und kleine Geschütz zum dritten Male gegen die Türkenburg, und die Schiffe und Kähne greifen sie nun mit gesamter Macht und aller Hitze des Sturmes an. Es beginnt ein Kampf wie auf Leben und Tod. Hier will man die Burg ersteigen, dort werden fünf von den Stürmenden, gleich als von den Türken erschossen, ins Wasser gestürzt und als Tote von ihren Gesellen aufs Land gebracht. Ein ganzes Schiff mit 54 Kämpfern wird von den verzweifelten Türken umgeworfen; alle sinken in die Wellen hinab. Während aber die ihrigen sie retten und die anderen fort und fort mit aller Macht stürmen, glückt es einem geschickten Büchsenmeister, eine Feuerkugel und zwanzig andere Lauffeuer ins feindliche Schloß hineinzuschleudern. Es zündet zugleich an allen Orten und Enden, und während die Türken eiligst den Flammen zu entfliehen suchen, brennt das ganze Gebäude bis auf den Grund nieder und – die Christen haben über die Ungläubigen ruhmvoll gesiegt.

Aber auch bei anderen festlichen Gelegenheiten wurden an Fürstenhöfen solche Vergnügungen angeordnet. Als Kaiser Karl V. im Jahre 1522 den König Heinrich VIII von England besuchte, schrieb von dorther Markgraf Johann von Brandenburg, der ihn begleitete: „Unser Herr Kaiser ist in England zu dem Könige angekommen und allda mehr denn einen Monat im Königreiche hin und wieder gezogen, und der König hat unserem Herrn Kaiser viel große Ehre mit Banketten, Mummereien, Stechen, Turnieren, vielen schönen Frauen, Jungfrauen, feinen Maiden und sehr große Köstlichkeit bewiesen und erzeigt, also daß sich beide Herren ihrer Person ganz freundlich gegen einander halten."

Die Ausstattung der fürstlichen Braut und der gesamte Hochzeitsschmuck war in der Regel äußerst glänzend und kostbar. Die alte Zeit ist auch in dieser Hinsicht nicht immer die gerühmte einfach-schlichte Zeit; das zeigte zieh an solchen Festfeiern. Als im Jahre 1594 die Prinzessin Anna mit dem Kurfürsten Johann Sigismund von Brandenburg vermählt ward, betrugen die Kosten der eingekauften Kleinodien allein 14138 Mark. Ein Halsband mit 32 Diamanten, Perlen und güldenen Rosen wurde mit 1487 Mark bezahlt; ein anderes mit 3000 Mark; ein drittes mit 18 Rosen, worunter 5 Rubinrosen, vier Diamantrosen und neun Perlenstücken, ließ man aus Nürnberg für 3750 Mark kommen; ein viertes goldenes Halsband kostete 3115 Mark. Für 1745 Mark wurden Perlen zu anderem Schmucke gekauft; 432 Mark gab man für 36 Ringe, worunter 24 mit Diamanten waren; für 60 andere Ringe mit Rubinen 360 Mark. Man bestellte in Augsburg 48 Kreuzringe mit fünf Diamanten für 396 Mark. Die Braut erhielt eine goldene Kette für 265 Mark. Zur stattlichen Bekleidung und Ausstattung wurden in Deutschland eingekauft 16 Stück glatter Samt von schwarzer, karmesinroter und Pomeranzen-Farbe, drei Stück geblümter Samt, Samt auf Samt, Samt auf Atlasboden und Samt-Caffa, 6 Stück Atlas von mancherlei Farben, 80 Ellen glattgoldene Stücke silberweiß, gelb, violenbraun und grün, 50 Ellen Taletha mit Gold und Silber gestreift, 500 Ellen Silber-Posament, 350 Ellen Silber- und Gold-Steilwerk und allerlei schöne goldene und silberne Borten.

Überhaupt glänzten die Fürsten und Fürstinnen wie auf Hochzeiten, so bei anderen Festlichkeiten gern in kostbarer Pracht. Samt und Atlas, Damast und Sendel, Silber- und Goldstoffe, so kostbar man sie haben konnte, gehörten zum fürstlichen Staate. Man hing an der Mode des Auslandes und ließ aus weiten Landen her fremde Modelle zu Kopfputz und Kleidern bringen; man rief selbst ausländische Putz- und Kleidermacher ins Land. So schrieb die Herzogin Dorothea von Preußen im Jahre 1533 an den herzoglichen Geschäftsträger in Rom: „Nachdem Ihr Euch, uns zu dienen, mit allem Fleiße angeboten, so ist unser gnädiges Begehren, Ihr wollet uns etliche säuberliche Formen und Modelle auf die welsche Art, da die Leinwand ausgestochen und durch sonderliche Kunst mit Rosen und Blumenwerk wieder mit weißem Zwirn eingezogen ist, bestellen und mitbringen, und sonderlich geschähe uns zu gnädigem Gefallen, wenn Ihr uns irgend ein feines, tugendsames Weib oder eine Jungfrau, die nicht leichtfertiger Art wäre, oder aber, wo diese nicht zu erlangen ist, eine Mannsperson, die solche Formen und Modelle, desgleichen auch die goldenen Borten, die man jetzt herausbringt, machen könnte, von dort zufertigen möchtet." Solche neue Kleider- und Haubenmodelle sandten sich einander die Fürstinnen als angenehme Geschenke zu. So schickt die Herzogin von Münsterberg der Herzogin von Preußen ein ganz neues Haubenmodell und diese beeilt sich, solches mit einer Haube, die danach verfertigt ist, durch einen eigenen Boten der Königin von Dänemark zukommen zu lassen.

Es gab um die Mitte des sechzehnten Jahrhundert in einigen deutschen Handelsstädten mehrere große Handelshäuser, welche die meisten ihrer kostbaren Waren aus Italien zogen und fast alle Fürstenhöfe in Deutschland mit ihren Bedürfnissen versahen. Zwei der vornehmsten und reichsten Häuser dieser Art waren Lorenz de Villani aus Florenz zu Leipzig und Thomas Lapi in Nürnberg. Sie standen gewöhnlich mit den Fürsten und Fürstinnen selbst in unmittelbarer Verbindung; man bestellte, und sie sandten, was man nur irgend bedurfte. So schreibt Villani im Jahre 1545 an den Herzog Albrecht von Preußen: „Ich habe in dem an mich verfertigten Schreiben zwei Verzeichnisse von etlichen goldenen und silbernen Tuchen, dazu auch andere Seidenwaren, so Euere Gnaden förderlich zu übersenden begehren, gefunden. Soviel erstlich die 22 Ellen silberner Stücke Silber über Silber, dazu 109 Ellen roten, goldenen Samt betrifft, mag Eurer Fürstlichen Gnaden ich untertänigst nicht verhalten, daß solche beiden Stücke fürwahr nirgends zu bekommen sind, denn ich in der Wahrheit sagen darf, daß ich in zehn Jahren kein silbernes Stück Silber über Silber gesehen habe. So ist der rote goldene Samt dieser Zeit auch gar seltsam und wüßte derwegen an keinem Orte darum anzusuchen, denn wo ich dessen in neulichen Tagen gehabt oder anderswo zu überkommen gewußt, hätte ich der durchlauchtigen Fürstin und Frau Elisabeth, geborenen Markgräfin von Brandenburg, Herzogin zu Braunschweig und Lüneburg Witwe auch ein ziemlich Anteil Ellen desselben

(an dessen Statt sie doch, dieweil nirgends keiner aufzubringen gewesen, soviel roten goldenen Atlas genommen hat) auf Ihrer Fürstlichen Gnaden Sohn Herzog Erichs Hochzeit überschicken müssen." Ein drittes großes Handelshaus dieser Art, welches besonders sehr viele Fürstenhöfe Süddeutschlands mit solchen kostbaren Waren versah, war das des Florentiners Laux Endres Durisani und Compagnie zu Nürnberg. Da es auch Handelsverbindungen in Norddeutschland suchte, so bat es bei einem Geschäftsträger des Herzogs von Preußen auch um eine Empfehlung bei diesem Fürsten und schrieb ihm deshalb: „Möget uns doch auch behülflich sein, mit unserm gnädigen Herrn Herzog in Preußen zu handeln, wenn er etwas von seidenen Gewanden und goldenen Stücken von allerlei Gattungen bedürfen würde, daß er solche von uns nehmen wolle, denn Ihr wißt, daß wir schier alle Kurfürsten, Fürsten und Herren, die hieländisch sind, sonderlich auch selbst die Welschen, die von uns kaufen, mit solcher Ware versehen. Wir wollen dem Herzoge einen Kauf geben, darob er ein Wohlgefallen haben würde, und wie er ihn bei anderen solchermaßen nicht bekommen könnte, als mit allerlei Gattungen von reichen goldenen und silbernen Stücken mit Gold überguldet und mit Sammet, die Elle um 8, 9, 10 bis auf 18 Gulden, ferner goldenen Sammet und goldene Stücke die Elle um 5 oder 6 Gulden, allerlei Carmesin, roten und braunen Sammet und sonst allerlei Damast und Atlas von allen Farben."
Außer diesen waren damals auch schwarz und weiß oder grau und schwarz schillernde Kleiderstoffe, roter und schwarzer Sendel oder Zindel, eine Art leichter und dünner Taffet, goldgelber Damast mit roten Blumen und lichtgelber Damast mit grauen Blumen an fürstlichen Höfen sehr beliebt. Viele dieser Waren kamen aus Italien, wo sie in Florenz, Mailand, Venedig und einigen anderen Städten am vorzüglichsten verfertigt wurden. Indessen halten die vornehmsten deutschen Handelshäuser auch eigene Fabriken und Manufakturen, welche die prächtigsten und kostbarsten Gold- und Silberstoffe lieferten. Überhaupt standen diese Waren in sehr hohen Preisen, zumal wenn man den Stand des damaligen Geldwertes in Anschlag bringt. Wir ersehen aus einer Rechnung des Thomas Lapi vom Jahre 1535, daß ein Stück roter goldener Atlas von 29 Ellen 313 Floren, ein goldenes Stück Atlas von gezogenem Golde von zwölf Ellen 120 Floren, ein silbernes Stück Atlas von gezogenem Silber von zwölf

Ellen 108 Floren kosteten. Derselbe Kaufmann sandte im Jahr 1536 dem Herzog von Preußen zwei ganz goldene und silberne Stücke von gezogenem Gold und Silber, wovon das goldene von 38 Nürnberger Ellen 380 Gulden, das silberne von 4o Nürnberger Ellen 360 Gulden kosten sollte. Zwei Stücke Damast von roter und aschgrauer Farbe zu einem Preise von 170 Gulden fand der Herzog für seine und seiner Gemahlin Kleidung zu schlecht. Man trieb außerdem an Fürstenhöfen großen Staat in kostbaren goldenen und silbernen Borten, die man aus Italien und Holland kommen ließ und womit die Kleidung besetzt wurde; dazu noch das kostbare Pelzwerk von Hermelin und Zobel, das an keinem Staatskleide fehlen durfte. Als Graf Heinrich von Schwarzburg sich im Jahr 1515 zu Brüssel befand, schrieb er dem Herzog von Preußen: man gehe dort in so kostbarer und prachtvoller Kleidung, daß er sich schäme, sein bloßes Samtkleid zu tragen und den Herzog bitten müsse, ihm etwas kostbares Pelz werk dahin zu senden, um sein Kleid damit schmücken zu lassen.

Sehr bedeutende Summen wurden an den Fürstenhöfen auch auf sogenannte Kleinodien verwandt, die nicht bloß die Fürstinnen, sondern häufig die Fürsten selbst zu tragen pflegten. Sie bestanden in allerlei Schmucksachen, Halsbändern, Medaillen, goldenen Ketten und Gehängen, Kreuzen, Halsgehängen von mancherlei Gattungen, Kopfschmuck, Armbändern und vorzüglich kostbaren Ringen. Die schönsten und kunstreichsten Kleinodien wurden zu Nürnberg verfertigt, wo Arnold Wenck, Rüdiger von der Burg und Georg Schultheß die ausgezeichnetsten Künstler in diesem Fache waren. Man schmückte alles möglichst reich mit Edelsteinen, Diamanten, Rubinen und Saphiren. Am kostbarsten waren die Halsbänder, die man gewöhnlich mit aller möglichen Künstlichkeit und Pracht verzieren ließ. Im Jahre 1529 ließ Herzog Albrecht von Preußen beim Meister Arnold Wenck in Nürnberg ein Halsband verfertigen, in welches acht große und kleine Saphire, 11 Rubinrosen, 38 größere und kleinere Rubinkörner, ein großer Diamant, 29 größere und kleinere Diamant-Tafelstücke und sechs Stücke Smaragd, damals Smarallen genannt, eingesetzt wurden. Einige Jahre zuvor hatte der Herzog bei demselben Künstler ein diamantenes Halsband bestellt, wozu die Steine aus Venedig verschrieben wurden und vom Fürsten mit 2000 Gulden bezahlt werden mußten. Die

Fürstinnen trugen Armbänder, von denen ein Paar 160 bis 200 Taler kostete. Die Fürsten schmückten sich bei festlichen Gelegenheiten mit goldenen Ketten, goldenen Adlern, goldenen Kreuzen mit Edelsteinen, Medaillen oder Medaillons und sonstigen kostbaren Schmucksachen am Halse. Die Medaillen, damals Medayen oder Maydiglen und Medaglien genannt, waren gewöhnlich von durchbrochenem Golde gearbeitet, mit Schmelzfiguren und allerlei Edelsteinen verziert. Im Jahre 1544 ließ sich der Herzog Albrecht von Preußen zu Nürnberg eine solche Medaille verfertigen, welche oben eine Krone hatte, die zwei in Gold weiß geschmelzte Löwen hielten; unter der Krone ein großes Rubinherz, das 180 Gulden kostete, und unter diesem der Buchstabe A in Diamanten. Über der Krone stiegen drei Diamantlilien auf, die einen Wert von 120 Gulden hatten; überdies war das Ganze mit orientalischen Perlen besetzt, sodaß es, ohne den Arbeitslohn, auf 682 Gulden geschätzt wurde. Der Künstler schrieb darüber dem Fürsten: „Ich schicke hiermit den Buchstaben A und hoffe, er soll gefallen. Ich hätte ihn wohl von lauter Diamanten gemacht, wenn es an Bedeutung der Farben als Smaragd und Rubin gewesen wäre. Der Smaragd oben bedeutet die Keuschheit zwischen dem Rubin in feuriger Liebe auf den beiden Füßen des A in Diamant, welches die Beständigkeit in steter Liebe und Leid ist, mit einem Hängeperlein, welches die Tugend bedeutet, hinten mit geschmelzten Blümlein Vergißmeinnicht mit Jelängerjelieber. Es steht solcher Buchstabe zu 300 Taler." Schon im nächsten Jahre 1545 ließ sich der Herzog von Georg Schultheß aus Nürnberg eine neue bedeutende Sendung von allerlei kostbaren Kleinodien kommen, die den Wert von 4796 Gulden hatte und mit 4600 Gulden bezahlt werden mußte, weil ihm der Meister das übrige nachließ.

An den Höfen trieb man auch mit Fingerringen großen Staat. Wie schon im Mittelalter, so dienten sie auch jetzt noch unter fürstlichen Personen häufig zu Geschenken, oder Fürsten bezeigten auch vielfältig anderen Personen durch Schenkung eines Ringes ihre Gunst und Erkenntlichkeit. Man ließ sie daher nicht selten in großer Anzahl und zu sehr verschiedenen Preisen verfertigen. Man trug Smaragdringe von 50 Talern, die kostbarsten, mit Diamanten und Rubinen besetzt, von 130, 170 und 180 Talern, andere von 400 bis 500 Gulden.

Der beste Markt für Goldarbeiter und Schmuckhändler waren stets die fürstlichen Hochzeiten, weil in der Regel die fürstlichen Hochzeitsgäste die Braut und das Brautgesinde mit solchen Kleinodien und Schmucksachen stattlich zu beschenken pflegten. Sie wandten sich daher auch bei solchen Gelegenheiten häufig an die Fürsten selbst, empfahlen sich mit ihren Kunstsachen und sandten diese auch wohl selbst zur Auswahl ein. Als Georg Schultheß in Nürnberg Nachricht von der bevorstehenden Vermählung des Herzogs von Preußen mit der braunschweigischen Prinzessin Anna Maria erfährt, bittet er den Fürsten: er wolle doch von niemand die Schenkringe und Kleinodien kaufen und ihn, den alten Diener, in Gnaden mit dem Kaufe bedenken; und als sich in Nürnberg das Gerücht verbreitet, Herzog Adolf von Holstein werde sich bald vermählen, richtet er an den Herzog von Preußen die neue Bitte, ihn bei diesem Fürsten „zu promovieren, so seine fürstliche Gnade etwas von goldenen Ringen oder Kleinodien bedürfe, ihn vor anderen zu begnaden." Bei der Vermählung des Königs Sigismund August von Polen mit Katharina, der Witwe des Herzogs Franz von Mantua, schenkte der Herzog von Preußen der königlichen Braut ein von Georg Schultheß verfertigtes Kleinod von 900 Gulden an Wert, ein Diamantkreuz von 200 Gulden einem Bischof und dann an andere Personen am königlichen Hofe Ringe und andere Kleinodien an Wert von 327 Gulden, also überhaupt Geschenke von mehr als 14oo Gulden an Wert. Ebenso war es Brauch, daß Königinnen, wenn sie gekrönt wurden, von den zum Krönungsfeste eingeladenen Fürsten kostbare Kleinodien als Geschenke erhielten. Als daher im Jahre 1550 von der Krönung der polnischen Königin Barbara von Radziwill die Rede ging, wandte sich Georg Schultließ an den Herzog Albrecht mit den Worten: „Ich bin in Erfahrung kommen, daß die Königin von Polen schwanger ist und auf zukünftigen St. Barbara-Tag gekrönt werden soll, wie man denn hier zu Nürnberg etliche Waren bestellt und Arbeit auf solche Krönung machen läßt. Ich habe nicht unterlassen können, Eure fürstliche Gnaden zu ersuchen mit untertänigster Bitte, dieweil ich weiß, daß Eure fürstliche Gnaden die Königin auf solcher ihrer Krönung nicht unbeschenkt lassen wird, so Dieselben etwas von guten Kleinodien bedürfen würden, mir das Geld vor anderen zu gönnen, denn ich bin mit guten Kleinodien versehen, die ich nicht in Preußen auf vergangene Eurer Fürstlichen Gnaden Hochzeit mit mir gehabt habe, eines um 800, eines um 1600, eines um 2 400 Gulden, auch geringere zu 400 und 500 Gulden, die des Geld es wert sind. So Euere Fürstliche Gnaden auf solche Krönung fahren würden, wollte ich, was Dieselben an Kleinodien bedürfen, nach Krakau schicken."

So häuften sich in einzelnen Fürstenhäusern mitunter sehr ansehnliche Schätze solcher Kleinodien an, und wie bedeutend oft der in ihnen befindliche Reichtum war, beweist das Beispiel des Markgrafen Johann von Brandenburg, den der Kaiser Karl zu seinem Statthalter in Valentia ernannt hatte. Als es diesem im Jahre 1524 bei der neuen Rüstung gegen Franz von Frankreich an den nötigen Geldmitteln gebrach, um die aufgestellten Heere besolden und unterhalten zu können, erließ er an den Markgrafen, dem er überhaupt großes Vertrauen schenkte, das Gesuch, ihm alle seine und seiner Gemahlin Kleinodien, Gold- und Silbergeschirre zu leihen und zu erlauben, daß er sie zu einer Anleihe als Pfand versetzen dürfe. Der Markgraf bedachte zwar die Gefahr, daß bei dieser Gelegenheit sein ganzer köstlicher Schatz verloren gehen könne; „allein Ihre Majestät", schreibt er selbst, „hat uns auch daneben mit eigener Hand geschrieben und zu erkennen gegeben, da sie jetzt in großen Nöten sei, so wolle sie sehen, was wir von Ihrer Majestät wegen tun und wie wir uns jetzt verhalten würden; und dieweil wir nun auch berichtet sind, daß Ihre Majestät hiervor schon alle ihre, dazu auch der Königin von Portugal, Ihrer Majestät Schwester, Kleinodien versetzt hat, und daß sie das jetzige Begehren nicht allein an uns, sondern auch an mehrere andere getan hat, so haben wir besorgt, nachdem alle unsere Renten und Einkommen unter Ihrer Majestät liegen, es möchte uns, wenn wir dem Kaiser einen Abschlag täten, noch mehr in dieselben eingegriffen werden. Wir haben also, auch in Betracht dessen, daß wir und unsere Brüder in desto größerer Gnade und gutem Willen bleiben würden, Ihrer Majestät die zwölf besten unserer und unserer Gemahlin Kleinodien, welche von den geschworenen Kleinodienschätzern auf 24 100 Dukaten geschätzt sind, zu verpfänden dargestreckt auf briefliche Versicherung, sie uns in einem Jahr wieder zuzustellen."

Im kostbarsten Staatskleide und mit dem schönsten Schmuck angetan erschien der Fürst auf wichtigen Hof- und Reichstagen, wo man alles, was Pracht und Glanz hieß, zur Verherrlichung des festlichen Auf- und Einzuges aufzubieten pflegte. Wie groß der fürstliche Pomp war, wenn Fürsten auf Reichsversammlungen erschienen, zeigte sich niemals mehr als bei dem Einzuge des Kaisers in Augsburg zu dem wichtigen Reichstag im Jahre 1530, wovon uns eine für die fürstlichen Sitten der Zeit nicht uninteressante Schilderung eines Augenzeugen überliefert ist. Es war am 15. Juni dieses Jahres, als der Kaiser seinen Einzug in Augsburg halten wollte. Da kam zuerst um Mittag der Kardinal von Lüttich mit hundert Pferden; er selbst ward in einer Roßsänfte getragen. Alsbald zogen die in Augsburg bereits versammelten Kurfürsten und Fürsten, geistliche und weltliche, nebst den Vornehmsten aus Augsburg dem Kaiser zu Roß und Fuß entgegen; mit ihnen ihr gesamtes Hofgesinde. Nicht weit vom Lech bei einer kleinen Brücke angekommen, warteten sie dort einige Stunden auf des Kaisers Ankunft, und als dieser hierauf mit seinem Bruder, dem König Ferdinand, den Herzögen Wilhelm und Ludwig von Bayern, dem Pfalzgrafen Friedrich, dem Herzog Otto Heinrich, den zwei Kardinälen von Salzburg und Trident, dem Erzbischof von Bremen und vielen anderen Fürsten, Bischöfen und hohen Geistlichen aus Deutschland, Spanien und Italien, alle im prachtvollstem Schmucke, über den Lech herübergekommen waren, stiegen Kurfürsten und Fürsten, Jung und Alt von ihren Rossen, dem Kaiser entgegengehend. Da dieser sie wahrnahm, wollte er ebenfalls vom Rosse steigen, wäre aber beinahe heruntergefallen. Die Fürsten, dieses sehend, liefen eiligst hinzu. Allein der Kaiser war behend vom Pferde, ebenso König Ferdinand, und beide reichten mit freundlicher Huld allen Kurfürsten und Fürsten die Hand. Darauf empfing der Erzbischof von Mainz, als Reichserzkanzler, den Kaiser mit einer Rede, ihm Glück und Heil zu seiner Krone wünschend, und als dann dieser mit seinem Bruder Ferdinand und dem Pfalzgrafen Friedrich sich einige Augenblicke unterredet, ließ er durch diesen den Fürsten in „einer tapferen und höflichen Antwort" Dank sagen. Bei diesem Empfang blieben die beiden Erzbischöfe von Salzburg und Trident auf ihren Pferden sitzen; der päpstliche Legat, Kardinal Campeggio, aber war vor dem Empfang zur Seite geritten und nicht zugegen, weil er vielleicht besorgte, es werde ihm seine gebührliche Ehre nicht genug erwiesen werden. Als darauf der Kaiser wieder auf das Roß steigen wollte, griffen die jungen Fürsten von Sachsen, Hessen,

Lüneburg, Mecklenburg, Brandenburg und Anhalt an den Zaum, Sattel und Steigbügel und halfen ihm empor.

Nahe bei der Stadt angelangt, wurde der Kaiser vom Bürgermeister und sechs Ratsherren empfangen; dreimal fielen sie vor ihm zu Fuß, zogen über des Kaisers Haupt einen kostbaren Traghimmel und bildeten dann mit ihren Bürgern, Kaufleuten, Söldnern und Volk, über zweitausend, zum Teil im Harnisch, zum Teil in Samt und Seide gekleidet, zu Roß und Fuß eine lange Schlachtordnung, während das Geschütz von den Mauern des Kaisers Ankunft verkündete. Jetzt erfolgte der Einzug in folgender Weis: Voran zogen um sechs Uhr abends zwei Fähnlein Knechte, die der Kaiser zu Memmingen angenommen und gemustert, in die Stadt ein, je sieben in einem Glied, etwa tausend an Zahl, an ihrer Spitze ihr Oberster Maximilian von Eberstein; etwas später folgten im Vorzuge des Kaisers und des Kurfürsten von Sachsen Hofgesinde und Diener, je drei im Gliede, dann die des Kurfürsten von Brandenburg 29 Glieder, je drei im Glied, darauf die der Kurfürsten von Trier, Mainz und Köln, deren nur wenige waren, alle ungerüstet. Diesen schloß sich an der Herzöge Wilhelm und Ludwig von Bayern reisige Zeug von 94 Gliedern, je fünf im Glied, auf 500 Pferde, mit Spießen, lichtem Harnisch und hohen Federbüschen, aufs trefflichste gerüstet; hierauf des Herzogs Heinrich von Braunschweig Rosse in 14 Gliedern, je drei im Glied, dann des Landgrafen von Hessen Reiter in 26 Gliedern und sieben Glieder Pommern, je drei im Glied; nach diesen des Deutschmeisters Walther von Kronberg Rosse, mit denen auch etliche Spanier ohne Ordnung ritten. Endlich eine große Schar von Grafen, Herren und viele vom Adel, kaiserliche und königliche Räte, Spanier und Deutsche. Hierauf vorzog sich eine Weile, bis der andere Zug mit dem Kaiser kam. Ihn eröffnen 20 spanische Rosse des kaiserlichen Großhofmeisters Herrn von Roys, auf denen kaiserliche wohlgekleidete Edelknaben; ihnen folgen in 29 Gliedern des Königs von Ungarn Reiter, fünf im Glied, darauf ebenfalls Edelknaben, schön in rot gekleidet; darnach des Kaisers Stall, 23 der schönsten Rosse, darunter polnische Hengste, türkische, genueser und andere leichte Pferde, auf welchen Edelknaben in gelben Samtröcken, in einem Ärmel eine Farbe von aschgrau und braun; dann folgen noch 200 kaiserliche Pferde und des römischen Königs Hofgesinde, viele in goldenen Stücken und Samtkleidern. Nun erscheinen etlicher großen Potentaten Botschafter, mehrerer Fürsten, des Kaisers und des römischen Königs Räte, Herren des kaiserlichen Regiments, Spanier und andere, alle in schwarzen Samt gekleidet, auch etliche Herren aus Böhmen, auf prächtigen Hengsten köstlich gekleidet, mit großen goldenen Ketten geziert. Jetzt die kaiserlichen und königlichen Trompeter und Heerpauker, sechzehn an Zahl, nebst drei Trommelschlägern; darauf neun Herolde in ihren Habiten, ihnen voran ein langer schwarzer Pfaffe mit einem langen Kreuze in der Hand, die Staffiere und Palafreniere des päpstlichen Legaten mit Säulen und Kolben. Nun folgen die Fürsten, weltliche und geistliche, die Bischöfe, dann die Kurfürsten; der von Sachsen als Erzmarschall in der Mitte, trägt das bloße Schwert voran; neben ihm zur Rechten der von Brandenburg, zur Linken des Pfalzgrafen und Kurfürsten Ludwigs Botschafter, dann die von Mainz und Köln. Darauf der Kaiser, allein reitend auf einem weißen polnischen Hengste mit goldenem Zeuge behängt, in einem goldenen spanischen Waffenrock, auf dem Haupte ein kleines spanisches, seidenes Hütlein; über dem Kaiser ein Himmel von rotem Damast, in dessen Mitte ein schwarzer Adler, von denen des Rats von Augsburg getragen. Vor, neben und hinter dem Kaiser laufen dreihundert Trabanten, Deutsche, Niederländer und Spanier, gelb, braun und aschgrau gekleidet. Nach dem Kaiser folgt König Ferdinand zur Rechten und der päpstliche Legat Campeggio, jener in einem goldenen Kleide, daneben hundert Trabanten in Rot gekleidet, dann die beiden Erzbischöfe von Salzburg und Trident, viele andere Erzbischöfe, Bischöfe und hohe Geistliche ohne Zahl, hierauf hundert kaiserliche Harschiere, zu Pferde und gerüstet, das Hofgesinde der Bischöfe und anderer Herren in 99 Gliedern, je drei und vier im Gliede, darunter auch zwölf Stradioten und zwei Türken. An diese schließt sich der reisige Zeug von Augsburg, an 1700 bis 1800 Fußknechte unter vier Fähnlein mit Spieß und Harnisch, etliche als Kürassiere, etliche in schwarzen barchentenen Paltröcken, und mit zwei weißen Atlasstrichen um die Ärmel, andere in Aschfarbe, welches der Fugger Farbe war; zuletzt die Bürger von Augsburg, zu Fuß unter vier Fähnlein, an Zahl gegen 2000, alle wohlgerüstet, mit Federbüschen und vielem Schmuck. Vor ihnen her zogen zwölf Halbschlangen, die man mit hinausgenommen und dem Kaiser zu Ehren abgeschossen. Als der Kaiser sich dem Stadttore näherte, ertönten alle Glocken der Stadt, und auf den Mauern und Türmen ward mit dem Geschütz so gewaltiglich gefeuert, daß fast niemand sein eigenes Wort hören konnte. Inmitten der Stadt kam dem Kaiser der Bischof von Augsburg mit der gesamten Priesterschaft in Prozession entgegen. Bei ihm angelangt, wollte sie ihn unter einen anderen Himmel nehmen; „allein ihrer Majestät Hengst hat ob solchem Himmel sich sehr verscheut und wollte mit nichten in und unter der Pfaffen Himmel." Unter Gesang und Glockengeläute ging der Zug zur Domkirche. Vor ihr angelangt, fiel der Kaiser auf die Knie nieder, erhob die Hände und betete mit Andacht. Nach dem Gottesdienste begleiteten ihn alle Fürsten in die Pfalz auf seine Herberge und hielten da ein Gespräch mit ihm. Es haben sich aber bei diesem Einzuge unter den Fürsten mancherlei Irrungen und Streitigkeiten zugetragen wegen des Vor- und Nachzuges. So wollten auch, als am Tore der Stadt der päpstliche Legat, an einem Lusthaus haltend, sich anschickte, dem Kaiser zur Seite zu reiten, die Kurfürsten und Fürsten dies nicht gestatten. „Wie aber Kaiser und König, wie auch Kurfürsten und Fürsten, geistliche und weltliche, samt ihrem Hofgesinde mit goldenen und silbernen Tüchern, Perlenschmuck, Sammet, Seide, Federbüschen und allerlei Zierat bekleidet und geschmückt gewesen, ist nicht zu beschreiben, denn dessen war in allem ein unglaublicher Überfluß."

Mit nicht minderem Glanze erschien der Fürst auf Reichstagen, wenn ihm vom Kaiser die Belehnung mit seinen Landen erteilt wurde. So erhielt sie der neue Kurfürst Moritz von Sachsen im Jahre 1548 auf dem Reichstage zu Augsburg mit großer Feierlichkeit. Noch glanzvoller und zugleich noch wichtiger, weil es die letzte war, die unter freiem Himmel geschah, war die Belehnung des Kurfürsten August von Sachsen auf dem Reichstag zu Augsburg im Jahre 1566. Lernen wir auch dieses fürstliche Fest in seinem eigentümlichen Charakter etwas genauer kennen. Kaiser Maximilian II. hatte dem Kurfürsten den 23. April zur Belehnung mit dem Erzmarschall-Amte und den kurfürstlichen Landen bestimmt, erklärend, daß er sie ihm „in gewöhnlicher Solennität" öffentlich unter freiem Himmel erteilen werde. Nach kaiserlichem Bescheid ward alsbald, vor des Kaisers Palast nächst dem Tanzhause, auf dem Weinmarkte zu Augsburg eine ansehnliche und stattliche Tribüne (Gestühl) aufgerichtet, die an dem bestimmten Tage ringsum mit herrlichen Tapezierungen und goldenen Stoffen geziert und bekleidet war. Darüber, hinter des Kaisers Sitz, aus dem Tanzhause war ein Gang gebaut, ebenfalls mit Tapezierungen behängt. Dort standen des Kaisers Trompeter und Heerpauker. Vom Palaste bis auf das Pflaster hinab war eine Brücke mit Geländer in ziemlicher Breite gelegt und verschränkt, um in breiter Ordnung auf den Palast hinaufgehen zu können.

Als nun Tag und Stunde kam, ritt der Kurfürst um zwölf Uhr im prachtvollen Kleide mit seinen befreundeten und verwandten Fürsten, Grafen, Herren vom Adel und anderem reisigen Hofgesinde bis auf den Platz bei St. Ulrichs Kirche, wo sich alles versammelte, wo man die Renn- oder Blutfahne bestellte und besetzte und der gewaltige Haufe geordnet ward. Die Rennfahne wurde in der St. Ulrichsgasse gegen der Fugger Häuser geführt und wegen Enge der Gassen, durch die man um den Palast rennen mußte, die Glieder nur zu je fünf gestellt. Führer des Haufens waren Wolf von Schönberg, kurfürstlicher Hauptmann über das Erzgebirg, Joachim Röbel zur Schweinz und Heinrich von Gleissental, Amtleute zu Hainichen. Die Blutfahne ward Christophen von Rogwitz anvertraut, der sie schon bei Kurfürst Moritzens Belehnung und auch sonst zuvor im Felde geführt. Unter ihr standen 75 Glied, worunter 16 Glied Vornehmer von Adel, die übrigen gute reisige Knechte, alles wohlerfahrene und geübte Kriegsleute; es waren ihrer insgesamt 375 Pferde, die von Adel alle mit schwarzen Samtkleidern geschmückt, ihre ausgezeichnet schönen Rosse mit gelben Federn und samtenen Zeugen musterlich geziert, jeder auf seinem Haupte und vorne auf dem Pferde mit einem Fendel in schwarzer und gelber sächsischer Farbe geteilt, worauf auf einer Seite die zwei Kurschwerter, auf der anderen der Rautenkranz gemalt waren, nebst einer schönen gelben Feder, „welches dem Haufen eine lustige Zier und Ansehen gemacht". Vor dem Haufen her ritten zwei Feldtrompeter und drei Vorreiter.

Den zweiten gewaltigen Haufen bildeten die anderen Grafen, Herren, Räte, Kämmerlinge, die von der Ritterschaft und die reisigen Hofleute des Kurfürsten; seine Führung ward dem kurfürstlichen Hofmarschall Heinrich von Schönberg, Jakob von der Schulenburg und Hans von Wolf, Amtleuten zu Gemern und Quedlinburg, anvertraut, die, wie gebührlich, voranritten, mit schwarzsamtenen Kleidern, goldenen Ketten und gelben Federn aufs herrlichste und prächtigste geschmückt. Ihnen folgten 25 Trompeter mit einem Heerpauker, dann die Grafen und Herren, die dem Kurfürsten die Lehensfahnen vortrugen, je zwei nebeneinander reitend, nämlich Philipp Graf von Hanau mit der Kurfahne, oben schwarz und unten weiß geteilt, darin zwei rote Schwerter überschränkt, zur Rechten; Graf Ludwig von Königstein mit des Herzogtums Sachsen Wappen, einer gelben Fahne, worin fünf schwarze Balken, darüber ein grüner gewundener Rautenkranz, zwerch über die Ecke, zur Linken; darauf Graf Ludwig von Eberstein mit dem Wappen des Landgraftums Thüringen, einer blauen Fahne, worin ein aufgerichteter bunter Löwe mit vier weißen und roten Strichen und einer goldenen Krone, zur Rechten; Graf Albrecht Georg zu Stolberg mit dem Wappen des Markgraftums Meißen, einer gelben Fahne, worin ein schwarzer aufgerichteter Löwe, zur Linken; dann Graf Wilhelm zu Schwarzburg mit der Fahne Pfalz-Sachsens, worin ein gelber Adler mit ausgebreiteten Flügeln und einer goldenen Krone auf dem Kopfe, zur Rechten; Graf Bruno von Mansfeld mit dem Wappen der Grafschaft Orlamünde, einem schwarzen Löwen im gelben Felde und roten Rosenblättern mit einer roten Krone, zur Linken; alsdann Graf Wolf von Eberstein mit des Burggrafentums Magdeburg Fahne, einem halben weißen Adler im roten Felde mit goldener Krone nebst vier roten Balken im weißen Felde, zur Rechten; Graf Wolf zu Barby mit der Fahne der Pfalz Thüringen, worin ein gelber Adler im schwarzen Felde mit ausgebreiteten Flügeln, zur Linken; darauf Graf Burkard von Barby mit der Fahne der Herrschaft Landsberg, zwei blaue Balken von oben herab die Länge im gelben Felde, zur Rechten, und Graf Wolf von Hohenlohe mit dem Wappen der Grafschaft an der Pleiße, einer blauen Fahne, worin ein aufgerichteter Löwe, halb geteilt, der obere Teil gelb, der untere weiß, zur Linken; endlich Georg Freiherr von Schönburg mit dem Wappen der Grafschaft Altenburg, einer weißen Fahne, worin eine rote Rose, inwendig mit gelben Samenknospen und vorstehenden Spitzen zwischen den Blättern, zur Rechten, und Wolf Freiherr von Schönburg mit dem Wappen der Grafschaft Brena, drei rote Herzen, auf denen drei weiße Kleeblätter im weißen Felde, zur Linken. Diese zwölf Grafen und Herren hatten sich, wie ihrem Stande geziemt, in schwarzen Samt gekleidet, sich und ihre

Rosse mit gelben Federn, goldenen Kelten und schönem Zeug gar herrlich und köstlich geschmückt; über ihnen flatternd die Lehensfahnen von gutem Taffent, jede nach ihres Wappens Farbe „gar werklich" gemacht und gemalt; „war alles ganz manierlich, lustig und prächtig anzusehen."

Den Fahnen zunächst ritt vor dem Kurfürsten auf stattlichem Rosse Graf Ludwig Kasimir von Hohenlohe, dem Fürsten ein großes Schwert in einer schönen silbernen Scheide vortragend, gleich wie die übrigen Grafen prächtig gekleidet; nach ihm der Kurfürst im Kurkleide von rotem Karmesin-Samt mit weißem Hermelin unterfüttert, auf einem sehr schönen weißen Rosse mit rotem Samtzeug und Roßdecke; hinter ihm sechs Fürsten, die dem Kurfürsten zu Ehren zu diesem Lehensempfange dienten, nämlich Pfalzgraf Wolfgang Herzog von Bayern, Markgraf Georg Friedrich zu Brandenburg, Herzog Christoph von Württemberg, Herzog Johann der Jüngere von Holstein, Fürst Joachim Ernst von Anhalt und Herzog Heinrich von Liegnitz, ihrer fürstlichen Hoheit nach schwarz gekleidet, auf prächtig gezierten Rossen. Nach ihnen ritten die abgesandten Räte des Vetters des Kurfürsten, des Herzogs Emanuel Philibert von Savoyen; diesen folgten des Kurfürsten Räte und Kämmerlinge, darauf eine Reiterschar von 37 Glied, an Zahl 777 Pferde, darunter in den ersten zwei Gliedern meist Grafen, Herren und Vornehme vom Adel, in 15 Gliedern Junker und Edelleute, in den übrigen aber gute Reisige und wohlgeübte Knechte. Während man diese zwei Haufen ordnete, ließ der Kaiser „die Session" auf dem Palaste für sich und die Kurfürsten prächtig zurichten, seinen Stuhl mit köstlichen goldenen Stücken bekleiden und mit einem schwebenden Himmel von goldenem Tuch überziehen, desgleichen auch die Session und Bänke der Kurfürsten mit Polstern und Decken von goldenem Tuch aufs herrlichste verzieren. Darauf gebot er den Offizieren und Wardeinen, das Volk, welches den Platz und die Gassen in unmäßiger Zahl eingenommen, abzutreiben und Raum zu machen; denn es wäre bei der unzähligen Volksmenge nicht möglich gewesen, ohne Beschädigung vieler Menschen das Rennen und den Empfang der Lehensfahnen auszuführen.

Als nun alles vorbereitet war, begab sich der Kaiser mit den anwesenden geistlichen und weltlichen Kurfürsten und Fürsten, die ihm aufwarteten, nebst den kaiserlichen Räten, dem Hofgesinde und den vorausgehenden Herolden der Krone Böhmens und des Römischen Reiches aus seiner Behausung auf das Tanzhaus, worin für ihn und die Kurfürsten verschiedene Gemache mit schönen Teppichen lustig geschmückt waren. „Da ist beim Auszuge von den kaiserlichen Trompetern tapfer geblasen und die Heertrommel weidlich gerührt worden." Auf des Kaisers Dienst warteten außer den Kurfürsten Herzog Albrecht von Bayern, Herzog Wilhelm zu Jülich, des Kurfürsten Pfalzgrafen zwei Söhne, Markgraf Hans Georg der Jüngere von Brandenburg und Herzog Johann Friedrich von Pommern nebst vielen Grafen und Herren. Die Kaiserin nebst den kaiserlichen Fräuleins und Frauenzimmern sah aus der Behausung der Fugger zu. Auf ihren Dienst warteten die Kurfürstin von Sachsen, des Herzogs Albrecht von Bayern, des Pfalzgrafen Wolfgang, des Herzogs Christoph von Württemberg Gemahlinnen, die verwitwete Markgräfin von Ansbach und die Gemahlin des Herzogs Heinrich von Liegnitz, nebst den bei diesen Fürstinnen befindlichen Fräulein und Frauenzimmern in großer Zahl. Alle Häuser und Fenster um den großen Platz und in den Straßen, so weit man auf jenen sehen konnte, waren bis unter die Dächer mit Menschen angefüllt, darunter auch vieler geistlichen und weltlichen Potentaten und Fürsten Botschafter und Gesandten und eine große Zahl schöner Frauenzimmer vom Herrenstande, Adel und der Bürgerschaft.

Nachdem der Kaiser auf dem Tanzhause mit dem kaiserlichen Ornate, den die Kaiser in ihrer Majestät zu tragen pflegen, und die Kurfürsten mit ihren Kurkleidern geschmückt waren, zog ersterer aus dem Zimmer wieder auf den Palast; voran trug der Reichserbmarschall Heinrich von Pappenheim, wie gebräuchlich, das bloße Schwert; die vier anwesenden Kurfürsten folgten dem Kaiser nach, wobei die Trompeter abermals prächtig aufbliesen und der Kesselschläger die Trommel rührte. Jetzt nahm der Kaiser seinen Sitz auf dem Stuhle ein; rechts neben ihm, etwas niedriger, ließ sich der Erzbischof von Mainz nieder, in der Hand das Neue Testament haltend, und neben diesem der Pfalzgraf und Kurfürst Friedrich, dem der Reichsapfel vorgehalten wurde; zur Linken des Kaisers der Erzbischof von Köln und neben ihm, an Stelle des Kurfürsten von Brandenburg, Graf Wilhelm von Höllenstein. Der Erzbischof von Trier hatte seinen Sitz gerade dem Kaiser gegenüber. Als denen, welche die Kennfahnen führten, kundgegeben war, daß sich der Kaiser niedergelassen habe, rückten sie unverzüglich aus der Straße hervor, fingen an zu rennen und umrannten in guter Ordnung, je fünf in einem Gliede, den Palast, dreimal in vollem Laufe der Rosse; die Blutfahne, wie auch sonst im Felde gebräuchlich, in der Mitte des Geschwaders, von drei Gliedern Edelleuten umschart und von Christoph von Rogwitz musterhaft geführt. Das Reitergeschwader, worunter viele tapfere, wohlgeübte Kriegsleute von Adel mit trefflichen Rossen, erregte allgemeines Wohlgefallen. Nach dem Rennen kehrten die Fahnen in die Straße zurück. Christoph von Rogwitz aber rückte mit der Blutfahne, „wodurch die Religion bedeutet wird", aus dem Geschwader vor die anderen Lehensfahnen des Kurfürsten vor. Darauf sandte dieser aus dem Haupthaufen folgende Fürsten und Gesandten nach dem Palast, um vom Kaiser in seinem Namen um die Belehnung zu bitten, nämlich Pfalzgraf Wolfgang, Herzog von Bayern, Markgraf Georg Friedrich von Brandenburg, Herzog Christoph von Württemberg, Herzog Johann den Jüngern von Holstein, den Fürsten Joachim Ernst von Anhalt, Herzog Heinrich von Liegnitz, die beiden Gesandten des Herzogs von Savoyen und den Rheingrafen Hans Philipp. Je drei und drei nebeneinander reitend, von kurfürstlichen Trabanten begleitet, kamen sie unter Trompetenschall vor dem Palaste an und stiegen hinauf. Als sie den Kaiser sehen konnten, taten sie dreimal einen Fußfall, und also kniend begann der Pfalzgraf Wolfgang in des Kurfürsten Namen in untertänigster Rede die Bitte: „Daß Ihre kaiserliche Majestät dem Kurfürsten von Sachsen mit allen Regalien, dem Kurfürstentum und den Landen, die seine kurfürstliche Gnade von ihrer kaiserlichen Majestät am heiligen Reiche hätten, allergnädigst beleihen wollten; dagegen wäre seiner kurfürstlichen Gnade untertäniges Erbieten, Ihrer kaiserlichen Majestät nicht allein gewöhnliche Pflicht und schuldigen Gehorsam zu leisten, sondern solches auch untertänigst zu verdienen." Als darauf der Kaiser den Fürsten befohlen aufzustehen, und auch die Kurfürsten sich von ihren Sitzen erhoben, traten diese dem Kaiser zu einer kurzen Unterredung näher, und nachdem sich jeder Kurfürst dann wieder an seinen Platz gesetzt, ließ er den Abgesandten durch den Erzbischof von Mainz, als Reichserzkanzler die Antwort geben: Da der Kurfürst von Sachsen vor Ihrer kaiserlichen Majestät persönlich erschienen sei, die Lehen selbst anzusuchen und zu erbitten, und er seinem Erbieten nachkommen werde, so wollten Ihre kaiserliche Majestät ihn gnädigst beleihen. Für diese Antwort dankend, ritten die Fürsten nach bezeigter Reverenz unter Trompeten- und Heerpaukenschall zum Kurfürsten zurück, ihm den Bescheid anzuzeigen.

Jetzt rückten die drei Führer des Haupthaufens und das Renngeschwader aus ihren Straßen zugleich auf den Platz, der, als beide Haufen mit ihren vordersten Gliedern sich berührten, ganz mit Reitern bedeckt war. So geordnet, rannte man bis vor den kaiserlichen Palast, und als der Kurfürst, durch sein rotes Kurkleid und sein weißes Roß im ganzen Haufen vor allen kenntlich, bis an den Palast gekommen war, stieg er mit allen Fürsten, Herren und Räten vom Rosse; die Lehensfahnen wurden ihm vorgetragen-, voran ganz allein Christoph von Rogwitz mit der Blutfahne, die anderen je zwei hinter ihm. Dem Palaste näher teilten sie sich, so daß sechs Fahnen zur Rechten und sechs zur Linken standen, die Blutfahne in der Mitte, gerade hinter dem Kurfürsten von Trier. Nach den Fahnenträgern folgte der Graf von Hohenlohe, dem Kurfürsten das Schwert in der vergoldeten Scheide vortragend; nach ihm der Kurfürst selbst und hinter ihm die erwähnten sechs Fürsten, die savoyischen Gesandten, seine Räte und Kämmerlinge. Beim Hinaufsteigen bezeigte der Kurfürst mit dem ganzen Gefolge dem Kaiser durch zweimaligen Fußfall seine Reverenz und dann vor dem Kaiser zum dritten Mal. Knieend bat er jetzt selbst in wenigen Worten um die Belehnung, und auf die Zusage des Kaisers verlas zuvor der Erzbischof von Mainz den gewöhnlichen Eid und ließ den Kurfürsten durch Auflegung der Hände auf das Evangelium schwören.

Hierauf forderte der Kaiser zuerst vom Reichserbmarschall von Pappenheim das bloße Schwert und gab es dem Kurfürsten, wodurch er ihn mit dem Reichserzmarschall-Amte belehnte; der Kurfürst überreichte es dem von Pappenheim wieder als seinem belehnten Untermarschall. Darauf belehnte der Kaiser durch Überreichung der Blutfahne den Kurfürsten mit den hohen Regalien und Herrlichkeiten der hohen königlichen Lehen über alle seine Lande und das Kurfürstentum, dann durch die Kurfahne mit dem Kurfürstentum Sachsen, durch eine andere mit dem Herzogtum Sachsen, und so weiter, bis der Kurfürst mit allem belehnt war. Sobald eine Lehensfahne verliehen war, wurde sie durch kaiserliche Herolde in das umstehende Volk geworfen, welches sich immer in solchen Haufen darum riß, daß keine Fahne noch Spieß ganz blieb, außer der Fahne des Herzogtums Sachsen mit dem Rautenkranze auf fünf schwarzen Balken im gelben Felde. Diese erwischte ein Reiterjunge auf einem Rosse und hielt sie davonsprengend so empor, daß niemand sie ihm entreißen konnte, wofür er, als er sie dann dem Kurfürsten unverletzt wieder überreichte, mit einem stattlichen Ehrengeschenke begnadigt ward. Und weil diese Lehensfahne über das Herzogtum Sachsen auch schon früher, als der Kurfürst die Belehnung vom Kaiser Ferdinand im Jahre 1558 zu Frankfurt empfing, ebenfalls unverletzt erhallen und gerettet worden war, so achtete man es für ein sonderlich gutes Vorzeichen, „daß das löbliche Haus Sachsen beständig unverletzt werde erhalten werden und die edle Raute alle Zeiten grünen." Nachdem nun der Kurfürst dem Kaiser mit gebührender Reverenz gedankt und nochmals schuldigen Gehorsam und getreuen Dienst zugesagt, stieg er mit seinem Gefolge wieder zu Roß und begab sich in seine Behausung unter dem Schalle der Trompeten zurück, desgleichen der Kaiser, nachdem er im nahen Gemache den kaiserlichen Schmuck abgelegt, von den Kurfürsten und Fürsten begleitet.

So der Fürst im Glanz und Prunk auf feierlichen Reichstagen. Außer den Hochzeitstagen aber hören wir im sechzehnten Jahrhundert viel weniger von so glänzenden und kostbaren Schmausen und Trinkgelagen, wie sie in früherer Zeit an den meisten Höfen stattgefunden und großen Aufwand erfordert hatten. Es war dieses die Folge des Ernstes der Zeit, aber auch insbesondere einer Übereinkunft einer bedeutenden Anzahl deutscher Fürsten. Als nämlich im Jahre 1524 die Fürsten Richard, Erzbischof von Trier, Pfalzgraf Ludwig vom Rhein, Herzog von Bayern, Pfalzgraf Friedrich, Herzog von Bayern, Pfalzgraf Wilhelm, Herzog in Ober- und Niederbayern, die Bischöfe Konrad von Würzburg, Wilhelm von Straßburg, Philipp von Freisingen, Georg von Speyer, Markgraf Kasimir von Brandenburg, Otto Heinrich, Pfalzgraf und Herzog von Bayern, Philipp, Landgraf von Hessen und andere sich zu Heidelberg zu einem sogenannten Gesellenschießen mit der Armbrust versammelt hatten und manche Stimme über die sittlichen Gebrechen und Mangel der Zeit unter ihnen laut wurde, vereinigten sie sich zur

Besserung der Sitten an den fürstlichen Höfen und unter den höheren Ständen in folgenden Bestimmungen: Jeder von ihnen, Kurfürst oder Fürst, geistlich oder weltlich, solle in eigener Person sich alles Gotteslästerns und alles Zutrinkens, zu ganz oder halb, völlig enthalten, jeder es auch seinen Amtleuten, Hofgesinde, Dienern und Untertanen bei namhafter Strafe, desgleichen auch der Ritterschaft und den Landgesessenen, in jedem Fürstentum verbieten; wer sich diesem Gebote nicht füge, solle mit Ausrichtung seines Lohnes vom Amte entlassen und vom Hofe entfernt werden und kein Fürst ihn je wieder zu Amt und Hof zulassen. Wenn aber einer der Fürsten in die Niederlande, nach Sachsen, in die Mark, nach Mecklenburg, Pommern oder andere Lande käme, wo zu trinken Gewohnheit ist, und sich dort, bei aller Weigerung, des Trinkens nicht erwehren möchte, so solle er dann mit seinem Hofgesinde und seinen Dienern an diese Ordnung nicht gebunden sein. Da ferner bisher, wenn ein Fürst in eigener Person zu dem anderen an seinen Hof oder anderswo zum Besuche kam oder seine Botschafter und Räte sandte, durch Gastauslösung, mit Prassen und Auftischen viele Kosten aufgingen, da man desgleichen an den fürstlichen Höfen von den Trompetern, Boten, Schalksnarren, Sängern und anderen Spielleuten häufig mit Bitten um Gaben und Geschenke angelaufen wurde, so hat man sich dahin vereint, daß kein Fürst den anderen oder des anderen Botschafter und Räte, wenn sie an fremde Höfe kommen, forthin mehr aus der Herberge lösen oder etwas weiter als Futter und Mahl geben solle; es solle auch kein Kurfürst oder Fürst beim geselligen und freundlichen Zusammenkommen dem anderen über acht Essen zu einer Mahlzeit geben, es wäre denn bei einer Hochzeit oder dergleichen, wo sich jeder nach Gebühr zu verhalten weiß. Man solle auch keinem Trompeter, Boten, Schalksnarren, Sänger oder dergleichen Spielleuten fernerhin mehr Schildgeld oder etwas anderes geben, sondern sie abweisen. Bei Kurfürsten und Fürsten, die Frauenzimmer am Hofe haben, solle man nicht mehr, wie bisher geschehen, Ringe an sie vergeben. Jeder Fürst solle seine Trompeter, Boten, Schalksnarren mit so viel Besoldung versorgen, daß sie sich daran genügen lassen müssen. So beschlossen zu Heidelberg am Sonntag Erasmi des Jahres 1524.

Häufig erheiterten sich an fürstlichen Höfen die Gäste bei mancherlei Gesellschaftsspielen. Sehr gewöhnlich war eines dem ähnlich, das heutigen Tages „Namen und Unterschrift" heißt. Selbst der Kaiser trieb zuweilen Kurzweil damit; natürlich nahm es unter den drängenden Verhältnissen der Zeit mitunter politischen Charakter an. Als er sich einst zu Linz befand und eine bedeutende Zahl von Fürsten sich um ihn versammelte, ergötzte er sie eines Tages dadurch, daß er in einem Saale zwei Gefäße aufstellen ließ, in deren eins eine gewisse Anzahl Namen, in das andere eine gleiche Zahl von Versen oder Sprüchen geworfen wurden. Darauf ließ er den Hofnarren des Erzherzogs Ferdinand von Österreich rufen, der sich zwischen beide Gefäße setzen und mit beiden Händen zugleich aus dem einen einen Namen und aus dem andern einen Vers oder Spruch herausgreifen und vorlesen mußte. Es traf sich dabei oft manche interessante Zusammenstellung, die bei den damaligen Zeitverhältnissen und der Bekanntschaft mit den genannten Personen vieles Vergnügen machte. So griff der Hofnarr zusammen:

Der Cardinal von Trident.
Judas, du hast des Menschen Sohn mit einem Kusse verraten.
Die geistlichen Kurfürsten.
Bist du nicht auch ein Galiläer? denn deine Sprache verrät dich.
Das Haus Österreich.
Sie haben meine Wege nicht erkannt, denen habe ich meinen
    Zorn geschworen, wo sie in mein Haus kommen.
Der König von England.
Ein Aufrührer macht Zank und ein Zänkischer verhetzt die Für-
    sten.
Die Äbte und die Mönche.
Haben wir denn nicht recht gesagt, daß du ein Samariter bist
    und hast den Teufel?
Der König von Frankreich.
Kommet her zu mir alle, die ihr mühselig und beladen seid, ich
    will euch erquicken.
Der Herzog von Lothringen.
Sie haben meine Kleider unter sich geteilt und über mein Ge-
    wand haben sie das Los geworfen.
Das Reichsland.
Mein Haus ist ein Bethaus, ihr aber habt's zur Mördergrube
    gemacht.
Der König von Spanien.

Erlöse mich, Herr, von den bösen Lefzen und falschen Zungen.
Der Papst.
Dies Volk ehret mich allein mit dem Munde, aber ihr Herz ist weit von mir.
Herzog August, Kurfürst von Sachsen.
Ich habe meine Augen zum Herrn gewendet, und er hat mich erhört.
Der Landgraf von Hessen.
Seine Söhne sind gleich den jungen Gezweigen, so um seinen Kopf herum sind.
Frankreich.
Sein Blut über uns und unsere Kinder.
Die Edelleute.
Über ein kleines werdet ihr mich sehen, und aber über ein kleines werdet ihr mich nicht sehen.
Die Lutherischen.
Ein guter Hirt läßt seine Seele für seine Schafe, aber ein Fremdling läuft davon.
Die Kämmerlinge.
Mein Reich ist nicht von dieser Welt.

Stiller und geräuschloser verflossen dem Fürsten die Tage des Vergnügens und der Erholung zu Hause und in seinem eigenen Lande. Dort nahm einen großen Teil der Zeit, welche ihm die Geschäfte der Landesverwaltung übrig ließen, das Jagdvergnügen in Anspruch. Die Jagd war damals bei fast allen Fürsten eine besondere Lieblingssache; wie sehr preist sie nicht der Landgraf Philipp von Hessen selbst in seinem Testamente an! „Die Wildfuhr", sagt er, „ist gut, daß sie unsere Söhne hegen; denn hätte Gott kein Wildpret haben wollen, so hätte es seine Allmächtigkeit nicht in die Arche Noah's nehmen lassen. So ist's auch gut, daß sich die Herren zu Zeiten verlustieren, die sonst mit schweren Geschäften beladen sind. Die Herren vernehmen auch viel mehr, wenn sie auf der Jagd und in Jagdhäusern sind, als wenn sie stets am Hof Lager wären, können auch dadurch ihre Grenzen selbst wissen, was ihr ist; kann auch sonst mancher arme Mann vorkommen, der sonst nicht zugelassen würde". Man sieht, wie sich in dieser Anpreisung des Nutzens die Lust zur Jagd ausspricht. Selbst Fürstinnen beirieben sie mitunter mit großem Eifer; wir wissen, daß die Königin Maria von Ungarn, Karls V. Schwester, eine leidenschaftliche Jägerin war, daß die Kurfürstin Anna, Witwe des Kurfürsten Albrecht Achilles von Brandenburg, noch in ziemlich hohem Alter das Weidwerk unter ihre schönsten Vergnügungen zählte; daß die Königinnen Maria und Elisabeth von England sich zur Erholung gern mit der Jagd beschäftigten, und so, ihnen gleich, manche andere. Man hielt daher an Fürstenhöfen auch viel auf eine Anzahl guter Jagdpferde. Die besten wurden um diese Zeit in Preußen gezogen, weshalb sich die deutschen Fürsten, wenn sie daran Mangel litten, häufig an den Herzog von Preußen mit der Bitte um ein gutes Jagdpferd oder einen Jagdklepper, wie sie es nannten, wandten. So schrieb ihm Graf Georg Ernst von Henneberg, ein großer Freund der Jagd: „Es ist meine ganz fleißige und freundliche Bitte an Euere Liebden, sie wollen mir aus väterlicher freundlicher Meinung mit einem guten Jagdklepper zu Steuer kommen, da er recht frisch und gut sein möchte; auch wollte ich gerne, daß er eine gute Stärke hätte, damit ich zur Not meinen Harnisch darauf tragen könnte, denn hierauen kann ich weder um gute Worte, noch um Geld einen bekommen;" und im Jahre 1559 wiederholte er eine gleiche Bitte: „Wir bedanken uns gegen Euer Liebden ihres freundlichen und willfährigen Erbietens, daß die selben sich nach einem Jagdklepper umtun und uns denselben, so förderlich sie ihn bekommen, zuschicken wollen; nochmals freundlich bittend, dieweil wir jetzt dieser Landesart, wenn wir auch doppelt Geld darum geben wollten, doch nichts rechtschaffenes und tüchtiges von Pferden zuwege zu bringen zu wissen, Euer Liebden wollen Fleiß anwenden und uns einen gängen, feststehenden Jagdklepper verschaffen, denn wir haben jetzt nicht mehr denn einen Klepper, der wohl in die sechzehn Jahre alt und uns jetzt auch schadhaft geworden ist, in unserem Stalle. Wir sind dagegen erbötig, dieweil Euer Liebden, wie sie in ihrem Schreiben selbst anzeigen, mehrenteils auf einem Wägelein zu reisen pflegen, Euer Liebden mit einer ungarischen Kutsche, wenn anders derselben damit gedient wäre, wie wir sie zu Wege bringen können, zu versehen." Ebenso wandte sich der Markgraf Johann von Brandenburg an den Herzog mit der Bitte: „Da wir eines guten Rittlings, eines Wallachen, zu unseren Lüsten zur Jagd und zum Weidwerk für unseren Leib zu gebrauchen nötig haben und hier solche nicht wohl anzutreffen sind, bitten wir demnach Euer Liebden mit allem freundlichen Fleiße, wo Euer Liebden mit guten Wallachen versehen wären, sie wolle uns mit dergleichen Pferden einem, der gewisser Beine, tauglich und gut sein möchte, versehen." So klagte im Jahre 1537 auch Herzog Ulrich von Württemberg, daß in seinem ganzen Lande nichts taugliches von Jagdpferden zu bekommen sei; überhaupt kamen solcher Gesuche jährlich eine große Zahl an den Herzog von Preußen; denn bei den fortwährenden Kriegshändeln war oft weit und breit kein tüchtiges Jagdroß aufzutreiben. „Auch für Geld", schrieb Herzog Johann von Jülich und Berg, „selbst um hundert Goldgulden, kann ich hier zu Lande kein Jagdpferd aufbringen." Als sich daher Herzog Albrecht von Preußen an den Pfalzgrafen Otto Heinrich vom Rhein im Jahre 1539 wegen eines guten Hengstes wandte, gab ihm dieser die Antwort: „Wir sind, was Euer Liebden uns wahrlich glauben soll, dieser Zeit mit Hengsten dermaßen nicht versehen; so wissen wir auch, wie gerne wir es tun wollten, in unserer Landesart gar keinen solchen Hengst zuwege zu bringen, denn es ereignen und erzeigen sich jetzo die Läufe um uns so seltsam und geschwind. daß sich jedermann in trefflicher Rüstung hält, sich auch schon etliche Fürsten um Reiter und Gäule zum höchsten beworben haben, also daß niemand weiß, wo es hinauslaufen will." Selbst in Mecklenburg war damals großer Mangel an guten Pferden, sodaß auch Herzog Heinrich der Friedfertige von Mecklenburg, obgleich er schon ein alter Herr war, aber dennoch große Lust zur Jagd hatte, sich wegen eines guten Jagdrosses an den Herzog von Preußen wenden mußte.

Bei dieser unter den Fürsten vorherrschenden Jagdlust legte man natürlich auch großen Wert auf gute Jagdhunde, weshalb sie auch häufig Gegenstand fürstlicher Geschenke waren. So sah es der Herzog Boguslav von Stettin im Jahre 1502 als ein sehr freundliches und wertvolles Geschenk an, als ihm der Hochmeister in Preußen, Herzog Friedrich von Sachsen, acht gut abgerichtete Jagdhunde zu seinem Vergnügen übersandte. An denselben Hochmeister wandte sich einige Jahre nachher auch sein Bruder, Herzog Heinrich der Fromme von Sachsen, indem er ihm schrieb: „Lieber Bruder! wir haben Euer Lieb in kurzverschienenen Tagen gebeten, uns ein Seil oder drei gute Jagdhunde zu schicken. Nun ist abermals unsere freundliche Bitte, Euer Liebden wollen uns mit drei oder vier Seilen Hunde, die da gut wären, bedenken und uns damit auf diesmal nicht verlassen, weil wir jetzt gar nichts von tauglichen Hunden haben, damit wir wiederum jagen und Kurzweil haben mögen." Der eifrige Weidmann Graf Georg Ernst von Henneberg verwandte wie auf alles, was das edle Weidwerk betraf, so auch auf das Abrichten guter Jagdhunde großen Eifer und Fleiß und versah daher auch viele Fürsten in Deutschland mit solchen Geschenken. So erfreute er im Jahre 1550 mit einigen auch den Herzog von Preußen und schrieb dabei: „Nachdem wir Euer Liebden hiervon etlicher Birschhunde, die den Sehweiß jechen, Zusage getan, demzufolge überschicken wir Euer Liebden hiermit drei und wollen sonderlich Euer Liebden Merk zu geben befehlen lassen, daß, wo man verwundetes Wildpret hetzet, das weiße Hündlein mit den stumpfen Ohren, sobald es zu Fährten kommt, von Stund an laut jagt. So man aber haben will, daß das Wildpret nicht eher gejagt wird, bis es zu Gesicht gebracht ist, muß man die schwarze verschnittene Hündin hetzen. Was aber der dritte Birschhund, den uns unser lieber Herr und Oheim Herzog Johann Ernst zu Sachsen allererst zugeschickt, wiewohl er uns auch gelobt wird, für Tugenden an sich hat, können wir, weil er von uns unversucht geblieben ist, nicht schreiben. Wir achten aber dafür, genannten unseres Herrn und Oheims Anzeigen nach, sollte er nicht untauglich sein." Am beliebtesten waren die englischen Hunde, die oft mit hohen Preisen bezahlt wurden; daher nahm es Herzog Albrecht von Preußen sehr hoch auf, als ihn einst der Graf Wilhelm von Nuenar mit einem Paar englischen Jagdhunden beschenkte, und noch mehr erfreute ihn der Herzog Georg von Liegnitz durch drei englische Hunde von ganz ausgezeichneter Schönheit. Häufig sandten auch englische Große deutschen Fürsten sogenannte englische Rüden zum Geschenk, die wegen ihrer Größe zur Jagd auf wilde Schweine und Bären abgerichtet waren. Selbst Fürstinnen machten sich mitunter das Vergnügen, jagdlustige Könige und Fürsten mit solchen Geschenken zu überraschen. So überschickt die Herzogin Dorothea von Preußen dem Könige von Polen einmal zwei schöne Leithunde, die sie zu diesem Zwecke aus Dänemark hatte kommen lassen. Bei einer schicklichen Gelegenheit läßt sie ferner dem Könige Christian von Dänemark drei Windhunde als Geschenk zuführen und schreibt ihm darüber: „Wir schicken Euerer königlichen Würde, damit dieselbe spüren, daß wir Ihrer nicht vergessen, zu Ihrer Ergötzlichkeit, nachdem dieselbe gute

Lust zur Jagd hat, drei Windhunde, die uns von dem hochwürdigen hochgeborenen Oheim, Schwager und Bruder, Herrn Markgrafen Wilhelm, aus freundlichem Bedenken übersendet worden, welche, so lange sie bei uns gewesen und wir selbst angesehen, freudig sind, ganz freundlich bittend, Euer Kurfürstliche Würde wolle dieselben annehmen."

Ganz besonders wurde die heutzutage ganz vergessene, im Mittelalter so allgemein beliebte Falkenjagd im sechzehnten Jahrhundert noch mit großem Eifer betrieben, und nicht bloß bei Königen und Fürsten blieb sie um diese Zeit noch ein Lieblingsvergnügen, sondern auch Königinnen und Fürstinnen verkürzten sich gern ihre Stunden mit dem edlen Federspiel. Preußen hatte von jeher für die eigentliche Pflanzschule gutabgerichteter Jagdfalken gegolten und galt als solche in ganz Europa auch noch um diese Zeit; denn es gab nicht nur in Deutschland kaum einen einzigen Fürsten von einiger Bedeutung, den der Herzog von Preußen von Zeit zu Zeit nicht mit einem Geschenke von Jagdfalken erfreute, oder der sich solche von Preußen her nicht auf seine Kosten kommen ließ, sondern auch England, Frankreich und selbst Spanien wurden von da aus damit versorgt, und die zahlreichen verbindlichen Dankschreiben der Könige Heinrich VIII., Eduard VI., der Königinnen Maria und Elisabeth von England, der Herzöge von Somerset, Suffolk, Northumberland, der Könige Heinrich II., Franz II. und Karl IX. von Frankreich und mehrerer französischer Herzöge und Reichsgroßen, des Königs Philipp II. von Spanien bezeugen, wie erfreulich und angenehm es diesen Monarchen war, daß der Herzog von Preußen sie bisweilen mit den nötigen Jagdfalken versorgte; überall er warb sich Albrecht durch solche Geschenke Gönner und Freunde; denn in allen diesen Briefen sprach sich der freudigste Dank und die huldvollste Gesinnung aus, welche der Herzog dadurch erntete. Selbst Philipp von Spanien, der sonst nicht leicht einem ketzerischen Fürsten, wie Herzog Albrecht in seinen Augen war, ein freundliches Wort bot, schien sich zu freuen, wenn ihm dieser durch Übersendung einer Anzahl solcher Falken eine freundschaftliche Aufmerksamkeit bewies. Ks ging kein Jahr vorüber, in dem Albrecht nicht einer Anzahl von Fürsten in und außerhalb Deutschland seine gewisse Zahl dieser Jagdvögel als Geschenk zusandte. Die ausgezeichnetsten und besten erhielten natürlich der Kaiser, der römische König und die vornehmsten Fürsten Deutschlands. Welchen Wert man darauf legte, beweist ein Schreiben des römischen Königs Ferdinand an den Herzog, worin jener sagt: „Da uns Deine Liebden die verschiedenen Jahre her zu unserer Ergötzlichkeit Falken verehrt, so sagen wir darum Deiner Liebden freundlichen und gnädiglichen Dank. Aber wiewohl uns Deine Liebden ohne Zweifel immer die schönsten und besten, die sie gehabt mochte, hat ausklauben lassen, so wollen wir doch nicht bergen, daß uns dieselben nicht fast (sehr) dienstlich gewesen, darum daß ihnen durch diejenigen, bei welchen dieselben uns zugeschickt wurden, nicht wohl gewartet worden ist; derhalb wir denn jetzo unserer eigenen Falkendiener einen zu Deiner Liebden abgefertigt haben, die Falken, die ihm Deine Liebden zustellen lassen wird, mit fleißiger, guter Wartung herauszubringen, an Deine Liebden gnädiglich und freundlich gesinnend, sie wolle ihm nicht allein zur Bekommung guter Falken verhelfen lassen, sondern auch Verordnung tun, wo etliche gute Geierfalken zu bekommen sind, daß ihm dieselben auch mitgeteilt werden. Daran tut uns Deine Liebden ein besonders angenehmes Wohlgefallen, welches wir gegen Deine Liebden mit Gnade und Freundschaft erkennen wollen, und sind derselben jederzeit gnädiglich und freundlich wohlgeneigt." Auf diese Bitte des Königs sandte ihm der Herzog 28 der ausgezeichnetsten und schönsten Falken zu. Ferdinand bekam nachmals auch als Kaiser regelmäßig jedes Jahr zu seinem Jagdvergnügen zehn bis zwölf solcher Vögel zugeschickt, und als ihm einmal eine Sendung nicht ganz glücklich überliefert wurde, schrieb er dem Herzog: „Wiewohl wir von den zehn uns übersandten Falken nicht mehr als sechs empfangen (denn die übrigen des Boten Anzeige nach unterwegs verreckt sein sollen, welchem wir auch in Betracht der Unbeständigkeit des Wetters gnädiglich Glauben geben), so nehmen wir doch dieselben anstatt der völligen Anzahl zu besonderem gnädigen und freundlichen Wohlgefallen an und wollen sie zu unserer Lust und Ergötzlichkeit gebrauchen." Auch Ferdinands Nachfolger, Kaiser Maximilian II. und Rudolf II., fanden am Federspiel großes Vergnügen und wurden ebenso von Preußen aus jedes Jahr mit den nötigen Jagdfalken versorgt. Unter den übrigen Fürsten in Deutschland mochten wenige der Jagd mit solcher Leidenschaftlichkeit ergeben sein wie Philipp der Großmütige von Hessen;

denn er widmete ihr nicht nur die meisten Stunden seiner Erholung, sondern es fand bei ihm auch kein Hofvergnügen statt, das nicht mit einer Jagdpartie verbunden gewesen wäre, wobei es sich traf, daß man bei einer einzigen Hetze binnen einigen Tagen über tausend wilde Säue oder bei einem Treibjagen 150 Hirsche fing. Wie Philipp für sein Weidwerk von anderen Fürsten häufig mit den trefflichsten Jagdhunden beschenkt wurde, so versorgte ihn der Herzog von Preußen sehr oft auch mit den besten Jagdfalken; „denn da wir bisher gemerkt," schrieb er ihm im Jahr 1539, „daß Euerer Liebden mit Zuschickung von Falken von uns angenehme und behagliche Willfahrung geschehen, solches auch von uns gegen Euere Liebden nicht anders denn freundlich, brüderlich und wohlgemeint ist, so sind wir hinfür Euerer Liebden in dem und viel mehren willfährige Dienste zu erzeigen ganz freundlich geneigt und begierig." Philipp konnte daher tagelang in die übelste Stimmung versetzt werden, wenn einem seiner Falken durch den Träger ein Flügel zerbrochen oder sonst ein Unglück widerfahren war. Besonders waren es die rötlichen Jagdfalken, die er sehr liebte und um die er häufig bat. Mit nicht minderem Eifer betrieb die Falkenbeize auch der Erzherzog Karl von Österreich, des Kaisers Ferdinand I. jüngster Sohn; er sagt selbst in einem Dankschreiben an den Herzog von Preußen: „Wiewohl wir nicht wenig zu dergleichen Weidwerk mit Falken, als Euer Lieb zuvor wissen, besondere Lust und Neigung haben, und uns mit denen, welche uns Euer Lieb jetzt verschienenes Jahr geschickt, nicht wenige Zeit in Kurzweil hingebracht haben, so konnten wir hierin noch viel mehr Euer Lieb freundlichen geneigtenguten Willen gegen uns spüren und vermerken."

Bei dieser Liebhaberei an der Falkenbeize fand man an sehr vielen Höfen in Deutschland besondere Falkner angestellt, welche die Abrichtung und Wartung der Vögel zu besorgen hatten. Allein in Deutschland selbst waren gute Jagdfalken immer eine Seltenheit; denn die deutschen Falkner verstanden auch selten die nötige Pflege und zweckmäßige Abrichtung. Die Fürsten baten daher häufig den Herzog von Preußen entweder um Lehrmeister in diesem Fache oder sie sandten ihre Falkner nach Preußen, um Falken aufzubringen und deren Behandlung kennen zu lernen. Graf Georg Ernst von Henneberg schrieb daher einst dem Herzog: „Dieweil bei Euer Liebden die Falken im

Striche, der unseres Versehens bald angehen wird, leichter als hierauβen zu bekommen sind und wir täglich von vielen unseren guten Freunden und Herren um Falken angesprochen werden, denen wir viel Freundschaft damit erzeigen könnten und dieselben auch für uns selbst zu gebrauchen hätten, so ist unsere ganz freundliche Bitte, Euer Liebden wollen uns bei diesem Boten einen Reif oder eine Casel mit Falken, und wenn es nicht lauter Falken sein könnten, zum Teil mit Falken und zum Teil mit Blaufüβen zuschicken und diesen unseren Boten berichten lassen, wie dieselben gewartet werden, oder aber dem Boten einen, der damit umzugehen weiβ, zuordnen, damit sie unverwahrlost uns zukommen möchten;" und in einem anderen Schreiben des Grafen heiβt es: „Euer Liebden wissen ohne Zweifel wohl, daβ unser gnädiger lieber Herr und Vater bisher allwege und noch zur Zeit gute Lust und sein bestes Kurzweil mit Jagen und mit allem Weidwerk, auch unsere junge Gemahlin und wir ganz groβe Lust und Wohlgefallen zum Weidwerk haben. Da wir nun jetzund kurzverrückter Zeit einen Falkner bekommen haben, dem noch etliche Falken mangeln, hierauβen aber sehr schwerlich solche zu erhalten sind, so ist unsere freundliche Bitte, Euer Liebden wollen uns zu Gefallen sein und uns alle Jahr einen Reif Falken herausschicken." Unter den brandenburgischen Fürsten war besonders der Markgraf Georg der Fromme zu Ansbach ein groβer Jagdfreund, namentlich auch mit der Falkenbeize, weshalb ihn sein Bruder, der Herzog von Preuβen, auch jedes Jahr mit den besten Jagdvögeln erfreute. Selbst geistliche Fürsten, wie der Erzbischof Albrecht von Mainz, der Administrator des Stiftes zu Worms und Heinrich, Propst zu Ellwangen, lieβen sich häufig Jagdvögel aus Preuβen bringen und verkürzten sich die Zeit mit dem Federspiel, und endlich vergnügten sich häufig auch Fürstinnen, wie die Königin Maria von Ungarn, die Landgräfin Anna von Hessen, Wilhelms II. Gemahlin, die verwitwete Markgräfin Anna von Brandenburg und mehrere Gräfinnen von Henneberg mit der Falkenjagd.

.Natürlich waren bei dieser Jagdliebe der Fürsten auch die Jagdgeräte Gegenstände, auf die man groβen Wert legte und mitunter bedeutende Kosten verwandte, weil man sie immer so künstlich und gut als möglich zu erhalten suchte. Man bediente sich zwar schon der Büchsen zur Jagd, wovon die besten in Augsburg verfertigt wurden; allein teils war man mit diesen

Jagdgewehren nicht recht geübt, teils ihr Gebrauch beschwerlich, teils konnte man selten eine gute Jagdbüchse oder nur unter so großen Kosten erhalten, daß man sich auf der Jagd immer noch gern der Armbrust bediente. Da diese „Birsch-Armbrüste" häufig Gegenstände der Beschenkung unter Fürsten waren, so wurde auf ihre Anfertigung großer Fleiß verwandt. So erhielt der Herzog von Preußen vom Grafen Wilhelm von Henneberg und dessen Tochter, der Gräfin von Schwarzburg, zwei Birsch-Armbrüste als Geschenke, die, mit dem gräflichen Namenszug ausgeschmückt, von ganz besonderer Schönheit waren. Ein gleiches Geschenk übersandte bald darauf auch des Grafen Wilhelm Sohn, der jagdlustige Graf Georg Ernst, der dem Herzog schrieb: „Nachdem wir uns hin und wieder besonnen, was doch Eurer Liebden wir aus unserer Herrschaft, darob dieselben ein freundliches Wohlgefallen haben möchten, zuschicken sollten, aber bei uns dergleichen nicht erdenken konnten, hat sich zugetragen, daß der hoch würdige Herr Hermann, weiland Erzbischof und Kurfürst zu Köln, uns eine Armbrust mit ihrem Geschosse und Zubehörungen zugeschickt. Als wir denn von Eurer Liebden erfahren, daß in derselben Landesart solche Geschosse seltsam sind und Euer Liebden zu Armbrüsten eine sonderliche Lust haben sollen, überschicken wir hiermit solche Armbrust mit Winden samt einem Köcher mit Straelen zum hohen Wildpret, auch einer Lade mit Meißeln, die zu Kranichen, Gänsen, Trappen, Schwänen, Entvögeln, Birk- und Auerhähnen, auch zu Rehen und zur Notdurft zum hohen Wildpret zu gebrauchen sind; schicken auch daneben eine unterstützende Gabel, welch obgenannter Herr Hermann, damit wir seiner Liebden ganz geneigten Willen desto besser spüreten, mit eigener Hand gemacht hat. Dieselbe mögen Eure Liebden, so sie birschen wollen, an den Hals über den Leib herabhängen. Sie wird Eurer Liebden zum Stätschießen und Halten hoch dienstlich sein, und wollen Eure Liebden einen Diener schicken, der wird, wie die Gabel zu gebrauchen sei, genügsamen mündlichen Bericht tun; und dieweil Eure Liebden zu solchem Lust haben, erbieten wir uns, da sie eines Armbrustmachers und Geschoßdrehers bedürftig wären, wollten wir möglichen Fleiß fürwenden, daß wir etwa einen jungen, dieses Handwerks erfahrenen Gesellen Eurer Liebden austreten." Einen solchen Armbrustierer oder Geschoßdreher hatte in der Regel jeder Fürst, der sich mit der Jagd beschäftigte, an seinem Hof. Die besten Birsch-Armbrüste aber wurden in Nürnberg verfertigt und von dort an die Fürstenhöfe zum Verkauf versandt. Auch mit Weidmessern, Hirschspießen, Schweinspießen, Werfeisen und anderen zur Jagd dienlichen Geräten erfreuten sie einander oft durch gegenseitige Geschenke, und auch diese wurden so säuberlich wie möglich gemacht und schön verziert. Graf Wilhelm von Henneberg, der einst den Herzog von Preußen mit einem solchen Jagdgerät beehrte, schrieb darüber: „Unser Sohn Graf Ernst hat uns berichtet, daß Eure Liebden gern ein gutes Weidmesser haben wollten; so wollen wir derselben zwei auf nächstkünftige Neujahrsmesse gen Leipzig schicken, deren eins uns Herr Konrad von Beymelburg, der kleine Hesse genannt, gesandt hat; das mögen Eure Liebden auf das Weidwerk gebrauchen und hat unten ein kleines silbernes Öhrband. Das andere ist für einer rittermäßigen Mann, wie Eure Liebden ist, mit Silber zugerichtet. Dazu hat auch unser Sohn gebeten, Eurer Liebden ein Hirschspießlein, das auch zum Werfen an die Auerochsen tauglich sein möchte, zu bestellen, welches wir jetzund auch gern mitgeschickt hätten, hat aber solches Eisen wegen großer Kälte und Frost, da kein Hammer und Schleifwerk bei uns geht, nicht gemacht werden können."

Zum fürstlichen Vergnügen gehörte auch ein Tiergarten. Allein man begnügte sich nicht damit, einheimische Tiere zusammenbringen und einhegen zu lassen, sondern trieb eine Art von Luxus, indem man ausländische Tiere von weither kommen und in die Tiergärten einpferchen ließ. Man erbat sich von anderen Fürsten Tiere von allerlei Gattungen, um den Tiergarten damit anzufüllen, und Preußen galt für das Land, welches die meisten seltenen Tierarten liefern konnte. Schon im Jahre 1518 ließ sich der Kurfürst Joachim I. von Brandenburg vom Hochmeister in Preußen einen Auerochsen zusenden, um ihn als seltenes Schaustück in seinem Tiergarten aufzunehmen; an ihn wandte sich auch der Graf Wolfgang von Eberstein mit einer Bitte. „Ich habe," schrieb er ihm, „vor etlichen Jahren ein Tiergärtlein angerichtet, darin mir von allerlei Wildpret von königlichen, kurfürstlichen und fürstlichen Polen taten allerlei gnädigste Beförderung geschehen, und worin ich auch gerne Elende haben möchte. Weil denn die in Deutschland nirgends als im Lande Preußen zu bekommen sind, so bitte ich um ein paar Elende in berührten Garten." Auch der Erzherzog Ferdinand von Österreich, Kaiser Ferdinands I. Sohn, fand an fremdem Wilde und ausländischen Tieren großes Wohlgefallen. Um seinen Tiergarten in Prag, wo er sich viel aufhielt, mit einigen seltenen Gattungen zu bereichern, wandte er sich im Jahre 1558 ebenfalls an den Herzog von Preußen. Er schrieb ihm: „Nachdem sonder Zweifel in Euer Liebden Landen Elend und wilde Rosse zu bekommen sind, und dieweil denn nach dergleichen Tieren, die man in diesen Landen nicht hat, von Seltsamkeit wegen zu halten unser Verlangen steht, so gesinnen wir an Euer Liebden freundlich, sie wolle ihr unbeschwerlich sein lassen, uns in diesem Falle freundlich zu dienen und beiderlei derselben Geschlecht, Weiblein und Männlein, etliche Paare zu bekommen Fleiß gebrauchen, auch uns alsdann dieselben etwa mit einer vertrauten Person, die mit ihnen in der Wartung und in andere Wege Hinzugehen wisse, hierher zu schicken. An dem werden uns Euer Liebden einen besonderen annehmlichen und freundlichen Gefallen erweisen; und wo Euer Liebden uns hinwiederum um dergleichen Sachen, so bei Euer Liebden seltsam und in dieser Landesart zu bekommen sind, ansprechen und wir damit werden dienen können, wollen wir uns gegen dieselben alles freundlichen und dienstlichen Willens Gefallen erzeigen." Außer diesen Elendtieren, die man auch gern zu zähmen suchte, waren es vorzüglich wilde Pferde und Auerochsen, die man sich vom Herzog Albrecht zur Ausstattung der fürstlichen Tiergärten erbat oder die jener auch als Geschenke fremden Fürsten zusandte. So verdiente er sich vom Kaiser Ferdinand I. einst großen Dank, als er diesem zwei sehr schöne wilde Rosse, einen Beschäler und eine Stute, überbringen ließ. Indessen fingen die wilden Pferde in der zweiten Hälfte des sechzehnten Jahrhunderts auch in Preußen an, immer seltener zu werden, und es war daher im Jahre 1566 dem Herzog nicht möglich, des Erzherzogs Ferdinand Bitte um ein neues wildes Roß zu erfüllen. Dagegen erneuerte dieser das Gesuch an Albrecht: „Wofern es Euer Liebden unbeschwerlich und mit derselben Gelegenheit geschehen möchte, sie wollen uns sechs junge Aueröchsle, darunter zwei Stierle und vier Kälber, lebendig auffahren und zuwege bringen lassen; denn dieser Briefzeiger sich gegen uns erboten hat, daß er Wege und Mittel wohl wissen und anstellen wolle, uns dieselben Aueröchsle also lebendig und ohne Schaden, auch wohl in unsere oberösterreichischen Lande zu bringen." Da diese Tiere jung eingefangen werden mußten, so mißglückte oft ihre Pflege, ehe ihr Transport geschehen konnte. So hatte im Jahre 1541 Herzog Wilhelm IV. von Bayern den Herzog von Preußen um einen Auerochsen, eine Auerkuh, ein Elend und eine Elendkuh gebeten. Dieser erwiderte ihm indes: „Wir haben nach solchen Auern und Elenden viel getrachtet und zum Teil dieselben auch vor die Hand bekommen; aber wir haben das Glück, unseren geneigten Willen zu vollbringen, noch zur Zeit niemals bekommen können, denn sie allwege wieder, ehe es mit ihnen so weit gekommen, daß man sie hätte wegschicken können, gestorben sind." Es kamen ferner auch nicht selten Fälle vor, daß die Tiere auf dem weiten Transport nach Deutschland zu Grunde gingen. Otto Heinrich, Pfalzgraf vom Rhein, der ein ganz besonderes Wohlgefallen an solchen seltenen Tieren fand, meldete dem Herzog von Preußen im Jahre 1533 nicht ohne Trauer, daß von den beiden ihm zugeschickten jungen Elenden leider „das Männle", als es bis auf vierundsechzig Meilen Wegs von Königsberg gekommen und „das Fräule" bis achtundzwanzig Meilen, von hinnen gestorben sei. „Dieweil wir denn," fährt er fort, „dergleichen Vieh und Tiere je gern ein Paar haben wollten, so haben wir dem Hauptmann zu Preußisch-Eylau, unserem lieben besonderen Fabian von Lehendorf, um zwei junge Mann und Weible geschrieben;" und in einem anderen Schreiben dieses Fürsten heißt es: „Nachdem wir zu seltsamen Dingen eine besondere Lust, Begierde und Neigung haben, so ist an Euer Liebden unsere freundliche Bitte, sie geruhe, uns zu schwägerlichem Gefallen Fleiß führkehren zu lassen, uns einen Auerochsen und eine Kuh, ferner ein wildes Roß und eine Stute zuwege zu bringen, und wiewohl uns hievor durch Euer Liebden Förderung ein Paar Elende zugeschickt worden, so sind sie doch, ehe uns dieselben zugekommen, auf dem Wege gestorben, und ist demnach abermals unser schwägerliches Gesinnen, Euer Liebden wolle uns ein ander Paar Elende erobern lassen, und wenn das alles bei einander, es uns auf unsere Kosten gen Neuburg zuschicken." Wie der Pfalzgraf Otto Heinrich, so erhielten von Zeit zu Zeit auch der Markgraf Joachim I. von Brandenburg, der gleichfalls solche „Seltsamkeiten" sehr liebte, der Herzog Wilhelm von Bayern, der Herzog Georg von Liegnitz oder der Landgraf Philipp von Hessen bald Auerochsen und wilde Pferde, bald einige Elendtiere für ihre Tiergärten zugesandt. Andere Fürsten wie Herzog Adolf von Holstein, der Herzog Johann Albrecht von Mecklenburg, ließen sich von Preußen Hirschkälber für ihre Wildbahn kommen. So wandte sich des letzteren Gemahlin, die Herzogin Anna Sophia, eine geborene Markgräfin von Brandenburg, einmal selbst an den Herzog Albrecht, indem sie ihm schrieb: „Soviel wir durch den Hochgeborenen Fürsten, unseren freundlichen und herzliebsten Herrn und Gemahl, Herzog Johannes Albrecht, erinnert sind, bei Euer Gnaden von seiner Liebden wegen um etliche Hirschkälber freundlich anzulangen, so können wir auf hochgedachtes unseres geliebten Herrn und Gemahls Anzeigen Euer Gnaden kindlich und freundlich nicht verhalten, daß derselbe zur Besetzung seiner Wildbahn etliche Hirschkälber gern haben möchte. Derwegen bitten seine Liebden ganz freundlich und wir für unsere Person auch kindlich mit Fleiß, Euer Gnaden wollen aus väterlichem guten Willen unseren geliebten Herrn und Gemahl mit etlichen Hirschkälbern väterlich und freundlich versehen, dieselben zu rechter Zeit auffangen und seiner Liebden hereinschicken lassen. Desgleichen bitten wir für unsere Person auch freundlich, wo Euer Gnaden gegen die Zeit einige Elendskälber bekommen, sie wollen uns den väterlichen Willen bezeigen, damit wir von denselben als unser eigen Wildwerk väterlich mögen versehen werden. Für unsere freundliche liebe Schwester, das Fräulein, aber bitten wir freundlich, wo das Auerkalb, welches vor einem Jahr in Euer Gnaden Wildnis gefangen, noch bei Leben ist, daß es ihrer Liebden auch überschickt werde." Albrecht sandte dem Herzog von Mecklenburg zwölf Stück junges Wild zum Geschenk. Auch geistliche Fürsten ersuchten den Herzog von Preußen häufig bald um diese, bald um jene Wildgattung; so bat der Bischof Martin von Kamin um einige junge Elendtiere, weil er, wie er sagt, oft von großgünstigen Herren und vertrauten Freunden besonders um solche, die zur Zucht dienlich seien, ersucht werde, und der Erzbischof Albrecht von Mainz freute sich ungemein, als ihm der Kurfürst Joachim I. von Brandenburg im Namen des Herzogs von Preußen einen großen und prächtigen Auerochsen zusandte, der, wo er gesehen wurde, Gegenstand der Bewunderung war.

Fürsten, die in ihren Landen keine Tiergärten hatten, suchten ihre Schaulust an solchen seltenen Tiergattungen auf andere

Weise zu befriedigen; sie ließen ihre Schlösser und Jagdhäuser oder wenigstens einige Zimmer mit den Geweihen und Hörnern fremder Tiergattungen ausschmücken, da diese damals als ein kostbarer und schöner Zimmerschmuck galten; je kolossaler sie waren, je zahlreicher und breiter die Enden oder Stangen und Scheiden an den Hirschgeweihen, desto höher wurden sie geschätzt. Auch diesen Jagdschmuck suchte man vorzüglich aus Preußen zu erhalten. So wandte sich im Jahre 1537 der Markgraf Georg von Brandenburg, Herzog von Jägerndorf, an den Herzog Albrecht mit den Worten: „Wir geben Euer Liebden freundlicher Meinung zu erkennen, daß wir jetzt in einer unserer Städte ein neues Haus aus dem Grunde von unserem Einkommen aus den schlesischen Fürstentümern zum Teil erbaut und mit Gottes Hilfe vollends erbauen wollen , das wir inwendig gern mit hübschen Hirsch- und anderen Gehörnen, wie wir die bekommen mögen, zieren lassen wollten. Da wir nun wissen, daß Euer Liebden sehr schöne und große Elendsgehörne zuwege bringen mögen und vielleicht haben, so ist an Euer Liebden unsere ganz freundliche Bitte, sie wolle uns auch zu einer Steuer in solches neue Schloß mit einem Paar hübscher Elendsgehörne von vier Stangen zu Hilfe kommen; die wollen wir von Euer Liebden wegen aufmachen lassen und es dazu gegen Euer Liebden ganz freundlich verdienen." Ebenso wandte sich der Pfalzgraf Georg Hans vom Rhein an den Herzog um einige schöne Hirsch- und Elendsgeweihe zum Schmuck seines Schlosses, und Herzog Johann Wilhelm von Weimar schrieb im Jahre 1555 an ihn: „Nachdem wir in Erfahrung gekommen , daß Euer Liebden vor anderen Kurfürsten und Fürsten mit schönen und großen Hirschgehörnen, so in Euer Liebden Wildbahnen und Wildnissen gefangen, versehen sein sollen, und weiland unser gnädiger, lieber Herr und Vater im verlaufenen Kriege und der erbärmlichen Niederlage um alle große Hirschgehörne, die seiner Gnaden von Herren und Freunden geschenkt worden oder sonst gehabt, gekommen ist, so gelangt an Euer Liebden von uns und unserer freundlichen lieben Brüder wegen unsere freundliche Bitte, Euer Liebden wolle uns mit etlichen schönen und großen Hirschgehörnen freundlich bedenken und beehren." Als sich im Jahre 1569 der Kurfürst August von Sachsen ein neues Jagdhaus erbaute, ersuchte er, um dieses mit allerlei schönen Gehörnen zieren zu lassen, den Herzog Albrecht ebenfalls um eine Anzahl großer Elends- und Hirschgeweihe, mit der Zusicherung, was der Herzog ihm zuschicken werde, solle zu dessen Ehre und dankbarem Gedächtnis in dem Haus angebracht werden. Ebenso bat der Graf Franz von Thurn aus Prag: weil er von allen christlichen Potentaten allerlei Wildgestämm zusammenbringe, um eines seiner Schlösser damit zu zieren, so möge auch er ihm mit einem Elends- oder Hirschgestämm zu Steuer kommen. Die Elendsgeweihe wurden häufig an Köpfen angebracht, die man dazu aus Holz schneiden ließ; ein solches Geschenk erhielt auch der Erzherzog Ferdinand von Österreich für sein Schloß in Prag. Man ließ ferner auch die Schlösser oder doch einige Zimmer nicht selten mit Darstellungen solcher fremden und seltenen Tiergattungen ausschmücken und die Zeichnungen oder Gemälde dazu – Konterfeiungen oder Konterfecte, wie man es nannte – aus Preußen kommen. Um aber diese bildlichen Darstellungen der Natur so getreu als möglich zu machen, wurden die Kopie der Tiere mit den natürlichen Geweihen geschmückt, oder auch ganze Tierköpfe, die man ausgetrocknet, an die Gemälde angesetzt. So sandte der Herzog von Preußen dem Grafen Wilhelm von Henneberg im Jahre 1533 einige Abbildungen oder Konterfecte von Auerochsen und Elendtieren zu, und im Jahre 1544 schrieb ihm derselbe Graf: „Dieweil wir Euer Liebden schon angezeigt, daß wir unser Schloß zu Schleusungen schier gar von neuem gebaut haben, darein wir gern viel seltsamer Tiere wollten malen lassen, haben wir Euer Liebden gebeten, daß sie uns mit zwei Paar großen Auerochsenhörnern, die mit den Hirnschalen ausgehauen wären und bei einander blieben, beehrten; wir haben auch noch Kinnbacken, die Euer Liebden unserem Sohn, Graf Georg Ernst, von Auerochsen geschickt haben; die wollten wir in unser neues Gemach also malen lassen und die Gehörne dazu gebrauchen. Bitten Euer Liebden auch ganz freundlich, nachdem sie uns hiebevor Abconterfeiung von Elend und Auerochsen zugeschickt, dieselbe wolle sich um unseretwillen unbeschwert lassen finden und der wilden Pferde ein Hengstlein und Mütterlein abmalen lassen, daneben, wo es möglich sein kann, ein Auerochsengehörn mit dem Schädel wie ein Hirschgehörn aushauen lassen und mit gedachter Abconterfeiung zufertigen." Einige Jahre später erhielt Graf Georg Ernst von Henneberg auch ein Konterfei von einer wilden Koppel, worüber er eine große Freude hatte. So bat sich der Pfalzgraf Otto Heinrich vom

Rhein zwei große Elendsfüße aus, die, wie er sagt, dermaßen gestaltet sein möchten, daß sie zu einer Schönheit und Zierde in einen Saal gehängt werden könnten. Auch Lusthäuser in Gärten wurden mit solchen Hörnern und Geweihen vielfältig ausgeschmückt; als im Jahre 1563 ein solches Herzog Johann „Wilhelm von Weimar erbaute, ließ er sich dazu die schönsten Hirsch- und Elendsgeweihe aus Preußen kommen.

Vorzüglich gern hielten sich die Fürsten in ihren Tiergärten und auf ihren Jagdschlössern zur Zeit der Hirschbrunst auf und luden dann dahin gewöhnlich auch mehrere der benachbarten Fürsten ein. Man verkürzte sich die Zeit durch allerlei Ergötzlichkeiten und Weidmannsvergnügungen, so daß diese fürstlichen Zusammenkünfte immer als eine angenehme Freudenzeit geschildert werden.

Neben dem Jagdvergnügen gehörte auch die Pferdeliebhaberei zu den Ergötzlichkeiten des fürstlichen Lebens. Jeder Fürst hatte seinen oft nicht unansehnlichen Marstall, mancher auch noch ein besonderes Pferdegestüt. Dennoch klagten die meisten deutschen Fürsten über nichts häufiger als über den Mangel an guten und brauchbaren Reitpferden, selbst in Gegenden, wo man solchen kaum erwarten sollte, wie in Mecklenburg. Man mußte daher die besten Reitpferde aus dem Auslande kommen lassen; noch im Jahre 1580 mußte sich der Markgraf Georg Friedrich von Brandenburg an die Königin von England wenden, um einige ganz gute Reitpferde zu erhalten. Außer England galt Preußen für das Land, woher man die besten Pferde ziehen konnte. Der Herzog Albrecht erhielt daher auch jedes Jahr eine Menge von Bittschreiben teils von Fürsten, teils von anderen Personen, die seine Güte und Gefälligkeit in Anspruch nahmen; und während er selbst seine besten Zuchthengste aus Deutschland zog oder sie häufig von deutschen Fürsten, bald vom Landgrafen Philipp von Hessen, vom Kurfürsten Johann Friedrich von Sachsen, bald von anderen zum Geschenk bekam, versorgte er diese wieder mit hübschen Wallachen, tauglichen Jagdrossen oder sanften Zeltern. Im Jahre 1532 wandte sich der Kurfürst Johann Friedrich von Sachsen an Albrecht mit der Bitte um ein türkisches Pferd; diesem indes war es nicht möglich, den Wunsch des Fürsten zu erfüllen; er schickte ihm statt dessen einen sehr schönen „Wettläufer". Und als er nach einigen Jahren vom Markgrafen Georg von Brandenburg ein schönes türkisches

Roß, daß dieser aus dem Türkenkriege mitgebracht, zum Geschenk erhalten halte, besaß er es kaum zwei Jahre, indem er es auf dringende Bitten dem Landgrafen Georg von Leuchtenberg als Leibpferd schenkte. Am häufigsten ersuchten ihn die deutschen Fürsten um Wallache, hochtrabende Zelter, podolische und polnische Rosse. So schrieb unter anderen Herzog Franz I. von Sachsen-Lauenburg im Jahre 1532: „Euer Liebden tragen für sich selbst gut Wissen, daß der jungen Reiter Notdurft erfordert, sie mit gewissen und wohltrabenden Pferden zu versorgen, bis sie in Übung und Reitererfahrung kommen. Dieweil wir denn jetzund unser Hofwerk erst anschlagen und mit solchen Pferden nicht genugsam versorgt sind, sie auch dieses Orts nicht füglich zu bekommen wissen, aber von den Wallachen Bericht empfangen, daß dieselben vor anderen Pferden geschickt sein sollen, so bitten wir gar freundlich: Euer Liebden wolle uns zu solchem unsern angefangenen und ersten Hofwerk mit einem guten Wallachen freundlich bedenken". Der Pfalzgraf vom Rhein, Friedrich III., bat um einen podolischen zeltenden Klepper, weil er nur zeltende Rosse reiten konnte. Wie schwer es hielt, gute Reitpferde aufzubringen, bezeugt ein Bittschreiben des Herzogs Johann Friedrich des Mittleren von Sachsen-Weimar, wo dieser sagt: „Wir geben Euer Liebden freundlicher Meinung zu erkennen, daß wir eine Zeit her an guten, tauglichen Pferden für unseren Leib großen Mangel gehabt und noch haben, können auch bei aller gehabten Nachforschung und angewandtem Fleiße deren keine, da wir gleich dieselben teuer genugsam bezahlen wollten, erlangen, noch zu Wege bringen". Die Landgräfin Anna von Hessen, an die sich der Hochmeister Albrecht im Jahre 1517 wegen eines guten Hengstes gewandt hatte, schrieb diesen Mangel an guten Pferden den kriegerischen Zeitereignissen zu, indem sie ihm erwidert: „Ich wäre wohl geneigt und ganz begierig, Euer Liebden mit einem guten währlichen Hengst zu versehen, darauf dieselbe sonderlich Glück und Sieg haben möge. So ereignen sich die Kriegsläufe in diesen Landen dermaßen, daß ich auf diesmal, als ich gerne tun wollte, keinen bekommen mag. Aber damit doch Euer Liebden meinen geneigten guten Willen spüren möge, so schicke ich derselben einen jungen Hengst von fünf Jahren, den ich selbst gezogen, gliedganz und von der besten Art, so in diesen Landen ist, genannt der Zappenburger, den ihres Gefallens zurichten zu lassen, versehe ich mich auch gänzlich, er solle rechtschaffen werden, weil ich ihn unter vielen ausgezogen habe, und wollte gar gerne, daß er Euer Liebden dermaßen gefallen und geraten möchte, wie ich ihn derselben gönne."

Während der Fürst sich bald auf der Jagd, bald mit seinen Pferden oder auf andere Art vergnügte, beschäftigte sich die Fürstin gern mit den Dingen der Hauswirtschaft. So besorgt die Herzogin von Preußen – und ihr Beispiel mag für manches andere gelten – selbst ihren Flachs und Leinwand aus Littauen; sie selbst bestellt bei dem Burggrafen von Tilsit fünfzehn Schock Garn zu ihren Bedürfnissen; sie selbst verschreibt ihre gute venetianische Seife aus Polen, ihre Nessel-leinwand, ihr Gold und Silber, das sie einnähen will, aus Nürnberg; sie bestellt es beim Kaufmann selbst, wenn sie etliche Schleier, Samt oder Borten bedarf, und wenn sie nicht das nötige Geld hat, läßt sie sich mit dem Verkäufer wohl auch in einen Honigtausch ein. Sie besorgt es, wenn in die Küche trockener Lachs und Fische geliefert werden sollen, nimmt von der Frau von Heideck zwei ihr als Geschenk angebotene fette Schweine an, schreibt an den Amtmann zu Ragnit um eine Tonne Butter. Sie bestellt es selbst bei Georg Schulthess in Nürnberg, daß er ihr aus Frankfurt Weintrauben, frische Kastanien, Mispeln und Quitten schicken möge. Daneben vergnügt sie sich gern mit ihrem spanischen Hündchen, das sie aus Kopenhagen hat kommen lassen, oder amüsiert sich mit ihrem Papagei, sucht einen anderen abzurichten und einige Worte plaudern zu lehren; aber das Tier ist oft so böse, daß sie zuweilen alle Geduld verliert.

Einen großen Teil der Zeit, welche die Fürsten nicht entweder auf politische Verhandlungen, auf ihre Landesverwaltung oder ihre Vergnügungen und Festlichkeiten verwandten, nahm die unter ihnen stattfindende Korrespondenz hin. So schwierig und kostbar es damals auch war, Briefe an entfernte Orte zu befördern, da man sich beim Mangel einer Posteinrichtung meist besonderer Briefboten bedienen mußte, so bestand unter den meisten Fürsten dieser Zeit doch in der Regel eine ziemlich lebendige briefliche Mitteilung. Selten indes faßten die Fürsten ihre Briefe selbst ab, weil sie gewöhnlich eine sehr schlechte Hand schrieben und das Schreiben ihnen überhaupt nicht leicht vonstatten ging. Sie diktierten sie meistens ihren Sekretären, und unterzeichneten dann nur ihre Namen und Titel, bisweilen auch diese nur mit den Anfangsbuchstaben. Nur hie und da fügten sie eigenhändig einige Zeilen bei. Bei Kaisern und Königen wurde die eigenhändige Unterschrift erst mit dem Anfange des sechzehnten Jahrhunderts gebräuchlich. Der Kaiser Maximilian indes unterschrieb noch seinen Namen nicht immer, sondern häufig bloß die Worte: p. regem p. m. (per regem propria manu). Öfter schon findet man die eigenhändige Namensunterschrift unter Karls V. Schreiben, und unter den nachfolgenden Kaisern Ferdinand I., Maximilian II. und Rudolf II. war sie ganz gewöhnlich. Fremde Könige fügten ihrem Namen häufig noch einen freundschaftlichen Ausdruck bei. Fürsten aber, die sich einander näher standen, schrieben einander bisweilen eigenhändig, oder entschuldigten sich wenigstens, daß sie nicht mit eigener Hand geschrieben hätten. So heißt es in einem Briefe des Kurfürsten Johann Friedrich von Sachsen an den Herzog von Preußen: „Wiewohl wir willens gewesen, Euer Liebden wiederum mit eigener Hand zu antworten, so sind wir doch diesmal mit vielen Sachen beladen gewesen, daß wir dazu nicht haben kommen mögen. Zudem so sind wir an der Handschrift nicht ein so guter Schreiber als Euer Lieb, darum wir besorgt haben, Euer Liebden möchten vielleicht dasselbe nicht lesen können, freundlich bittend, Euer Liebden wolle solches von uns nicht unfreundlich vermerken, sondern uns darin entschuldigt haben".

Im Briefstil herrschte unter den Fürsten, selbst auch unter den befreundetsten, große Steifheit und ungeschickte Künstlichkeit, viel schwerfällige Ziererei und manieriertes Wesen, besonders wenn die Abfassung der Briefe den an steifen Kurialstil gewöhnten Sekretären überlassen war. Des traulichen „Du" bedienten sich in Briefen nicht einmal Brüder und Eheleute gegen einander; man findet die Anrede „Du" nur in kaiserlichen und königlichen Schreiben, wo es auch selbst gegen Herzöge gebräuchlich war oder in die Anrede „Deine Lieb" oder „Deine Liebden" verwandelt wurde. Kaiser Maximilian I. und Karl V. reden die Herzöge fast nie anders als mit „Du" an, Ferdinand I. dagegen, Maximilian II. und Rudolf II. bedienen sich in der Regel der Anrede „Deine Lieb". Königinnen aber schreiben gewöhnlich an fürstliche Personen „Euere Lieb" oder „Euere Liebden". Diese Anrede, meist bloß durch die Buchstaben E. L. ausgedrückt, war unter Fürsten, selbst wenn solche niederen Ranges an höhere schrieben, die gebräuchlichste; sogar Brüder und Ehegatten redeten sich in Briefen auf diese Weise an und bedienten sich der Worte „Seine Liebden" oder „Ihre Lieb" auch, wenn sie von einander zu einem dritten sprachen. Schon diese immer wiederkehrende Anrede gab der brieflichen Unterhaltung etwas Schleppendes und Gedehntes. Man hielt aber auch viel auf Titulaturen und konventionelle Benennungen. Kaiser, Könige und Königinnen setzten jederzeit ihre Namen und Titel in Briefen obenan und redeten dann den Fürsten, an den sie schrieben, in konventionellen Titeln und Benennungen an; so nennt der Kaiser Maximilian I. nach seinem vorangesetzten Titel den Herzog Boguslav von Pommern: Hochgeborener lieber Oheim und Fürst. Das Prädikat „Hochgeboren" gaben sich damals gegenseitig überhaupt alle Fürsten, und mit den Verwandschaftsbenennungen „Oheim, Schwager und Bruder" begrüßten sich häufig auch solche, die entweder gar nicht oder doch bei weitem nicht so nahe verwandt waren. So nennt der römische König Ferdinand den Herzog von Preußen: Hochgeborener lieber Schwager und Fürst, zuweilen auch Oheim; Maximilian II. und Rudolf II. nennen ihn bald bloß Oheim, bald Oheim und Schwager, aber ebenso titulieren ihn der Kurfürst Johann Friedrich von Sachsen, die Herzöge Johann Ernst von Koburg, Erich von Braunschweig, Ulrich von Württemberg oder Friedrich von Liegnitz. Die konventionellen Benennungen wurden meistens neben dem vollständigen Titel des Fürsten auch auf der Adresse des Briefes mit angebracht, so daß auf den Briefen Philipp's von Hessen an Herzog Albrecht von Preußen die Aufschrift also lautet: „Dem Hochgeborenen Fürsten Herrn Albrechten Markgrafen zu Brandenburg, in Preußen, Stettin, Pommern, der Cassuben und Wenden Herzogen, Burggrafen zu Nürnberg und Fürsten zu Rügen, unserem freundlichen lieben Oheimen, Schwager und Bruder."

Was den Inhalt dieser brieflichen Mitteilungen betrifft, so war er natürlich sehr verschiedenartig, je nach den mannigfaltigen Verhältnissen denen die Fürsten zueinander standen und nach den Zeiten, in denen sie einander schrieben. Indessen läßt er sich doch unter gewisse Gesichtspunkte zusammenfassen. Zuweilen nämlich waren es bloß sogenannte Musterworte, die man sich gegenseitig schrieb. Man verstand darunter freundschaftliche Begrüßungen und Erbietungen zu allerlei Gefälligkeiten, Erkundigungen über Gesundheit und das Wohlergehen der Familienangehörigen, Mitteilungen von Familienverhältnissen, Bezeigungen von Teilnahme an Familienereignissen, freundliche Wünsche für das Wohlbefinden des fürstlichen Hauses, also mit einem Worte, freundschaftliche Mitteilungen, die das nächste persönliche Interesse der Fürsten und ihrer Angehörigen betrafen.

Hierher gehört auch die damalige Sitte der Fürsten, in ihren Briefen sich gegenseitig ein freundschaftliches Prosit, oder einen guten Trank, wie sie es nannten, entgegenzubringen, worauf man sich dann Bescheid tat, was Anlaß zu vielen Danksagungen gab. So schreibt einst Heinrich, Administrator des Stifts zu Worms, Pfalzgraf vom Rhein, an Herzog Albrecht von Preußen: „Daß Euer Liebden uns wiederum auf unseren hievorgebrachten guten Trunk einen guten, freundlichen starken Trunk ganz freundlich und brüderlich entgegengebracht, sind wir um Euer Liebden herwiederum zu verdienen mit freundlichem Willen begierig. „Wiewohl wir aber Euer Liebden in Gegenwärtigkeit Ihres Falkners je gern Bescheid getan und zu freundlicher Dankbarkeit Euer Lieb den einen freundlichen Trunk herwiederum gerne gebracht hätten, so sind wir doch Blödigkeit halber unseres Leibes diesmal daran verhindert, wollen aber damit Euer Liebden zum ehesten, und sobald wir es Leibes halber können, freundlichen guten Bescheid zu tun nicht unterlassen." Ein großer Teil der fürstlichen Briefe sind Mitteilungen über die Ereignisse der Zeit. Da es damals noch nichts der Art gab, was unseren Zeitungen zu vergleichen wäre, so konnten die Fürsten die politischen Begebenheiten in anderen Ländern nur auf dem Wege brieflicher Mitteilungen in Erfahrung bringen. Zwar hatten die meisten Fürsten gewöhnlich in den wichtigsten Städten Deutschlands Männer, bald Gelehrte, bald Staatsbeamte, Kaufleute und Künstler oder sonst angesehene Privatpersonen durch ein Jahrgehalt oder Gratifikationen und Geschenke dazu engagiert, ihnen alles, was von Wichtigkeit irgendwo vorging und zu ihrer Kenntnis kam, zu berichten oder ihnen, wie sie es nannten, Zeitungen zuzufertigen; außerdem aber teilten sich häufig die Fürsten auch gegenseitig selbst solche politische Berichte teils in ihren eigenen Staats- und kirchlichen Angelegenheiten, teils über Welthändel und Zeiteregnisse überhaupt mit. So bestand ein sehr lebendiger Briefwechsel zwischen dem Kurfürsten von Sachsen, dem Landgrafen Philipp von Hessen und dem

Herzog von Preußen, indem jene diesem über ihre Verhältnisse zum Kaiser, über die Ereignisse im Fortgang der Reformation, über das glückliche Gedeihen und die Hindernisse in ihren wichtigen Unternehmungen, über die Erscheinungen auf den Fürsten- und Reichstagen und über die kriegerischen Begegnisse der Zeit Bericht gaben. Wie begreiflich, haben diese Fürstenbriefe für die Zeitgeschichte eine außerordentliche Wichtigkeit; als vertrauliche Mitteilungen der Teilnehmer an den Ereignissen sind sie als geschichtliche Quellen zu betrachten; denn in ihnen spricht sich der Freund zum Freunde ohne Rückhalt aus und es fällt von ihnen auf manches Ereignis und manche Tat ein ganz anderes Licht, als wenn .darüber durch einen fremden Mund berichtet wird.

Außerdem gab zu einer Anzahl fürstlicher Briefe auch der Gebrauch Anlaß, sich gegenseitig durch Geschenke zu erfreuen, durch Zusendung von Ehrengaben freundschaftliche Gesinnung zu betätigen oder wohl auch, was man irgend zur Bequemlichkeit und Lust, zum Genuß und Vergnügen zu besitzen wünschte, sich von einem befreundeten Fürsten als Geschenk zu erbitten. Man nahm keinen Anstand, einen Fürsten um irgend etwas zu bitten oder ihn auch mit Gaben zu beschenken, die heute als lächerlich gelten würden. Wenn Graf Wilhelm von Henneberg einige Elendshäute braucht, so schreibt er dem Herzog von Preußen: „Ich habe Euch schon gebeten, mir drei Elendshäute zu schicken, weiß nicht, ob Euch der Brief geworden ist; so bitte ich Euch nochmals darum, denn ich wollte mir gern ein Kleid daraus machen lassen, wenn ich auf kleinen Klepperleinen reite oder sonst faul wäre, daß ich den Harnisch nicht führen möchte, daß ich dennoch gegen einen gemeinen Stich oder Hieb versagt wäre, und wo man das Leder darinnen nicht nach Notdurft bereiten könnte, so bitte ich Euch, wollet mir die Häute schicken, so will ich's hieraußen bereiten lassen." Der Erzherzog Ferdinand von Österreich hat Appetit nach einem Auerochsen- und Elendsbraten und bittet sofort den Herzog, ihm damit zu Steuer zu kommen; dieser sendet ihm zwei Fässer mit eingesalzenem Auer- und Elendswildpret, auch zugleich die Köpfe vom Auer und Elend dazu, und erwirbt sich freundlichen Dank. Herzog Adolf von Holstein will im Jahre 1564 mit „Fräulein" Christine, des Landgrafen Philipp von Hessen Tochter, Hochzeit machen, kann aber wegen der in Hessen und besonders in Kassel herrschenden Pest dort das Fest nicht feiern und muß sich entschließen, das Beilager in seiner Hofburg Gottorp zu halten. Weil es ihm hier aber an Wein fehlt, so wendet er sich an den Herzog Albrecht, den er selbst zu Gast geladen: „Fällt uns etwas beschwerlich," schreibt er, „in solcher Eile mit aller Notdurft und fürnehmlich mit fremden Getränken uns zu versorgen; da nun bei Euer Liebden zu erheben, daß uns dieselbe mit ein paar Faß altem Kaiser, auch ungarischem Weine bedenken mochten, geschähe uns an dem ein großer danknehmlicher Wille; wollten auch solches um Euer Liebden hinwieder gerne beschulden." Der Herzog schickt und Adolf antwortet: „Wir haben Euer Liebden Schreiben nebst dem ungarischen Wein und altem Kaiser, damit uns Euer Liebden freundlich beehrt, empfangen und daraus derselben freundliche schwägerliche Zuneigung vermerkt, und sind gegen Euer Liebden des ungarischen Weins, wie nicht weniger des alten Kaisers freundlichst dankbar." Der Herzog Barnim von Pommern erfährt, sein Nachbar Herzog Albrecht von Preußen sei ein Freund von Moränen, und schickt ihm durch seinen Hofdiener Georg von Putkammer eine ganze Tonne trockener und geräucherter Moränen zu, mit dem Wunsche, sie möchten ihm wohl schmecken, und Albrecht erwidert das Geschenk mit Übersendung eines Wolfspelzes und eines jungen Hundes.

So war es auch unter Fürstinnen Sitte. Die Herzogin von Liegnitz hört, eine Fürstin liebe am Tische allerlei eingemachte Leckerbissen, und schickt ihr ein Fäßchen mit in Honig eingemachten Quitten und ein anderes mit Quitten und Latwergen in Zucker eingemacht; „Bitte," schreibt sie dabei, „Euer Liebden wollen es mit Euer Liebden Gemahl von meinetwegen essen, und daß sie Euer Liebden wohl schmeckten, das hörte ich gerne." Bei einer anderen Sendung sagt sie: „Ich habe aus meines freundlichen lieben Sohnes Schreiben vernommen, daß Euer Liebden sonderliche Lust zu gutem, gerechten Küttensaft habe, und daß seines Erachtens Euer Liebden ich gehorsamlich dienen könnte, wenn ich Euer Liebden dessen zuschickete. Weil denn jetzt Gelegenheit ist, schicke ich Euer Liebden achtzehn Schächtelchen mit Küttensaft, Schnittlein, Latwergen und Nüssen, freundlich bittend, Euer Liebden wolle die gnädiglich versuchen und mich wissen lassen, was derselben davon beliebe, so will ich auf nächstkünftigen Herbst, wenn die Kutten wieder hervorkommen, durch Verleihung göttlicher Gnaden solche mit höchstem Fleiße wieder einmachen und zurichten." Auch mit gutem Bier machten sich Fürsten mitunter Geschenke. Hamburgisches und Mecklenburgisches galten damals für die vorzüglichsten; der Herzog Johann Albrecht von Mecklenburg macht sich daher öfter das Vergnügen, den Herzog von Preußen mit etlichen Tonnen zu erfreuen; selbst die Herzogin Anna Sophia von Mecklenburg nimmt sich einigemal die Freiheit, ihm einige Tonnen güstrowisches Bier zuzusenden, einmal mit dem Bemerken: „Wir haben diese zehn Tonnen güstrowisches Bier allhier im Lande für Euer Liebden mit sonderlichem Fleiße brauen lassen, wollen dieselben auch diesmal für gut ansehen und zu freundlichem willfährigen Willen und Gefallen annehmen." Dazu kam um die nämliche Zeit aus Thüringen auch das nötige Trinkgefäß, welches ihm der Graf Georg Ernst von Henneberg mit den freundlichen Worten sandte: „Wir haben nicht unterlassen können, nachdem uns ein treffliches, schönes, herrliches Trinkgeschirre durch einen kunstreichen Meister vom thüringer Walde zugefertigt, daß es Schade dafür wäre, wenn es verliegen und nicht unter die Leute kommen sollte, Euer Liebden damit zu versehen, und schicken Euer Liebden solches hiermit zum Neujahre, freundlich bittend, Euer Liebden wollen dasselbe freundlich annehmen und daraus je bisweilen fröhliche Trünke tun. Euer Liebden aber wollen auch unbeschwert unser Grußbote sein, derselben Gemahlin, unserer lieben freundlichen Geschweyen, viel Ehren, Liebes und Gutes vermelden, und Ihrer Liebden diese hiermit geschickten schönen Pantoffel, welche auch nicht mit weniger Subtilität zugerichtet sind, von unseretwegen zum Neujahr überantworten und freundlich bitten, Ihre Liebden wollen es damit also für gut und den Willen für die Tat nehmen."

Wie der Graf von Henneberg, so ließen auch andere Fürsten selten ein Neujahr vorübergehen, ohne ihre Freunde mit einem Neujahrsgeschenke zu erfreuen. So überschickt ein Diener des Herzogs von Mecklenburg in dessen Namen der Herzogin von Preußen drei Paar wohlriechende Handschuhe, die er ans Frankreich erhalten hatte. Die Gemahlin des Kurfürsten Johann Georg von Brandenburg, Sabine, läßt dem Herzog von Preußen zum Neujahr 1564 ein noch sonderbareres Geschenk überbringen, es war – ein Hemd, welches sie ihm mit den Worten einhändigen ließ: „Nachdem uns Euer Liebden nicht allein einmal, sondern zum öfteren vielfältige Willfahrung erzeigt, die von uns bishero unvergolten worden, als tun wir Euer Liebden hiermit ein Hemde zum Neuen Jahre freundlich übersenden, mit freundlicher Bitte, Euer Liebden wollen solches von uns als eine geringe Verehrung annehmen und dabei unsern guten Willen freundlich vermerken."

Auch die Kunst beschäftigte manche Fürsten und gab vielfach Anlaß zu gegenseitiger schriftlicher Mitteilung. In der Malerei waren es vorzüglich Porträte, Kontrafakturen oder Konterfeiungen, wie man es damals nannte, auf welche die Fürsten zum Andenken ihrer Freunde großen Wert legten. Sie baten sich daher ihre Porträte aus, um die Erinnerung an die Entfernten immer gegenwärtig und lebendig zu erhalten. So schrieb der Herzog von Preußen an den Grafen Georg Ernst von Henneberg, um sein, seines Vaters, seines Bruders, des Grafen Poppo, und ihrer beiden Gemahlinnen Bildnisse zu erhalten. Der Graf sandte ihm im Jahre 1547 vorerst das Porträt seines Vaters mit den Worten zu: „Wir schicken Euer Liebden unseres Herrn und Vaters Abkonterfaktur, wie seine Gnade noch heutiges Tages sehen und weben; das haben Euer Liebden zu einer Ergötzlichkeit zu besehen." So erfreut auch der Markgraf Georg von Brandenburg den Herzog von Preußen mit dem Bildnisse seines jungen Vetters, des Markgrafen Albrecht, das er auf dessen Bitte in Lebensgröße hatte malen lassen. Zur Verfertigung solcher Porträts und anderer Gemälde hielten sich die Fürsten ihre Hofmaler. So nahm im Jahre 1529 auch der Herzog von Preußen der Maler Crispin Herranth, einen Schüler von Lucas Cranach, als Hofmaler in seinen Dienst und legte um diese Zeit, nach dem Beispiel anderer Fürsten, eine Gemäldesammlung aller damals lebenden deutschen Fürsten an. Um sie möglichst zu vervollständigen, wandte er sich an seine Freunde und Diener in Deutschland mit dem Auftrage, mit allem Fleiß solche Gemälde aufzusuchen und anzukaufen; er schrieb an den bereits erwähnten Georg Schultheß in Nürnberg: „Wir geben Dir gnädiglich zu erkennen, daß wir gerne alle hohen Potentaten und fürstliche Personen mit ihren Gemahlen und Geschlechtern so viel möglich zusammenbringen möchten. Da wir aber die pfalzgräfischen, bayrischen und da umher gesessenen Fürsten allhie nicht wohl zu Wege bringen können, so ist an Dich unser gnädiges

Begehren, Du wollest Fleiß verwenden, ob Du derselben der Orten gesessenen Fürsten Konterfeiungen zu Wege bringen und uns bestellen möchtest, doch daß allwege so viel möglich eines Jeden Alter dazu geschrieben werde. Was Du also bestellen kannst, das wollest Du uns mit derselben Namen mit erstem verzeichnet zusenden." Zu dem nämlichen Zwecke ließ er sich auch den damaligen Hofmaler des Königs von Dänemark, Jakob Binck, nach Königsberg kommen, und da dieser hier ziemlich lange für den Herzog beschäftigt war, so entschuldigte die Herzogin sein Wegbleiben bei ihrem Bruder, dem Könige, indem sie schrieb: „Sintemal Eure Königliche Würde hochgemeldetem unserem freundlichen vielgeliebten Herrn und Gemahl zu freundlichem Gefallen ihren Conterfacter Jakob Bincken bis anhero überlassen, damit nun Eure Königliche Würde spüren, daß er allhie nicht gefeiert, so tun wir derselben zween Schaupfennige, die er, den einen auf unseres Herrn und Gemahls Conterfact gemacht, den anderen, als den wir aus kindlicher schuldiger Treue auf unseres Herrn und Vaters seliges Gedächtnisses Bildnis zu seiner Gnaden löblichem Andenken verfertigen zu lassen nicht haben nachlassen können, überschicken, versehentlich, sie sollen Eurer Königlichen Würde nicht übel gefallen. Dieweil aber Jakob Binck über seinen Willen bisher von hinnen nicht kommen können und jetzund noch etliche Arbeit unter Händen hat, so bitten wir abermals schwesterlichen Fleißes, Eure Königliche Würde wollen ihn seines Ausbleibens entschuldigen." Im Jahre 1549 sandte der Herzog diesen Meister nach den Niederlanden, um sich dort durch ihn verschiedene Gemälde bestellen und machen zu lassen, wofür er ihm die Summe von fünfhundert Karlsgulden auszuzahlen befahl. Auch ein Meister in Leipzig, der Maler Hans Krell, arbeitete lange Zeit mit großem Fleiße zur Vervollständigung der herzoglichen Gemäldesammlung. Schon im Jahre 1545 hatte sie von ihm die Porträts mehrerer europäischen Könige und deutschen Fürsten erhalten, die beim Herzoge solchen Beifall fanden, daß er sich im nächsten Jahre noch um mehrere andere an ihn wandte. Der Künstler bot ihm die Bildnisse des Kaisers Sigismund, des Königs Christian von Dänemark, des Herzogs Georg von Sachsen mit zwei Söhnen, des Herzogs Heinrich von Sachsen, des Königs von Frankreich, des Herzogs Erich von Braunschweig und dessen Gemahlin, des Herzogs Ulrich von Württemberg, des Herzogs Franz von Lüneburg und Johann Hussens an und erklärte sich auch bereit:, noch die Porträts anderer Könige und Fürsten, welche gut gelungen seien, dem Herzog auf dessen Verlangen zuzusenden. Selbst mit dem berühmten Meister Lucas Cranach stand der Herzog in Verbindung; er richtete an ihn im Jahre 1546 die Bitte: „Unser gnädiges Begehren ist, Ihr wollet die Conterfeien des hochgeborenen Fürsten, unseres freundlichen Oheims und Schwagers, des Kurfürsten von Sachsen samt seiner Liebden Gemahl und derselben drei Söhne, auch des Herzogs Ernst von Braunschweig, wie wir mit Euch verlassen, auf Tücher fertigen und uns fürderlich übersenden; auch daneben was dafür billig zu tun anzeigen, soll Euch dankbarliche Bezahlung widerfahren und daneben in Gnaden erkannt werden." Schon früher hatte sich der Herzog die Bildnisse von Luther und Melanchthon von Cranach kommen lassen, wie er denn überhaupt Porträts der berühmtesten Gelehrten zu erhalten suchte. So hatte er bei der Witwe des berühmten Theologen Veit Dieterich in Nürnberg dessen Bild bestellt und sie hatte es bei Lucas Cranach auch malen lassen. Statt es aber zu senden, schrieb sie dem Herzog: „Ich habe mich, dieweil Eure Fürstlichen Gnaden die Verfertigung des Contrafects begehrt haben, neben Überschickung des abgegossenen Bildnisses bei Meister Lucas Cranach er zu Wittenberg um solche Contrafactur beworben, welcher vor wenig Tagen mir eine zugeschickt, doch solcher Unform, daß sie weiter zuschicken nicht würdig ist; will mich befleißigen, Eurer Fürstlichen Gnaden eine wahrhafte Contrafactur meines geliebten seligen Ehewirts zu verschaffen."

Auch die Musik war an vielen Fürstenhöfen Gegenstand großer Liebhaberei; jedoch stand diese Kunst noch in dem Alter kindlicher Einfachheit. Das Ohr, noch an keine höheren Ansprüche gewöhnt, begnügte sich mit kunstlosen Kompositionen. Was die Instrumentalmusik betrifft, so war die Zahl der Instrumente noch sehr gering. Wir hörten, daß bei Hochzeitsfesten und fürstlichen pomphaften Aufzügen meist immer nur welsche und deutsche Trompeten geblasen und die Heerpauken gerührt wurden. Dies waren an Fürstenhöfen die vornehmsten Festinstrumente, wozu auch verschiedene Arten von Posaunen, die Mittelposaune oder Quartposaune gehörten. Außerdem gab es Pfeifen oder Flöten von größerer und kleinerer Form, manche über die Länge eines Menschen groß, mit einem Rohre versehen, Diskantflöten von Elfenbein und eine Art von Zwergpfeifen, schön beschlagen und vergoldet. Krummhörner, wahrscheinlich unseren Waldhörnern ähnlich, wurden auf messingenen Röhren geblasen. Die meisten dieser Instrumente, besonders die Trompeten, pflegte man gern mit Fahnen und Schnüren bunt auszuschmücken, wobei man auf die Nationalfarben Rücksicht nahm. Auch die Zinken wurden gern gehört; sie waren zum Teil von Elfenbein und am meisten geschätzt die welschen krummen Zinken. Die besten dieser Instrumente verfertigte man in Nürnberg, wo besonders der Instrumentenmacher Georg Neuschel in großem Rufe stand. Er war freilich auch vom Werte seiner Instrumente nicht wenig eingenommen; denn er schrieb einst dem Herzog von Preußen über die welschen Trompeten, welche dieser bei ihm bestellt hatte: „Ich weiß, daß mir's, ob Gott will, keiner in Deutschland oder Welschland nachmachen soll mit dem Stimmen und mit der Arbeit."

Nächst dem vergnügte man sich an fürstlichen Höfen vorzüglich durch Vokalmusik, und zwar scheint diese bei vielen am beliebtesten zu sein, sowohl als Kirchenmusik wie im gesellschaftlichen Liedergesange. In vielen Städten Deutschlands lebten Komponisten, die für Fürsten teils geistliche, teils weltliche Lieder in Musik setzten und mitunter großen Ruf erlangten. Einer der berühmtesten war am Hofe zu München der fürstliche Komponist Ludwig Senffl, genannt der Schweizer; denn man hörte seine Motetten fast an allen deutschen Fürstenhöfen. Überhaupt waren es ernste, geistliche Lieder, „vier- oder sechsstimmige Tenores", wie man sie nannte, die er mit vielem Glücke komponierte, oder mehrstimmigen Psalmen; denn diese waren an fürstlichen Höfen allgemein beliebt. Teils lag es in der religiösen Richtung der Zeit, teils auch in dem Umstande, weil Musik vorzüglich eine Lieblingsbeschäftigung der Geistlichen war, daß besonders der Geschmack an geistlichen Liedern und Psalmen an Fürstenhöfen herrschend wurde. Es ist bekannt, welchen Einfluß Luther auf Musikliebhaberei bei den Fürsten hatte; schon im Jahre 1526 komponierte auf Befehl der Königin Maria von Ungarn ihr Kaplan Thomas Stoltzer den von Luther übersetzten Psalm: „Noli emulari", „den," wie er selbst sagt, „vorhin noch keiner dermaßen auf motetisch also gesetzt hat."

Aber neben geistlichen Liedern erheiterte man sich an Fürstenhöfen auch gern an allerlei lustigen Gesängen. So gab es

Lieder „auf die Hofweise" komponiert, die zu Fröhlichkeit ermunterten und von jungen adeligen Pagen am Hofe gesungen wurden. Sehr bekannt war damals ein sogenanntes Nasenlied, welches Ludwig Senffl dem Herzoge von Preußen mit den Worten zuschickte: „Wie ich mich besonnen habe, so dünkt es mir fast schimpflich, seiner fürstlichen Gnade ein solches rotziges Nasenlied zu schicken." Manche Komponisten wußten sich dadurch ansehnliche Geschenke zu erwerben, daß sie auf Fürsten gedichtete Lieder in Musik setzten und sie diesen zusandten. Auch Gesänge von italienischen und niederländischen Meistern fanden großen Beifall. Zu fürstlichen Hochzeiten wurden nicht selten von geschickten Tonkünstlern Messen, Motetten oder heitere Gesangstücke verfertigt und zur Ergötzung der Hochzeitsgäste aufgeführt. Als eigentliche Konzertstücke waren besonders die Fugen sehr beliebt, weshalb im Jahre 1539 von einem großen Musikkenner in Augsburg, Silvester Raid, eine bedeutende Sammlung solcher Fugen von französischen, deutschen, italienischen und niederländischen Komponisten gedruckt und an Fürstenhöfe, wo man der Musik vorzüglich huldigte, versandt wurde.

Wie die Musik manche heitere Stunde herbeiführte, so verkürzten sich einzelne Fürsten ihre Zeit auch gern mit vergnüglichen Beschäftigungen, mit allerlei Kunstwerken oder mit Verfertigung von mancherlei mechanischen Arbeiten und Instrumenten. So nahm der römische König Ferdinand großes Interesse an den Kunstbeschäftigungen, Horologien, Quadranten und Astrolabien des Vikars der St. Sebalduskirche zu Nürnberg, Georg Hartmann, und beschäftigte sich gern mit magnetischen Versuchen, mit dem Kompaß, Horologien und Astrolabien. Es ist bekannt, daß Kaiser Karl V. am Abend seines Lebens, als er der Kaiserkrone entsagt hatte, seine müßigen Stunden mit der Uhrmacherkunst und anderen mechanischen Übungen hinbrachte, und der Mechaniker Turriano ihm in seiner Einsamkeit einer seiner geschätztesten Gesellschafter war. So war eine Lieblingsbeschäftigung des Kurfürsten August von Sachsen in seinen Mußestunden Drechseln und Punktieren; der Kurfürst Johann Friedrich von Sachsen und Herzog Albrecht von Preußen übten sich häufig mit. allerlei Kampfslücken, fertigten Zeichnungen darüber an und unterrichteten einander in ihren Briefen, wie die Kampfstücke am besten geübt, vervollkommnet und am schönsten ausgeführt werden könnten. Wie der Erzbischof und Kurfürst Hermann von Köln für sich und seine Freunde die Armbrust mit eigener Hand zuschnitzte, so beschäftigte sich auch der Landgraf Philipp von Hessen bisweilen gern mit allerlei Jagdgerät, und so ähnlich andere Fürsten. Vorzüglich war auch die Alchemie oder die angebliche Kunst, unedle und rohe Metalle in edle umzuschaffen und in Gold und Silber zu verwandeln, eine Lieblingsbeschäftigung vieler Fürsten Deutschlands. Alchemisten gehörten zum fürstlichen Hofstaate, weshalb man schon im fünfzehnten, zumal aber im sechzehnten Jahrhundert wenig Höfe fand, die nicht ihre besonderen Alchemisten gehalten hätten. Wie in England die Könige Heinrich VI. und Eduard IV. die Betreibung alchemistischer Künste vielfach befördert hatten, indem jener förmliche Privilegien über die Kunst, Gold zu machen und das Lebenselixir zu bereiten oder den Stein der Weisen zu finden, ausstellte, so begünstigten auch in Deutschland im sechzehnten Jahrhundert manche Fürsten die Alchemistenkünste mit ganz besonderer Vorliebe und außerordentlichem Eifer; denn je spärlicher in damaliger Zeit die regelmäßigen Staatseinkünfte in den fürstlichen Schatz flössen, je ärmer durch die Verheerungen der Kriegsvölker die Untertanen und je größer dagegen bei den fortwährenden Kriegsunruhen und dem Aufwande der Höfe die Ausgaben der Fürsten wurden, um so eifriger suchte man durch Alchemisten und Goldköche das Geheimnis zu entdecken, aus rohen Metallen Gold zu schaffen, die Masse des Geldes nach Belieben zu vermehren. Es trieben sich daher in Deutschland, eine Menge solcher Goldlaboranten umher, und so oft auch die Fürsten, von ihnen getäuscht, die dargebotenen Geldsummen unnütz verschwendet sahen, so fanden jene Menschen durch ihre Prahlereien von großen Reisen in fremden Ländern, von neu erlernten Künsten und Geheimnissen bei vielen Höfen immer wieder Zutritt und Gehör. Neue Versprechungen lockten immer von neuem zu Versuchen in der Goldkocherei, bis neue große Summen ohne Nutzen verschleudert und der Goldkoch selbst entflohen war. So war es jahrelang ein Lieblingsgeschäft des Kurfürsten August von Sachsen, mit seinem Alchemisten im Laboratorium zu arbeiten, obgleich er sich häufig von den Betrügern hintergangen sah. Ebenso legte nicht selten auch Kaiser Rudolf II., ein großer Gönner der Alchemisten, in seinem Laboratorium selbst Hand ans Werk, und wie kostbar die Zutat zu seinen Prozessen gewesen sein muß, kann man daraus beurteilen, daß man nach seinem Tode siebzehn Tonnen Goldes in seinem chemischen Kabinett gefunden haben will. Beinahe alle Fürsten Deutschlands übertraf im Eifer der Goldmacherei der Kurfürst Joachim H. von Brandenburg; denn in einem Zeiträume von kaum zehn Jahren zählte man nicht weniger als elf Alchemisten, die sich an seinem Hofe aufhielten und ansehnliche Summen verschwendeten. Welche Künste und Lockungen diese Menschen aufboten, um an Fürstenhöfen mit ihrer Kunst Eingang zu finden, mag nur an einem Beispiel gezeigt werden. Der Alchemist Dominicus von Blankfeld, der schon beim Kurfürsten Joachim I. von Brandenburg manche ansehnliche Geldsumme in seinem Laboratorium vergeudet hatte, wollte bald nach dem Tode des Fürsten sein Heil bei dem Herzoge von Preußen versuchen, und ließ sich daher durch seinen Vetter Lorenz Waldau aus Berlin bei diesem auf folgende Weise empfehlen: „Nachdem mein Vetter Dominicus von Blankfeld bei meinem gnädigsten Herrn, dem Kurfürsten von Brandenburg, hochlöblicher und milder Gedächtnis, wohl und ehrlich von seiner Kurfürstlichen Gnade gehalten worden und viele Jahre gewesen ist bis an seinen Tod, dem ganz viele subtile Künste bewußt und eigentlich meines Erachtens Eurer Fürstlichen Gnaden in vielen Anstößen und Schwachheiten durch und mitguten Stärkungen und edeln Kraftwassern groß nützlich und dienstlich sein kann, so wünscht er jetzt zu Eurer Fürstlichen Gnaden zu kommen, denn er weiß auch das aurum potabile – wovon das Lot damals mit sechzehn Talern bezahlt wurde – zu machen mit schönem Gewächse des Goldes und Silbers, ohne was er sonst in vielen edeln und heimlichen Künsten der Philosophia und sonderlicher Hocherfahrung aller Metalle, welches ich in der Eile nicht alles schreiben kann, erfahren ist, die Eurer Fürstlichen Gnaden tauglich, tröstlich und hülflich sein möchten, und ist auch nicht ohne, daß er gar viel von Fürsten und Herren verschrieben worden. Auch vor zwei Jahren hat der Durchlauchtige und Hochgeborene Fürst und Herr, Herr Karl Herzog von Geldern geschrieben, daß er zu ihm kommen wolle, da seine Fürstliche Gnaden von seiner Kunst viel gehört, und auf seiner Gnaden Anfordern hat mein Vetter Blankfeld seine Kurfürstliche Gnade ansuchend gebeten; darauf Kurfürstliche Gnade (nachdem er zu der Zeit in deren Diensten verhaftet) zum Herzog zu ziehen ihm erlaubt, dahin er mit etlichen Pferden und Dienern geritten, und da er in Geldernland gekommen, haben seine Fürstliche Gnade ihn und die er bei sich gehabt, gar ehrlich gehalten und dann mit gar reicher ehrlicher Beschenkung als Pferden und Gold beschenkt, verehrt und abgefertigt, wiewohl ihn seine Fürstliche Gnaden gerne bei sich in einem ehrlichen jährlichen Stipendio behalten hätte, wenn er mit kurfürstlichen Diensten nicht verhaftet gewesen, und wäre hierin mein getreuer, einfältiger, geringer Rat, daß Eure Fürstliche Gnaden ihn verschrieben, denn ich weiß, so Eure Fürstliche Gnaden ihn von seiner Kunst, die er mit der Tat beweiset, reden hört, Eure Fürstliche Gnaden werden des gnädigen Wohlgefallen haben und tragen; derhalben ich das Eurer Fürstlichen Gnaden nicht habe bergen wollen, meines Bedünkens, daß er Eurer Fürstlichen Gnaden, deren Gemahlin, ganzem Hofgesinde und ändern groß nützlich und frommlich sein möchte, denn ich einen solchen Mann bei keinem Fürsten lieber wissen wollte in der ganzen Welt als bei Eurer Fürstlichen Gnaden um seiner reichlichen hohen Kunst willen, die ihm Gott der Allmächtige verliehen, denn dieser Mann ist still und verborgen in allen seinen Händeln."

Herzog Albrecht indes antwortete auf jenes Anerbieten: „Nachdem unser lieber, getreuer, besonderer Dominicus von Blankfeld dem Hochgeborenen Fürsten, unserm freundlichen lieben Vetter und Bruder, Herrn Joachim Markgrafen von Brandenburg, als desselben Untertan noch mit Diensten verhaftet, zweifeln wir nicht, seine Liebden werden ihn (dieweil dieselbe solcher und dergleichen geschickter, erfahrener, kunstreicher Leute in ihrem Kurfürstentum selbst bedürfen) schwerlich von sich kommen lassen, denn wo wir nach solchen Personen stünden, besorgen wir, es möchte uns von seiner Liebden zur Unfreundschaft gedeutet werden. Wir haben aber noch zur Zeit wenig Nutz und Frommen, auch daß es mit der Tat ins Werk kommen, von solchen und dergleichen Künsten, wie sich berührter Blankfeld dargibt, erfahren. Wollte jedoch Blankfeld für sich selber anderer Sachen halber sich zu uns begeben, so wollten -wir uns gerne mit ihm unterreden". Noch aber gab der Goldkoch seine Hoffnung nicht auf; er wiederholte nach mehreren Jahren von Danzig aus sein Anerbieten an den Herzog, indem er ihm schrieb: „Ich stelle in keinen Zweifel, Eure Fürstlichen Gnaden tragen gut Wissen, daß ich Eurer Fürstlichen Gnaden Vetter, Kurfürstlicher Gnaden zu Brandenburg selig meinem gnädigsten Herrn, viele Jahre und lange Zeit gedient habe in sonderlichen heimlichen Kunstsachen, in denen Ihre Kurfürstliche Gnade mich oftmals gebraucht hat in vielen Örtern; solche und dergleichen Künste Ihrer Kurfürstlichen Gnade insgeheim ich habe müssen zu Wege bringen. Ich will Eurer Fürstlichen Gnaden auch nicht verhalten, daß ich in kurzverrückter Zeit in Ungarn und in Italien und anderen Örtern mehr der Kunst halben umhergereist und gezogen bin, da ich demnach mit der Hülfe Gottes was sonderliches Gutes erfahren habe, welches ich Eurer Fürstlichen Gnaden in aller Untertänigkeit insgeheim und im Vertrauen ganz untertäniglich anzeigen wollte. Dieweil ich denn so nahe zu Eurer Fürstlichen Gnaden habe und jedoch eine kurze Zeit allhie verharren muß, wäre ich nicht übel bei mir bedacht, so es Eurer Fürstlichen Gnaden gnädiger Wille wäre und mich Eure Fürstliche Gnaden schriftlich kürzlich fordern ließ, mich in aller Untertänigkeit auf das förderlichste zu Eurer Fürstlichen Gnaden zu verfügen und alles, wie oben gemeldet, und anderes viel mehr in eigner Person Eurer Fürstlichen Gnaden mündlich ganz untertäniglich zu erzählen, da Eure Fürstliche Gnaden ohne allen Zweifel gnädigliches Wohlgefallen daran haben und tragen wird." Allein der Herzog antwortete: „Wir haben aus Euerem Schreiben das dienstliche Erbieten, belangend die Mitteilung etlicher heimlicher Künste, die Ihr durch viele und weite Reisen zu Wege gebracht, verstanden und tun uns desselben in Gnaden bedanken, und wiewohl wir Eure Gelegenheit nicht wissen, dennoch da ihr Euch ohne sondern Nachteil und Schaden zu uns begeben könntet, wären wir nicht ungewogen, von solchen Heimlichkeiten Euch Euerem Erbieten nach gnädiglich anzuhören. Daß ihr aber von unsertwegen einige Unkosten oder Beschwer auf Euch laden oder sonst Euch Unbequemlichkeit machen solltet, das wollten wir Euch nicht gerne verursachen."

Wie Alchernisten, so gehörten auch Astrologen, Nativitätensteller oder, wie sie sich gewöhnlich nannten, Astronomen und Mathematiker zum fürstlichen Hofstaate. Man war vom Einflüsse und den Wirkungen der Gestirne auf die irdische Welt so allgemein überzeugt, daß nicht nur Fürsten, sondern selbst viele Gelehrte wie Melanchthon, Johann Carion, Sabinus, Erasmus

Reinhold und Martin Chemnitz der Astrologie unbedingt huldigten. Agrippa von Nettesheim ging darin so weit, daß er sogar behauptete, jeder Teil und jedes Glied des Körpers korrespondiere mit einer himmlischen Intelligenz oder einem Gestirne. Die Fürsten hatten natürlich das nächste Interesse, den mächtigen Einfluß und die geheimen Wirkungen der Gestirne in ihren Konjunktionen verstehen zu lernen. Wie daher der Kurfürst Joachim I. von Brandenburg sich in der Astrologie von dem Abte Trithemius zu Sponheim Unterricht erteilen ließ, so beschäftigte sich auch mancher andere Fürst mit Sterndeutereien, und wenngleich hie und da auch schon Gelehrte auftraten, die das Grundlose und Irrige der astrologischen Grübeleien aufzudecken bemüht waren, so blieb ihre Zahl doch immer noch zu gering, die Vernunft war gegen sterndeuterischen Aberglauben noch zu ohnmächtig und die Sprache der Verteidiger astrologischer Studien noch viel zu eindringlich, – denn das Nativitätstellen war eine sehr einträgliche Quelle des Erwerbs – als daß die sogenannte Wissenschaft der Revolutionen der Gestirne und die Nativitätstellung an den meisten Fürstenhöfen nicht Anklang hätte finden sollen. So gab es im brandenburgischen Hause kaum einen einzigen Fürsten, der nicht von dem Werte der Sterndeuterei durchdrungen gewesen wäre. Daher schrieb im Jahre 1557 Magister Jacob Cuno, kurfürstlicher brandenburgischer Astronom, wie er sich nannte, an einen Fürsten dieses Hauses: „Gnädiger Herr! Wiewohl man jetzt in dieser monschlechtigen (!) Zeit viele findet, welche die Kunst von der Wirkung und Bedeutung des Gestirns verachten und als gottlos verdammen, so sind doch etliche noch, welche sie für eine sonderliche Gabe Gottes, dem menschlichen Geschlecht zu gute geoffenbart, erkennen und halten, unter welche Eure Fürstliche Gnade nebst dem ganzen Hause Brandenburg billig zu zählen ist, denn gottlob jedermann bewußt, daß diese Kunst von Eurer Fürstlichen Gnaden und dem Hause Brandenburg alle Zeit aufs höchste befördert wird. Deshalb habe ich aus rechtschaffenem Fundament der Kunst jetzigen Jahres Prognostiken und vieler Herren und Potentaten Revolutionen gerechnet und mit besonderem Fleiß gestellt, meinem gnädigsten Herrn, dem Kurfürsten, nebst Ihrer Kurfürstlichen Gnaden Herren Brüdern und Söhnen dedicieren und zuschreiben wollen, welches sich ihre Kurfürstliche und Fürstliche Gnade auch haben gefallen lassen. Dieweil aber Eure Fürstliche Gnaden aus dem löblichen Hause Brandenburg, welchem ich mit Dienst verhaftet, entsprungen und neben dieser Kunst alle guten Künste nicht allein liebt und fördert, sondern auch zum mehreren Teil selbst weiß und versteht, habe ich Eurer Fürstlichen Gnaden Revolution in diesem meinem Büchlein auf zwei Jahre expliciert mit solchem Fleiße, als ich, wie Eure Fürstliche Gnaden sehen kann, keine andere gestellt habe."

Die unbedingte Zuversicht, womit die Astrologen und Nativitätsteller die Resultate ihrer Forschungen und Berechnungen aus den Positionskreisen, Positionsbogen und Horoskopen aussprachen, ging beinahe ins Unglaubliche; es gab nichts von einiger Wichtigkeit in den Welterscheinungen, worüber sie in den Sternen nicht Antwort und Aufklärung fanden. Wie der berühmte Astrolog Cardanus, Professor der Mathematik zu Mailand, aus der Konstellation seines Geburtstages oder dem Thema natalitium, wie man es nannte, seinen ganzen Charakter gleichsam anatomisch zu zerlegen wußte, aus der Konstellation der Venus, des Merkur und Jupiter bei seiner Geburt alle seine Fehler und Laster demonstrierte, von dem Zusammenwirken und den Einflüssen dieser Planeten seine Unbeständigkeit, Hinterlist, Geilheit, Mißgunst, Verleumdungssucht und Plauderhaftigkeit herleitete; wie ferner dieser Sternseher selbst Christo die Nativität gestellt hatte und aus der Konstellation bei Christi Geburt alle dessen Tugenden und Wundertaten deduzierte, so wußten andere aus den zwölf Häusern des Himmels, in deren eines die Geburt eines Menschen fallen mußte, aus der Stellung der Planeten in einem dieser Häuser und aus den Aspekten oder den fünf verschiedenen Stellungen der Sonne, des Mondes und der Planeten im Tierkreise die Schicksale aller Fürsten zu deuten und als notwendige Folgen des Sternenregimentes darzustellen. Wir wollen als Beispiel die Sprache eines dieser Astrologen über das Schicksal eines Königs hören. Bekanntlich war König Christian II. von Dänemark wegen seiner willkürlichen und ordnungslosen Herrschaft vom Adel und der hohen Geistlichkeit aus seinem Reiche vertrieben worden und mit Frau und Kindern nach den Niederlanden entflohen. Albrecht von Preußen, damals noch Hochmeister, nahm am Schicksale des Königs lebendigen Anteil und wandte sich im Jahre 1523 an den Astronomen Leonhard Reymann mit dem Gesuche, ihm aus den Sternen zu sagen, wie sich das Schicksal Dänemarks und des vertriebenen Monarchen in der Zukunft gestalten werde. Darauf erhielt er die Antwort: „Auf Eurer Fürstlichen Gnaden Question und Ansinnen, aus der Kunst der Astrologie zu indizieren, ob der ausgetriebene König von Dänemark wiederum zu seinem Reiche kommen oder eingesetzt werden möge, habe ich die inliegende Figur des Himmels, wie sich gebührt, aufgerichtet und darüber mit großem Fleiße wohl viel Schriften der erfahrenen Astrologen durchgelesen und finde gar lauter, daß das Volk des Reiches Dacien demselben vertriebenen König ganz entgegen und Feind ist und sich über ihn erhoben hat; deshalb sie ihm gar ungerne oder nimmer, soviel ihr Vermögen Leibes und Gutes verhüten mag, einkommen lassen noch wieder aufnehmen werden, sie würden denn dazu gezwungen, was ganz schwerlich oder gar nicht geschehen möchte; und wenn er wohl wiederum mit Gewalt eingesetzt wird, so würde es doch in der Länge keinen Bestand haben. Aber nach Anzeigung und Figur des Himmels ist zu glauben und möglich, wenn das Volk des Reiches Dacien gewiß und versichert sein möchte, so Eure Fürstliche Gnade das Reich erobern, daß sie dasselbe dem vertriebenen Könige nicht wieder übergeben, sondern für sich selbst behalten und ihr König bleiben wollte, so werden sie sich schicken und dermaßen halten, dadurch Eure Fürstliche Gnaden zu dem Reiche kommen möchten aus nachfolgenden Zeugnissen des Gestirns, nämlich darum, daß das Teil des Reiches in dieser Question oder Figur gestanden ist in dem Angel Ascendentis, welcher Angel Eurer Fürstlichen Gnaden als dem Frager zugehört; zum andern darum, daß die Sonne, die eine Bedeuterin des Volkes Daciens, auch gestanden ist in dem Angel Ascendentis, zeigt an, daß dasselbe Volk Eure Fürstliche Gnaden zu einem Könige begehrt und gerne haben würde; zum Dritten, daß die Figur mit den Fixsternen, die Eurer Fürstlichen Gnaden in der Geburt ein Reich oder mehrere verheißen haben, derselben Eurer Fürstlichen Gnaden Nativität gleicht; zum Vierten, daß Eurer Fürstlichen Gnaden Applicationes der Radix, auch die Revolutiones in diesem und dem nächstkünftigen Jahre eine große Erhöhung eines Reiches oder andere hohe Dignität anzeigen. Zudem finde ich auch in dieser Figur, daß beide Bedeuter des entsetzten Königs und Eure Fürstliche Gnaden einander auf das allerfreundlichste ansehen, mit einer zwiefachen Rezeption, also wo der König das

Reich selbst nicht bekommen möchte, daß er das Eurer Fürstlichen Gnaden vor allen anderen gönnen würde. Dem allen mögen Eure Fürstliche Gnaden nachdenken."

Wie auf solche Weise Leonhard Reymann das Schicksal Dänemarks und seines vertriebenen Königs voraussagte, so konnte man durch astrologische Forschungen leicht die wichtigsten Lebensereignisse aller Fürsten erfahren. Man durfte den Astrologen nur den Geburtstag eines Fürsten anzeigen; sie suchten dann das Horoskop oder den Punkt der Ekliptik, der im Augenblicke seiner Geburt aufgegangen war, und wußten sofort aus dem Thema natalitium irgend ein bestimmtes Resultat herauszudeuten. Die Fürsten bestellten daher bei den Astrologen gern und häufig die Nativitätstellungen anderer Fürsten und hoher Potentaten, oder jene sandten sie den Fürstenhöfen oft unaufgefordert zu, weil sie in der Regel ansehnliche Geschenke dafür zu erwarten hatten. Nun trafen allerdings sehr oft die Deutungen der Sternseher nicht wirklich ein; als im Jahre 1551 in Deutschland sich das Gerücht vom Tode des Kaisers Karl verbreitete, schrieb Erasmus Reinhold: man dürfe diese Nachricht wohl immer für wahr halten; sie werde durch viele Gründe bestätigt; denn ganz sicher hätten schon im vorigen Jahre die Sterne ihm das Ende seines Lebens gedroht, und er selbst erinnere sich auch ähnlicher Beispiele von Fürsten, bei denen der von den Sternen angedeutete Erfolg in den Anfang des kommenden Jahres hingezogen worden sei. Wenn indessen auch, wie in diesem Falle, die Weisheit der Astrologen durch die Wirklichkeit zuschanden ging, so wußte man doch immer teils den Deutungen eine andere Wendung zu geben und den Worten einen anderen Sinn unterzulegen, teils war der Himmel weit und breit genug und seine Sternenschar auch hinlänglich zahlreich, um eine Veränderung in die Konstellation hineinzubringen. Daher wurden auch gewöhnlich die Sterndeutungen ziemlich dunkel, doppelsinnig und verwirrt abgefaßt, selbst zuweilen mit griechischen und hebräischen Wörtern ausstaffiert, sodaß es eben nicht schwer fiel, späterhin herauszudeuten, was man für passend fand; denn wenn auch keineswegs die Astrologen immer auf Täuschung und Betrügerei ausgingen, so wurden die Fürsten doch getäuscht, weil sie getäuscht sein wollten. Schrieb doch selbst der Herzog Albrecht von Preußen, kein abergläubischer und geistesbeschränkter Fürst, an den Sternseher Balthasar

Klein, der im Jahre 1544 ihm ein Prognostiken zusandte: „Wir haben aus diesem neuen Prognostiken erstlich dies verstanden, daß wir in Ehezeiten und vor alten Jahren (wiewohl wir der Älteste doch nicht sind) von den älteren Astrologis nicht viel erfahren; sagen demnach dem ewigen Gott Lob und Dank, daß seine Allmächtigkeit in diesen fährlichen Zeiten bei unserem Leben solche Leute herfür an den Tag bringt, die da wissen und verstehen, wozu die löblichen freien Künste von dem lieben Gott erschaffen sind, was sie nützen und welchermaßen sie gebraucht werden sollten. Dieweil wir denn solches aus Euerem Briefe und Prognostiken ersehen, so ist uns dieses desto lieber und angenehmer, achten auch gewiß und eigentlich nicht für unnütz, daß Ihr und andere, so dazu geschickt sind, in solchen löblichen Künsten allen möglichen Fleiß fürwendet und durch Euere Schriften nicht allein die Regenten und Obersten, sondern auch den gemeinen Mann und alle Welt der künftigen Strafe und Betrübnis vermahnen tut." Daß auf Könige und Fürsten der Einfluß der Gestirne besonders mächtig sei, war allgemeiner Glaube; daher scheint es gekommen zu sein, daß man noch im 16. Jahrhundert den Königen von Frankreich und England die ihnen vom Himmel verliehene Wunderkraft zuschrieb, unter der Einwirkung der Gestirne gewisse Krankheiten, besonders den Kropf, durch bloßes Berühren mit den Händen heilen zu können.

Viele Fürs teil beschäftigten sich überdies gern mit Medikamenten und allerlei arkanen Heilmitteln und schickten einander Rezepte und allerlei Arzneimittel zu, die sie nicht selten selbst in ihren Laboratorien präparierten. Als Herzog Friedrich von Liegnitz im Jahre 1568 erfuhr, daß der Herzog von Preußen vom Schlage gerührt sei, schrieb er ihm: er sei vor einiger Zeit mit derselben Krankheit des Schlags behaftet gewesen, sodaß er einige Tage völlig sprachlos gelegen habe. Auf sein Ersuchen habe ihm damals der Kurfürst von Sachsen ein Rezept und „die Arznei etlicher Küchlein" übersandt, die ihn von der Krankheit befreit; er teile ihm beides jetzt ebenfalls mit, müsse jedoch die Anwendung dieser Küchlein dem Gutbefinden der Ärzte anheimstellen.

Unter die geschätztesten Arzneimitteln, die sich die Fürsten zu verschaffen suchten, gehörten Klauen von Elendtieren, Einhorn, Bibergeil, besonders Bernstein, zumal der von weißer

Farbe; denn weiß nannte mau damals eine Gattung von Bernstein, obgleich man in neueren Zeiten geleugnet hat, daß man je weißen Bernstein gefunden habe. Man trug häufig irgend etwas von Bernstein oder Elendsklauen am Körper, weil man ihnen die Kraft zuschrieb, Krankheitsstoffe abzuleiten. Vorzüglich wurden weißer Bernstein und Elendsklauen als kräftiges und heilsames Mittel gegen Schlagflüsse gebraucht. Beides wurde nach einem Rezept, das Herzog Albrecht von Preußen häufig den Fürsten zuschickte, zu einer Arznei von diesen präpariert und an Kranke verteilt. Graf Wilhelm von Henneberg ersuchte daher den Herzog in einem seiner Briefe: „Wir bitten noch um etliche rechte Elendsklauen; denn die große Krankheit ist dieses vergangene Jahr hieraußen sehr umgegangen, damit, ob es heuer auch also geschehen sollte, wir den Leuten desto besser damit helfen könnten, denn wir können der Elendsklauen nicht also viel bekommen, als wir Bittens darum haben, weil die Leute erfahren, daß Euer Liebden uns je zu Zeiten derselben zuschicken. Auch ist unsere freundliche Bitte, dieweil uns Euer Liebden ein Rezept für den Schlag zugeschickt haben, ob uns Euer Liebden auch ein Rezept oder Kunst schicken oder zuwege bringen könnte, die dazu wäre, dem Schlage vorzukommen, ehe er einen rührt, denn wir haben etliche Freunde, denen wir damit zu Hilfe kommen könnten; da täten uns Euer Liebden auch einen freundlichen Gefallen daran." Die Wertschätzung des weißen Bernsteins und der Elendsklauen als Schutz- und Heilmittel gegen Krankheiten war auch der Grund, daß Fürsten damit gern gegenseitig Geschenke machten. Als im Jahre 1529 der Markgraf Johann Albrecht von Brandenburg sich nach Italien zum Kaiser begeben wollte, bat er zuvor den Herzog Albrecht um Elendsklauen, weil er sich am Hofe des Kaisers, wo zu der Zeit viele an Krankheiten litten, mit solchen Geschenken große Freundschaft erwerben könne.

Im Jahre 1545 machte der ebenso berühmte als wegen mancher wunderlichen Eigentümlichkeiten allbekannte und an vielen Fürstenhöfen sehr gesuchte Arzt Doktor Johann Meckebach (Megabachus), ein sehr gelehrter Mann, eine Erfindung, die allgemeines Aufsehen erregte. Es war ihm nämlich das Experiment geglückt, „aus Bernstein Wasser und Öl zu brennen" oder Bernsteinöl zu gewinnen, das bald überall als Wundermittel gegen Krankheiten gebraucht wurde. Der Herzog von Preußen hatte von dieser Erfindung und von der außerordentlichen Wirksamkeit des Bernsteinöles kaum gehört, als er den Doktor mit einer Zusendung von Bernstein erfreute und darauf von ihm ein Gläschen mit dein köstlichen Bernsteinöl, ein anderes mit Bernsteinwasser und ein Schächtelchen mit „manus Christi" ebenfalls aus Bernstein bereitet, zugesandt erhielt. Die Erfindung gehörte zwar nicht ihm selbst an; aber es ist interessant, ihn über die Wichtigkeit der Sache mit ruhmrediger Selbstgefälligkeit sprechen zu hören, indem er einem Freunde des Herzogs von Preußen schreibt: „Ich hätte gern noch mehr solches Öl aus Bernstein gemacht; aber es will großen Fleiß haben. So bin ich, wie ihr wisset, unmüßig, und dieweil ich abermals gen München zu Herzog Ludwig habe reiten müssen, habe ich Euch zuvor, soviel ich gemacht, wollen zuschicken. Insonderheit habe ich ein Schächtelchen voll „manus Christi" von gedachtem Öle gemacht, das bisher nie gedacht und gemacht worden ist, sind überaus kräftig und nützlich zu gebrauchen für den Schwindel und alle des Haupts zufällige Krankheiten, so man derselben eines in den Mund nimmt und gemachsam darin zergehen läßt. Die alten Medici haben viel von des Electri Tugend, Kraft und Wirkung geschrieben, noch viel mehr nützliche Tugenden habe ich erfahren, die ich Unmaße halber auf diesmal nicht erzählen kann. Es hat mir der hochgelehrte Valerius Cordus aus Italia des Electri Tugend und Kraft also gelobt und insonderheit vom Öl soviel geschrieben, nämlich daß man dieses Bernsteinöl brauchen möge anstatt des Ambra, das denn köstlicher und teurer ist als Gold, daß ich eine besondere Lust und Liebe dazu gehabt und deshalb damit mehr erfahren habe als andere Doctores. So das gemeine Volk einen besonderen Nutzen und Kraft allein vom Rauche befindet, was für eine größere Kraft gibt das Öl, so man es allein schmecket oder aber ein Tröpflein in Wein oder destilliertem Cordial oder Hauptwasser eingenommen würde, wiewohl die „manus Christi" einzunehmen am nützlichsten sind. Solches habe ich Euch wollen anzeigen, damit Ihr einen kurzen Bericht meinem gnädigsten Fürsten schreiben könnt."

Dieses Krankheitsmittel war aber kaum bekannt, als es bald Gegenstand des Verlangens wurde. Seiner Kostbarkeit wegen, – denn ein Lot mußte mit fünf Talern bezahlt werden –, konnte es nur an Höfen Anwendung finden. Die Fürsten in Deutschland hatten aber kaum gehört, daß der Herzog Albrecht ebenfalls in den Besitz des Mittels gekommen sei, um Bernsteinöl bereiten zu können, als von allen Seiten her Bitten auf Bitten um diese kostbare Essenz bei ihm einliefen. Der Erzherzog Ferdinand von Österreich sandte in einem Jahre zweimal eigene Boten den weiten Weg nach Preußen, um sich vom Herzog einige Fläschchen dieses Öles zu erbitten.

Außerdem waren an den Fürstenhöfen noch Arzneimittel im Gebrauch, deren wesentlichste Ingredienzien in Gold, Edelsteinen und Perlen bestanden; denn so häufig auch schon von vielen Ärzten des sechzehnten Jahrhunderts die Zweckmäßigkeit dieser Mittel, namentlich der Edelsteine, bestritten wurde, so hielt sich der Glaube an ihre Heilkraft immer noch aufrecht. Man gebrauchte Tinkturen, von denen das Lot mit zehn, zwölf bis sechzehn Talern bezahlt werden mußte. Der berühmte Hofmedikus Thurneisser schickte häufig an die Fürstenhöfe Gläschen mit Goldtropfen, Perlentinktur, Amethystenwasser oder anderen köstlichen Mixturen, für die er fünfzig bis sechzig Taler nahm. Das merkwürdigste Beispiel von ärztlicher Verschwendung liefert die Krankheitsgeschichte des Papstes Clemens VII.; denn als dieser im Jahre 1534 so schwer erkrankte, daß die Ärzte schon alle Hoffnung aufgaben, wandten sie Pulver von Einhorn, Edelsteinen und Perlen, besonders ein kostbares Diamantpulver an und dennoch war keine Hilfe; „denn," heißt es in einem Bericht über seine Krankheit, „die Medici sagen, Gott müsse ein besonderes Mirakel tun, sonst sei es nicht möglich, daß er aufkomme; sie haben schon alle ihre Künste an ihm verbraucht, so Galenus, Avicenna und die Wurzelgraber je beschrieben haben. Sie sagen, er habe innerhalb vierzehn Tagen wohl für vierzigtausend Dukaten Perlen, Edelgestein und Einhorn gegessen, oft in einer Medizin dreitausend Dukaten an Wert. Aber der Diamant, den er zu Marsilia gegessen hat, übertrifft sie alle." Man glaubte nämlich, der Papst sei in dieser Stadt vergiftet worden. Clemens starb trotz aller dieser kostbaren Mittel...

Dies ist die Reihe der Skizzen zu einem Sittengemälde des sechzehnten Jahrhunderts, die hier zu geben versprochen ward. Es sind oft die Zeichnungen im alten Stil, in alter Farbenpracht hingestellt; man hat hie und da die Zeit in ihrer eigenen Weise reden lassen, weil zugleich auch gezeigt werden sollte, wie es der Fürsten Sitte war, über Sitte und Brauch ihres Lebens zu einander zu sprechen. Mag immerhin der alten Fürsten Art und Brauch vielen erstorben und vermodert erscheinen, – auch sie sind nicht umsonst gewesen.

Hofleben und Hofsitten der Fürstinnen im sechzehnten Jahrhundert. Eine Skizze

Fassen wir das Leben einer Fürstin von der Wiege auf, so empfing die Welt das neugeborene „Fräulein" schon damals nicht mit der Freude wie einen jungen Sohn. Wünschte man der Mutter von nahe und fern auch Glück „zu glückseliger Erlösung von der fraulichen Bürde und zu solcher gebenedeieten Gabe", so versäumte man doch selten, den prophetischen Wunsch „eines Erben in Jahresfrist" hinzuzufügen. Desgleichen ward auch die Taufe des Fräuleins mit ungleich wenigerem Glanz gefeiert und selbst die fürstlichen Patengeschenke waren meist von geringerem Werte. Indes dankt doch die Herzogin Anna von Mecklenburg dem Herzog von Preußen bei der Taufe ihrer Tochter für das Patengeschenk mit den Worten: „es wäre wahrlich eines solchen tapfern und stattlichen Geschenkes unnöthig gewesen, denn daß wir Euer Liebden zu Gevatter gebeten, ist keiner anderen Ursache halber geschehen, als daß wir mit Euer Liebden und derselben herzlichsten Gemahlin alle Treue und Freundschaft wiederum erneuern wollten".

Während der junge Prinz, zum Alter des Unterrichtes herangereift, der Pflege der fürstlichen Mutter entnommen und der Führung und Belehrung eines Hofmeisters übergeben ward, wuchs das Fräulein in der mütterlichen Umgebung zu einem höheren Lebensalter heran, ohne daß an eigentliche wissenschaftliche Ausbildung gedacht ward. Selbst im vorgerückten jungfräulichen Alter war von einem umfassenden Unterricht und einer auch nur einigermaßen gründlichen wissenschaftlichen Belehrung der fürstlichen Fräulein damals kaum die Rede. Lesen und Schreiben, Religion und eine Übersicht in der Geographie scheinen in der Regel die einzigen Gegenstände des Unterrichtes gewesen zu sein; aber auch hierin blieben die Kenntnisse mangelhaft.

Zuweilen kam noch einige Belehrung in der deutschen und wohl auch in der lateinischen Sprache hinzu. So erklärt der Markgraf Georg Friedrich von Brandenburg dem Hofmeister Heinrich Schröder in einem Zeugnis, „daß er den Töchtern des Herzogs Albrecht Friedrich von Preußen, Fräulein Anna und Eleonore, stets mit bestem Fleiße aufgewartet und dieselben in der lateinischen und deutschen Sprache treulich instituirt und unterwiesen, nun aber zur weiteren Fortsetzung seiner Studien nach seinem Wunsche seine Entlassung erhalten habe". Sonach blieb die geistige Ausbildung der fürstlichen Fräulein in jeder Hinsicht unvollkommen, wovon auch die Briefe, welche sich aus ihren späteren Jahren von ihnen erhalten haben, redende Zeugen sind; denn sie verraten nie eine Spur von wissenschaftlichen Kenntnissen irgendeiner Art, und selbst die Sprache und Schreibart, in der sie abgefaßt sind, geben Beweis von ihrer mangelhaften geistigen Ausbildung.

Die eigentliche Erziehung des fürstlichen Fräuleins für das Leben und für seine weibliche Bestimmung erfolgte teils durch die fürstliche Mutter, teils durch den Unterricht der Hofmeisterin, der Obervorsteherin der Hofjungfrauen. Da ihr die nächste Aufsicht und Ausbildung des fürstlichen Fräuleins anvertraut wurden, so waren die Fürstinnen stets bemüht, Personen, die sich durch weibliche Tugenden, Anstand, feine Sitten und Gewandtheit im Umgang, aber zugleich auch durch Fertigkeit und Geschick in weiblichen feinen Arbeiten auszeichneten, als Hofmeisterinnen in Dienst zu nehmen. Man wählte sie gewöhnlich aus dem Adel. Es war indes nicht leicht, Personen zu finden, die alle Tugenden und Eigenschaften einer in allen Beziehungen brauchbaren Hofmeisterin vereinigten. Die Herzogin Dorothea von Preußen durchmusterte vergebens den gesamten weiblichen Adel ihres Landes, um eine geeignete Person auszusuchen, deren Führung sie ihre Tochter Anna Sophia anvertrauen könne. Sie mußte Auftrag geben, ihr eine solche aus Deutschland zuzusenden. Sie verhieß ihr einen jährlichen Gehalt von zwanzig Gulden, außerdem die Hofkleidung, wie man sie allen anderen Hofjungfrauen jedes Jahr zu geben pflegte, und stellte ihr die Aussicht zur Verbesserung ihrer Besoldung, wenn sie ihren Pflichten und Obliegenheiten fleißig nachkommen werde. Häufig entspann sich zwischen der Hofmeisterin und dem fürstlichen Fräulein eine vertraute, innige Freundschaft für das ganze Leben.

War das fürstliche Fräulein zu mannbaren Jahren gekommen, so suchten die fürstlichen Eltern gerne Gelegenheit zur Verheiratung. Mitunter aber traten beim Unterbringen der fürstlichen Töchter manche Sorgen und Schwierigkeiten ein. Nicht selten machte sich der damalige Religionszwist und die Spaltung in der Kirche auch in diesen Verhältnissen geltend, denn kein Fürst des altkatholischen Glaubens konnte sich überwinden, eine Tochter an einen Fürsten der neuen lutherischen Kirche zu vermählen und in gleicher Weise schreckte den evangelischen Fürsten das Bekenntnis des alten Glaubens von jeder solchen Verbindung zurück. So versuchte es im Jahre 1551 der Pfalzgraf Friedrich III., eine Verbindung zwischen seinem Vetter, dem Markgrafen Bernhard von Baden, und einer Tochter der Gräfin Elisabeth von Henneberg durch Vermittelung ihrer Tochter Elisabeth von Henneberg einzuleiten; er ließ ihr durch diese melden, daß der Markgraf an ihrer Tochter „Frauchen Katharine Wohlgefallen gefunden" und daß, wenn sie nicht abgeneigt sei, er sich persönlich bei ihr einfinden wolle, um die Hand ihrer Tochter zu werben und „dann nach ihrem Gefallen es mit der Heirath richtig zu machen". Als indes die Gräfin sich näher um des Markgrafen Persönlichkeit erkundigte und erfuhr, daß er des Markgrafen Karl von Baden rechter Bruder sei, schrieb sie dem Herzog Albrecht von Preußen: „der ist ein Papist; da habe ich kein Herz dazu".

Lebten fürstliche Witwen mit ihren Fräulein von der Welt zurückgezogen auf dem einsamen Besitztum ihres Leibgedinges, so wußte die besorgte Mutter gemeinhin kein anderes Mittel zur Versorgung ihrer Töchter, als die Vermittelung eines verwandten oder befreundeten Fürsten anzusprechen. Hören wir, wie die Witwe des Herzogs Albert VI. oder des Schönen von Mecklenburg, Anna bemüht war, ihre Tochter Anna an den Mann zu bringen. Sie hatte ihr Auge auf den Herzog Magnus von Holstein geworfen, und schrieb deshalb dem Herzog Albrecht von Preußen: „Weil Euer Liebden selbst wissen, daß die Eltern nichts lieber sehen, denn daß ihre Kinder bei ihrem Leben möchten ehrlich und christlich versorgt werden und ich auch nichts lieber erfahren wollte, als daß meine freundliche herzliebste Tochter möchte bei meinem Leben fürstlich versorgt und ausgesteuert werden, so bitte ich Euer Liebden aufs freundlichste, Euer Liebden wollen als der Herr, Freund und Vater dazu helfen rathen, daß meine Tochter au die Orte kommen möchte, damit sie ihrem fürstlichen Stande nach versorgt werde und ich deß getröstet und erfreut wäre, wie ich auch nicht zweifele, Euer Liebden werden der Sache ferner nachdenken. Ich habe für meine Person bedacht, wenn Gott Friede mit Livland und dem Moskowiter gebe, ob es dann mit Herzog Magnus von Holstein gerathen wäre." Herzog Albrecht billigte diesen Vorschlag nicht, gab jedoch der Herzogin den Trost, für ihre Tochter auf jede Weise zu sorgen. Einige Jahre nachher ward diese, nachdem sie schon das dreiunddreißigste Jahr erreicht, an den Herzog Gerhard von Kurland vermählt.

Noch größere Schwierigkeiten traten für solche fürstliche Fräulein ein. die sich früher dem Klosterleben gewidmet hatten, später aber, entweder gezwungen oder freiwillig, ins Weltleben zurückgekehrt waren; für sie boten sich fast nirgends Aussichten zu ehelichen Verbindungen dar; denn in solchen Fällen stellten selbst auch politische Rücksichten unüberwindliche Hindernisse entgegen. In dieser Lage waren der Graf Wilhelm IV. von Henneberg und dessen Gemahlin Anastasia mit ihrer Tochter, Fräulein Margaretha, die sie frühzeitig in ein Kloster gegeben hatten. Nachdem ihre drei anderen Töchter bereits glücklich vermählt waren, hatte der Herzog von Preußen in einem Briefe an die Gräfin im Spaße die Bemerkung fallen lassen: wenn sie noch eine Tochter übrig habe und sie verheiraten wolle, so möge sie sich nur an ihn wenden, er werde schon dafür sorgen, daß sie einen König bekomme. Die Gräfin in der bedrängten Lage, in der sich schon damals das Hennebergische Fürstenhaus befand, und überreich mit Kindern gesegnet – denn sie hatte deren ihrem Gemahl nicht weniger als dreizehn gebracht – nahm die Sache ernster als es der Herzog erwartet haben mochte. Sie faßte ihn beim Wort, indem sie ihm schrieb: Sie habe keine erwachsene und mannbare Tochter mehr außer einer, Margarethe genannt, die sie in früher Jugend, da sie erst, neun Jahre alt gewesen, in ein versperrtes Kloster getan habe, in der Absicht, daß sie ihr Leben lang darin bleiben solle; sie sei deshalb auch geweiht und eingesegnet worden. „Da sind aber," fährt sie fort, „im vergangenen Aufruhr die Bauern in dasselbe Kloster wie in mehre andere Klöster eingefallen und haben es schier gar verwüstet, so daß die Nonnen, die darin gewesen, alle verstöbert worden sind. Ein Theil haben Männer genommen; die Obersten darunter, nämlich die Aebtissin und Priorin, sind seit dem Aufruhr gestorben; ein anderer Theil sind wieder ins Niederland unter Köln hinabgezogen, von wo sie zuvor aus Klöstern heraufgekommen waren; die übrigen sind noch hin und wieder bei ihren Freunden. Nun ist aber bei uns umher mit den Jungfrauen in den Klöstern ein solches wildes Wesen, daß ich meine Tochter nicht gerne wieder in ein Kloster thun möchte, denn ich besorge auch bei dem jetzigen Wesen, sie würde doch nicht darin bleiben können, und ich müßte sie dann wieder herausnehmen. Also will ich sie lieber bei mir behalten und zusehen, was der liebe Gott mit ihr schaffen will. Wo aber Euer Liebden vermeint, daß es meiner Tochter annehmlich, nützlich und gut sein sollte, so würden mein Herr und Gemahl und ich in dem Fall unser Vertrauen ganz in Euer Liebden setzen, wenn Euer Liebden sie wohl mit einem Manne versorgen wollten, wo anderes keine Scheu daran sein sollte, daß sie eine Nonne gewesen ist. Sonst ist sie eine feine, redliche, fromme, züchtige Metz, der ich, ob sie gleich nicht meine Tochter wäre, doch nichts anders nachsagen könnte." Merkwürdig aber ist, wie die Gräfin den Herzog auf die Gefahren aufmerksam macht, die für diesen Fall zu befürchten seien. „Ich will", fährt sie fort, „Euer Liebden als meinem lieben Vetter nicht verschweigen, daß der Kaiser und sein Bruder, der König von Ungarn und Böhmen, einen großen Verdruß und Ungnade auf einen werfen, der eine Norme nimmt oder der einer Nonne zum ehelichen Stande hilft; sie sprechen, derselbe sei gut lutherisch und dem sind sie dann, wie ich höre, sehr feind. Sollte also meinem Herrn und Gemahl, mir und meinen Kindern oder der Herrschaft Henneberg Ungutes daraus entstehen, so wäre uns allen das sehr beschwerlich, denn der kaiserliche Fiscal kann jetzt sonst nichts mehr, als daß er sich über die kleinen Herren legt, die nicht große Macht haben, und dieselben plagt. Die großen aber, die Gewalt haben, läßt er wohl sitzen." Da die Gräfin besorgt, es könne aus dieser Angelegenheit für die Herrschaft Henneberg doch vielleicht ein Nachteil entstehen, so macht sie, wie sie sagt, „aus ihrem thörigten Kopfe „dem Herzog den Vorschlag: er möge, damit doch möglicherweise eine Verheiratung zustande kommen könne, das Fräulein Margarethe an seinen Hof in sein Frauenzimmer nehmen; man könne dann ja sagen, der Herzog habe darum gebeten, und auf diese Weise könnten sie und ihr Gemahl, was auch fortan mit dem Fräulein geschehen möge, sich gegen den Kaiser und andere hinlänglich verantworten. Dabei aber liegt der Gräfin noch eine andere Sorge auf dem Herzen. Sie gesteht dem Herzog, daß sie und ihr Gemahl mit großen Schulden beladen seien, mehr als sie gerne sagen möge; es dürfe also auf die Verheiratung des Fräuleins nicht zuviel verwandt werden; denn sonst würden die von Schwarzburg und ihre anderen Töchter auch um so viel mehr fordern, wenigstens doch verlangen, man solle einer so viel geben als der anderen. „Wo es also", fügt die Gräfin hinzu, „Euer Liebden dahin bringen könnten, daß wir nichts zum Heiratsgut geben dürften als allein einen ziemlichen Schmuck und die Zehrung, um sie zu Euer Liebden hineinzubringen, so wollten wir Euer Liebden und Gott sehr danken, daß wir unsere Tochter so hoch und ehrlich versorgt hätten."

So sehr indes die Gräfin bemüht war, um ihre gewesene Nonne mit einem Manne zu versorgen, so gingen doch mehrere Jahre dahin, ohne daß sich eine Aussicht eröffnete. Erst nach fünf Jahren fragte Herzog Albrecht bei der Gräfin wieder nach, ob das Fräulein noch außer dem Kloster sei und was man ihr etwa als Abfertigung oder Aussteuer geben könne; er wolle sich jetzt Mühe geben, sie mit irgendeinem reichen polnischen Herrn zu versehen. Hierauf antwortete ihm der alte Graf Wilhelm selbst: „Unsere Tochter hat gar keine Lust, wieder in ein Kloster zu kommen, wiewohl es uns den jetzigen Zeitläufen nach ganz beschwerlich ist, sie so lange sitzen zu lassen; denn Euer Liebden können selbst abnehmen, daß solches kein Lager-Obst ist. Wo wir nun aber und unsere liebe Gemahlin, da wir beide mit einem guten Alter und schweren Leib überfallen und oft auch viel krank sind, mit Tod abgingen, so wäre sehr zu bedenken, wie es dem armen Mensch dann gehen möchte, da wir hieraußen niemand für sie haben bekommen können, wäre es auch nur ein schlechter Graf oder Herr gewesen, der sie hätte nehmen wollen, weil sie eine Nonne gewesen ist. Wir haben deren keinen unter dem Kurfürsten von Sachsen oder dem Landgrafen von Hessen finden können. Wiewohl uns viele gerathen haben, sie nicht wieder ins Kloster zu thun, so haben sie doch alle Scheu, sie zu nehmen, weil sie eine Nonne gewesen ist. Darum, wo Euer Liebden etwas zu Wege bringen könnten, womit sie versorgt werde, wollten wir Euer Liebden gerne folgen." Der Graf schlägt hierauf dem Herzog vor, ob er nicht vielleicht in Böhmen oder Schlesien, etwa durch den Herzog Friedrich von Liegnitz, wenn unter diesem irgend Grafen oder Herren seßhaft wären, eine Verbindung anknüpfen könne. „Was ihre Mitgift und Ausfertigung anlangt," fährt der Graf fort, „so wollen wir Euch freundlicher Meinung nicht verbergen, daß wir von der Gnade Gottes nun fünf Söhne haben, die alle im Harnisch reiten mit sechs, acht und auch zehn Pferden. Dieselbigen an den Fürstenhöfen zu erhalten, geht uns des Jahres nicht ein Geringes auf. Wir haben auch noch eine erwachsene und unvergebene Tochter Walpurg bei uns im Hause, desgleichen eine bei unserer Muhme, der Herzogin von Cleve und Berg, welche auch etwas haben wollen. Wir sind überdies durch etliche Unfälle und Kriegsläufe, womit wir einige Zeit betreten gewesen, in Unrath kommen, so daß wir etwas viel schuldig geworden sind. Wir zeigen Euer Liebden alles darum an, ob uns dieselbe behülflich sein könnte, daß wir die Tochter solchem nach auch versehen und ausfertigen könnten, und ob dann das Heiratsgut wohl auf dreitausend Gulden gebracht werden möchte, in Betracht des weiten Weges und der großen Kost und Zehrung, die wir darauf verwenden müßten, sie so weit hinwegzuschicken, was sich auch nicht unter tausend Gulden belaufen würde, zudem was uns noch der Schmuck und die Kleidung kosten möchte." Mit Rücksicht auf diese Umstände bittet endlich der Graf den Herzog: er möge darauf denken, daß er so leicht wie möglich in der Sache davonkomme, wiewohl er seinerseits alles tun wolle, was in seinem Vermögen stehe.

Herzog Albrecht, dem es Vergnügen machte, sich in Heiratsangelegenheiten seinen Freunden gefällig zu zeigen, erwiderte dem Grafen: wenn er früher gewußt hätte, daß der Graf seine Tochter einem Freiherrn geben wolle, so würde er sie längst mit einem solchen in seinem eigenen Lande haben versorgen können; da es indes jetzt vielleicht möglich sei, sie in Schlesien bei dem Herzog Friedrich von Liegnitz unterzubringen, so wolle er sich zuvörderst an diesen wenden, um zu sehen, ob sich dort etwas gutes ausrichten lasse. „Wo es aber", fügt er hinzu, „an dem Orte nicht gelingen würde, wollen wir keinen Fleiß sparen, Rat, Mittel und Wege zu erdenken, ob wir sie in Polen, Litauen oder, wo sich die Fälle mit der Zeit zutragen würden, in unserem Lande versorgen könnten." Der Herzog bittet daher den Grafen: er möge sich einen kleinen Verzug nicht beschwerlich fallen und sich auf keine Weise bewegen lassen, seine Tochter wieder ins Kloster zu stecken; wofern es ihm aber beschwerlich sei, sie länger bei sich zu behalten oder man vielleicht in ihn dringen werde, sie wieder in ein Kloster zu verstoßen, so möge er sie ihm lieber nach Preußen zuschicken; er wolle sie als Freund bei sich behalten, bis sich eine Gelegenheit finde.

Wie wir hier den Herzog Albrecht von Preußen bereitwillig finden, dem gräflichen Fräulein Margarethe irgendwie einen Mann zu verschaffen, so war er es auch, der dem jungen Markgrafen von Brandenburg, dem nachmaligen Kurfürsten Joachim II., mit dem er so befreundet war, daß er sich mit ihm duzte, eine Braut zu empfehlen suchte. Er leitete die Heirat zwischen ihm und seiner nachmaligen Gemahlin Hedwig, einer Tochter des Königs Sigismund I. von Polen, dadurch ein, daß er ihm die Prinzessin auf folgende Weise schilderte: „Ich will dir nicht bergen, daß sie nicht alt, sondern hübsch und tugendsam, auch gutes Verstandes, Geberde und Wesens ist, ungefähr um ihr zwanzigstes Jahr. In Summa, daß ich Dich mit langen Reden nicht aufziehe, so kann ich Dir sie nicht genugsam rühmen, und sage das bei meiner höchsten Treue und wahrem Wesen: wo ich diese jetzige fromme Fürstin, meine liebe Gemahlin nicht hätte und mir Gott ein solch Mensch, wie diese tugendsame Fürstin ist, von der ich schreibe, verliehe, so wollte ich mich selig schreiben und halten."

Wie für den Herzog von Preußen, so war es, wie wir aus brieflichen Mitteilungen ersehen, auch für andere Fürsten eine Art Lieblingsgeschäft, Heiratsverbindungen zwischen verwandten Fürstenhäusern zustande zu bringen. So hatte der Landgraf Philipp von Hessen kaum erfahren, daß der Herzog von Preußen eine schöne mannbare Tochter habe, als er ihm durch den herzoglichen Rat Asverus Brandt das Anerbieten machen ließ, eine Verbindung zwischen dem Fräulein und einem jungen Pfalzgrafen zustande zu bringen. Albrecht nahm es mit außerordentlicher Freude auf. „Wir können daraus", schrieb er ihm, „nichts anderes verspüren, als Euer Liebden freundwilliges, treues Herz, und haben auch darob um so viel mehr Frohlockung geschöpft, als wir bedacht, mit welcher hohen Freundschaft, auch Erbeinigungsverwandtnis die löblichen kurfürstlichen und fürstlichen Häuser Brandenburg und Hessen schon viele Jahre her einander verwandt sind; und dieweil wir denn solch treue Freundschaft, die Euer Liebden gegen uns tragen, befinden, mögen wir hinwieder in gleicher Treue und Vertrauen unangezeigt nicht lassen, daß wir nicht allein nicht ungewogen, sondern sehr begierig sind, da uns leidliche und ziemliche Wege vorkämen, unsere geliebte einzige Tochter einem frommen Fürsten ins heilige Reich deutscher Nation zu verheiratheil." Der Herzog ersucht darauf den Landgrafen, ihm über den Namen, die Verhältnisse, die Gesinnungen und den Charakter des jungen Pfalzgrafen nähere Nachrichten mitzuteilen, damit er die Sache weiter erwägen und mit seinen Freunden und Verwandten in Beratung ziehen könne. Wieviel dem Herzog daran gelegen war, eine solche Verbindung ins Werk gestellt zu sehen, gab er dadurch zu erkennen, daß er dem Landgrafen alsbald meldete, wie er seine Tochter auszustatten gedenke. Er schreibt ihm: „Wir wollen Euer Liebden als dem Freunde vertraulicher Meinung nicht verbergen, welcher Gestalt wir unsere Tochter, wenn sie durch gnädige Schickung Gottes verheirathet wird, auf ziemliche und leidliche vorgehende Beredung nach altem Herkommen des Hauses Brandenburg auszustatten gesinnt sind. Wir sind nämlich bedacht, Ihrer Liebden zur Mitgift 20,000 Gulden neben ehrlicher fürstlicher Aussteuerung an Kleinodien, Kleidern, Geschmeiden und was dem anhängig, so daß verhoffentlich fürstlich vollfahren möge, nach unserem Vermögen zu geben und sie sonst nach Gelegenheit der Herren und Beredungen, die hierin aufzurichten, dermaßen fürstlich zu versehen, damit, wo Ihre Liebden nach Schickung des Allerhöchsten den Fall des Todes an uns und der hochgeborenen Fürstin, unserer freundlichen herzgeliebten Gemahlin, erlebte, derselben an dem, was die .Natur, Recht und Gerechtigkeit an Erbschaft und sonst giebt, nichts entzogen werden solle." Der Wunsch des Herzogs wurde indes nicht sogleich erfüllt: seine Tochter Anna Sophia erhielt erst mehrere Jahre später den Herzog Johann Albrecht von Mecklenburg zum Gemahl.

Hatte sich eine Aussicht zu einer Verbindung des fürstlichen Fräuleins eröffnet, so versäumten die Eltern nicht, zuvor die nahen Verwandten darüber zu Rate zu ziehen, und man fand es nötig, sich zu entschuldigen, wenn dies aus irgendeinem Grunde nicht hatte geschehen können. Als sich der Landgraf Georg von Leuchtenberg im Jahre 1549 mit seinem Sohne Ludwig Heinrich in den Niederlanden einige Zeit am Kaiserhofe aufhielt, gelang es dem Markgrafen Albrecht von Brandenburg, eine Verbindung zwischen dem jungen Prinzen und der jungen Gräfin Mathilde von der Mark zustande zu bringen. Sie mußte aber aus mancherlei Gründen mit solcher Eile betrieben werden, daß es nicht möglich war, die nahen Verwandten erst darüber um Rat zu fragen. Die Landgräfin Barbara von Leuchtenberg, eine

Schwester des Herzogs Albrecht von Preußen, bittet daher in dem Schreiben, worin sie diesem mit großer Freude das glückliche Verlöbnis ihres Sohns mit „der wohlgeborenen Jungfrau Mathilde, geborenen Gräfin zur Mark", meldet, aufs dringendste um Entschuldigung, daß der Markgraf und ihr Gemahl in der Sache, in der sie unter anderen Umständen gewiß nichts ohne der anderen Herren Brüder und Vetter Wissen, Rat und Willen verhandelt und beschlossen haben würden, es diesmal hätten unterlassen müssen, um nicht in Gefahr zu kommen, die treffliche Partie aus der Hand gehen zu lassen; denn abgesehen von „der Jungfrau Frömmigkeit und ehrlichem Verhalten und daß sie fürstmäßigen Stammes sei, auch ein tapferes fürstliches Heiratsgut erhalten werde, ständen auch deren nächste Gesippte und Verwandte beim Kaiser in großem Einfluß und Ansehen, daß man von diesen sich manche Hülfe versprechen könne".

Hatte ein junger Fürst noch nicht die persönliche Bekanntschaft einer Prinzessin, die man ihm zugedacht, gemacht, so sandte man ihm entweder ihr Porträt, eine Konterfeiung, wie man es damals nannte, oder man suchte eine persönliche Zusammenkunft beider an einem dritten Fürstenhofe zu veranstalten, um so „eine Besichtigung der Personen" möglich zu machen. So ließ es sich der Herzog Albrecht von Preußen im Jahre 1561 viele Mühe kosten, eine Verbindung zwischen dem Könige Erich XIV. von Schweden und einer Prinzessin von Mecklenburg einzuleiten. Er hatte dem Könige das Fräulein als so ausgezeichnet schön geschildert, daß dieser ihm erwiderte: er müsse nach solcher Schilderung wohl glauben, „daß die Person ihrem fürstlichen Stamme nach sehr schön und mit hochadeligen Tugenden geziert und begabt sei". Er schlug mehrere Wege vor, wie es der Herzog möglich machen könne, daß eine gegenseitige Besichtigung zwischen ihnen stattfinde; „denn", fügte er hinzu, „im Fall nach vorgehender Besichtigung wir an der Person, wie wir hoffen, einen Gefallen tragen würden, so wüßten wir nichts, was uns sonst an Vollführung solcher Heiratssache, sofern dadurch eine beständige, zuverlässige und vertraute Freundschaft zwischen uns und dem Hause zu Mecklenburg gepflanzt und aufgerichtet werden möchte, besondere Hindernisse entgegenstellen könnte, da wir in diesen christlichen Sachen nach keinem großen Brautschatz oder nach Reichthum, womit wir ohnedies von Gott reichlich begabt sind, sondern allein nach hochadeligem fürstlichen Stamm, Geblüt, Tugend und Schönheit der Person trachten „Die Verbindung kam jedoch zum Glück des Fräuleins von Mecklenburg nicht zustande. Der König heiratete bekanntlich nachmals die Tochter eines Korporals, ward bald darauf vom Throne gestoßen und starb später im Gefängnis. So gleichgültig gegen Brautschatz und Mitgift war man sonst in der Regel nicht; vielmehr wurden sie gewöhnlich als eine Sache von großer Wichtigkeit betrachtet und darüber oft lange diplomatische Verhandlungen gepflogen. Hatten zwei junge fürstliche Personen soviel Neigung zueinander gewonnen, daß sie sich zu einer gegenseitigen Verbindung entschlossen, so ernannten die Väter einen ihrer vertrautesten Räte zu Unterhändlern, die an einem dritten Orte zusammenkamen , um über die Ausstattung, den Brautschatz und die Mitgift des fürstlichen Fräuleins zu unterhandeln. Man nannte dies eine, „Ehebeteidigung"; es dauerte oft mehrere Wochen, ehe man über alles aufs Reine kam; denn man ging dabei mit großer Sorgsamkeit zu Werke. Hatte man sich endlich verständigt, so wurde mit aller diplomatischen Förmlichkeit ein Ehekontrakt im Namen der fürstlichen Väter von den Gesandten abgeschlossen, der über die Ausstattung und Mitgift alles Nötige feststellte. Was dabei hauptsächlich zur Sprache kam, werden einige Beispiele erläutern.

Nachdem Herzog Albrecht von Preußen sich der Zustimmung des Königs Friedrichs I. von Dänemark wegen der Verbindung mit dessen Tochter, der Prinzessin Dorothea versichert, kamen die bevollmächtigten Räte beider Fürsten in Flensburg zusammen, und es wurden nach vielfachen Unterhandlungen folgende Bestimmungen als Ehekontrakt festgestellt: Im Namen des Königs ward versprochen: er werde der Prinzessin als Heiratsgeld 20 000 Gulden mitgeben, welches in zwei Hälften in den Jahren 1527 und 1528 zu Kiel in guter Silbermünze ausgezahlt werden solle; außerdem wolle er sie mit königlicher und fürstlicher Kleidung, Kleinodien und silbernem Geschirre, „wie es bei Königen, Fürsten und Herren gebräuchlich und Gewohnheit sei", ausstatten und bis an das Fürstentum Preußen mit tausend Mann zum ehelichen Beilager einbringen und geleiten lassen. Der Herzog dagegen verpflichtete sich, seiner künftigen Gemahlin, „dem Fräulein von Dänemark", eins der beiden Schlösser, Tapiau oder Labiau, welches später die dazu verordneten Räte des Königs wählen würden, zu „verleibgedingen" und die Fürstin in das gewählte Schloß mit allen seinen Zubehörungen, Städten, Märkten, Dörfern, Lehen, desgleichen auch auf den Adel und die Ritterschaft, die etwa in dem Amte gesessen seien, mit allen herrlichen Rechten, Freiheiten und Diensten in gewöhnlicher Weise einzuweisen. Werde die Fürstin des Herzogs Tod überleben, so solle sie auf dem gewählten Schlosse „wie eine Leibgedingsfrau" ihren Wohnsitz haben. Es werden ihr ferner auf 40 000 Gulden gewisse Renten in den Geldzinsen, Zöllen und sonstigen Nutzungen im Amtsbereiche des Schlosses verordnet und vermacht, wobei ausdrücklich noch bestimmt wird, daß das, was in den Einkünften und im Rentenertrage des Schlosses an der Rentensumme etwa fehlen werde, von den anderen naheliegenden Ämtern gedeckt werden solle. Alles, was von altersher an Scharwerk, hohen und niederen Gerichten, Fischerei und Holzung zum Schlosse gehört, solle dabei bleiben und ausschließlich zur Haushaltung der Fürstin verwandt werden. Was der Herzog an Morgengabe oder Erhöhung des Leibgedinges seiner Gemahlin noch zuwenden wolle, solle seiner Güte und Liebe anheimgestellt sein. Ferner verpflichtete er sich in einem besonderen Verzichtbriefe für sich, seine Gemahlin und ihre Erben allen weiteren Ansprüchen und Forderungen an die Reiche Dänemark und Norwegen, sowie an die Fürstentümer Schleswig und Holstein zu entsagen, nichts an väterlicher oder mütterlicher Erbschaft weiter zu verlangen und „mit solcher Ausstattung gesättigt zu sein". Nur wenn der König ohne männliche Leibeslehenerben sterbe, solle es dem Herzog vorbehalten bleiben, für seine Gemahlin „als eine Tochter von Dänemark und Holstein zu fordern, was ihr von Rechtswegen gebühre". Dieser Verzichtbrief solle dem Könige noch vor dem ehelichen Beilager eingehändigt werden. Endlich ward noch festgesetzt, daß, im Fall der Herzog von seiner künftigen Gemahlin keine Erben erhalten werde und diese vor ihm sterbe, alles, was das königliche Fräulein als Heiratsgut, Brautschätz und Kleinodien nach Preußen bringen werde, dem Könige oder dessen Erben wieder anheimfallen solle.

Stellen wir diesem Ehekontrakt aus dem zweiten Jahrzehnt des sechzehnten Jahrhunderts einen anderen aus einer späteren Zeit zur Seite, so finden wir in diesem die Bestimmungen etwas verändert. Bei der Eheverbindung des Pfalzgrafen Johann des

Älteren von Zweibrücken mit dem Fräulein Magdalene, der Tochter des Herzogs Wilhelm von Jülich, Cleve und Berg, im Jahre 1579, mußte der Pfalzgraf zuerst das Versprechen geben, daß er an einem bestimmten Tage mit dem Fräulein Magdalene das eheliche Beilager halten wolle. Dagegen sicherte ihm der Herzog nach solchem Beilager einen Brautschatz von 25 000 Goldgulden zu und versprach, solchen „zum rechten Heiratsgut gegen gebührliche Quittung" in Jahresfrist auszahlen zu lassen, auch seine Tochter „mit Kleinodien, Kleidern, Schmuck, Silbergeschirre, wie es einer Fürstin von Jülich wohlgezieme, ungefähr gleich den anderen Schwestern ehrlich abzufertigen". Der Pfalzgraf verhieß, nach erfolgtem Beilager das Fräulein mit einer fürstlichen Morgengabe von 4ooo Gulden zu versehen, „womit die Fürstin solle handeln, tun und lassen können nach ihrem besten Wohlgefallen und wie es Morgengabsrecht und Gewohnheit ist". Da herkömmlicherweise die Verzinsung der Morgengabe mit 200 Gulden erst dann erfolgte, wenn die Fürstin ihren künftigen Gemahl überlebte, so versprach der Pfalzgraf, ihr, gleich nach dem Beilager, jährlich 400 Taler in vierteljährigen Zahlungen als „tägliches Handgeld" anweisen zu lassen. Sobald das Heiratsgut von 25 000 Gulden entrichtet sei, sollte der Pfalzgraf ohne Verzug das Fräulein auf sein Schloß und Amt Landsberg und einige andere genannte Besitzungen mit voller obrigkeitlicher Herrlichkeit „zu Widerlegung und Gegengeld des erwähnten Heiratsgutes" anweisen und sie ihm verschreiben lassen. An jährlichen Zinsen und Nutzungen sicherte er seiner künftigen Gemahlin eine jährliche Rente von 3800 Gulden, teils an barem Gelde zu 1525 Gulden, teils an Wein und verschiedenen Getreidelieferungen zu, mit dem Versprechen, daß, wenn das Schloß und Amt Landsberg und die übrigen Besitzungen den genannten Rentenbetrag nicht vollkommen abwerfen würden, der Abgang laut Wittumsverschreibung vom Pfalzgrafen aus dessen Rentkammer oder anderen Ämtern zugesteuert werden solle. Der Fürstin sollten in dem ihr zum Leibgeding zugeschriebenen Amte und Schloß „alle Obrigkeit, Gericht und Herrlichkeit, Fischerei, Jagd, Bau- und Brennholz und sonst alle Küchengefälle" zugehören, nur mit Ausnahme der hohen landesfürstlichen Obrigkeit, der Bergwerke, Ritterlehen, Reisegefolge, Steuer, Zoll und Ungeld, die der Pfalzgraf sich vorbehielt. Nach Erlegung des Heiratsgutes sollten alle

Einsassen des erwähnten Amts und der übrigen Besitzungen der Fürstin eidlich geloben, nach ihres Gemahls Tod niemand anderem als nur ihr Gehorsam zu leisten. Sobald die Fürstin Witwe werde, sollten des Pfalzgrafen Erben ihr das Schloß Landsberg ohne weiteres übergeben und es mit Hausrat, Betten und Leinwand so zureichend versehen, daß sie ihrem fürstlichen Stande gemäß daran keinen Mangel leide. Fehle ihr selbst das nötige Silbergeschirr, so sollten des Pfalzgrafen Erben sie damit versorgen; nach der Fürstin Tod aber oder etwaiger zweiter Verheiratung solle es an das Fürstenhaus Zweibrücken wiederum zurückfallen. An diesem ihrem Wittum und Vermächtnisse solle die Fürstin sich genügen lassen und an das Land weiter keine Forderung machen. Der Pfalzgraf aber verzichtete gegen Empfang des erwähnten Heiratsgutes auf alle väterliche und mütterliche Erbgüter oder sonstigen elterlichen Nachlaß im Fürstentum Jülich, sowie auf alle weiteren Ansprüche und Forderungen. Endlich ward noch festgesetzt, daß, wenn die Fürstin nach des Pfalzgrafen Tod sich von neuem vermählen werde, dessen Erben verbunden sein sollten, sie in Jahresfrist aus ihrem Wittum mit der Summe des Heiratsgutes, 25 000 Gulden, auskaufen und ihr dann auch ihren Kleiderschmuck, ihre Kleinodien, ihr mitgebrachtes Silbergeschirr und ihren Hausrat ungehindert folgen zu lassen; sterbe sie aber vor dem Pfalzgrafen oder späterhin als Witwe, so solle jedenfalls, sie möge Kinder hinterlassen oder nicht, ihr Heiratsgut nebst aller ihrer „Fahrniß" an das Fürstentum Zweibrücken zurückfallen.

Aus diesen Ehekontrakten sehen wir also: es wurde bei der Vermählung einer Fürstin ein gewisses Heiratsgut als bleibendes Kapital an ihren künftigen Gemahl gezahlt, der ihr dagegen eine ländliche Besitzung verschrieb, aus der sie einen Ertrag an Geld und Naturalien für ihre Bedürfnisse und ihren eigenen fürstlichen Hofstaat bezog und auf der sie als Witwe ihren Witwensitz nehmen konnte. In dieser Besitzung stand sie unter gewissen Beschränkungen als selbständige Fürstin da. Die Einzahlung des Heiratsgutes trug zugleich den Charakter eines Zins- oder Rentekaufes, durch welchen die Fürstin Ansprüche auf bestimmte Einkünfte zu ihrem eigenen Unterhalt gewann. Die Morgengabe dagegen setzte der Fürst für seine künftige Gemahlin selbst fest. Sie bestand gleichfalls in einem für die Fürstin bestimmten Kapital, dessen Verzinsung aber erst nach des Fürsten Tod anhob, so daß also erst die fürstliche Witwe den Zinsertrag der Morgengabe zu genießen hatte. So lange der Fürst lebte, ward ihr ein gewisses Handgeld für ihre gewöhnlichen täglichen Ausgaben angewiesen.

Waren Brüder oder Verwandte vorhanden, die im Fall des Todes eines Fürsten erbliche Ansprüche auf ein zum Leibgeding verschriebenes Besitztum erheben konnten, so war erforderlich, daß solche zur Leibgedingsverschreibung noch vor der Vermählung ihre besondere Einwilligung erteilten, um die Fürstin nach ihres Gemahls Tod gegen Eingriffe in ihr Besitztum sicherzustellen. Wir finden Beispiele, daß man zur Sicherheit Leibgedingsverschreibungen vom Kaiser förmlich bestätigen ließ.

Erst wenn auf diese Weise der Ehekontrakt fest und förmlich abgeschlossen, von beiden Seilen genehmigt und die junge Fürstin in ihrem künftigen ehelichen Verhältnisse sichergestellt war, erfolgte das eigentliche feierliche Verlöbnis. Wir finden es bei der ehelichen Verbindung des Herzogs Albrecht Friedrich von Preußen mit Fräulein Maria Eleonore, ältester Tochter des Herzogs Wilhelm von Jülich, Cleve und Berg im Jahre 1572 auf folgende Weise vollführt. Der junge Fürst sandte seinen Hofmeister und einige seiner vornehmsten Räte mit diplomatischer Vollmacht und dem genehmigten Ehekontrakt an den Hof des Vaters der Prinzessin ab, wo sie, angelangt und feierlich empfangen, sofort beim Fürsten um Audienz baten. Sobald sie ihnen gewährt war, erschienen sie am Hofe, wo sie die nächsten Familienglieder und die Prinzessin im festlichen Schmuck versammelt fanden. Der Hofmeister setzte zuerst in einer Anrede an den Herzog den Zweck ihres Erscheinens, den Verlauf der Bewerbung um seine Tochter und den Abschluß der bisher geführten Verhandlungen laut seiner Instruktion auseinander. „Nachdem nun alles", fügte er dann hinzu, „bis zum ehelichen Beilager verglichen und vollzogen ist, bleibt jetzt nur noch übrig, daß, nach altem fürstlichen, christlichen Brauch, in gegenwärtiger Versammlung das Jawort gegeben werde, indem das Fräulein sich gegen sie, die Gesandten, verbinde, die künftige Ehegemahlin des Fürsten zu sein, der um ihre Hand werbe". Am Schlusse der Rede sprach er dann die Bitte aus: „der fürstliche Vater möge jetzt seine geliebte Tochter dahin berichten, daß sie ihr Jawort gebe und sich dergestalt auf gepflogene Tractation ehelich verbinde". Darauf ließ der Fürst durch seinen Kanzler

Antwort geben und in seinem Namen erklären, daß auch er den Abschluß der bisherigen Verhandlungen genehmige und es sein Wille sei, „daß jetzt der Abrede allenthalben nachgegangen werde und die Versprechung und das Handgelübde dermaßen von seiner Tochter im Namen der heiligen Dreifaltigkeit geschehen möge". Nach solcher Erklärung des Herzogs wandte sich der Gesandte an die junge Fürstin mit der Frage, „ob ihre fürstliche Gnade, nachdem sie ihres Herrn Vaters gnädigen Willen vernommen und die Erlaubnis empfangen, den Fürsten, der um ihre Hand geworben, zu ihrem künftigen Ehegemahl zu haben begehre?" Die Fürstin zögerte mit der Antwort, bis der Vater sie dem Gesandten entgegenführte, worauf sie diesem die Hand reichte und die Erklärung gab: „weil es meinem gnädigen Herrn Vater also gefällt, bin ich es wohl zufrieden". Der Gesandte versprach ihr dann im Namen seines Herrn, daß dieser sie als seine künftige Ehegemahlin halten und anerkennen und sich ihr zu aller gebührlichen Treue und Liebe aufs freundlichste erbieten und verbinden wolle.

War das Verlöbnis vollzogen, so erfolgte die Brautbeschenkung. Der Gesandte überreichte der fürstlichen Braut im Auftrage seines Herrn bald ein prachtvolles Brautkleid, bald auch kostbares Pelzwerk, künstlich gearbeitete goldene Geschmeide oder andere wertvolle Kleinodien. Auch die Eltern der Braut wurden mit Geschenken, Brüder und Schwestern gewöhnlich mit goldenen Ketten, kostbaren Ringen oder sonstigen Kleinodien erfreut. In der Regel bot auch der Gesandte seinerseits der fürstlichen Braut ein Geschenk entgegen. Wir finden, daß ein Gesandter der Braut ein schön gemaltes Lädchen von kostbarem Holze mit Elendsklauen und Bernsteinöl zum Geschenk überreichte. Das bedeutungsvollste Geschenk aber, welches damals gewöhnlich schon bei der Verlobung gewechselt wurde, war der Braut- und Bräutigamsring als symbolische Zusicherung gegenseitiger Treue. So schreibt eine fürstliche Braut an ihren fürstlichen Bräutigam im Jahre 1549: „Ich habe von Euer Liebden den spitzen Diamant-Ring zum Vermählungs-Ring empfangen, wodurch Euer Gnaden mir ihre stete Treue verheißet; dagegen schicke ich wiederum Euer Gnaden einen Saphir-Ring zu gleicher steter Treue und verspreche meine Zusage zu halten und nimmermehr zu brechen."

Während der Brautzeit wurden zwischen Braut und Bräutigam fort und fort Geschenke gewechselt. Bald erhält diese eine schöne goldene Kette, an welcher des Bräutigams Namenszug in Edelsteinen gefaßt hängt und „die sie täglich auf der bloßen Haut tragen soll", bald erfreut sie der Bräutigam mit einem prachtvollen Pelze; selbst „ein Spaniolisches Hündlein" wird von der Braut mit Freude aufgenommen, „damit sie sich bis zum baldigen Beilager hübsch fein und züchtig die Zeit vertreibe". Sie erfreut dagegen den Bräutigam bald mit einem Perlenkranz oder mit einer Stickerei von ihrer eigenen Hand, bald selbst auch mit einem feinen Bräutigamshemd. Herzog Albrecht von Preußen überraschte einmal seine Braut, die Prinzessin Dorothea von Dänemark, „seine herzallerliebste Fürstin, Muhme und Buhle", wie er sie nennt, mit etlichen „Pumberanzen" (Pomeranzen), um sich daran zu erfrischen; sie läßt dagegen ihrem Bräutigam durch den Bischof von Pomesanien als Geschenk einen Dornenkranz entgegenbringen, worüber der Herzog, seltsam genug, so erfreut ist, daß er seiner Braut schreibt: „Wiewohl der Kranz, den Euer Liebden mir sendet, von Dornen ist, so ist er mir doch lieber und soll mir auch lieber sein als alle Rosen- und Veilchenkränze und wenn sie auch mit den besten Cypressen vermengt wären." Die Prinzessin aber erwiderte ihm: „er möge den Dornenkranz doch nicht so gar hoch anschlagen, denn es sei ja nur ein ganz nichtswürdiges Ding."

Während Braut und Bräutigam sich auf solche Weise beschenkten und durch ihre Geschenke mitunter auch gegenseitig neckten, besorgten die fürstlichen Eltern die Ausstattung der Braut. Das Kostbarste waren in der Regel die Kleinodien, weshalb sie im Ehekontrakt jederzeit ausdrücklich als ein Teil der Aussteuer mit ausbedungen wurden. Als Beispiel diene, was das Fräulein Anna von Preußen bei der Vermählung mit Johann Sigismund, Sohn des Kurfürsten Joachim Friedrich von Brandenburg, im Jahre 1594 an Kleinodien zur Ausstattung erhielt. Ein goldenes Halsband mit achtzehn Rosen von Edelsteinen, darunter fünf Rubinrosen, vier Diamantrosen, und neun glänzende Perlenstücke, vom Meister Gabriel Lange in Nürnberg verfertigt, kostete 3750 Mark; ein anderes wurde mit 3115 Mark und ein drittes mit 32 Diamenten, Perlen und goldenen Rosen mit 1487 Mark bezahlt. Ein viertes Halsband, 3000 Mark an Wert, schenkte der Braut die fürstliche Mutter aus ihrem eigenen Kleinodienschatze. Dazu kamen ferner eine goldene Kette für 265 Mark, 36 goldene Ringe, darunter 24 mit Diamanten für 432 Mark, 60 Ringe mit Rubinen an Wert 360 Mark, 48 Kreuzringe, die man dem Augsburger Goldarbeiter mit 396 Mark bezahlte. Für Perlen zum Schmuck wurden 1745 Mark verwendet, so daß mit noch einigen anderen Kleinodien dieser Teil der Ausstattung des fürstlichen Fräuleins nicht weniger als 14 633 Mark betrug, nach damaligem Geldwerte schon eine sehr bedeutende Summe.

Die Ausstattung der Braut mit dem nötigen Silbergeräte kostete in der Regel den fürstlichen Eltern selbst keine so große Summe; denn man rechnete hierbei auf die Hochzeitsgeschenke. Sobald nämlich der Hochzeitstag bestimmt war, ward eine große Zahl von verwandten oder befreundeten Fürsten und Fürstinnen zur Hochzeitsfeier eingeladen. War die Braut mutterlos, so erging an eine befreundete Fürstin zugleich auch die Bitte, die Stelle und Geschäfte „der Brautmutter des Brautfräuleins" zu übernehmen. Wer dann von den geladenen fürstlichen Gästen das Hochzeitsfest durch seine Gegenwart verherrlichte, brachte der Braut irgendein wertvolles Geschenk, worauf der Name des Schenkers stand, einen silbernen Becher, eine silberne Schale, einen in Silber gefaßten Löffel von Meermuschel, venezianische Gläser mit Schalen, silberne Messer und Gabeln oder irgendein kostbares Kleinod zu Schmuck und Putz entgegen. Es geschah dies in der Regel am Morgen nach der Trauung. Man nannte es daher die Morgengabe. Hatten zur Darreichung dieser Weihgeschenke die Hochzeitsgäste sich im großen Versammlungssaale des fürstlichen Schlosses eingefunden und die Braut im festlichen Schmucke auf einem erhöhten Sitze sich niedergelassen, so nahte sich ihr zuerst der fürstliche Bräutigam selbst mit einem kostbaren Brautgeschenk; ihm folgten dann ihrem Range nach mit ihren Ehrengeschenken die Fürsten, Grafen und Botschafter, hierauf auch die Fürstinnen und Gräfinnen; selbst die Landesstädte sandten Abgeordnete, um der Braut Ehrengaben zu bringen. Waren Fürsten verhindert, dem Hochzeitsfeste beizuwohnen, so sandten sie einen ihrer vornehmeren Räte als Stellvertreter, die am Feste selbst, den Rang ihrer Fürsten einnehmend, der Braut ein Brautgeschenk im Namen ihrer Herren überreichen mußten.

Nach dem Hochzeitsfeste trat die fürstliche Frau am Hofe ihres Gemahls als Gebieterin der ihr zugeordneten Hofdienerschaft auf. Die Hofhaltung der Fürsten und Fürstinnen pflegte ziemlich bedeutend und zahlreich zu sein. Gewöhnlich entwarf der Fürst für seine junge Gemahlin eine Hofordnung oder, wie man es auch nannte, „eine Ordnung des Frauenzimmers". Wir haben vier solcher Hofordnungen von Höfen des südlichen und nördlichen Deutschlands aus den Jahren 1526, 1535, 1547 und 1560 vor uns liegen. Da sie im wesentlichen miteinander übereinstimmen, so scheint man folgern zu dürfen, daß in der feststehenden Hofordnung ein gewisser Typus herrschte, der nur hier und da in unbedeutenden Veränderungen abwich:

An der Spitze des gesamten Hofpersonales der Fürstin stand der Hofmeister, dem als Ordner des Hofdienstes alle, die in der Fürstin Dienst standen, zum pünktlichsten Gehorsam verpflichtet waren. Die Hofordnung gebot: „der Hofmeister solle alle diejenigen, welche der Fürstin zugeordnet seien, wer sie auch sein möchten, unter seinem Befehl streng in Gehorsam halten und sie zu regieren und zu bestrafen Vollmacht haben; er solle stets mit Fleiß darauf sehen, daß die Fürstin ehrlich, züchtig, getreulich, mit guter Ordnung und höchstem Fleiße wohl bedient und abgewartet werde."

Der Hofmeister war der erste und vornehmste Leibdiener. Hielt die Fürstin eine Ausfahrt zur Kirche, irgendwohin zur Tafel oder einen Spazierritt zum Vergnügen oder ging sie auf Reisen, so mußte er sie begleiten, ihr dann in und aus dem Wagen oder auf und von dem Zelter helfen und überhaupt in allen Dingen der Fürstin zu Dienst stehen. Am Hofe selbst mußte er beständig in der Nähe der Fürstin sein; alles, was an sie gelangen sollte, nahm er zunächst in Empfang und erteilte im Auftrage der Fürstin Antworten und Bescheide. Die Hofordnung schrieb ihm daher ausdrücklich vor, daß er ohne vorherige Anzeige bei der Fürstin sich nie auf längere Zeit aus ihrer Nähe entfernen dürfe.

War der Fürst vom Hofe abwesend, so gingen manche Hofdienste seines Hofmeisters auf den der Fürstin über. Vornehmlich hatte er dann die Oberaufsicht über Küche und Tafel; in jener mußte er darauf sehen, „daß mit dem Essen sauber und reinlich nach fürstlicher Ordnung umgegangen werde"; an dieser hatte er darauf zu achten, daß die Speisen und Getränke fleißig und ordentlich kredenzt würden, auch „daß die Zugeordneten von Adel und andere ihren Dienst bei der Tafel fleißig und züchtig abwarteten". Er war dafür verantwortlich, daß die Tafelordnung auf keine Weise verletzt oder gestört werde. Er hatte also darauf zu merken, daß im fürstlichen Speisesaal keiner von den Räten, Adeligen und Junkern sich an die Tische der Jungfrauen setze oder stelle oder über Tisch mit den Jungfrauen Gespräche halte. Nur die Zwerge der Fürstin und die zur Aufwartung bestimmten Diener durften sich am Jungfrauentische finden lassen. Jeder, der gegen die Tafelordnung handelte oder im Gespräch Sitte und Anstand verletzte, setzte sich einer Zurechtweisung des Hofmeisters aus und ward, wenn er sich nicht abwehren ließ, dem Fürsten zur Bestrafung angezeigt.

Der Hofmeister hatte ferner mit der Hofmeisterin die Oberaufsicht über die Ordnung im „Frauenzimmer". Mit diesem Namen bezeichnete man das fürstliche Wohn- und Versammlungszimmer der den weiblichen Hofstaat der Fürstin bildenden Hoffräulein. Dies waren Töchter adeliger Familien des Landes, die man an den Hof brachte, um sie teils in feiner Sitte, Anstand und Lebensart ausbilden, teils auch in künstlichen Handarbeiten unterrichten zu lassen. Diesen Zweck finden wir ausdrücklich in mehreren Briefen ausgesprochen, in denen um die Aufnahme adeliger Fräulein ins fürstliche Frauenzimmer gebeten wird. Um unter diesen Hoffräulein gute Sitte aufrecht zu erhalten, waren in der Hofordnung gewisse Bestimmungen vorgeschrieben, auf deren Befolgung der fürstliche Hofmeister zu sehen hatte. Bevor um zwölf Uhr mittags das Morgenmahl gehalten wurde, durfte außer den mit besonderen Diensten beauftragten männlichen Personen niemand das Frauenzimmer besuchen. Erst mit der zwölften Stunde konnten Adelige, jedoch auch nur, wenn die Fürstin einheimisch war, ins Frauenzimmer gehen und dort bis zwei Uhr des Nachmittags verweilen, desgleichen des Abends von sechs bis acht Uhr. Sobald um zwei oder acht Uhr der Kämmerer dreimal mit dem Hammer an die Türe schlug, mußte jeder ohne Verzug das Frauenzimmer verlassen. Es hing von des Fürsten oder der Fürstin Befehlen ab, die Besuchszeit im Frauenzimmer zu verlängern oder zu verkürzen, auch wenn Anlaß gegeben war, diesem oder jenem den Besuch zu verbieten oder allen Besuch des Frauenzimmers ganz zu untersagen. In der Besuchszeit hielten gewisse Bestimmungen Zucht und Sitte aufrecht; es war den „Jungfern" alles Hin- und Wiederlaufen im Zimmer streng verboten; es stand eine gewisse Ordnung fest, nach der sie züchtig und ehrsam auf einer Bank sitzen mußten. Es war ihnen nicht erlaubt, stehend vor den adeligen Herren Gespräche zu halten; es hieß vielmehr in der Hof Ordnung: „die vom Adel sollen im Frauenzimmer stets züchtig sich neben den Jungfern niedersetzen und alle unzüchtigen Gebärden und Worte vermeiden, wie denn solches die adelige Zucht und der Gebrauch ehrlicher fürstlicher Frauenzimmer erfordert". Es war Pflicht des Hofmeisters und der Hofmeisterin, die vorgeschriebene Ordnung im Frauenzimmer aufrecht zu erhalten. Wer sich nicht anständig und ehrbar benahm oder die Ordnung störte, konnte vom Hofmeister daraus verwiesen und der fernere Besuch ihm verweigert werden. Der Hofmeister war daher verpflichtet, während der Besuchsstunden im Frauenzimmer anwesend zu sein oder sich durch den Kämmerer oder „eine andere angesehene Person, vor der man Scheu haben mußte", in der Aufsicht vertreten zu lassen. Weil er für alle Unordnungen im Frauenzimmer verantwortlich war, so durfte ohne sein oder der Hofmeisterin Wissen weder eine Manns- noch Frauensperson, am wenigsten wenn sie unbekannt war, in dieses zugelassen werden; er durfte auch keine Verbindung mit dem Frauenzimmer erlauben, die dem guten Rufe nachteilig werden konnte. Was er anzuordnen für zweckmäßig fand, hing ganz von seiner Bestimmung ab. Damit die Zugänge zum Frauenzimmer zu gehöriger Zeit verschlossen werden konnten, schrieb ihm die Hofordnung vor, dafür zu sorgen, daß sowohl der Fürstin als den Jungfrauen im Frauenzimmer der sogenannte Schlaftrunk abends vor acht Uhr gebracht werde, denn bald nach dieser Zeit mußten die äußeren Zugänge zum Frauenzimmer verschlossen sein und durften ohne besonderen Befehl des Hofmeisters oder der Hofmeisterin nicht geöffnet werden.

Die zweite wichtigste Person unter der Hofdienerschaft einer Fürstin war die Hofmeisterin, als nächste Vorsteherin und Vorgesetzte des Frauenzimmers in der Regel adeligen Standes. Man wählte dazu gern Witwen oder bejahrtere Personen. Über ihre Anstellung am Hofe bestimmte gewöhnlich die Fürstin selbst. Die Wichtigkeit ihrer Pflichten und ihrer Verhältnisse in der täglichen Umgebung der Fürstin brachte es mit sich, daß man bei der Besetzung dieses Hofdienstamtes stets mit großer Vorsicht zu Werke ging. Als die Herzogin Dorothea von Preußen ums Jahr 1541 ihre bisherige Hofmeisterin Lucia von Meisdorf wegen Altersschwäche aus dem Dienst entlassen mußte, gab sie nach mehreren Orten hin Aufträge, ihr eine brauchbare Person zu dem Amte in Vorschlag zu bringen, und da sie eine solche in Preußen nicht finden konnte, mußte sie sich an einige Bekannte in Deutschland wenden, mit der Bitte, ihr von dorther eine geeignete Person zuzuschicken, rät jedoch ausdrücklich, sie zuvor aufs allergenaueste zu prüfen, damit sie gut mit ihr versorgt sei. Sie verspricht ihr ein jährliches Gehalt von zwanzig Gulden und die gewöhnliche Hofkleidung, mit der Aussicht auf Verbesserung, sofern sie sich der Herzogin nach ihrem Gefallen verhalten werde.

In den Dienst der Fürstin wurde die Hofmeisterin mit dem eidlichen Gelöbnis aufgenommen: „Der Fürstin getreu und gewähr zu sein, die Tage ihres Lebens der Fürstin bereitwillig zu dienen, ihren Schaden zu warnen und zu offenbaren, auch nichts nachzureden, woraus der Fürstin oder dem Fürsten irgendwelcher Schaden, Unglimpf oder Nachteil erfolgen könnte, vielmehr alles, was ihr ratsweise anvertraut oder von der Fürstin angezeigt werde oder sie sonst von ihr in Erfahrung bringe, bis ins Grab zu verschweigen." Sie mußte ferner eidlich versprechen, die ihr vom Fürsten übergebene Hofordnung nie zu übertreten, sich die Aufwartung der Fürstin stets aufs fleißigste angelegen sein zu lassen, „das Frauenzimmer pünktlich und treu zu regieren, etwaiger Zwietracht und Uneinigkeit der Jungfrauen und aller derer, die ins Frauenzimmer gehörten, nach allem Vermögen zuvorzukommen und, wofern sich eine der Jungfrauen eine üble Nachrede oder sonstige Verletzung guter Sitte und Zucht erlauben werde, sie .mit Rath des Fürsten, der Fürstin und des Hofmeisters, wenn es diese nötig fänden, ernstlich zu bestrafen"

Die Hofmeisterin war demnach die erste Dienerin der Fürstin und ihre beständige Gesellschafterin und Begleiterin. Hielt in des Fürsten Abwesenheit die Fürstin allein Tafel, so mußten nach Vorschrift der Hofordnung die Hofmeisterin und der Hofmeister nebst einigen Hoffräulein an ihrer Tafelspeisen. In des Fürsten Anwesenheit dagegen saß die Hofmeisterin am Tische der Jungfrauen.

Als Obervorsteherin der Hoffräulein hatte sie die nächste Oberaufsicht und Verantwortlichkeit über Zucht und Ordnung im Frauenzimmer. Man war ihr zum strengsten Gehorsam verpflichtet; denn in der Hofordnung war ihr ausdrücklich als Pflicht vorgeschrieben, „sie solle die Jungfrauen im Frauenzimmer stets nach ihrem höchsten Vermögen zu Zucht, Ehre und Redlichkeit anhalten, dafür sorgen, daß dieselben der Fürstin zu behaglichem Willen ehrbar dienten, und darauf sehen, daß unter ihnen alles Gewäsche und Gezanke, was dem fürstlichen Frauenzimmer übel anstehe, vermieden werde". Sie war außerdem verpflichtet, auch für die Ausbildung der Hoffräulein sowohl in feinem Anstand und gutem Benehmen, als im Geschick zu weiblichen Arbeiten Sorge zu tragen. Was sie daher im Frauenzimmer anordnete, um gute Sitte zu fördern oder Unordnungen vorzubeugen, mußte unbedingt befolgt werden. Ohne ihre Erlaubnis durfte keine fremde Person das Frauenzimmer betreten. Wir finden sogar in der Hofordnung die Vorschrift, daß, wenn einer der Jungfrauen im Frauenzimmer während der Nacht eine Schwachheit zufallen und die Hofmeisterin dazu gerufen werde, so solle sie sich zuerst wegen der Schwachheit nach höchstem Vermögen erkundigen und nur, wenn dann befunden werde, daß ein Doktor oder Barbier nötig sei, solle deren einer „aus Erfordern unvermeidlicher Not, sonst aber keine andere Mannsperson bei Tag oder Nacht ins Frauenzimmer zur Kranken eingelassen werden".

Diese Hoffräulein oder, wie sie damals gewöhnlich hießen, Kammerjungfrauen, dienten der Fürstin als nächste weibliche Dienerschaft. Sie waren ausschließlich adeligen Standes und zwar in der Regel Töchter adeliger Familien des Landes. Nur ausnahmsweise kamen mitunter Fälle vor, daß Fürstinnen aus besonderen Rücksichten, bei höheren Verwendungen und Empfehlungen auch Töchter auswärtiger adeliger Familien als Kammerjungfrauen in ihr Frauenzimmer aufnahmen. Gewöhnlich mußten solche eine Art von Pension niederlegen und von den Eltern mit den nötigen Bedürfnissen ausgestattet sein. So verwandte sich einmal der König von Dänemark bei der Herzogin von Preußen um die Aufnahme der Tochter eines seiner Untertanen in ihr fürstliches Frauenzimmer. Sie erwiderte ihm darauf: Sie wolle ihm gerne in allen Dingen gefällig sein; er könne jedoch leicht selbst ermessen, daß sie ihren eigenen Untertanen darin nicht wenig zu tun schuldig sei und diese vor allen anderen fördern müsse und wolle. Um jedoch dem König und den Eltern ihren freundlichen Willen zu beweisen, sei sie es zufrieden, daß diese ihr eine ihrer Töchter zuschicken möchten, doch dergestalt, daß sie auch dasjenige bei ihrer Tochter tun und mitgeben, was sie oder andere Eltern, wenn sie eine Tochter ins Kloster stecken, zu tun pflegen. Als man indes der Herzogin bald darauf meldete: die Eltern wollten ihrer Tochter nichts als etwa hundert Mark und etliche Kleider mitgeben, schrieb sie dem Könige: unter solchen Umständen könne sie die Jungfrau nicht in ihr Frauenzimmer aufnehmen, zumal da „wir auch dieses Landes und Fürstentums Preußen Jungfrauen vor anderen zu helfen schuldig sind. Wo ihr aber die Eltern fünfhundert Mark mit einer ziemlichen Notdurft Kleider und Geschmuck mitgeben und solches so lange, bis sie ausgebracht wird, hinterlegen oder ihr zum Besten zu Zins machen wollen, soll alsdann an uns in dem zu freundlichem Gefallen nichts erwunden werden".

Bei der Aufnahme in das fürstliche Frauenzimmer mußte jedes Hoffräulein sich „bei adeliger, ehrenreicher Treue" eidlich verpflichten, gewisse Bestimmungen pünktlich zu beobachten. Außer dem allgemeinen Versprechen eines treuen Dienstes mußte sie geloben, Tag und Nacht der Fürstin stets gewärtig zu sein, so oft und so lange es diese verlange, morgens und abends ihr zum Dienst bereit zu stehen, darauf zu achten, daß die Fürstin ohne ihren Willen nie und nirgends allein gelassen werde, auch mit allem Fleiße auf Speisen und Getränke zu sehen, wenn sie der Fürstin in ihrer Kammer, auf Reisen oder sonst irgendwo gereicht würden, damit Gefahren, die daraus entstehen könnten, mit aller Sorgfalt vorgebeugt werde. Sie mußte mit darauf achten, daß alles unordentliche Aus- und Eingehen in der Fürstin Zimmer vermieden, auch daß ohne des Fürsten oder des Hofmeisters Wissen oder unangemeldet niemand außer der vereidigten Dienerschaft in die fürstlichen Zimmer zugelassen werde. Kein Hoffräulein durfte sich erlauben, irgend etwas von Kramwaren, Speisen, Getränken, Briefen und sonst etwas anzunehmen und in die Kammern der Fürstin zu tragen ohne deren Vorwissen und ohne sich zuvor erkundigt zu haben, von wem und von wo das Gebrachte komme. Die Hofordnung schrieb ferner vor: die Kammerjungfrauen sollten nicht minder wie die Hofmeisterin sich auch der Wartung und Reinigung der Kleidung, der Gemache der Fürstin und „was sonst zu ihrer zierlichen Notdurft gehört, mit allem Fleiße annehmen, damit dasselbe alles stets fürstlich gehalten werde".

Gewann schon durch all' diese Bestimmungen das Leben der Hoffräulein einen fast klösterlich einsamen Charakter, so schrieb die Hofordnung überdies noch vor, daß sich kein Hoffräulein erlauben dürfe, Briefe, ohne Erlaubnis und Mitwissen der Hofmeisterin, anzunehmen oder wegzusenden. Briefe an Eltern, Geschwister und nahe Verwandte konnten nur dann „unbesichtigt aus dem Frauenzimmer ausgehe", wenn sie etwaige notwendige Bedürfnisse betrafen; aber es hieß ausdrücklich: „es solle allwege in solchen Schreiben vermieden bleiben, irgendetwas anderes oder weiteres aus dem Frauenzimmer zu schreiben". Wollten Freunde oder Verwandte ein Hoffräulein im Frauenzimmer besuchen, so durfte auch dieses nur im Beisein der Hofmeisterin geschehen, „damit diese, wie es heißt, jedesmal hören möge, was sie miteinander zu schaffen und zu reden haben". Ebenso durfte kein Hoffräulein ohne der Hofmeisterin Erlaubnis irgendein Geschenk annehmen, von wem es auch kommen mochte; noch viel weniger war es einer Hofjungfrau erlaubt, ohne der Hofmeisterin Beisein die Straße zu betreten. Was auswärts zu besorgen war, mußte durch Knaben oder Diener geschehen, die zu diesem Zweck dem Frauenzimmer zugeordnet waren.

Trotz dieser Strenge aber in den Bestimmungen der Hofordnung galt es doch immer als ein Glück für ein adeliges Fräulein, an einem Fürstenhofe in ein Frauenzimmer aufgenommen zu werden, wie wir aus den häufigen Bittschreiben der Eltern ersehen, die um die Aufnahme ihrer Töchter nachsuchten. Gemeinhin fanden auch die Aufgenommenen von Seiten der Fürstin bei guter Führung eine freundliche Behandlung. So rühmt man der Kurfürstin Hedwig von Brandenburg ausdrücklich nach, daß sie mit ihren Hoffräulein stets im freundlichsten und herablassendsten Verkehr gelebt; die liebenswürdige Herzogin Dorothea von Preußen nannte gewöhnlich ihre Hoffräulein „meine liebe Töchter."

Hatte ein Hoffräulein eine Anzahl von Jahren am fürstlichen Hofe zugebracht und das, was zur feinen Bildung gehörte, sich angeeignet, so knüpften sich dort auch leichter als anderswo Verbindungen für das künftige Lebensglück. War eine solche geschlossen, so sorgten der Fürst und die Fürstin für eine stattliche Aussteuer und Hochzeitsfeier. Wir finden in mehreren Hofordnungen die ausdrückliche Bestimmung: Wenn eine Jungfrau von Adel aus dem fürstlichen Frauenzimmer mit Rat und Einwilligung des Herzogs und der Herzogin sich zu verheiraten gedenke, so wolle der Herzog aus Gnaden sie mit hundert Mark an barem Gelde aussteuern. Geschehe es aber, daß eine zuvor, ehe sie in das Frauenzimmer käme, ehelich versprochen wäre oder unter einem Jahre sich verheiraten werde, so wolle der Herzog nicht verbunden sein, ihr ein solches Heiratsgeld mitzugeben. Geschah das eheliche Verlöbnis einer Hofjungfrau mit des Fürsten Vorwissen und Genehmigung, so übernahm dann die Fürstin die Ausrichtung der Hochzeit, sie bestellte ihr die „hochzeitliche Ehre".

Einer der wichtigeren Hofdiener der Fürstinnen war außer dem Hofmeister der Kämmerer, auch der Hofkämmerer oder Leibkämmerer genannt, weil er „mit allem treuen Fleiß auf der Fürstin Leib aufwarten soll". Er war ebenfalls adeligen Standes, weshalb es auch in seinem Amtseide hieß, er solle seinem Amte stets nachkommen, wie es einem ehrliebenden Diener von Adel ziemt und gebührt. In diesem Diensteide waren ihm zugleich seine wichtigsten Dienstpflichten vorgeschrieben: Er solle, hieß es, die tiefste Verschwiegenheit über alles beobachten, was er beim Ein- und Ausgehen in der Fürstin Kammer oder sonst heimlich oder öffentlich erfahre; er solle sorgsam darauf achten, daß das Frauenzimmer immer zur rechten Zeit geschlossen werde und keinen ungebührlichen Aus- und Eingang in dasselbe gestatten, überhaupt allen Unordnungen so viel als möglich zuvorkommen. In allem, was die Ordnung des Frauenzimmers vorschrieb oder die Fürstin und der Hofmeister ihm darüber anbefahlen, war ihm die pünktlichste Ausführung zur Pflicht gemacht. Sobald er im Frauenzimmer Unordnung oder etwas Ungebührliches bemerkte, was er nicht selbst abstellen konnte, mußte er dem Fürsten oder der Fürstin darüber schleunige Nachricht geben.

Unter dem speziellen Befehl des Hofkämmerers stand die ganze übrige Hofbedienung der Fürstin. Dahin gehörten die Kammerjunker, die Hoflakaien, die Kammermägde und der Türknecht. Die Kammerjunker oder Kammerjungen waren Edelknaben, die teils den Dienst an der Tafel oder im Gemach der Fürstin, teils auch verschiedene Dienste im Frauenzimmer zu verrichten hatten. Nach der Hofordnung mußten sie bei ihrer Aufnahme am Hofe das achte Jahr erreicht haben und wurden mit dem dreizehnten Jahre aus dem Dienst entlassen; denn es war ausdrücklich vorgeschrieben, daß kein Edelknabe über dieses Alter hinaus in das Frauenzimmer zugelassen werden dürfe. Der Hofkämmerer hatte stets darauf zu achten, „daß die Kammerjungen, die der Fürstin zu Dienst stehen sollen, sich stets reinlich, ehrbar und züchtig hielten und auch sonst ihrer Aufwartung Genüge täten; wofern sie etwas verbrechen würden, solle er sie mit einer ziemlichen Rutenstrafe zu züchtigen Macht haben und das zu tun auch schuldig sein". Hatten jedoch solche Edelknaben sich redlich geführt, so sorgte die Fürstin, wenn sie aus dem Hofdienste entlassen wurden, auch für ihre fernere Ausbildung teils auf Reisen, teils auch durch Empfehlungen an andere Höfe. Außer diesen Edelknaben finden wir im Dienste der Fürstinnen noch „große Kammerjungen", die vornehmlich zu Bestellungen außer dem fürstlichen Schlosse gebraucht wurden.

Mit Ausnahme der Edelknaben wurden alle am Hofe der Fürstin angestellten Diener, vom Hofmeister und der Hofmeisterin an bis zum Türknecht, Hofschneider und der Hofwäscherin herab durch einen Eid in Treue und Pflicht genommen. Dieser Eid enthielt teils allgemeine Bestimmungen in betreff der Verschwiegenheit über alles, was am Hofe der Fürstin vorging oder die persönlichen Verhältnisse der Fürstin betraf, teils wurden in diesen auch die wichtigsten Dienstvorschriften aufgenommen. So war, um nur ein Beispiel anzuführen, im Diensteid der fürstlichen Hof Wäscherin vorgeschrieben: Wenn sie Sachen der Fürstin in der Wäsche habe, solle sie Sachen keiner anderen Person in die der Fürstin untermengen, auch niemand über solche Sachen kommen, sie besichtigen und ebensowenig einen fremden Menschen auf derselben Waschbank waschen lassen ohne höhere Erlaubnis. Desgleichen mußte sie in ihrem Eide beschwören, daß sie zur Kleiderwäsche der Fürstin keine Weidasche gebrauchen, sondern sie mit Seife und wie sich's sonst gebührt, fleißig waschen wolle. Als einst die Herzogin von Münden, Gemahlin des Grafen Poppo von Henneberg, sich beim Herzog Albrecht von Preußen über die ungebührliche Behandlung, die sie von manchem ihrer Hofdiener erfahren müsse, beklagte, indem manche ihre mit dem Handschlag zugesicherte Treue brächen, andere trotzig sich weigerten, ihr einen förmlichen Diensteid zu leisten, gab er auf ihre Anfrage, wie er es damit an seinem Hofe halte, die Antwort: „Euer Liebden mögen wissen, daß wir es die Zeit unserer fürstlichen Regierung und auch jetzt noch also halten und auch nicht anders wissen, als daß es bei anderen Fürstenhöfen auch so gebräuchlich ist, nämlich, daß wir alle unsere Amtleute, Hofmeister, Kanzler, Marschälle und andere Räthe, ebenso andere Personen, die zum Regiment notwendig, desgleichen die Leibdiener, Kämmerer, Aerzte und dann auch die, welche auf unseren Tisch zu Truchseß-Aemtern, Küche, Keller, Silberkammer und überhaupt keiner ausgenommen zur Aufwartung unseres Leibes verordnet werden, mit leiblichem Eide in Dienst annehmen; dasselbe findet auch bei den Dienern und Dienerinnen unserer Gemahlin statt, es seien Hofmeisterinnen, Kammer Jungfern oder andere. Es geschehe wohl," fügt der Herzog hinzu, „daß zuweilen ein ehrlicher Mann sich durch einen leiblichen Eid beschwert finde und dann bitte, an Eides Statt Treue mit Handgelübde zusagen zu dürfen, daher er solchen ehrlichen Leuten den leiblichen Eid nachlasse, denn wenn einer solche verheißene Zusage nicht halten wolle, so werde er eben so wenig den Eid halten. Bei den Alten ist wahrlich ein solcher Handstreich oder Handgelübde in großem Ansehen gewesen und es wundert uns deshalb um so viel mehr, warum es die jungen Leute jetzt dahin spielen, zu meinen, solches Gelöbniß zu halten nicht schuldig zu sein."

Von der Leistung eines solchen Diensteides waren die an den Höfen im fürstlichen Frauenzimmer angenommenen Zwerge und Zwerginnen ausgenommen. Wie es Zeiten gab, in denen ein Hofnarr oder Lustigmacher zur Komplettierung der Hofdienerschaft gehörte, so waren im sechzehnten Jahrhundert besonders Zwerge und Zwerginnen an den Höfen der Fürstinnen eine Art von Lieblingssache, so daß man sich alle Mühe gab, sich solche zu verschaffen. Wir haben eine Anzahl von Briefen verschiedener Fürstinnen an den Herzog von Preußen, worin er ersucht wird, solche Seltsamkeiten von Menschen diesem und jenem Hofe zuzuschicken. So schreibt ihm die Herzogin Barbara von Liegnitz, eine geborene Markgräfin von Brandenburg: „Euer Liebden geben wir freundlicher Meinung zu erkennen, daß wir gerne bei uns in unserem Frauenzimmer eine Zwergin sehen und haben wollten. Demnach bitten wir Euer Liebden ganz freundlich, Euer Liebden wollen uns, sofern sie jetzt keine an ihrem Hofe hätten, eine solche Zwergin in ihrem Lande zu

Wege bringen helfen und uns dieselbe aufs eheste so es möglich ist allhier übersenden und zukommen lassen." Der Gemahl der Fürstin, Herzog Georg von Liegnitz, spricht den Herzog Albrecht ebenfalls um einen Zwerg für seine Gemahlin an, mit der angelegentlichsten Bitte, ihm einen solchen aufs schleunigste zu verschaffen. Als vorläufiges Gegenpräsent überschickt er dem Herzog ein Paar englische Hunde und eine Hündin „von der Art, wie sie der .Römische König habe". Die Markgräfin Katharina, Gemahlin des Markgrafen Johann von Brandenburg, läßt es sich nicht verdrießen, die Markgräfin Anna Sophia von Brandenburg wiederholt zu bitten, doch ja nicht zu vergessen, ihr die versprochene Zwergin so bald als möglich zuzuschicken; und kaum hat die Landgräfin Barbara von Leuchtenberg gehört, daß Herzog Albrecht von Preußen ein äußerst niedliches Zwerglein an seinem Hofe habe, so quält sie diesen in ihren Briefen drei Jahre lang mit der Bitte, ihr das niedliche Ding doch abzulassen. Zuerst schreibt sie ihm im Jahre 1548: „Bitte Euer Liebden ganz freundlich, wo es anders Euer Liebden nicht zuwider ist, ihr Zwergle hinzugeben, daß Euer Liebden mir es doch schicke; ich wollte es halten, als wenn's mein Kind wäre; doch wenn es Euer Liebden zuwider wäre, so wollte ich es nicht begehren." Der Herzog entschuldigt sich bei der Fürstin, daß er ihr das Zwerglein, weil es seiner verstorbenen Gemahlin zugehört und dieser besonders lieb gewesen sei, nicht ablassen könne. Er verspricht ihr aber, ein anderes Exemplar zu schicken. Darauf erwidert die Landgräfin: „So viel das Zwergle betrifft, so Euer Liebden bei sich haben und derselben geliebtester seliger Gemahlin zum Besten befohlen gewesen ist, so sind wir es wohl zufrieden, daß Euer Liebden es behalten, und müßte uns ja leid sein, dieweil es diese Gestalt hat, daß wir es begehren sollten. Daß aber Euer Liebden im Vorhaben stehen und verhoffen, an anderen Orten einen Zwerg an sich zu bringen und so Euer Liebden den erlangen, daß sie uns damit begaben wollten, das nehmen wir mit Dank an." Der Herzog überschickte ihr darauf im nächsten Jahre eine Zwergin. Allein die Fürstin ist damit noch nicht befriedigt, sie will nun gerne ein Paar haben und schreibt daher von neuem: „Euer Liebden ist wohl noch gut wissen, daß sie mir geschrieben haben, Euer Liebden wollten mir einen Zwerg und eine Zwergin schicken; die Zwergin ist mir geworden, der Zwerg aber nicht, bitte daher ganz treulich, mir auch diesen zu Wege zu bringen."

Wenden wir uns jetzt zu den Beschäftigungen, womit sich die Fürstinnen in den stillen Tagen ihres Hoflebens die Stunden zu verkürzen pflegten, so tritt uns ein anderes Leben entgegen, als wir es heutigen Tages an fürstlichen Höfen finden. Mit Lektüre konnten sich damals bei der Seltenheit geeigneter Bücher die Fürstinnen wenig vergnügen, noch weniger gehörte Musik zum Zeitvertreib fürstlicher Frauen; wir haben wenigstens in allen Briefen, worin Fürstinnen über ihre Beschäftigungen sprechen, nicht ein einziges Mal der Musik und ebensowenig der Malerei erwähnt gefunden. Überhaupt war das Leben der Fürstinnen damals ungleich stiller, einfacher und freudenleerer. Schon die häufige lange Abwesenheit der Fürsten von ihren Höfen, wenn sie auf Reichstagen verweilen mußten, Fürstenversammlungen oder Kriegsverhältnisse sie beschäftigten, zwang die fürstlichen Frauen zu einem zurückgezogenen Leben. Ist der Fürst im Felde, so nimmt auch die Fürstin an Kriegsereignissen lebendigeres Interesse. Die Kurfürstin Hedwig von Brandenburg verrät als Politikerin in ihren Briefen häufig die regste Teilnahme an Welthändeln. Als ihr Gemahl Joachim II. im Jahre 1542 dem Türkenkrieg beiwohnte, erzählte sie dem Herzog von Preußen mit großem Interesse von diesem Kriegszuge; aber sie erkundigte sich zugleich auch mit eifriger Wißbegier, ob es denn wirklich wahr sei, daß sich die Könige von Frankreich und Dänemark mit den Türken gegen den Kaiser verbunden hätten, um dessen Vorhaben in Ungarn durch einen Angriff auf Mailand zu hindern. Wie sich diese Fürstin mit politischen Dingen beschäftigt, so studiert sich die Gräfin Elisabeth von Henneberg in theologische Streitigkeiten hinein; da sie aber in diesem Gezanke für ihre schwergebeugte Seele keinen Trost findet, so schreibt sie sich ein Gebetbuch zusammen, um in dem Worte Gottes Linderung ihres Kummers zu suchen. „Da Euer Liebden mich ermahnt haben," schreibt sie dem Herzog von Preußen, „daß ich heftig im Glauben beten solle wider Gottes, Eurer Liebden und meine Feinde, so habe ich eine Zeitlang etliche Collecten aus dem ganzen Psalter, Daniel und Judith, aus dem Mose und Esther, aus dem Buche der Könige, aus den Evangelisten, den Büchern der Maccabäer und aus anderer göttlicher heiliger Schrift zusammengetragen, woraus Euer Liebden die Angst meines Herzens spüren können, auch wie ich jetzt getrost wider

Gottes, meine und aller lieben Christen Feinde bete. Euer Liebden halten mir's freundlich zu gut; denn vor der Welt, bei den gottlosen Höfen, die Gott nicht erkennen wollen, wird das Beten für Thorheit geachtet. Aber kommt der Glaube dazu, Euer Liebden sollen erleben, was die Kraft des Gebetes vermag; denn es betet nicht ich oder Euer Liebden, sondern der Geist Gottes in uns. Es wird und muß Amen sein, deß bin ich gewiß."

Andere Fürstinnen – und deren mochten in Deutschland damals viele sei – erscheinen mehr als fürstliche Hausfrauen, die sich um die Einzelheiten der fürstlichen Hauswirtschaft bekümmern. Ein schönes Bild davon gibt uns die Herzogin Dorothea von Preußen; denn in ihrer unermüdlichen Sorge um das fürstliche Hauswesen mochte sie, die Königstochter, wohl schwerlich von einer anderen Fürstin übertroffen werden. Sie macht es sich zur Pflichtsache, auf alle häuslichen Verhältnisse und Bedürfnisse ihres Hofes ein wachsames Auge zu haben. Schreibt ihr der Herzog auf der Reise, sie möge sich den Hofgarten und die Haushaltung empfohlen sein lassen, so erwidert sie ihm: „ich erkenne mich zu allem dem schuldig, wie Euer Liebden eigene und getreue Dienerin Euerem Gefallen allwege nachzukommen; aber ich kann Euer Liebden nicht verbergen, daß dieweil Euer Liebden weg gewesen ist, man nicht wohl Haus gehalten hat, wie ich selbst gesehen und mein Hofmeister mich berichtet hat". Befindet sich ihr Gemahl auf einer Reise, so sorgt sie auf jede Weise, daß es ihm an nichts fehle. Wir finden, daß sie ihm selbst allerlei Lebensbedürfnisse, frische Butter, wohlschmeckenden Käse, Obst und Pfeiferkuchen nachschickt, und sie bezeugt dem Herzog ihre herzinnige Freude, wenn er ihr meldet, daß ihm das Zugesandte wohl geschmeckt habe. Dann wiederum läßt sie ihm reine Hemden und andere Leibwäsche, ja sogar eine vergessene „Nachthaube" nachbringen, weil sie besorgt, er möge sich den Kopf erkälten. Schickt der Herzog aus Krakau Wein, Rheinfall und Malvasier nach Königsberg, so trägt er in einem Schreiben der Herzogin auf, doch selbst wohl zuzusehen, daß der Wein nicht in fremde Hände komme. Fehlen in der Hauswirtschaft einzelne Bedürfnisse, so sorgt die Fürstin für ihre Herbeischaffung in der Regel selbst. Wir lesen noch, wie sie der Felicitas Schürstab in Nürnberg aufträgt, sie möge für sie ein Säckchen voll guter Linsen bestellen und ihr von dort zuschicken, „denn", fügt sie hinzu, „ solche bei uns allhie fast seltsam sind und wir sie hiesiges Landes nicht wohl bekommen können"; und nachdem sie die Linsen aus Nürnberg erhalten hat, dankt sie der Übersenderin äußerst freundlich, bestellt bei ihr, zugleich aber sie um Verzeihung bittend, daß sie ihr so oft beschwerlich falle, ihr etwa dreihundert Ellen von den allerbesten Überzügen zu Unterbetten zu besorgen, entweder aus Nördlingen oder sonst woher, wo man solche am besten und dicksten mache. Einer Königsbergerin, Hedwig Rautherin, die nach Deutschland reist, gibt sie den Auftrag mit, ihr draußen zu sechs großen Fürstenbetten und sechs Pfühlen, je auf ein Bett und Pfühl neunzehn Ellen, guten und kleinen, allerbesten Zwillich anzukaufen und nach Preußen zu schicken. Oft ist es spaßhaft, wie sehr sich die Herzogin um allerlei Dinge in der Wirtschaft bekümmert. Es wird ihr eine Probe Seife aus Marienburg zugeschickt, und sie meldet darauf, sie wolle es mit dem dortigen Seifensieder einmal versuchen und, wenn es trockene Seife sei, den Stein mit fünfzehn Groschen bezahlen. Bald darauf schreibt sie wieder: sie habe die neue Probe des Seifensieders erhalten, und die Seife sei an sich nicht schlecht; weil sie indes der venedischen nicht gleiche, auch an Geruch zu stark sei für ihre und des Herzogs Kleider, so müsse sie für die gehabte Mühe danken. Sie bestellt sich dann die nötige Seife aus Nürnberg. Auf die Leibwäsche des Herzogs verwendet sie selbst immer die größte Aufmerksamkeit. Sie schickt der Näherin eine Anzahl Hemden und den nötigen Zwirn zu, bestimmt selbst die Breite, Weite und Länge der Ärmel und Kragen, bittet aber zugleich, die Arbeit möglichst zu fördern, weil es mit den alten Hemden des Herzogs schon sehr auf die Neige gehe. Die Näherin ersucht die Fürstin, ihr die alten Hemden einstweilen zur Ausbesserung zuzuschicken; „denn", fügt sie hinzu, „sie habe ja auch der Herzogin deren Kleider, wenn sie zerrissen gewesen, wieder mit allem Fleiße so zusammengenäht und unterhalten, daß sie dieselben noch jetzt trage; wenn sie das nicht getan, so würde die Herzogin sie haben ablegen und wohl dreißig Mark mehr für neue geben müssen". Um sich Näherinnen für ihren Hof zu erziehen, gründete die Herzogin eine besondere Anstalt, worin sie eine Anzahl junger Bürgertöchter und Landmädchen von einer geschickten Näherin unterrichten ließ und für Lehrgeld und Kost jährlich fünfundzwanzig Mark zahlte.

Ebenso sorgt die Herzogin selbst häufig gerne für die Angelegenheiten der herrschaftlichen Küche. Es fehlt ihr eine tüchtige Köchin; sie kann aus ganz Preußen keine solche bekommen und schreibt daher nach Nürnberg an Felicitas Schürstabin: „Nachdem wir gerne eine gute Köchin, die uns für unseren Leib kochen und uns in unserem Gemache aufwarten thäte, haben wollten, so bitten wir mit allen Gnaden, Ihr wollet Euch befleißigen, ob Ihr uns eine gute Köchin überkommen könntet, denn wir einer solchen im Jahre gerne zehn Gulden geben wollen, und ob es sich schon um ein Paar Gulden höher laufen täte, läge uns auch nicht viel daran, zudem auch ein gutes Kleid, so gut wir's unseren Jungfrauen in unserem Frauenzimmer zu geben pflegen. Aber das müßtet Ihr von unseretwegen ihr hinwieder melden, daß ihr viel Auslaufens nicht gestattet würde, sondern sie müßte still, züchtig und verschwiegen stets bei uns in unserem Gemache sein und auf unseren eigenen Leib warten. Hätte sie dann Lust, bei uns hierin zu bleiben und sich alsdann etwan mit der Zeit in andere Wege zu versorgen, so sollte sie dazu von uns mit allerlei Gnaden gefördert werden. Was Ihr also von unseretwegen ihr versprechen und zusagen werdet, das soll ihr allhier durch uns überreicht und gehalten werden." Die Köchin wird besorgt, und zum Zeichen der Dankbarkeit überschickt die Herzogin der Schürstabin bald nachher einen goldenen Schaupfennig. Auch in diesen Angelegenheiten erstreckt sich die Aufmerksamkeit und Sorgfalt der Herzogin bis in alle Einzelheiten. Naht Fastnacht, so bestellt sie selbst zwölf gute Lachse und etliche Schock Neunaugen für den herzoglichen Tisch; ein andermal läßt sie für zwanzig Gulden Lachs und Neunaugen aus Schleswig kommen. Die Aale, die ihr Hector von Heßberg besorgt, kommen ihr zu frisch und nicht genug getrocknet zu; sie schreibt ihm daher: „wenn Ihr wieder Aale, besonders große erhaltet, so wollet sie alsbald ausnehmen, ihnen ganz die Haut abstreifen, sie dann mit Nägelein bestecken, die Haut weder überziehen und also vollends trocknen lassen". Weil sie weiß, daß ihr Gemahl ein Freund von Kabliau ist, so schreibt sie bald dahin, bald dorthin, um sich solchen zuschicken zu lassen. Selbst bis nach Helsingör läßt sie an den dortigen Vogt Jasper Kaphengst das Gesuch ergehen, er möge jetzt, da die Zeit nahe, wo man in Dänemark Makrelen fange, ihr solche einkaufen und eingesalzen in einem Fäßchen zusenden, daneben ihr auch einige Schock Makrelen trocknen lassen. Die Herzogin will nach

Memel verreisen; es fällt ihr aber ein, daß in ihrem Garten zu Fischhausen noch Weintrauben hängen, die sie nun nicht genießen kann; sie schreibt daher der Jungfer Röslerin, sie möge die Trauben abnehmen und eine Latwerge daraus machen, jedoch von den weißen und roten eine besondere und keinen Zucker dazu nehmen. Sie selbst bestellt für die herrschaftliche Küche bei den Amtleuten zu Tapiau und Neidenburg Rinderfleisch und Wildpret. Fehlt dies oder jenes am herzoglichen Tischgeräte, so ist es ebenfalls die Herzogin, die dafür Sorge trägt. Sie läßt sich silberne Trinkgefäße in Nürnberg, Tischmesser nach zugeschickten Mustern in Liegnitz oder Memel verfertigen und da die ihr zugesandten zu dünn und nicht recht passend scheinen, so schickt sie sie zurück und bestimmt aufs genaueste, was sie zu haben wünsche.

Nahen die Freuden der Hausmutter, so treten der Herzogin auch neue Sorgen entgegen. Fühlt sie sich von neuem als Mutter, so gibt sie ihrem Gemahl, wenn er auf Reisen ist, genaueste Nachricht, wie es mit ihr stehe, fügt dann aber hinzu: „Ich möchte Euer Liebden wohl gebeten haben, daß Euer Liebden diesen Brief ja verbrennen wolle, damit ihn niemand anders zu sehen kriegt, der meiner damit spotten möchte; denn zu Euer Liebden versehe ich mich es nicht und weiß es auch fürwahr, daß Euer Liebden mich meines Schreibens nicht verdenkt." Rückt die Zeit näher, wo sie „ihrer fraulichen Bürde" entbunden werden soll, so sorgt sie selbst für eine geschickte Hebamme und gute Amme. Sie wendet sich dann an die Königin von Dänemark mit der Bitte, ihr die bewußte erfahrene Frau zu ihrer Entbindung zuzuschicken, „in Ansehung," wie sie hinzufügt, „daß ich diesmal mit einer erfahrenen, ehrlichen Frau nicht versehen bin". Ein andermal schreibt sie unter denselben Umständen an Felicitas Schürstabin in Nürnberg: „der barmherzige Vater hat es nach seinem göttlichen Willen abermals auf gute Wege mit uns gebracht. Dieweil nun aber in diesen Landen keine rechtschaffene gute Wehemutter, damit wir wohl versorgt sein möchten, zu bekommen ist, so ist unser ganz gnädiges Sinnen und Begehren an Euch, weil diese Sache unseren eigenen Leib, Gesundheit und Wohlfahrt betreffen thut, Ihr wollet neben Eurer Freundschaft Euch nicht beschweren, uns eine gute, verständige und rechtschaffene Hebamme, darauf wir uns verlassen dürfen, zu Wege bringen." Die Herzogin fügt hinzu: man möge es mit der Hebamme so abmachen, daß sie für immer in Preußen bei ihr bleibe; sie solle so gehalten werden, daß sie sich nicht zu beklagen habe; wo nicht, so solle sie eine andere mit sich bringen, die sie selbst „nach ihrer Art und Kunst abgerichtet habe" und bleiben könne. Sie solle bei ihr auf jede Weise gut versorgt werden. Ebenso sorgsam bemüht sich die Herzogin selbst um eine tüchtige Amme. Sie wendet sich nach Danzig, wo ihr auch eine empfohlen wird, die einen Sohn „gut gemuttert" hat. Diese erbietet sich auch, für zwanzig Gulden Lohn, ein Lundisches Kleid und zwölf Mark für ihr anderwärts untergebrachtes Kind in den Dienst zu treten. Die Herzogin aber schreibt: ihr Schreiber müsse sich in der Angabe des Lohnes geirrt haben; eine Amme bekomme gewöhnlich nur zehn Gulden jährlichen Lohn und so viel habe sie auch dieser anbieten lassen; da ihr indes einmal zwanzig Gulden zugesagt seien, so wolle sie ihr solche auch geben und dazu noch den Gottespfennig. Nun ist die Herzogin wieder sehr besorgt, daß alles glücklich von statten gehen möge. Da erhält sie die Nachricht: „Heinrich von Baumgart zu Schönburg und dessen Frau sollten Wissenschaft haben, daß man schwangeren Frauen, wenn sie über die Hälfte gekommen seien, eine Ader lassen müsse; dadurch sollten die Kinder verwahrt werden, daß sie das Freischich (?) nicht bekämen." Da sie nun aber in Zweifel ist, wie die Ader heiße, an welchem Orte und zu welcher Zeit man sie lassen müsse. so wendet sie sich selbst an den genannten Herrn mit der Bitte um nähere Belehrung. Dieser gibt sie und erhält dafür ein schönes Auerhorn zum Geschenk. Zu gleicher Zeit schickt ihr eine befreundete Fürstin für ihre Umstände auch gewisse Verhaltungsregeln und Indizien, wonach sie sich zu richten habe und auf die sie merken müsse. Wir enthalten uns, diese Indizien hier weiter mitzuteilen; sie sind zum Teil sehr sonderbar; es heißt darin auch, man müsse darauf achten, wie die Farbe unter dem Angesichte, ob sie bleich oder rot sei, welchen Fuß die Fürstin zuerst vorsetze, wenn sie aufstehe und gehen wolle. „Wenn ich", fügt die fürstliche Freundin hinzu, „über diese Artikel kann berichtet werden, will ich Ihrer Liebden mit göttlicher Hülfe zuschreiben, was Ihre Liebden trägt, ob es ein Herrlein oder ein Fräulein sein würde."

Die Fürstinnen verbrachten einen großen Teil der Zeit mit allerlei weiblichen Handarbeiten. Dahin gehörten Nähen, Stickereien und vorzüglich auch Perlenarbeit. Wir finden die Fürslinnen mit ihrer feinen Leibwäsche beschäftigt oder sie machten mit eigenhändig verfertigten Näharbeiten Geschenke an Freunde und Angehörige. Die Markgräfin Sabine von Brandenburg wünscht dem Herzog von Preußen Glück zum Neujahr und überschickt ihm zugleich als Neujahrsgeschenk ein von ihren eigenen Händen verfertigtes Hemd mit der Bitte, es von ihr als eine geringe Verehrung anzunehmen. Dieser Herzog hat die Herzogin Anna Maria von Württemberg mit einem Geschenk von Bernstein und Elendsklauen erfreut; sie überrascht dagegen den Herzog mit dem Gegengeschenk eines selbst genähten Hemdes, bittet aber zugleich um Entschuldigung, daß es noch nicht so weiß sei wie es eigentlich sein sollte, weil sie sich der eiligen Botschaft an den Herzog nicht vermutet habe. Wiederholt wird der Markgraf Wilhelm von Brandenburg, Erzbischof von Riga, von der Herzogin Dorothea von Preußen zum Neujahrsgruß mit „etzlichen schlechten Hemden", die sie selbst verfertigt hat, beschenkt, und wie sie einmal den Herzog Johann von Holstein mit dem Geschenk eines Hemdes und eines Kranzes erfreut, so schreibt sie ein andermal dem Grafen Georg Ernst von Henneberg: „Damit Eure Liebden unsere Freundwilligkeit und mütterliche Treue spüren, so schicken wir derselben ein Hemd und einen schlechten Kranz. Wiewohl dasselbe nicht alles dermaßen von uns gemacht ist als es billig sein sollte, so bitten wir doch ganz freundlich, Euer Liebden wollen solches zu freundlichem Gefallen von uns aufnehmen und mehr unseren gewogenen Willen denn die Geringschätzigkeit der Gaben hierin vermerken, dasselbe auch von unseretwegen tragen und unserer allewege im Besten dabei gedenken."

Mehr aber noch waren Stickereien und Perlenarbeiten eine stehende Beschäftigung der Fürstinnen. Vorzüglich werden gestickte Hauben, Barette, Kragen, Brusthemden, Koller, Halstücher und Halsbänder, Armbänder, Kissen auf Stühlen, überhaupt auch die Frauenkleider als die Hauptstickereiarbeiten der Fürstinnen erwähnt. Die Muster dazu, wenn sie sich durch Schönheit auszeichneten, schickten sie sich häufig gegenseitig zu, so daß ein schönes Modelltuch aus Nürnberg von der Herzogin Ursula von Münsterberg zur Herzogin Sophia von Liegnitz, von dieser zur Herzogin Dorothea von Preußen und von dieser endlich zur Königin von Dänemark wanderte. In der Regel waren die Stickereiarbeiten stark mit Gold und Silber geschmückt.

Der Geschmack, den man darin am meisten liebte, war der italienische; man schätzte daher vor allen auch „die welschen Muster", die man sich aus Nürnberg oder aus Leipzig von dem dortigen reichen italienischen Kaufmann Lorenzo de Villani kommen ließ. Auch diese künstlichen Stickereien dienten häufig zu fürstlichen Geschenken. Der König von Dänemark erhält sogar von der Herzogin von Preußen einmal „ein schlechtes Paar Handschuhe", die sie für ihn gestickt hat, „damit", wie sie sagt, „er daraus sehe, daß sie ihn noch nicht sogar vergessen habe"; der Königin macht sie sogleich ein gesticktes Halskoller und Halstuch zum Geschenk und erbietet sich, ihr nächstens neue Muster zu Hauben zu schicken.

Vor allem beliebt war die Perlenarbeit. Fast an jedem Fürstenhofe war ein sogenannter Perlenhefter angestellt. Sein Gehalt war in der Regel vierzig Gulden, Heizung, fürstliche Hofkleidung, Ausspeisung und freie Wohnung, wofür er alles verfertigen mußte, was ihm zur Verarbeitung übergeben wurde. Außerdem beschäftigten sich die Fürstinnen auch selbst mit künstlichen Perlenarbeiten. Es galt als ausgezeichneter Kopfschmuck, die Hauben von Gold- und Silberstoffen nebst deren Schlingen und Binden so geschmackvoll und reichlich als möglich mit den kostbarsten Perlen zu schmücken. Der häufige Gebrauch hatte sie im Preise bedeutend gesteigert. Wir finden, daß eine Fürstin sich bei dem Fuggerischen Faktor zu Nürnberg vier verschiedene Sorten bestellt; von der größten Sorte verlangte sie zehn Unzen, die Unze zu zehn oder zwölf Gulden, von der zweiten Sorte etwa vierzehn Unzen, die Unze zu zehn Mark, von der dritten ebensoviel, die Unze zu acht Mark, und von der vierten kleinsten Sorte fünfzehn Unzen, die Unze zu fünf Mark.

Welcher bedeutende Wert an Perlen, Gold und Silberstickereien darauf verwandt wurde, um Putz und Kleiderschmuck der Fürstin so prachtvoll wie möglich auszustatten, können wir sehen, wenn wir einen Blick auf die fürstliche Garderobe werfen. Es bietet sich uns dazu das Inventarium der Garderobe einer Herzogin aus dem Jahre 1557 dar, aus dem wir nur einen mäßigen Auszug geben wollen. Wir finden den fürstlichen Kleiderschmuck in drei Klassen geteilt. Die erste enthält „die weiten Röcke" in großer Zahl, darunter besonders glänzend ein leberfarbiger Atlasrock mit Hermelin gefüttert und sehr reich mit goldenen und silbernen Schnüren besetzt, ein Staatskleid, das die Fürstin schmückte, wenn sie außer ihrem Schlosse erschien. Den reichsten Kleiderstaat der Fürstin umfaßte die zweite Klasse, „gestickte, enge Kleider". Unter ihnen stachen hervor, ein gestickter Rock von Goldstoff, aufs welsche Muster gemacht, mit einem eine halbe Elle breiten mit Perlen gestickten Strich, auch um die Ärmel und um den Hals nebst dem Brustlätzlein oder Brusthemden mit großen schönen Perlen gestickt; ein Kleid von Goldstoff, Gold übergoldet, die Ärmel oben mit Perlen verbrämt; zwei Kleider von grauem und braunem Karmesinatlas, mit vier Strichen von goldenem Tuch verbrämt, mit goldenen und silbernen Schnüren gestickt, oben um den Brustlatz mit einem Perlengebräme; ein anderes von grauem Damast mit silbernem Tuch und schwarzem Samt weinrankenartig gezäunt und aufs welsche Muster gemacht; dann ein Kleid von grauem Taffet mit schwarzem Samt, daran ein Strich mit goldenen und silbernen Schnüren und mit gelbem Kattune unterlegt, mit einem Brusthemde, das auf den Ärmeln mit Perlen gestickt den Buchstaben A hat und um die Arme mit Perlen und goldenen Schnüren besetzt ist. Die dritte Klasse enthielt die Brusthemden teils von schwarzem oder leberfarbigem Samt mit silbernen und goldenen Schnüren oder goldenen Borten, teils von rotem Atlas mit blauem Goldstück, teils von braungoldenem Damast oder schwarzgoldenem Tobin.

Neben der Kleidung gab überdies auch zahlreicher und mannigfaltiger Putz und Schmuck den Fürstinnen vielfältige Beschäftigung; denn auch darin besorgten sie in der Regel alles selbst. Der Pretiosenschatz der meisten Fürstinnen war mit einem großen Reichtum von Edelsteinen, Gold- und Silberarbeiten und anderen Kostbarkeiten angefüllt. Erschien daher die Fürstin bei hohen Festen im vollen Staat, so boten dieser Schatz und die Garderobe alles dar, was nur irgend Schmuck und Glanz heißen konnte. Auf ihrem Haupte glänzten bald zwei Papageienfedern oder schneeweiße Enten- oder Kranichfedern, bald ein Perlenkranz oder auch ein mit Gold und Perlen geschmückter, gewundener Kranz; bald schmückte das Haupt auch eine Haube von Gold- und Seidenstoff mit Perlensternen und goldenen Schlingen. Den Hals umgab ein Halsband mit Smaragden, Saphiren, Rubinen und Perlen verziert, daran ein anderes Kleinod mit verschiedenen Edelsteinen, oder auch ein von Diamanten und Rubinen eingefaßter Adler. Die Schultern bedeckte ein

Koller bald von Goldstoff, bald von Samt mit Silber oder goldenen Borten verbrämt, zuweilen mit Hermelin oder Marder gefüttert oder auch von weißem, golddurchwebten Damast, mit Marder unterlegt. Auf der Brust hielt dieses Koller ein goldenes Heftlein zusammen, das immer reich mit Smaragden, Saphiren, Rubinen und Amethysten besetzt und mit irgendeiner Figur geschmückt war; bald sah man daran „einen Landsknecht und ein Weiblein", bald „den Ritter St. Georg", bald „ein Schweizer Weiblein, einen Schwan", und auch diese reich mit allerlei Edelsteinen verziert. Zuweilen umschloß den Hals ein übergelegter feingestickter Hemdkragen mit goldenen Borten, auf welchem dann goldene Ketten ruhten, die zum Teil mit Mühlsteinen und Kampfrädern, Feuerhaken von Gold, goldenen Birnen oder anderen Früchten geschmückt waren. In Sommerszeit umschlang die Brust ein Brusttuch mit Perlenborten in Laubgewinden, bald mit dem Bilde einer Jungfrau, eines Phönix, eines Schwans, eines Herzens, bald mit einer anderen Ausschmückung versehen. Über dem Brusttuch hingen dann die goldenen Halsketten mit Edelsteinen, welche zuweilen goldene und silberne Bildnisse von Königen, Königinnen und verwandten Fürsten oder auch den ersten Namensbuchstaben des fürstlichen Gemahls, in Perlen gestickt, umfaßten. Häufig waren dies Pariser Arbeiten. Die Ärmel schmückten künstliche Perlenstickereien, die allerlei Figuren bildeten, wie eine solche „mit einem Vogelfänger, vier Saphiren, fünf Rubinen, einer Smaragdlilie, drei Rubinrosen und einem dreieckigen Diamant, unter dem Vogelfänger drei Rubin- und Diamantrosen"; ein anderes, mit einer Jungfrau und einem Gesellen, hatte Reime mit goldenen Buchstaben . Die Hände der Fürstin schützten gegen Kälte und Sonne spanische Handschuhe – sie waren die beliebtesten – oder auch solche von sämischem Leder. Die Finger schmückten goldene Türkis-Diamant- und Rubinringe. Den Leib umschloß der Gürtel von sehr abwechselnder Farbe, immer mit Goldstoff und Perlenarbeit in Blumen- und Laubgewinden, Perlenbuchstaben und Perlenzügen aufs künstlichste verziert und am Schlusse mit goldenen Ringen und Stiften versehen. Von schwarzem Samt verfertigt trug er zuweilen auch die ersten Namensbuchstaben des Fürsten und der Fürstin neben zwei gekrönten goldenen Herzen mit Laubwerk umschlungen. Er umfaßte bald den fürstlichen weiten Atlasrock, mit Hermelin gefüttert und mit goldenen und silbernen Schnüren besetzt, bald das engere Kleid von Karmesinatlas, schwarzem Samt oder Damast, meist nach welscher Mode mit weiten Ärmeln, immer reich verbrämt und mit Stickereien geschmückt. Den Fuß bedeckte der gestickte, oben mit Perlen und Edelsteinen gezierte Schuh.

Die schönsten und kunstvollsten Kleinodien wurden damals in Nürnberg verfertigt; wir finden daher die Fürstinnen mit den dortigen Pretiosenhändlern und Gold- und Silberarbeitern Arnold Wenck, Georg Schultheß, Rüdiger von der Burg und ebenso mit dem schon erwähnten Italiener Lorenzo de Villani in Leipzig in beständiger Korrespondenz. Eine Fürstin schickt einige Edelsteine, „weil sie etliche Krätze bekommen", nach Nürnberg mit dem Auftrag, sie von einem Steinschneider rein und sauber auspolieren zu lassen; eine andere hat von einem Pretiosenhändler ein anscheinend schönes Kleinod zum Geschenk für einen Verwandten gekauft; allein die Billigkeit des Preises erweckt Verdacht; sie läßt es untersuchen und man findet, die Fürstin sei betrogen, es seien „Brillen" statt echter Edelsteine eingesetzt. Keine Fürstin war in ihren Bestellungen sorgsamer als die Herzogin Dorothea von Preußen; schickt sie dem Goldarbeiter in Nürnberg zwanzig ungarische Gulden und eine Anzahl Ringe, um sie zu einer Kette und einem Kleinod zu benutzen, so ordnet sie in eineinlangen Schreiben an, wie alles „aufs subtilste und mit Versetzung der Steine so künstlich als möglich verfertigt werden solle; oben in der Mitte solle ein Blümlein, nebenan Blätter und ein Stiel sein, die Spitzen aber so, daß man sich nicht daran reiße oder kratze."

Auch die Gesundheitspflege nahm manche Stunden der Fürstinnen in Anspruch. Ein tüchtiger Arzt an einem Fürstenhofe war damals nicht allenthalben zu finden; die Apothekerkunst lag ebenfalls noch in ihrer Kindheit. Apotheken waren eigentlich mehr Zuckerbäckereien, die ihren größten Absatz in Zuckerwerk, eingemachten Früchten und Konfitüren fanden. Die Arzneimittelkunde befand sich daher meist in der Praxis der Laien. Man vertraute im Ganzen mehr auf die wirkende und abwehrende Kraft gewisser Stoffe aus der Tier- und Pflanzenwelt oder aus dem Mineralreiche als auf ärztliche Kunst. Fürstinnen, die am leichtesten in den Besitz solcher Stoffe und zur Kenntnis ihrer Anwendung in Krankheitszuständen kommen konnten, teilten sich solche gegenseitig mit. Unter die geschätzten Arzneimittel gehörten Klauen von Elentieren, Einhorn, Bibergeil, besonders auch Bernstein, zumal der von weißlicher Farbe. Da Preußen das Land war, woher man diese Stoffe am leichtesten erhalten konnte, so gelangten jährlich an die Herzogin von Fürstinnen aus Deutschland unzählige Gesuche um Mitteilung dieser Stoffe.

Es war bei manchen Fürstinnen eine Art von Lieblingssache, sich mit der Präparierung von allerlei Arzneimitteln zu beschäftigen, um nahe Verwandte und Freunde in nötigen Fällen damit zu beschenken. So kam die Mutter des Grafen Hans Georg von Mansfeld wegen ihrer Zubereitung von allerlei Arzneien in solchen Ruf, daß man sie die Mansfelder Doktorin nannte. Besonders wurden ihre stärkenden Wasser gerühmt, die bei Schlaganfällen gute Wirkung haben sollten. Sie schickte solche bis nach Preußen und schrieb dabei dem Herzog: „Euer Gnaden wollen das übersandte Wasser ja gebrauchen, weil's einen Menschen so sehr stärken soll; hin wieder wollen uns Euer Gnaden von dem gemeinen Bernstein etwas schicken; da will ich Euer Gnaden auch eine sonderliche Stärkung davon machen." Auch die Herzogin Dorothea von Preußen beschäftigte sich viel mit Präparierung von allerlei Heilmitteln; bald sind es Heilsalben, die sie zu bereiten weiß, bald überschickt sie ihrem Vater, dem König von Dänemark, ihr erprobtes, wohltuendes Augenwasser, bald präpariert sie Pulver aus heilkräftigen Wurzeln und Kräutern für die fallende Seuche, bald wieder erfreut sie verwandte Fürsten und Fürstinnen mit ihren aus Kräutern, Blumen und Wurzeln zubereiteten stärkenden Wassern. So schreibt sie einmal dem Markgrafen Wilhelm von Brandenburg, dem sie oft mit ihrem „Arznei-Dinglich", wie sie es nennt, aushelfen mußte: „Hierbei übersenden wir Euer Liebden derselben Begehren nach etliche Gläser mit Rosen- und Lavendel-Essig, desgleichen Rosen- und Spiekenarden-Wasser, auch sonst noch ein gutes Wasser, das also überschrieben ist: Meiner gnädigsten Frauen Wasser, das aber Euer Liebden nicht in den Leib gebrauchen wollen, denn es allein darum, daß es die Hände, Angesicht und das Haupt damit zu frischen, gemacht ist; daneben auch etliche gute Rezepte für den Schwindel zur Stärkung des Herzens und für die Ohnmacht. Das Wasser für den Schlag wollen wir Euer Liebden auch gern schicken." Die Arzneipräparate der Herzogin waren unter den Fürstinnen in Deutschland weit und breit berühmt. Die Landgräfin Barbara von Leuchtenberg, die viele Jahre lang mit dem Zipperlein an den Händen sehr geplagt war, erfährt kaum, daß die Herzogin von Preußen ein gutes Rezept zu einem sehr wirksamen Mittel gegen dieses Übel habe, als sie aufs dringendste bittet, ihr solches doch möglichst bald zukommen zu lassen. Ebenso nimmt die Fürstin Elisabeth von Henneberg, eine geborene Markgräfin von Brandenburg, die ärztliche Hilfe der Herzogin in Anspruch. Sie klagt ihr: „Mein Schenkel wird gar böse, hab' in vier Wochen nicht daraufgetreten, bin auch mit dem Barbier nicht verwahrt, hab' keinen Doctor; der Barbier meines Herrn Gemahls weiß nirgend viel davon, ist ein zorniges Männlein und will niemand bei sich leiden." Sie bittet daher die Herzogin um ihre berühmte Heilsalbe, die gegen solche Übel gut sein solle.

Statt der Arzneimittel selbst schickten Fürstinnen einander auch Rezepte. Die Herzogin Dorothea von Preußen war auch damit gegen ihre Freundinnen sehr freigebig. Bald sendet sie der Herzogin von Württemberg ein Rezept zur Verfertigung einer köstlichen Heilsalbe, bald überläßt sie dem Erzbischof von Riga ein Rezept zu Rosen- und Cordo-Benedikten-Wasser, „welches," wie sie ihm schreibt, „für allerlei Krankheiten, sonderlich aber für Vergiftung sehr gut sein solle". Die Doktoren sahen es indes nicht gern, wenn ihre Rezepte unter den Laien von einer Hand zur anderen wanderten. So hatte die Herzogin von Preußen einst viele Mühe, ein Rezept gegen den Schwindel, das ihr Bruder erbeten hatte, von ihrem Leibarzt zu erhalten. Endlich sandte sie es ihm zu, schrieb ihm aber dabei: „Wir haben es auch jetzund schwer von unserem Doctor erlangt, denn Euer Königliche Würde können wohl abnehmen, daß die Doctores ihre Künste, sonderlich in solchen Fällen, nicht gern anderen mittheilen."

Einen anderen Teil der Zeit nahm die Korrespondenz der Fürstinnen hin, auf die wir einen Blick werfen müssen, weil sich auch in ihr Sitten und Bräuche der fürstlichen Höfe spiegeln, Wie die Fürsten, so faßten auch die Fürstinnen den größten Teil ihrer Briefe nicht eigenhändig ab, weil sie in der Regel eine schlechte, unleserliche Hand schrieben, und ihnen das Schreiben zu viel Anstrengung kostete. Geschäftsbriefe diktierten sie gewöhnlich ihren Sekretarien oder ließen sie durch diese entwerfen und unterschrieben eigenhändig nur ihre Namen und Titel und auch diese oft schwerfällig und unbehilflich. Schrieben sie ihre Briefe selbst, so finden wir in den meisten Sprache und Stil ungelenkig und voll Verstöße gegen die Grammatik. Vor allen zeichnen sich hierin die Briefe der Herzogin Dorothea von Preußen aus. Sie fühlt es selbst, wie dürftig und fehlerhaft ihre Schreibart ist, daher sie oft ihr Schreiben „ein ungeschicktes und närrisches" und sich selbst „eine schlechte, gar dumme, armselige Dichterin" nennt. Sie schämt sich dessen in dem Maße, daß sie in ihren Briefen wiederholt die Bitte hinzufügt: man möge ihre Briefe doch alsbald verbrennen, damit sie nicht in andere Hände kämen und sie „dadurch bei klugen Leuten zum Gespötte werde".

Briefe von eigener Hand galten immer als Beweise von besonderer Freundschaft, von Huld oder auch von Artigkeit und wurden somit in manchen Fällen eine Pflicht. Daher verfehlte eine Fürstin selten, wenn sie von einer anderen ein eigenhändiges Schreiben erhalten, in ihrer Antwort für „das Schreiben mit eigener Hand" ihren besonderen Dank zu bezeugen. Ebenso unterläßt es eine Fürstin, wenn sie an eine Freundin oder einen Verwandten nicht mit eigener Hand schreibt, in der Regel nicht, sich deshalb zu entschuldigen. So heißt es in einem Briefe des Fräulein Kunigunde, der Tochter des Markgrafen Casimir von Brandenburg: „Ich bitte Euer Liebden zum freundlichsten, die wollen ohne Beschwerd seyn, daß ich mit eigener Hand nicht wieder schreibe, denn ob ich mich wohl meiner eigenen bösen und unleslicher Handschrift ohnedieß schäme, so hab' ich mir doch meiner gewesenen Schwachheit halben so viel zu schreiben nicht vertraut." Die alte Kurfürstin Elisabeth von Brandenburg, Joachims I. Witwe, entschuldigt sich in einem Briefe mit den Worten: „Wir bitten ganz freundlich, Euer Liebden wollen uns unseres nicht eigenen Schreibens, das wir wegen unserer großen Leibesschwachheit nicht vollbringen können, freundlich entschuldigt nehmen." Aus demselben Grunde konnte sie in einem anderen Briefe (1552) nicht einmal ihren Namen eigenhändig mehr unterschreiben. Die Herzogin Dorothea von Preußen weiß immer eine neue Ursache, warum sie ihre Briefe nicht selbst geschrieben. Da heißt es in einem Briefe an die Fürstin von Liegnitz: „Wir sind nach Gelegenheit etwas schwach und mit der Hand, wie Euer Liebden wissen, zu schreiben nicht fast geschickt; zudem ist Euer Liebden unsere Sprache etlichermaßen unbekannt. Derwegen und aus berührten Ursachen haben wir Euer Liebden aus der Kanzlei zu schreiben befohlen, freundlicher Zuversicht. Euer Liebden werden auf dießmal daran gesättigt seyn." Bald wieder entschuldigt sie sich in ihren Briefen an ihren Bruder, den König Christian von Dänemark mit dringenden Geschäften oder „Ungeschicklichkeit ihres Hauptes". Noch aufrichtiger ist sie in einem Briefe an den Markgrafen Wilhelm, Erzbischof von Riga, wo es heißt: „Euer Liebden wollen uns unseres eigener Hand Nichtschreibens freundlich entschuldigt wissen; denn Euer Liebden selbst wohl wissen, daß alte Weiber faul und träge und sonderlich mit der Feder nicht dermaßen geschickt sind als die, so hochgelehrt."

Auch in den eigenhändigen Unterschriften der Fürstinnen kommen mitunter manche Eigentümlichkeiten vor. Manche unterschrieben in der Regel ihre Briefe gar nicht oder doch nur selten mit eigener Hand. Andere schrieben ihre Namen abgekürzt, wie sie gewöhnlich genannt wurden. Manche Fürstinnen ließen ihren Namen und vollständigen Titel zuerst in der Kanzlei darunter schreiben und fügten dann eigenhändig ihren Namen hinzu, mit der Angabe ihrer eigenen Unterschrift. So lautet die Unterschrift Catharinas von Braunschweig: „Von Gottes Gnaden Catharina geborene Herzogin zu Braunschweig und Lüneburg" und dann mit eigener Hand geschrieben: „Freulein Keitte mein eigen handt." Dagegen schreibt sich die Herzogin Sidonie von Braunschweig eigenhändig: „Sydonia von Gottes Gnaden geborene zu Sachsen, Herzogin zu Braunschweig und Lüneburg." In einem lateinischen Brief der Herzogin Anna von Mecklenburg an den König von Polen finden „wir die vollständige Unterschrift: Divina gratia Anna nata ex inclita Familia Marchionuin Brandenburgensium, Ducissa Megapolensis, Principissa antiquae gentis Hennetae, Comitissa Suerini, Rostochiorum, Stargardiorum Doniina. Dagegen pflegten andere Fürstinnen ihre Titel in eigenhändigen Unterschriften oft nur durch einzelne Buchstaben zu bezeichnen. So unterschreibt Catharina, die Gemahlin des Markgrafen Johann von Brandenburg, gewöhnlich nur: Katharina g. z.B. u. L. M. z. B. (geborene zu Braunschweig und Lüneburg, Markgräfin zu Brandenburg) und fügt hinzu: „Meine Hant." Die Worte „von Gottes Gnaden" kommen selbst in Briefen von Töchtern an ihre Väter und Mütter vor, wenn sie in der Kanzlei abgefaßt wurden; dagegen erscheinen sie nie in eigenhändigen Briefen oder Unterschriften. Gemahlinnen der Kurfürsten nannten sich in ihren Briefen niemals als Kurfürstinnen. Die Gemahlin des Kurfürsten Joachims von Brandenburg unterschreibt sich also bloß: Elisabeth von Gottes Gnaden aus .königlichem Stamme zu Dänemark geboren, Markgräfin zu Brandenburg, zu Stettin, Pommern usw. Herzogin; ebenso die Gemahlin des Kurfürsten Friedrichs III. von der Pfalz bloß: Maria Pfalzgräfin bei Rhein, Herzogin von Bayern, geborene Markgräfin zu Brandenburg. Auch die Benennung Prinzessin war damals noch ganz ungebräuchlich. Unverheiratete Fürstentöchter nannte man bloß Fräulein. Die Tochter des Markgrafen Casimir von Brandenburg Kunigunde unterschreibt sich daher auch selbst: Markgräfin zu Brandenburg und Fräulein in Preußen.

Im Briefstil der Fürstinnen herrschte steife Etikette, ein manieriertes höfisches Wesen, ein eigener in bestimmte Formeln gebannter kalter Hofton, zumal in solchen Briefen, deren Abfassung den an Kanzlei- und Kurialstil gewöhnten Sekretären überlassen war. Selbst in Briefen zwischen nächstbefreundeten Verwandten, sogar zwischen fürstlichen Eheleuten und Kindern durfte der steife Respektston mit seinen stereotypen Formeln und festbestimmten Höflichkeitsphrasen nie aus der Acht gelassen werden. Des traulichen „Du" bedienten sich in Briefen weder Eheleute noch Kinder. Wo es sich hier und da findet, war es ausnahmsweise gegenseitiges Übereinkommen, wie zwischen der Landgräfin Anna von Hessen und Herzog Albrecht von Preußen; und doch war dieser in seinen Briefen an sie in die gewöhnliche Anredeformel „Euer Liebden" zurückgekehrt, so daß ihm die Fürstin einst schrieb: „Euer Liebden tragen gut Wissen, wie unsere beide freundliche Unterrede hiebevor gewesen ist, daß unser kein Theil das andere in Reden und Schreiben „Ihr oder Euer Liebden", sondern „Du" heißen soll und wie dasselbe höchlich verpönt worden. Da aber solches in Euer Liebden Schreiben mehr wenn zu einem Male gegen mich verbrochen und nicht gehalten ist, so will ich Euer Liebden derhalb bei einer Pön lassen und die von Euer Liebden fordern, der Zuversicht, sie werde mich derselbigen ihrer Bewilligung nach freundlich entrichten." Schreibt eine Fürstin an ihren Gemahl oder dieser an jene, so nennen sie sich gegenseitig „Euere Liebden" oder „Euere Gnaden"; ebenso reden Töchter ihren

Vater mit der Höflichkeitsformel „Gnädiger Herr Vater" und „Euer Gnaden" oder „Euer Liebden" an. Selbst der fürstliche Titel wird in der Anrede nicht vergessen. So beginnen die Briefe des Herzogs Albrecht von Preußen an seine Gemahlin Dorothea gewöhnlich mit den Worten: „Hochgeborene Fürstin, freundliche und herzallerliebste Kaiserin, meine herzige Fürstin." In ihren Briefen an ihren Gemahl lautet dagegen die Anrede: „Durchlauchtiger und Hochgeborener Fürst, mein Freundlicher und Herzallerliebster, auch nach Gott keiner auf Erden Lieberer, dieweil ich lebe, mein einziger irdischer Trost, alle meine Freude, Hoffnung und Zuversicht, auch mein einiger Schatz und aber- und abermals mein herzallerliebster Herr und Gemahl" oder sie nennt den Herzog: „Durchlauchtiger Fürst und Herr, mein allerliebster Schatz, Trost und Aufenthalt." Dieser Herzenserguß in der Anrede war indes nur der überströmende Ausbruch der innigsten Liebe Dorotheas zu ihrem Gemahl. Die zweite Gemahlin Albrechts, Anna Maria, mit der er bei weitem nicht in so innigem ehelichen Glücke lebte, redet ihn gewöhnlich nur mit der kalten Formel an: „Durchlauchtigster Fürst, gnädigster Herr und Gemahl." Selbst wenn Fürstinnen an ihre Söhne schreiben, wird neben der Anrede „freundlicher und vielgeliebter Sohn" der Titel „Hochgeborener Fürst" und die Formel „Euer Liebden" nicht unterlassen.

Mit Verwandtschaftstiteln waren die Fürstinnen gegeneinander sehr freigebig. Am allgemeinsten bedienten sie sich der Benennung „Muhme", jedoch selten allein. Gewöhnlich folgen nach dem Titel „Hochgeborene Fürstin" noch die Benennungen „freundliche, vielgeliebte Muhme, Schwester und Geschwey" oder „freundliche, liebe Frau Muhme, Schwägerin und Tochter". Unter nahen Verwandten war auch die Benennung „Buhle" in ihrer alten guten Bedeutung gebräuchlich. So nennt die Herzogin von Preußen ihren Bruder, den Herzog Johann von Holstein, „lieber Bruder und herzlieber Buhle"; den Markgrafen Wilhelm, Erzbischof von Riga, begrüßt sie ebenfalls mit „Herzgeliebter Herr und Buhle" und er entgegnet ihr mit der Anrede „Herzliebe Frau, Muhme und Buhle". Selbst auf den Adressen der Briefe ward gewöhnlich dem Titel und Namen des Fürsten oder der Fürstin die Verwandtschaftsbezeichnung „unserem gnädigen und herzlieben Herrn Gemahl" oder „unserem freundlichen, herzgeliebten Sohn" oder „unserer lieben, freundlichen

Muhme" noch besonders hinzugefügt. Nach der erwähnten Anrede im Briefe bildet den Eingang fast immer und ohne Ausnahme die feststehende Erbietungsformel: „Was wir in Ehren mehr Liebes und Gutes der freundlichen Verwandtniß nach vermögen, jeder Zeit zuvor" oder „Was ich in mütterlicher Treue mehr Ehren, Liebes und Gutes vermag, zuvor".

Darf man von der Schreibart der eigenhändigen Briefe der Fürstinnen auf ihren Grad geistiger Ausbildung schließen, so fällt das Urteil nicht besonders günstig aus. An Gewandtheit und Abrundung im Stil ist bei den meisten nicht zu denken. Man fühlt es ihnen an der Schwerfälligkeit und Unbeholfenheit ihrer Schreibart nach, welche Mühe es ihnen gekostet hat, einen Satz mit der Feder auf das Papier zu bringen. Doch bieten auch darin die Briefe der Fürstinnen ein gewisses Interesse dar. Sie schrieben gerade so, wie sie sprachen: Wie ihnen in ihrem Dialekte die Worte aus dem Munde rollen, so stehen sie auf dem Papiere da. Eine Herzogin von Mecklenburg also spricht und schreibt: „velghelevede Ohme, Hulpe, sust, Vroyde, Herscop (Herrschaft) velbether (viel besser) vorlene (verleihe)". Wir hören die Kurfürstin Sybille von Sachsen selbst sprechen, wenn sie dem Herzog von Preußen schreibt: „Es geit uns noch mit allen unseren keynderen got hab lob wol dann weyr unsser sonne alle drey bey eynn ander haben und uns sust nycht velt dann das weyr den großen vatter auch bey uns hedden dor zü uns der lebe got frollich balde helffe mossen amen. Geschreben myt eylle datom Weymmer gegeben uff den donnersdach nach eleyssabeth ym 47 yar."

Was den Inhalt der brieflichen Mitteilungen betrifft, so ist er ungleich einförmiger, unwichtiger und einfacher als wir in Briefen der Fürsten dieser Zeit ihn finden. Über politische Gegenstände und die großen Zeitereignisse schreiben die Fürstinnen selten. Sollte man nach den Briefen urteilen, so war die große Welt für sie gar nicht da. Sprechen sie zuweilen in ihren Briefen von den Erscheinungen der Zeit, so betreffen ihre Mitteilungen meist nur Glieder ihrer Familie oder Persönlichkeiten verwandter Fürstenhöfe. Auch über die kirchlichen Streithändel lassen sie sich selten aus oder es geschieht nur in beiläufigen Bemerkungen.

Ein großer Teil der Briefe sind bloße Musterbriefe, das heißt, sie enthielten nur Musterworte, worunter Versicherungen der

Liebe, Freundschaft und Bereitwilligkeit zu allen möglichen Gefälligkeiten, Begrüßungen und Erkundigungen über Gesundheit und Wohlergehen der Familienangehörigen, Bezeugungen von Teilnahme an Familienangelegenheiten, freundliche Wünsche für das fernere Wohlbefinden des fürstlichen Hauses verstanden wurden. Diese immer in derselben Form wiederholten, stereotyp gewordenen Musterworte, geben den Briefen etwas unerträglich Langweiliges und Eintöniges. Diesen Eindruck machte das leere Etikettenwesen schon damals auf einzelne Fürstinnen selbst. So schrieb darüber die Herzogin Dorothea von Preußen an den Markgrafen Wilhelm, Erzbischof von Riga: „Unseres Erachtens ist zwischen wahren Freunden des vielfältigen und überflüssigen Erbietens gar nicht vonnöten; denn dieweil ja die Freunde im Grunde ihres Herzens gegeneinander in Liebe und getreuer Freundschaft unverrückt seyn und bleiben sollen, wie denn zwischen Euer Liebden und uns, ob Gott will, es ist, so achten wir solches Hocherbieten mehr überflüssig als nötig, und wollen's demnach mit unserem schwesterlichen, wohlmeinenden Erbieten gegen Euer Liebden bei dem lassen, wo wir Euer Liebden als unserem geliebten Herrn, Schwager und Bruder in allem Ziemlichen freundlich dienen können, soll die Freundschaft, ob Gott will, an uns nichts erwinden."

Zu einer großen Anzahl von Briefen gab die Sitte Anlaß, sich durch allerlei Geschenke zu erfreuen, durch Übersendung von Ehrengaben freundschaftliche Gesinnungen zu bezeugen oder was man gern zu besitzen wünschte, von einer befreundeten Fürstin als Geschenk zu erbitten. So war es damals Brauch, die Zimmer der Fürstinnen so zahlreich wie möglich mit den Porträts, den Konterfekten oder Konterfeiungen ihrer Verwandten oder befreundeter fürstlicher Personen zu schmücken. Da nun jeder bedeutende Fürstenhof seinen eigenen Porträtmaler oder Konterfekter hatte, so baten die Fürstinnen häufig um solche Familiengemälde. Hören wir die Fürstin Elisabeth von Henneberg in ihrer Bitte an den Herzog von Preußen: „Euer Liebden wollen auch ihrer Zusage nach die Conterfecten nicht vergessen; denn wiewohl ich der Ferne halber Euer Liebden Angesicht nicht wohl gehaben kann, so möchte ich doch gerne Euer Liebden Conterfect haben, denn ich Euer Liebden als meinen lieben alten Herrn und Freund immer gerne sehen möchte, wenn es die böse Zeit erleiden möchte." Elisabeth dagegen macht zuerst die Konterfekte ihres Gemahls und ihres Vaters dem Herzog zum Gegengeschenk und einige Jahre später erfreut sie die Herzogin von Preußen mit ihrem eigenen Porträt als Neujahrsgeschenk.

Da es ferner Sitte war, daß sich Fürstinnen häufig sanfttrabender Pferde, die man Zelter nannte, zu Reisen oder Spazierritten bedienten, so gaben auch diese öfter Anlaß zu Bitten an solche Fürsten, von denen man wußte, daß sie damit versehen waren. So bedarf die verwitwete Herzogin Elisabeth von Sachsen, Gemahlin des Herzogs Johann von Meißen, eines guten Zelters. Sie wendet sich deshalb, weil sicher gehende Zelter in ihrer Gegend nicht zu erhalten seien, an den Herzog von Preußen. Ihre Bitte wird auch erfüllt; aber weil sie lange nicht an den Herzog geschrieben hat, so erhält sie dabei auch die Antwort: „Es ist wahr, wir sind etwas in Zweifel gestanden, daß Euer Liebden, die weil sie mit ihrem Schreiben eine Zeitlang stille gestanden, unserer in Vergessen gestellt haben würden; so vermerken wir nun doch, daß Euer Liebden unserer, so sie vielleicht etwas bedürftig, noch eingedenk sind, nehmen aber Euer Liebden schriftliches Ersuchen doch zu hohem, freundlichen Dank an und sollen es Euer Liebden gewißlich dafür halten, daß wir nach Erlangung ihres Schreibens mit Fleiß getrachtet haben, ob wir irgend einen guten Zelter, damit Euer Liebden versorgt wäre, an uns hätten bringen mögen, haben aber keinen anderen bekommen, als den gegenwärtigen, den unser Diener Euer Liebden überantworten wird." Die Herzogin aber war damit nichts weniger als gut versorgt; denn „als wir ihn haben versuchen und reiten wollen", schreibt sie bald darauf, „hat er uns anfänglich nicht aufsitzen lassen und auch gar nicht zum Viertel gehen wollen, zudem ist er über die Maßen sehr scheu". Sie ersuchte daher den Herzog um einen anderen, tat diesmal aber eine Fehlbitte; denn sie erhielt die Antwort: „Es ist uns nicht lieb , daß der übersandte Zelter die angezogene Unart an sich hat; wir wären auch aus freundlicher Verwandtniß nicht ungewogen, Euer Liebden ihrem Ansuchen nach mit einem guten, tüchtigen Zelter zu versehen. So haben wir alle unsere Zelter vertheilt, also daß wir jetzund selbst für unsere Person übel mit Zeltern versorgt sind."

Außerdem erfreuten die Fürstinnen sich gegenseitig oder ihre Verwandten mit einer Menge anderer Geschenke, die, wenn sie uns befremdend erscheinen, damals doch sehr beliebt waren. Dahin gehören Leckereien, Konfitüren, eingemachte Früchte, mit deren Zubereitung die Fürstinnen sich oft selbst beschäftigten, oder auch sonstige seltene Eßwaren. So macht die Königin von Dänemark der Herzogin von Preußen mehrmals Geschenke mit Zucker, der König schickt ihr Rigaische Butten, die ein sehr beliebtes Geschenk waren; dagegen erfreut sie ihn bald mit Pfefferkuchen, eingemachten Kirschen, Äpfeln und Kriessen, bald mit einem Fäßchen eingemachter Krammetsvögel, womit sie auch oft den Herzog Johann von Holstein beehrt; bald überschickt sie ein Fäßchen mit Neunaugen, eingemachten Sachen, „die", wie sie ausdrücklich hinzufügt, „sie mit eigener Hand selbst gemacht und zugerichtet habe". Einmal sandte sie ihm ein Fläschchen mit einem Getränk zu und schrieb ihm dabei: „Wir überschicken Eurer Königlichen Würde auch zu einer Gesellschaft ein Fläschlein hiermit zu, sonderlich ans der Ursache, die weil wir wissen, daß es bei Eurer Königlichen Würde ohne gute Trünke bisweilen nicht abgehe und auch Eure Königliche Würde sehen möge, wie eine große Trinkerin wir sind, die wir mit solchen Flaschen umgehen. Zudem schicken wir Eurer Königlichen Würde auch einen Fuß von einem Preußischen Ochsen, damit Eure Königliche Würde sehen mögen, ob die Dänischen Ochsen auch so einen großen Fuß haben wie die Preußischen." Der König macht der Herzogin wiederum ein Gegengeschenk mit trockenen Fischen, nämlich Weichlingen, Schollen und zweihundert Stillrochen. Dieselbe Herzogin überrascht einmal den Markgrafen Wilhelm von Brandenburg mit einer Tonne voll großer Käse. Sie wird von der Herzogin von Holland mit einem Faß Wein beehrt und überschickt dieser dafür als Gegengeschenk ein Paar schöne Reitsättel.

Da es an fürstlichen Höfen Sitte war, zum Andenken verwandter oder befreundeter Fürsten und Fürstinnen Medaillen mit deren Bildnissen, die man gewöhnlich Schaupfennige nannte, am Halse und auf der Brust zu tragen, so dienten häufig auch diese als Gegenstände gegenseitiger Beschenkung. So überschickt die Herzogin von Preußen dem König von Dänemark im Jahre 1542 einen solchen Schaupfennig, worauf „ihre und ihres Gemahls Conterfeiung befindlich", dabei dankt sie dein König für die ihr und ihrer Tochter verehrten Schaupfennige und verspricht, den ihrigen ihr ganzes Leben lang am Halse zu tragen.

Ebenso trug der Markgraf Wilhelm von Brandenburg, Erzbischof von Riga, die ihm verehrte Schaumünze mit dem Bildnis der Herzogin von Preußen beständig auf der Brust.

Da die Herzogin von Preußen erfährt, daß die Gemahlin des Herzogs Christian von Holstein eine Freundin des Weidwerks sei, so überschickt sie ihr zum Neujahrsgeschenk ein sehr schön gearbeitetes Jagdhörnlein, dessen sie sich selbst bisher auf der Jagd bedient hatte; dem Herzog selbst aber, den sie ebenfalls als einen großen Jagdliebhaber kannte, verehrt sie ein mit vieler Kunst geschmücktes Auerhorn von einem Auer, den ihr Gemahl, Herzog Albrecht, mit eigener Hand erlegt hatte. Der König von Dänemark wird von ihr mit einem schönen Jagdpferd beschenkt. Sie sagt dabei, wie schwer sie sich von ihm trenne, da sie es selbst einmal vom Markgrafen Wilhelm zum Geschenk erhalten habe. Der König von Polen bat sich selbst von der Herzogin das Geschenk von einem Paar Leithunden zur Jagd aus. Da sie ihm gern gefällig sein wollte, solche Hunde aber in guter Art in Preußen nicht zu haben waren, so mußte sie den König von Dänemark bitten, ihr solche zwei Leithunde zukommen zu lassen. Als König Christian III. im Jahre 1533 den dänischen Thron bestieg, wußte ihn die Herzogin von Preußen, die ihm dazu aufs herzlichste Glück wünschte, mit nichts mehr zu erfreuen als mit einem Paar schöner Windhunde, die sie ebenfalls einst vom Markgrafen Wilhelm von Brandenburg aus Riga erhalten hatte und „die", wie sie sagt, „so lange sie bei ihr gewesen, ihr sehr freudig zum Weidwerke gedient hätten".

Auch zum bloßen Zeitvertreib machten Fürstinnen einander mit Hunden und Vögeln Geschenke. So weiß die Kurfürstin Elisabeth von Brandenburg ihren Dank nicht verbindlich genug auszusprechen, als ihr einst der Hochmeister Albrecht von Brandenburg ein schönes weißes Hündchen zum Geschenk überschickt. Noch mehr freut sich die junge Herzogin Catharina von Liegnitz über „das Spaniolische Hündlein", womit die Herzogin von Preußen sie „beehrt". Diese will einmal auch die Königin von Polen mit einem Geschenk überraschen, allein sie kann lange Zeit „nichts Dienliches dazu" bekommen; endlich überschickt sie ihr ebenfalls zwei weiße Hündchen von der besten Art und rät, sie miteinander belegen zu lassen, damit sie die Rasse behalte. Papageien wurden sehr teuer bezahlt und dienten mitunter als fürstliche Geschenke. So erhielt das Fräulein Sophie von Liegnitz von der Herzogin von Preußen einen grauen Papagei, von dem die Herzogin ausdrücklich versichert, es sei „ein rechtschaffener, der da nicht gefärbt sey", woraus man sieht, daß mit schön gefärbten Papageien Betrügereien getrieben wurden. Einer anderen fürstlichen Freundin schrieb dieselbe Herzogin: „Wir hätten auch gern einen Papagei geschickt, so ist derselbe doch so böse, daß niemand wohl mit ihm auskommen kann, wollen aber denselben auf eine andere Zeit, sobald er ein wenig abgerichtet ist, zu übersenden nicht unterlassen."

Die Herzogin Anna Sophia von Mecklenburg macht ihrem Vater, dem Herzog Albrecht von Preußen, ein Geschenk mit zehn Tonnen Güstrowisches Bier, welches sie für ihn „mit sonderlichem Fleiße" habe brauen lassen; davon solle die Gemahlin des Herzogs zwei Tonnen und ihre ehemalige Kammerjungfer Anna Talau ebenfalls zwei Tonnen haben. Dem König von Dänemark überschickt die Herzogin Dorothea von Preußen zum Beweis, daß sie ihn noch nicht vergessen habe, bald ein Hemd oder einen Kranz, bald „ein schlechtes Paar Handschuhe", bald zwölf Bernsteinlöffel, die sie für ihn „mit sonderlicher Kunst" hat machen lassen, und als sie erfährt, daß der König sämisches Leder zu Beinkleidern und ein Paar Stiefel, weil beides in Königsberg vorzüglich gut verfertigt wurde, bestellt habe, so kommt sie eilig dem Ankaufe zuvor und schickt beides dem König zum Geschenk, wobei sie ihm schreibt: „Dieweil wir uns denn je gerne gegen Eure Königliche Würde als die wohlmeinende, treuherzige Schwester erzeigen, wollten wir nicht unterlassen, zu mehrer Erweisung unserer schwesterlichen treuen Zuneigung, die wir zu Eurer Königliche Würde tragen, derselben etzliche Leder, als roth, leibfarbig, gelb, schwarz und geschmutzt, jeder Farbe zu einem Paar Beinkleider, daneben ein Paar gemachte Stiefel und noch zu einem Paar Leder zugerichtet, damit sie Eure Königliche Würde nach Ihrem Gefallen machen zu lassen, zu überschicken, freundliches und schwesterliches Fleisses bittend, Eine Königliche Würde geruhen solches von uns zu freundlichem Gefallen anzunehmen." Ihre Mutter, die Königin von Dänemark, beschenkt dieselbe Herzogin einmal mit einem Paar Messer, „doch", wie sie hinzufügt, „dergestalt, daß die zuversichtliche Liebe damit nicht soll abgeschnitten werden".

Statteten Fürstinnen und Fürsten einander Besuche ab, so

wurden die Besuchenden nebst ihrer Dienerschaft beim Abschied zum freundlichen Andenken beschenkt. Als der Markgraf Johann Georg von Brandenburg und dessen Gemahlin Sabine im Jahre 1564 den Herzog von Preußen mit einem Besuche beehrten, erhielt jener als Abschiedsgeschenk zwei Zimmer Zobeln, einen Ring mit einem Diamant und einer Rubin-Tafel, ein Reitpferd und Bernstein, die Markgräfin ebenfalls zwei Zimmer Zobeln, einen Ring wie ihr Gemahl, ein Kleinod oder Gehänge, einen Zelter und Bernstein. Da jedoch persönliche Bekanntschaften unter Fürstinnen damals seltener und mit ungleich größeren Schwierigkeiten als heutigen Tages verbunden waren, so knüpften Fürstinnen gern durch gegenseitige Geschenke untereinander nähere Bekanntschaft an. So übersandte im Jahre 1539 die Herzogin von Preußen der Herzogin Catharina von Sachsen, Gemahlin des Herzogs Heinrich von Sachsen, ein Bernstein-Paternoster und erhielt von ihr dagegen ein Geschenk „von Silber oder selbstgewachsenes gediegenes Erz". Indem sie ihr dafür ihren Dank bezeugt, fügt sie hinzu, wie sehr sie bisher immer gewünscht habe, „mit ihr in Kundschaft zu treten, denn die Schickung des Paternosters von uns nicht anders denn zu Erkenntniß der Liebe, Freundschaft und zu Erlangung freundlicher Kundschaft gemeint und geschehen ist".

Einen Fürsten um ein Geschenk zu bitten, trugen die Fürstinnen um so weniger Bedenken, da solche Bitten keineswegs als etwas Indezentes galten. Die Herzogin von Preußen bittet daher den König von Dänemark geradehin, er möge sie doch freundlich mit einer oder zwei Last guter Heringe bedenken. Hören wir, wie das Fräulein Helene, eine geborene Herzogin von Liegnitz, den Herzog von Preußen um ein ihr versprochenes Ehrenkleid mahnt, indem sie ihm schreibt: „Uns zweifelt gar nicht, Euer Liebden werden noch in frischem Gedächtniß haben, wasmaßen wir bei Euer Liebden verschienenes Jahr 1564 wegen eines Ehrenkleides, Bernsteins und Elendsklauen freundliche Ansuchung thun lassen; darauf sich auch Euer Liebden gegen uns mit Uebersendung etliches Bernsteins und einer Elendsklaue freundlich erzeigt. Das Ehrenkleid aber betreffend, haben sich Euer Liebden der damals eingefallenen Seuchen und gefährlichen Läufte halber, auch daß Euer Liebden in demselbigen gewöhnlichen Hoflager nicht gewesen, freundlich entschuldigt, daß Euer Liebden uns mit etwas hätten versehen können, uns aber zu erster Gelegenheit mit etwas, womit uns gedient werden möchte, zu versehen sich freundlich erboten. Demnach werden wir verursacht, Euer Liebden an die getane Vertröstung ferner zu erinnern, abermals freundlich bittend, Euer Liebden wollen uns mit dem Ehrenkleid in keine Vergessenheit stellen." Die Äbtissin Ursula vom Kloster St. Clara, eine geborene Herzogin von Mecklenburg, wünscht sich einen gefütterten Mantel und schreibt daher dem Herzog Albrecht, dem sie ein Paar Zwirn-Handschuhe zum Geschenk überschickt: „Wir können Euer Liebden nicht bergen, daß wir glaubwürdig berichtet sind, daß in Euer Liebden Fürstentum und Landen viele Steinmarder gefangen werden sollen und wir derselbigen sechs Zimmer bedürftig sind, Mäntel zu füttern, da wir die Winterzeit inne mit Tag und Nacht zu Chor gehenmöchten." Mit weit größerer Dreistigkeit trat die Gräfin Georgia, eine Tochter des Herzogs Georg von Pommern, mit einer Bitte gegen den Herzog auf. Erst nach dem Tode ihres Vaters geboren, deshalb die Nachgeborene genannt und mit einem polnischen Grafen Stanislaus vermählt, lebte sie sehr einsam auf dem Schlosse zu Schlochau in Pommern. Es fast übel nehmend, daß der Herzog von Preußen nie mit einem Geschenk an sie denke, schrieb sie ihm zu Beginn des Jahres 1568 kurz vor seinem Tode: „Freundlicher lieber Herr Vater und Ohm. Ich hätte mich deß nicht versehen, daß ich im Sommer sogar eine Fehlbitte an Euer Liebden gethan hätte und daß ich so ganz eine abschlägige Antwort von Euer Liebden sollte bekommen haben, denn ich mich insonderheit viel Gutes zu Euer Liebden versehen habe als zu meinem lieblichen Herrn Vater. So gelanget nun nochmals an Euer Liebden meine freundliche und gar emsige und demüthige Bitte, Euer Liebden wollen mir sie nicht abermals abschlagen, denn ich würde hieraus nicht anders verstehen können, als daß ich gar kleine Gunst und Freundschaft bei Euer Liebden haben würde. Derhalben bitte ich Euer Liebden gar freundlich, Euer Liebden wollen mir bei diesem Boten eine fürstliche Verehrung schicken, dabei ich Euer Liebden gedenken möchte, denn es Euer Liebden ein kleiner Schaden ist und mir solches ein ewiges Gedächtnis seyn würde. Gott wird Euer Liebden solches reichlich wieder vergelten. Hiermit befehle ich mich in Euer Liebden Gunst. Euer Liebden wollen mich für Euer Liebden arme Tochter halten und meiner nicht vergessen; und ob Euer Liebden mir insonderheit günstig seyn werden, dasselbe will ich hieraus wohl ersehen und spüren, wo Euer Liebden mir etwas schicken werden."

Wenn aus dem allen nun hervorgeht, daß das Leben der Fürstinnen gemeinhin still und ruhig hinging, so war für sie auch die Zahl der Vergnügungen sehr beschränkt. Fanden auch bei Hochzeiten oder beim Besuch fremder fürstlicher Gäste Hoffeste und Turniere statt, so kamen solche doch immer nur selten. Malerei betrieben die Fürstinnen zu ihrem Vergnügen gar nicht und auch Musik nur selten. Am meisten nahmen sie in Jagdvergnügungen Anteil, wobei sie auf ihren Zeltern im Jagdkleide mit dem Jagdhorn geschmückt erschienen.

Um sich stille Stunden zu verkürzen, hielten manche Fürstinnen ihre Hofnärrinnen, wie die Fürsten ihre Hofnarren. Eine solche wünschte sich auch die Herzogin Dorothea von Preußen und schrieb deshalb, als sie erfuhr, daß die Frau des Freiherrn Hans Kurzbach eine solche Närrin habe, an einen gewissen Sigismund Pannewitz: „Nachdem wir von Euerem Sohne verstanden haben, daß die edle und tugendsame, unsere liebe besondere Christina Kurzbachin eine feine Närrin bei sich haben soll, die sie uns zu überlassen nicht abgeneigt ist, so wollet Ihr für Euere Person allen möglichen Fleiß vorwenden, damit wir dieselbige Närrin als für eine Kurzweilerin von gedachter Kurzbachin bekommen mögen." Ebenso wünschte einst die Königin von Dänemark eine solche Närrin an ihrem Hofe zu haben und wandte sich deshalb an die Herzogin von Preußen. Da diese indes in ihrem Lande keine auffinden konnte, so schrieb sie der Königin: „Hierneben thun wir unserer Zusage nach und aus besonderer Freundschaft und Zuneigung Eurer Königlichen Würde einen Knaben, der uns als für einen Zwerg gegeben ist, zuschicken. So er nun also klein und auch in seinen Geberden, wie er anfängt, bleibt, ist er nicht allein für einen Zwerg, sondern auch für einen Narren zu gebrauchen. So nun Eurer Königlichen Würde solcher gefällig, bitten wir aufs freundlichste, denselben in königlichen Befehl zu haben; da aber Eure Königliche Würde ein Mißfallen an ihm hätte, so wolle sie uns solchen wiederum zufertigen. Alsdann sind wir erbötig, Fleiß zu haben, ob wir einen besseren zuschicken möchten."

Es gab auch damals an fürstlichen Höfen neben sehr glücklichen sehr unglückliche Ehen. Das Leben des Herzogs von Preußen weist beide nacheinander auf. Mit seiner ersten Gemahlin

Dorothea lebte er in höchstglücklichen ehelichen Verhältnissen; sie war, man möchte fast sagen, eine wahrhafte Schwärmerin in ehelicher Liebe. Wir dürfen nur wenige Stellen aus ihren zahlreichen Briefen an ihren Gemahl ausheben, um zu zeigen, mit welcher innigen, sehnsuchtsvollen Liebe sie gegen ihn durchglüht war. Sie beginnt einen dieser Briefe mit folgenden Worten: „Durchlauchtiger und Hochgeborener Fürst, mein Freundlicher und Herzallerliebster, auch nach Gott keiner auf Erden Lieberer, dieweil ich lebe, mein einiger irdischer Trost, alle meine Freude, Hoffnung und Zuversicht, auch mein einiger Schatz und aber- und abermals mein herzallerliebster Herr und Gemahl. Euer Liebden, mein Allerliebster auf dieser Welt, seyen meine ganz freundliche, willige, hochbegierliche, verpflichtete, schuldige, gehorsame und eigenergebene, ganz freundliche und treuherzige Dienste zuvor, was ich auch mehr zu jeder Zeit angespart Leibes, Blutes und Gutes, auch höchsten Vermögens vermag, sey Euer Liebden gänzlich und gar ergeben und zugesagt. Mein Herzallerliebster! Mit welch' herzlichen, begierlichen Freuden habe ich Euer Liebden Briefe in den heutigen Tagen empfangen, gelesen und verstanden, wie daß, Gott habe Lob, Euer Liebden noch in guter Gesundheit ist, welches mich (!) die größte Freude ist, die ich auf dieser Erde haben kann, und will auch Gott aus Grund meines Herzens danken für die große Gnade, die er mir armen Sünderin alle Wege bewiesen." Dann fährt sie in ihrem Schreiben weiter fort: „Was großes, treuherziges Mitleid Euer Liebden mit mir trägt und sich selber wünschet, daß Euer Liebden wollte viel lieber selber krank seyn, als mich krank wissen und sich viel lieber selber den Tod wünschen als Euer Liebden mich wollte in einigerlei Beschwer wissen, so wäre Euer Liebden fleißige Bitte ohne Noth gegen mich, denn Euer Liebden weiß doch wohl, daß ich Euer Liebden eigenergebene Dienerin bin und mich schuldig erkenne, alles das zu thun, was Euer Liebden, meinem herzallerliebsten, einigen Schatz, Trost und all mein Hoffen, lieb ist. So tue ich mich auf das Erste ganz treuherzlich gegen meinen Herzallerliebsten bedanken der großen Treue, herzlichen Liebe und Mitleidung, die Euer Liebden mit mir armen Creatur hat, und ich weiß doch wohl, daß ich solch eine große Gnade um Gott nicht verdient habe, daß sich Euer Liebden um meinetwegen so hart bekümmert haben soll; auch weiß ich wohl, daß ich solch eine große herzliche Liebe und Treue nimmermehr wieder um meinen herzallerliebsten Herrn und Gemahl auf dieser Welt verdienen kann. Gott sey meinZeuge," fügt sie endlich hinzu, „daß ich viel lieber todt als lebendig seyn wollte, ehe ich wollte wissen, daß Euer Liebden sollte einigen Widerwillen meinethalben haben oder daß meinem Herzallerliebsten ein Finger wehe tun sollte."

Bei weitem weniger glücklich und zufrieden lebte der Herzog mit seiner zweiten Gemahlin Anna Maria, der Tochter des Herzogs Erich des Älteren von Braunschweig. Zornig, leicht aufbrausend und hitzig, dabei verschwenderisch und leichtsinnig, machte sie dem Herzog oft schwere Sorgen und trübe Stunden. Es kam dahin, daß von ehelicher Liebe zwischen beiden kaum noch irgend die Rede war und sie meist getrennt von einander lebten. Diese unglücklichen Verhältnisse erzeugten aber in der Herzogin so düstere Schwermut, daß sie oft von allerlei finsteren und schreckhaften Phantasien gequält -wurde. Ihre Mutter Elisabeth, welcher der Herzog sein trauriges Verhältnis schilderte, suchte sie zwar einigermaßen zu entschuldigen und versicherte, daß sie in ihrer Jugend nicht im mindesten eine Hinneigung zu einer solchen schwermütigen Stimmung gezeigt habe; sie schien indeß recht gut zu wissen, wo der Hauptgrund der Schwermut ihrer Tochter zu suchen sei, denn sie schrieb dem Herzog: „Ich gebe es vornehmlich dem Schuld, daß sie durch die großen Schulden, die sie gemacht haben soll, in die tiefen Gedanken kommt und sich doch vor Euer Liebden fürchtet, da sie nicht weiß, wie sie wiederum daraus kommen soll." Sie fügte zwar noch den Rat hinzu, man möge ihr nicht viel Arznei geben, dagegen ihren Leib mit öl, köstlichen Wassern und einer Kräuterlauge einreiben und waschen, sie vor hitzenden Gewürzen und starken Getränken hüten, da sie ohnedies von hitzigem Geblüte sei; allein als die Herzogin wieder genesen war, schien dein Herzog gegen den Rückfall doch ein ernsteres Mittel notwendig. Nachdem er nämlich früher schon die ansehnlichsten Schuldposten der Herzogin im Betrage von 19 000 Mark bezahlt hatte, tilgte er nun auch die übrigen Schulden zum größten Teil, legte aber zugleich ein Kapital von 4ooo Mark als eine Art Vermächtnis für die Herzogin nieder, wovon sie die jährlichen Zinsen erhalten und mit diesen die noch übrigen kleinen Schulden bezahlen sollte. Es wurde bestimmt: es solle ihr außer diesen Zinsen noch ein jährliches Handgeld von

1 200 Mark in Quartalzahlungen aus der Rentenkammer ausgezahlt werden; dagegen mußte sie versprechen, daß sie die Kammer mit keinen Forderungen mehr beschweren, auch nie ein Quartal voraus nehmen wolle. Weil die meisten Schulden durch leichtfertige Ankäufe entstanden waren, so schien es dem Herzog notwendig, hierin vor allem dem Leichtsinn seiner Gemahlin vorzubeugen. Er ließ daher von ihr durch eigenhändige Unterschrift das Versprechen geben, „daß sie hinfüro alle und jede Kaufmannshändel abschaffen, müssig gehen und durch Kaufen und Verkaufen durch sich oder andere in ihrem Namen ohne des Herzogs oder seiner Kammerräthe Wissen und Willen sich in nichts einlassen, viel weniger eine Verschreibung oder Handschrift, auf getroffene Käufe, Gnadengeld oder anderes weder den Kammerjungfrauen, noch anderen Dienern oder Dienerinnen einhändigen und sich des überflüssigen und zum Theil unnötigen Verschenkens gänzlich enthalten wolle und solle." Der Herzog fügte hinzu: „Die Herzogin soll auch hinfüro ohne unser Vorwissen keine Schulden machen oder hierüber uns und unsere Kammer mit Auslegung der Waaren oder anderswie belästigen; denn sollte es überschritten werden, so wollen wir die nicht bezahlen, viel weniger gestatten, sie vom Leibgut zu nehmen oder sie darauf zu setzen. Unsere geliebte Gemahlin soll und will auch ihr selbst zu Ruhm und Ehre auf unsere Ordnung des Frauenzimmers beständig halten und darob seyn, daß derselben in allen Punkten gemäß gelebt werde. Es soll hiermit abgeschafft seyn, daß keine Bürgerin, sie sey auch wer sie wolle, ohne unser Vorwissen mit unserer Gemahlin Gemeinschaft habe. Ihre Liebden haben sich auch derselben gänzlich zu enthalten verheissen und zugesagt." In gleicher Weise fand der Herzog notwendig, zur Verminderung der Ausgaben der Herzogin ihren Hofstaat mehr zu beschränken. Sie durfte forthin keine Edelknaben oder Diener und Dienerinnen ohne sein Vorwissen annehmen; die bisher von ihr angenommenen wurden entlassen und die nötige Dienerschaft ihr vom Herzog zugewiesen. Ebenso wurde der Herzogin untersagt, „besondere Pfeifer, Organisten oder dergleichen Spielleute zu halten, weil wir", wie der Herzog sagt, „unsere Musica ziemlicher Weise bestellt haben''. Er verordnete aber, daß seine Trompeter und Instrumentisten, so oft es die Herzogin verlange, zu ihrer Ergötzlichkeit ihr aufwarten sollten. Er fügte endlich auch noch die Bestimmung hinzu, daß

der Herzogin für ihren Mund aus Küche und Keller die Notdurft, wie sie einer Fürstin gezieme, gereicht werden solle. „Dagegen aber", hieß es, „soll Ihre Liebden sich des Überflusses gänzlich enthalten und keinen Wein, Gewürze, Zucker, Wildpret, Fische oder Fleisch ohne unser Vorwissen vergeben, verschicken oder verschenken; auch soll sich Ihre Liebden über das, was sie zu ihres Leibes Notdurft und für ihren Mund bedarf, weder in Küche noch Keller der Verschaffung nach oder sonst keine Regierung oder einen Befehl anmaßen, also auch sich aller anderen Händel, die zum Regiment gehören, sowohl jetzund als nach unserem Abschied von dieser Welt entäußern, weder Supplicationen noch anderes annehmen, sondern alles an uns oder unsere Räte verweisen." ... Solche Maßregeln, wie sie der Herzog zu treffen genötigt war, dienen wohl hinlänglich als Beweis, daß sein eheliches Verhältnis nichts weniger als glücklich war.

Blicken wir in eine andere fürstliche Familie dieser Zeit, in die des Kurfürsten Joachim II. von Brandenburg, so finden wir auch hier das eheliche Glück nicht ungetrübt. Gegen vierzehn Jahre lang hatte der Kurfürst mit seiner zweiten Gemahlin Hedwig, der Tochter des Königs Sigismund von Polen, in glücklichen ehelichen Verhältnissen gelebt. Nachdem sie aber im Jahre 1549 durch ein Unglück lahm und siech geworden war, so daß sie an Krücken gehen mußte und vom ehelichen Umgange mit ihrem Gemahl abgehalten wurde, hatte dieser die Bekanntschaft einer Frau gemacht, die, eine geborene Anna Sydow, früher an den kurfürstlichen Zeugmeister und Stückgießer Michael Dietrichs vermählt gewesen war. Seitdem war alles eheliche Glück vernichtet; denn das Verhältnis des Kurfürsten zur schönen Gießerin wurde ein so vertrautes, daß sie von ihm Mutter mehrerer Kinder ward. Je mehr aber der Kurfürst sich durch ihre Reize fesseln ließ, um so tiefer fühlte die Kurfürstin das Unglück ihres ehelichen Verhältnisses und um so mehr bot sie alle Mittel auf, ihren Gemahl aus den Banden, die ihn umschlangen, loszureißen. Das vertraute Verhältnis, in welchem der Herzog von Preußen bisher immer zum Kurfürsten gestanden hatte, gab ihr dazu einige Hoffnung. Sie wandte sich indes, um nicht Mißtrauen bei ihrem Gemahl zu erwecken, nicht unmittelbar an den Herzog selbst, sondern an den mit diesem sehr vertrauten Marienburgischen Woiwoden Achatius von Zemen, mit der Bitte, ihm ihre traurigen Verhältnisse vorzustellen und ihn zu bewegen, durch irgendein geeignetes Mittel auf ihren Gemahl einzuwirken. Hören wir sie selbst, wie sie über ihren Schmerz und ihre unglückliche Lage spricht: „Wir mögen Euch nicht bergen," schrieb sie am Mittwoch nach Marci 1563 an Zemen, „daß es mit der bewußten Sache, als wir Euch vertraut haben, immer ärger wird und ist nie so arg gewesen als jetzt, denn wir mögen Euch mit Wahrheit schreiben, daß unser vielgeliebter Herr und Gemahl nicht eine Meile ziehen kann, dasselbige Weib muß mit ziehen; und ist an dem nicht genug; wenn seine Gnade schon hier ist, so sind sie selten eine Nacht von einander, denn seine Gnade schläft gar selten in unserer Kammer. Ist derhalb an Euch unsere freundliche Bitte, wollet uns guten Rath mittheilen, denn Gott weiß, daß wir der Sache halben ein großes Herzeleid haben. Wir bitten Euch lauter um Gottes willen, wollet Euch nicht beschweren und der Sache halben zum H. v. Pr., (Herzog von Preußen,) ziehen und mit seiner Liebden deshalb unterreden, daß wir seine Liebden lauter um Gottes willen bitten lassen, so es möglich ist, uns in unserer großen Not zu rathen, denn wir sind leider Gott geklagt in diesem Lande ganz trostlos und haben keinen Menschen, der uns in unserem großen Herzeleid raten will, und dürfen es auch nicht verdenken, denn wir besorgen, es bleibt nicht verschwiegen. Wir bitten deshalb noch, wollet allen Fleiß neben dem Herzog von Preußen anwenden, daß man dasselbige Weib wegbringen möchte, denn wir besorgen, wo das nicht geschieht, ist keine Besserung, denn sie hat es durch ihren Zauber arg und so weit gebracht, wo sie eine Stunde voneinander sind, so ist seine Gnade traurig. Lange ist es noch verborgen gewesen, aber jetzt ganz öffentlich und es stund darauf, daß sie mit auf die Krönung ziehen sollte. Gott aber gab, daß sie hart krank ward. Wir bitten derhalb, wollet dieß alles mit dem Herzog von Preußen reden und seine Liebden darneben bitten, er wolle sich jetzo der Sache halben gegen unseren vielgeliebten Herrn und Gemahl im Schreiben nichts merken lassen, denn es hilft ganz nichts. Es ist uns jetzt vor drei Tagen gesagt, daß sich seine Gnaden beklagt hat, wie daß der Herzog von Preußen an seine Gnade geschrieben hätte und der Sache gedacht, daß seine Gnade ganz böse ist auf uns gewesen und hat gesagt, es wäre durch uns geschehen, wir hätten Euch geschrieben und Ihr hättet es an den Herzog von Preußen gelangen lassen. Wir bitten auch daneben, wollet Euch jetzo gegen Kaspar Reibnitz nichts merken lassen, denn wir sind davor gewarnt, daß er nicht schweigen kann. Gott weiß, daß wir's nicht gerne thun, daß wir's von uns schreiben; aber die große Not erfordert es und bitten nach wie vor, wollet neben dem Herzog von Preußen rathen, daß sie möchte heimlich aus dem Lande kommen. Dies alles können wir Euch aus betrübtem Herzen nicht bergen und befehlen Euch in den Schutz des Allerhöchsten, der spare Euch lange gesund, mit Wünschung viel tausend guter Nacht. Wir bitten, wollet diesen Brief keinem Menschen sehen lassen als dem Herzog von Preußen." – Am Schlüsse ihres Briefes fügt die Kurfürstin in einer Nachschrift noch hinzu: „Wir mögen Euch aus betrübtem Herzen nicht bergen, daß heut Dato unser lieber Herr und Gemahl in desselbigen Weibes Hause bei ihr diese Nacht gewesen und da geschlafen und hat den Morgen da mit ihr gegessen. Das ist noch nie geschehen und ich besorge, daß es nun wohl mehr geschieht. Deshalb könnet Ihr wohl denken, was es uns für eine große Beschwer ist, daß es so öffentlich wird und daß uns der Schimpf widerfährt. Wenn sie mit auf die Jagd zieht, so fährt sie mit unserem lieben Herrn in seinem Wagen und hat sich angethan, wie eine Mannsperson, daß wir uns besorgen, daß wir's nicht länger im Haupte können vertragen und daß wir uns befürchten müssen, daß wir unserer Sinne beraubt werden, da ja der liebe Gott vor sey. Der liebe Gott weiß unsere Not, die wir darüber leiden."

Wenn es hier Verletzung ehelicher Treue war, die alles häusliche Glück der Kurfürstin untergrub, so hatte in der Familie des Kurfürsten Joachim I. von Brandenburg, der auch in ehelicher Treue für seinen Sohn kein Muster war, religiöser Zwiespalt allen häuslichen Frieden zwischen ihm und seiner Gemahlin Elisabeth vernichtet. Während Joachim in der Lehre Luthers die Quelle alles Unheils für Kirche und Staat zu erkennen glaubte, war die Kurfürstin insgeheim eine entschiedene Anhängerin dieser neuen Glaubenslehre und sie wurzelte ihr um so tiefer ins Herz, je mehr sie ihre Gesinnungen in sich verschließen und vor ihrem Gemahl verbergen mußte. Aber um so mehr wallte auch in diesem der wilde Zorn auf, als sein lange gehegter Argwohn ihm endlich zur Wahrheit wurde und er in seiner Gemahlin eine Ketzerin erkannte. Schon im Herbst des Jahres 1525 war ihm über die Kurfürstin alles klar und im fürstlichen Hause herrschte der größte Unfriede. Wie sehr alles eheliche Glück zerstört und alle Bande ehelicher Liebe zerrissen waren, spricht sie selbst in einem Briefe an den zur Lehre Luthers offen übergetretenen Herzog Albrecht von Preußen aus: „Ich gebe Euer Liebden aus christlicher Liebe auf allem Vertrauen in großem Geheim zu erkennen, daß Euer Liebden Vetter, mein Herr mir ganz gefähr und feind ist um das Wort Gottes und muß dadurch viel Verfolgung und Schmachheit leiden. Könnte mich seine Liebe um Seele, Ehre, Leib und alle Wohlfahrt bringen, das täte seine Liebe von Herzen gerne und habe solches selbst aus seinem Munde gehört, daß er zu mir gesagt hat: ich solle mich hüten des Besten als ich kann; aber ich solle mich nicht so wohl können vorsehen, er wolle mir doch etwas beibringen lassen. Ich will auch wohl glauben, so es an ihm gelegen wäre, er würde seinen Worten in dem wohl nachkommen. Was Gott will, das geschehe. Ich fürchte mich nicht; mein Christus wird mich wohl bewahren. Ich will auch glauben, es geht meinem Sohn auch nicht viel anders; aber sie sind nun wieder Freunde miteinander. Sie haben nun beide eine Wahrsagerin, die soll ihnen Beiden alle zukünftigen Dinge sagen und was sie träumt, das muß alles wahr seyn; es muß sich kein Mensch verantworten und bringet manchen um Seele, Leib, Ehre und Gut. Noch ist es alles gut, fürchte mich aber, sie wird noch Vater und Sohn um den Hals dazu bringen. Bitte Euer Liebden durch Gott, Euer Liebden wollen als ein christlicher Fürst und als mein Vertrauen zu Euer Liebden ist, hierin handeln, damit es von mir nicht auskommt; es geht fast wunderlich und seltsam zu."

Einige Wochen später schrieb die Schwerbekümmerte an denselben Fürsten: „Wollte Christus meinen Herrn erleuchten, daß seine Liebe zu rechter Erkenntnis Gottes und seiner selbst kommen möchte; das wäre mir die höchste und allergrößte Freude auf Erden. Können Euer Liebden dazu etwas Gutes tun oder raten, so wollen Euer Liebden nicht Fleiß sparen." Dieser Wunsch indes wurde der Fürstin nicht erfüllt; vielmehr wie der Kurfürst, nach ihrem eigenen Zeugnis, von Vergiftung gesprochen hatte, so soll er ihr auch mit ewiger Einmauerung gedroht haben. Sie entwarf daher den Plan zur Flucht nach Sachsen und er wurde auch glücklich, wenngleich nicht ohne Gefahr ausgeführt. Sie schrieb darüber am 3. April aus Torgau an den Herzog von Preußen; „Euer Liebden ist unseres Erachtens ungezweifelt wohl bewußt, daß uns bisher eine Zeitlang von dem Hochgeborenen Fürsten Herrn Joachim Markgrafen zu Brandenburg und Kurfürsten, unserem Herrn und Gemahl, vielmals und durch manchfaltige Wege und Weise Beschwerung und merkliche Kümmerniß zugestanden und begegnet. Wiewohl wir aber allwege in guter Hoffnung gestanden, der allmächtige, ewige, gütige Gott werde dieselben Sachen bei unserm Herrn und Gemahl auf die Wege richten und verfügen, wodurch die drangselige Noth und Beschwerung, die durch seine Liebden gegen uns vorgenommen, zur Besserung gewandt und wir also bei einander der Gewissen halber einträchtig und friedlich, wie sich vor Gott und der Welt wohl gebührt, hätten bleiben und leben mögen, so haben wir doch vermerkt und endlich befunden, daß sich dieselben irrigen Sachen nicht geringert, sondern von Tag zu Tag je mehr beschwerlich gemehrt und dermaaßen zugetragen, daß wir daraus eigentlich verstanden, daß unsers Gemahls Gemüt und Wille dahin gerichtet und endlich auch entschlossen gewesen, vielleicht durch Anleitung vieler bösen Leute, mit uns dermaßen zu handeln, daß unserem Gewissen, auch dem Heil der Seele und dazu unserer Ehre und Leib beschwerlicher, unverwindlicher und unerträglicher Nachtheil erwachsen und aufgelegt werden würde, unangesehen, daß wir uns vielmals zu öffentlichem Verhör erboten und auch mit höchstem Fleiß oft seine Liebden durch den Durchlauchtigsten König zu Dänemark, unseren einigsten, herzallerliebsten Herrn und Bruder, haben ersuchen und fürbitten lassen, welches aber alles bei seiner Liebden unangesehen und unfruchtbar gewesen. Aus dem allen und solcher vorfallender Noth sind wir zuletzt höchlich bedrängt und verursacht worden, zu Errettung unserer Seele, unseres Gewissens, Leibes und Ehre, auch aus menschlicher Furcht und mehr genügsamen Ursachen, uns von unserem Herrn und Gemahl, wiewohl mit hochbekümmertem Gemüte und Trübsal, auch von unseren beiderseits liebsten Kindern zu wenden und uns durch Hülfe, Rath und Förderung unseres lieben Herrn und Bruders zu dem Hochgeborenen Fürsten Herrn Johann Herzog zu Sachsen und Kurfürsten, als zu unserem Herrn Vetter, vertrauten Freund und nächsten Blutsverwandten zu begeben." Sie bittet darauf den Herzog von Preußen, dies als die wahren Ursache ihrer Flucht anzusehen und fügt endlich hinzu: „Wo Euer Liebden einige gute Mittel und Wege, die da christlich, ehrlich, löblich und gut, nicht wider Gottes Gebot und Gewissen wären, zu finden wüßten, damit diese Irrung freundlich, gütlich und friedlich beigelegt und endlich vertragen werden möchte, dazu erbieten wir uns alles dasjenige, so Euer Liebden neben anderen unseren Herren und Freunden, die wir auch zu ersuchen Willens sind, nach Gestalt und Gelegenheit der Handlang und Sachen erwägen, bedenken und für christlich, ehrlich, billig und gut ansehen, ohne alle Widerrede, Ausflucht oder einige Weigerung zu verfolgen und denselbigen nachzukommen."

Auch dieser Wunsch ging nicht in Erfüllung. Die Fürstin lebte sieben Jahre von ihrem Gemahl getrennt, bis sein Tod (1535) das unglückliche Verhältnis löste. Aber auch nachher leuchtete der frommen Dulderin kein freundlicher Stern im Leben wieder. Sie kehrte zwar, von ihren Söhnen, dem Kurfürsten Joachim II. und dem Markgrafen Johann eingeladen, in ihr Land zurück. Allein Kummer und Gram hatten nicht nur ihre Gesundheit untergraben, sie war fast ganz erblindet und mußte acht Jahre lang von einer Stelle zur anderen getragen werden, sondern sie lebte auch in den drückendsten Vermögensumständen, in einer Armut, die kaum glaublich sein würde, wenn wir nicht darüber ihr eigenes Zeugnis hätten. Sie schrieb dem Herzog von Preußen: „Wir zweifeln nicht, Euer Liebden haben längst wohl erfahren, daß uns der Schlag gerührt hat und so wir leben bis auf Ostern, so haben wir acht Jahre Nacht und Tag also gelegen und sind nicht ferner von der Stelle gekommen denn so weit man uns hat tragen können. So haben wir seitdem dazu die Gicht, das Podagra und Krämpfe bekommen, daß wir solches Zahnreißen und Brechen haben, darob sich alle verwundern. Die mit uns umgehen, sagen, sie haben dergleichen Krankheit nie gehört. Wir vermerken an uns täglich wohl so viel, daß unseres Lebens nicht mehr ist. Wiewohl wir unseres Abscheidens täglich gewärtig sind, so haben wir uns in dem allem in den gnädigen Willen Gottes mit Leib und Seele ergeben. Dieweil wir uns haben unterstanden, die Haushaltung anzunehmen, so haben wir weder Heller noch Pfennig. Wir müssen auch nicht gebrauchen weder Schäferei noch Fuhrwerk, haben dazu weder Schloß, noch Stadt, weder Garten, Acker, noch Wiesen. Jetzt auf künftige Michaelis soll uns das erste Geld des Quartals verlassen werden, davon wir unsere Haushaltung und Währung einkaufen sollen, hat man uns aufgehoben und weggenommen und wir kriegen nichts davon;

sollen jetzt Ochsen, Kälber, Hammel, Schweine, Gänse, Hühner, Butter, Käse, Wein und Bier, Würze und allerlei .Notdurft haben, nichts davon wir's nehmen. Stube und Kammer haben wir und nichts mehr. Zwischen hier und Ostern haben wir in unsern Händen nicht so viel, daß wir ein Ei dafür kaufen mögen. So müssen wir sammt den Unseren, wo Gott uns nicht sonderlich hält, Hungers halber verschmachten und sterben. Das haben wir Euer Liebden nicht mögen verhalten. Doch mögen wir Euer Liebden mit Grund der Wahrheit anzeigen, daß es uns so hart und nahe zwei Jahre nach einander ergangen ist, daß wir Hungers halber erstorben und ganz und gar verschmachtet sind, davon nicht zu sagen ist. Es wissen's unsere Diener und Dienerinnen sehr wohl, die unsere Zeugen seyn sollen, daß dem also ist. Nun wollen wir Euer Liebden ganz demütig bitten um Gottes und seines heiligen Wortes Ehre willen, Euer Liebden wollen ihre Augen der Barmherzigkeit zu uns armen Wittwe wenden und doch womit nach ihrem Gefallen unsere hohe und groß dringende Notdurft freundlich bedenken und die Belohnung von Christo unserm treuen Heiland nehmen, bittend hierauf bei unserem Boten Euer Liebden freundliche Antwort, mit Bitte, Euer Liebden wollen dieses unser Schreiben bei sich behalten."

Sehen wir auf andere Fürstenhöfe dieser Zeit, so herrschte an ihnen zwar nicht solcher Unfriede und solche Störung alles ehelichen Glückes wie in den Familienverhältnissen des Kur-Brandenburgischen Hauses, allein häufig kämpften die Fürstinnen, während die Fürsten die besten Kräfte ihres Landes auf Kriegsrüstungen verwenden mußten, in der Heimat mit Kummer und Not. Die Pfalzgräfin Maria vom Rhein, Gemahlin des nachmaligen Kurfürsten Friedrich III. von der Pfalz, war schon im Jahre 1550 in solchen finanziellen Bedrängnissen, daß sie den Herzog von Preußen um eine Geldanleihe ansprechen mußte. Sie versprach die Summe möglichst bald wieder zu erstatten und erhielt sie. Allein es ging kaum ein Jahr vorüber, als neue Geldverlegenheiten sie abermals drangen, sich mit einer neuen Bitte an den Herzog zu wenden: „Ich klag' Euer Liebden als meinem herzallerliebsten Herrn Vater und Vetter, daß ich jetzt auf meines lieben Vetters des Landgrafen Ludwig Heinrich Heimführung etwas Unkosten mit Kleidung auf mich gewendet habe, daß ich ungefährlich zweihundert Gulden schuldig bin. Haben mir auch solche Leute zugesagt, mir zu borgen bis in die

Herbstmesse, worauf ich mich verlassen; so haben sie mir ungefährlich vor drei Wochen solches Geld aufgeschrieben und weiß ich nun nicht, wo hinaus. Habe meiner Freunde etliche darum angesprochen und geschrieben, ist mir aber überall versagt worden, und ob ich schon meinen herzlichen Herrn und Gemahl anspreche, so hat es seine Liebe in der Wahrheit nicht, denn sein Herr Vater giebt ihm nichts, als was seine Liebe bedarf. Ist deshalb meine ganz freundliche und fleißige Bitte an Euer Liebden als meinen herzallerliebsten Herrn Vater und Vetter, wenn es ohne Euer Liebden Schaden seyn kann, daß mir Euer Liebden solche zweihundert Gulden wollen vorstrecken. Ich will es all'mein Lebenlang wieder um Euer Liebden verdienen, und bitte Euer Liebden wollen mir's nicht vor übel haben, daß ich also stets an Euer Liebden bettele. Ich will mein Lebenlang nichts mehr an Euer Liebden begehren, Euer Liebden helfen mir nur diesmal aus der Not. Ich habe meinen herzlieben Vetter Markgraf Hans Albrecht verloren, der ist mir sonst auch also zu Hülfe kommen. Ich bitte Euer Liebden auch ganz freundlich, wollen mir solches mein Schreiben nicht vor übel haben, denn es zwingt mich wahrlich die große Not dazu; das weiß Gott im Himmel wohl."

Den Herzog Albrecht rührte die dringende Klage der verwandten Fürstin, er sandte ihr die zweihundert Gulden mit der Bitte, ihm dieselben zur nächsten Herbstmesse wieder zukommen zu lassen, „da er selbst mit großen Geldsplitterungen und Ausgaben beladen sey". Allein es war kaum wieder ein Jahr vorüber, als Maria den Herzog von neuen um vierhundert Gulden bat, wobei sie bemerkte: Gott habe ihr zehn Kinder gegeben, sechs Söhne und vier Töchter, wovon noch vier Söhne am Leben seien; aber sie gehe jetzt wieder groß schwanger und werde auf Neujahr niederkommen. Der Herzog schlug ihr zwar diesmal die Bitte ab, sich entschuldigend, daß er gerade jetzt zu viele Ausgaben habe. Allein die Pfalzgräfin schrieb ihm von neuem: Sie und ihr Gemahl hätten zur Erledigung eines Teiles ihrer Schulden einen Ring verkauft, den ihr der Kaiser geschenkt und wofür sie 2000 Gulden erhalten habe; damit hätten sie ihre Schulden ein wenig bezahlt. „Aber," fährt sie fort, „ich habe jetzt wahrlich wieder zweihundert Taler leihen müssen, habe ich anders zu meiner herzlieben Schwester, der Markgräfin zu Baden zu ziehen Zehrung haben Anrollen. Gott weiß, wo ich's noch überkomme, deß ich's bezahle. Man will mir auch nicht länger borgen denn bis auf Johannis des Täufers Tag des 1553sten Jahres, so soll ich's wieder erlegen." Der Herzog Albrecht hatte ihr geraten, ihre traurige Lage ihrem Schwager anzuzeigen und ihn um Hilfe zu bitten. „Das hilft nichts", antwortete sie ihm, „mein herzlieber Herr und ich haben es unserem lieben Bruder Markgraf Albrecht geklagt, wie es uns geht; so giebt er uns den Rath, wir sollen uns leiden, es werde etwa nicht lange werden. Aber lieber Gott, es geht dieweil seinen Weg dahin, daß, wenn er stirbt, wir zweimal mehr Schulden finden, als wir in unserem ganzen Fürstentum Einkommen haben. In Summa es geht uns wahrlich sehr übel. Wollte Gott, daß es Euer Liebden wissen sollte; es ist nicht möglich. daß es ein Mensch glauben kann, als der es sieht oder dabei ist. Ich hätte Euer Liebden viel davon zu schreiben, so ist's der Feder nicht zu vertrauen." Nach dieser Schilderung ihrer Not bittet Maria nochmals aufs dringendste um Aushilfe mit zweihundert Talern, indem sie abermals versichert, sie wolle dann ihr ganzes Leben lang nichts mehr vom Herzog verlangen.

In einer nicht minder drückenden Lage befand sich der Fürstin Schwester Kunigunde, die seit dem Februar 1551 mit dem Markgrafen Karl von Baden vermählt war; denn dessen Vater, Markgraf Ernst von Baden, hatte ihnen so wenig zu ihrem fürstlichen Unterhalte zugesichert und verweigerte ihnen so ganz alle Beihilfe, daß sie, um sich und ihr Hofgesinde notdürftig zu unterhallen, Schulden auf Schulden häufen mußten. In gleicher Weise hören wir die Herzogin Ursula von Mecklenburg, Witwe des Herzogs Heinrich von Mecklenburg, über ihr großes Elend klagen, in dem sie sich kümmerlich behelfen müsse. Auch die Fürstin Katharina von Schwarzburg, eine geborene Gräfin von Henneberg, wußte sich in ihrer Not im Jahre 1560 nicht mehr zu helfen. Um ihre drei Töchter auszustatten, hatte sie vom Grafen von Solms, ihres Vaters Schwestersohn, ein Anlehen von 3000 Gulden aufgenommen und noch 1000 Gulden dazu geborgt. Die ganze Summe sollte zur Leipziger Ostermesse gezahlt werden. Die Zeit kam heran; allein sie sah keine Möglichkeit, die Schuld zu entrichten. Sie bat den Grafen um Aufschub; dieser wollte ihn nur gewären, wenn ihr Bruder Graf Ernst von Henneberg für sie gut sagen wolle, daß er die Schuld nach ihrem etwaigen Tod bezahlen werde. Allein der Bruder schlug dies ab unter dem

Vorgeben, daß er sich in einem Vertrage gegen die Fürsten von Sachsen verbindlich gemacht habe, weder selbst zu borgen, noch für jemand Bürgschaft zu leisten, Nun wußte die Fürstin durchaus keinen Rat. Aus eigenem Vermögen konnte sie die Schuld nicht tilgen; denn sie hatte dieses bereits mit ihren Kindern geteilt, so daß sie, wie sie selbst erklärte, „ganz und gar in Unvermögen war". Sie wandte sich daher unter jammervollen Klagen und flehentlichen Bitten an den Herzog von Preußen um wenigstens ein Anlehen von 3000 Gulden.

Auch des Herzogs eigene Tochter Anna Sophia, Gemahlin des Herzogs Johann Albrecht von Mecklenburg, befand sich im Jahre 1564 in großer Not. Sie schrieb ihrem Vater: „Mein herzallerliebster gnädiger Herr und Vater, ich bitte Euer Gnaden auf das allerkindlichste, Euer Gnaden wollen mir aus Gnaden zu Hülfe kommen mit 300 Talern, daß ich doch möchte aus dieser Beschwer kommen. Die große Noth dringt mich dazu. Ich wollte Euer Gnaden sonst nicht damit beschweren; aber ich kann nichts in dieser Kriegsrüstung von meinem Herrn bekommen; er muß Alles dem Kriegsvolk geben. Wo Euer Gnaden mich verläßt, so weiß ich gar keinen Rat."

Noch trauriger war das Los der Herzogin Katharina von Liegnitz, einer geborenen Herzogin von Mecklenburg. Ihr Gemahl, Herzog Friedrich von Liegnitz, saß in Breslau auf Befehl des Kaisers in strenger Gefangenschaft. Keiner seiner Diener durfte in seiner Nähe sein und niemand ihn besuchen; nur die Herzogin, ihre älteste Tochter und der jüngste Sohn konnten zuweilen zu ihm kommen. Da man den Herzog gezwungen hatte, der Herrschaft über sein Land zu entsagen, so lebten sie in drückender Not. „Die arme, betrübte und elende Fürstin", wie sie sich selbst nennt, sah sich genötigt, sich an den Herzog von Preußen teils wegen Verwendung zur Befreiung ihres Gemahls beim Kaiser, teils um einige Unterstützung zu ihrem und ihrer Kinder Unterhalt zu wenden. Sie schilderte ihm ihre große Not mit dringender Bitte, sich ihrer zu erbarmen, schon im Sommer des Jahres 1559. Allein es gingen mehrere Jahre hin, ohne daß sich ihre trostlose Lage änderte. Auch im Anfange des Jahres 1562 schmachtete ihr Gemahl noch im Gefängnis; sie selbst lebte in den kümmerlichsten Verhältnissen in Liegnitz, von wo sie einst dem Herzog von Preußen schrieb: „Wir haben keinen Hofmeister und keine Hofmeisterin mehr, sondern nur noch eine

Jungfer um uns. Wir hatten nur noch ein kleines Büblein um uns, das uns getreu war; das mußte aber auch weg, und so haben wir nun keinen getreuen Menschen mehr bei uns. Wenn Eure Liebden wissen sollten, wie es uns geht, es würde Euer Liebden erbarmen." Sie ersucht den Herzog, er möge sie wo möglich bei sich aufnehmen, da sie so ganz und gar verlassen sei, und sich beim Kaiser für ihres Gemahls Freilassung eifrigst verwenden. Endlich bittet sie flehentlich, der Herzog möge ihr doch, um ihre schreiende Not einigermaßen zu mildern, wenigstens mit etwa hundert Talern aushelfen.

Ein nicht minder unglückliches Los ward auch der Herzogin Elisabeth von Braunschweig-Lüneburg, einer Tochter des Kurfürsten Joachim I. zuteil. Sie war bis zum Jahre 1540 die Gemahlin des Herzogs Erich des Älteren von Calenberg, dem sie einen Sohn, Erich II. oder den Jüngeren, geboren hatte. Nach ihres Gemahls Tod war sie seit dem Jahre 1546 mit dem Grafen Poppo von Henneberg vermählt und nannte sich seitdem auch meist Gräfin von Henneberg, obwohl man ihr auch häufig den Titel einer Herzogin von Münden gab, weil ihr von ihrem ersten Gemahl das Schloß zu Münden als Leibzucht verschrieben war. Sie lebte aber schon seit Jahren mit Herzog Heinrich dem Jüngeren von Wolfenbüttel in Zwiespalt, der endlich so weit getrieben wurde, daß der Herzog sich des Wittums der Fürstin bemächtigte und sie die Flucht ergreifen mußte. Sie fand weder Schutz und Rückhalt bei ihrem Bruder, dem Kurfürsten Joachim II. von Brandenburg, noch Beistand bei ihrem Sohne Erich, der niemals Beweise besonderer kindlicher Liebe gegen seine Mutter gab und überdies mit Herzog Heinrich in einer Verbindung stand, die ihn an keine kindlichen Pflichten denken ließ. Schon im Jahre 1551 klagt sie dem Herzog von Preußen ihre große Not: „Ich kann nicht mehr," schrieb sie ihm, „das weiß Gott, der mir so wahr helfe aus aller meiner Not. Ich bin ganz bestürzt darüber und bitte um Gottes willen, Euer Liebden helfe und rate mir daraus. Wo mich Gott und Euer Liebden darin verlassen, so bin ich ganz verlassen. Euer Liebden entziehe sich doch nicht von ihrem Fleisch und sey mir doch barmherzig darin. Hier ist wohl Mitleid zu haben. Gott hilf mir aus dieser Not. Ich weiß bei Markgrafen Hans von Brandenburg nichts zu erhalten. Hätt' ich's so wohl als er, ich wollt's ihm so sauer nicht machen."

Herzog Albrecht hatte Mitleid mit der von Kummer niedergedrückten Fürstin. Da er hörte, daß sie in ihrem Haushalt oft Mangel an den nötigsten Bedürfnissen leide, so sandte er ihr im Herbst des Jahres 1552 zwei Faß Stör, zwei Faß Öl, ein Faß Lachs, zehn Stein Wachs und ein Fäßchen Muskateller, mit der Bitte, dies freundlich von ihm anzunehmen. Er schrieb ihr dabei: „Wir finden in Euer Liebden Schreiben, wie Euer Liebden durch Herzog Heinrich zu Braunschweig und seinen Sohn in ihrem Wittum und Morgengabe beschwert und aus derselben ganz und gar entsetzt worden, welche Beschwernis uns wahrlich zum herzlichsten mitleidig ist, und muß es den lieben Gott im Himmel erbarmen, daß solche unchristlichen Vornehmen unter den Christen, sonderlich Deutscher Nation, als die zuvor vor anderen Nationen ihres großen Bestandes wegen gerühmt worden, im Gebrauche sind und in unfriedlichen Zeiten selbst fürstliche Weibspersonen, welche wahrlich von den Alten mit hohen Freiheiten begabt wurden, nicht verschont werden sollen. Weil aber die Welt Welt ist und bleibt, kann es vielleicht wohl seyn, daß etliche meinen, der liebe Gott habe um deßwillen das Kreuz über Euer Liebden verhängt."

Alle Versuche der Freunde Elisabeths, die Beraubte wieder zum Genuß ihrer Güter zu führen, blieben ohne Erfolg. Sie irrte unstät umher, bald in Schleusingen bei dem bejahrten Grafen Wilhelm, dem Vater ihres Gemahls, bald in Hannover, und überall begleiteten sie Not und Kummer. Es hatte auch wenig Erfolg, daß sich der Landgraf Philipp von Hessen beim Herzog Heinrich für sie verwandte, denn wenn ihr dieser, wie es scheint, auch einen geringen Teil ihres Leibgedinges zukommen ließ, so lebte sie doch noch im Jahre 1554 in so kümmerlichen Verhältnissen, daß sie dem Herzog von Preußen klagte: „Ihre Schreiber könnten vor Kälte nicht schreiben, denn sie hätten kein Holz; daraus könne man schließen, wie es ihr gehe." Sie wandte sich auch an die Herzogin von Preußen mit der Bitte, bei dem Herzog durch ihr Fürwort für sie ein Anlehen von etwa 2000 Gulden auszuwirken. Allein der Herzog, damals eben bei der bevorstehenden Vermählung seiner Tochter mit großen Ausgaben beladen, mußte ihr diese Bitte abschlagen. Ganz trostlos über diese vereitelte Hoffnung schrieb sie ihm: „Ich armes, verjagtes und betrübtes Weib leide wahrlich allhier große Not, ich kann keine Woche (das ich mit Wahrheit schreibe) unter hundert Gulden Münz zukommen, denn Alles ist teuer und überteuer.

Ich schäme mich, daß ich's klagen muß, daß ich solche Armuth leide, denn der Markgraf oder mein Sohn können mir jetzt nicht helfen, wie gerne sie es auch täten, denn Ihre Liebden haben selbst großen Schaden und Verlust." „Euer Liebden Schreiber," heißt es in einem anderen Brief, „hat mein Elend so befunden, daß er selbst sagte: es sey nicht möglich, daß es einer glauben könne, wie er's befunden. Ich habe kein Feuer, kann am Tage vor eins oder zwei Uhr nicht zu essen kriegen, mangele Holz und Kohlen, niemand mag sie mir zuführen. Huren und Buben haben genug, aber ich leide Mangel. Ich verhoffe zu Euer Liebden noch alles Gute und daß Euer Liebden viel zu treuherzig sind, um mich ums Brot gehen zu lassen. Ich habe noch einen weiten Perlenrock mit gar großen Perlen. Den hat Euer Liebden Gemahlin wohl gesehen; ich gönnte ihn Euer Liebden Gemahlin und ihren Kinderlein am liebsten. Er hat 600 Loth Perlen, ist schön gemacht und wäre Schade, daß er zerschnitten werden sollte, kostet mich selber 6000 Thaler; den wollte ich Euer Liebden lassen um 4000 Thaler und zwei davon schenken. Will ihn aber Euer Liebden nicht haben, so schreibe mir's Euer Liebden sofort, so will ich ihn verkaufen, denn die Noth dringt mich dazu." Ehe aber Elisabeth hierüber noch Antwort vom Herzog erhielt, bittet sie ihn in einem neuen Schreiben aufs flehentlichste, er möge ihr mit einer Summe von. 5000 Thalern aushelfen, damit sie in Hannover ihre Schulden bezahlen und sich nach Ilmenau begeben könne, „denn hier dient es mir gar nicht; ich muß tote Fische essen, leide große Armut, Hohn und Spott, auch Frost, habe keine Unterhaltung und geht mir, wie man sagt: Klugemann Schademann. Gott bessere es!" Diese traurige Lage Elisabeths dauerte auch noch in den Jahren 1554 und 1555 fort. „Drei Wochen", klagt sie einmal, „haben wir kein Fleisch in unserer Küche gehabt und haben an Holz empfindlichen Mangel leiden müssen", und in einem anderen Brief schreibt sie: „Zwei Jahre haben wir hier in Hannover im Elend verlebt und das Angst- und Bettelbrot brechen müssen."

Doch genug der Klagen von Fürstinnen, um zu zeigen, daß der Palast auch nicht immer vor Not und Kummer schützte; und – zugleich auch genug der Skizzen, Zeichnungen und Schattierungen zu einem Sittengemälde des sechzehnten Jahrhunderts; „die Palette zeigt die Farben bunt und grell, sanft und mild; ein künftiger Meister mag sie, wie ihm beliebt, zum Bilde mischen und ordnen."

Das Stilleben des Hochmeisters des Deutschen Ordens und sein Fürstenhof

Es ist die große Aufgabe des Geschichtschreibers, nicht daß man die Geschichte der Zeiten nur lese, sondern daß man sie sehe. Darum sagt Johannes von Müller: „Große Geschichtschreiber der Begebenheiten ihrer Zeiten, Cäsar und Xenophon, erzählen nicht, sondern zeigen. Was wir aber bei der Dämmerung der Geschichte des Mittelalters kaum zur Hälfte erblicken, läßt sich nicht in solchem Lichte darstellen". Um so mehr erzeugt es ein Freudegefühl in der Seele des Geschichtschreibers, wenn es ihm möglich wird, das Bild einer Erscheinung mit lebendigen Farben ausmalen und das Leben der Vergangenheit nicht bloß nacherzählen, sondern nachzeichnen zu können. Das Reinmenschliche behält ewig seinen eigenen Reiz und hohen Zauber. Darum soll hier versucht werden, das Bild eines Stillebens aus dem Mittelalter an dem Leben des Hochmeisters des deutschen Ordens in Preußen, wie es im Anfange des fünfzehnten Jahrhunderts dastand, so treu und wahr darzustellen, als es die glaubhaftesten Berichte möglich machen; es soll das Gemälde streng nach der Wirklichkeit entworfen und bis in seine einfachsten Einzelheiten nachgezeichnet werden, also daß Treue und Wahrheit der schönste Schmuck sein sollen, dessen das Bild sich rühmen mag.

War des Meisters Wahl im prachtvollen Kapitelsaale des Ordenshaupthauses Marienburg beendigt und der Ordensritter zum Fürsten des Landes und Oberhaupte des Ordens erhoben, so trat er in den Besitz der hochmeisterlichen Hofburg, wo, in der mittleren Burg des Ordenshaupthauses, die Wohngemache des Meisters lagen. Sein eigentliches Wohnzimmer, des Meisters Gemach genannt, durch fünf Fenster freundlich erhellt und zur Winterzeit durch einen Kamin und einen Ofen im Fußboden warm erhalten, gab ihm die Aussicht auf den großen Burgplatz, wo er Leben und Treiben der Ordensritter beobachten konnte. Von zwei Pfeilern getragen, waren Gewölbe und Wände nach dem Zeitgeschmack zierlich ausgemalt, in den Gewölbebogen grünendes Weinlaub mit reifen Trauben, an den Wänden Ritter und Bilder berühmter Ordensbrüder, zwischen den Fenstern Wappenschilde. Durch eine Türe in der Seitenwand gelangte der Meister in ein kleineres Wohngemach, des Meisters Stube genannt, von zwei Fenstern erhellt, ebenfalls durch einen Kamin und einen Ofen im Fußboden erwärmt und, ähnlich wie das Wohngemach, mit bildlichen Darstellungen geschmückt. Aus diesem Wohnzimmer, wohin sich der Meister zur Ruhe und stillen Geschäften zurückzog, führte eine Seitentüre in des Meisters kleines Remter, dessen schönes Gewölbe, auf einem einzigen Pfeiler ruhend, sich wie der reine Himmelsbogen auf diesen in der Mitte niedersenket. Das reiche Licht durch vier Fenster und die gemächliche Erwärmung durch den Ofen im Fußboden verliehen diesem Gemache eine eigene trauliche Heiterkeit, und mit diesem Charakter vereinte sich der Zweck des lieblichen Gemaches; denn wenn der Meister die Gebietiger, Komture des Landes, Gäste ans der Landesritterschaft oder vornehme Fremde zur Tafel zog, bot hier eine Schenkbank an der Seite die Speisen und Getränke dar, und an den Wänden gaben die Bildnisse aller Hochmeister, welche die Burg bewohnt halten, in Ritterrüstung und zu Roß dargestellt, manchen Stoff zu ernster und fröhlicher Unterhaltung. Zu größeren Festmahlen diente ein anderes, diesem kleinen zur Seite liegendes großes Remter, in dessen ganzer Beschaffenheit Würde und Erhabenheit der herrschende Charakter ist. Im kleineren Speise-Remter sah man den gastfreundlichen Meister unter seinen Gästen am einfacheren Tische sitzen, lustigen Gesprächen hingegeben, im großen Remter erschien an der reicheren Tafel das allgewaltige Oberhaupt des Ordens; und wie der einzige mächtige Granitpfeiler in des weiten Gemaches Mitte das hochaufstrebende und weitverzweigte Gewölbe stützt und trägt, so trat hier unter seinen Gebietigern der oberste Meister als die mächtige Stütze und der kräftigste Träger des ganzen deutschen Ordens auf.

In diesem Remter ließ der neuerkorene Hochmeister den zahlreich versammelten Gebietigern, Komturen, Ordensrittern und anderen hohen Gästen ein glänzendes Festmahl bereiten. Hatten die Gäste, dem Range nach, sich an den Tafeln niedergelassen, also daß die beiden Landmeister aus Deutschland und Livland dem Hochmeister zunächst, und neben jenen die fünf obersten Gebietiger, der Großkomtur, der Ordensmarschall, der Ordensspittler, der Ordenstrapier und der Treßler saßen, so erschienen die zur Aufwartung bestimmten Personen, nicht Diener in unserem Sinne, sondern niedere Ordens- oder Hausbeamten, die nur für solche Feste zu bestimmten Dienstleistungen verpflichtet waren oder vom Meister befehligt wurden. So mußte der Kornmeister von Marienburg dem Kellermeister in Besorgung der Getränke zu Hülfe stehen; den Küchenmeister unterstützte der Tempelmeister, ein Aufseher oder Beamter über ein großes Vorratshaus. Der Pfleger von Lesewitz reichte den Gästen das Brot dar. Während der Pferdemarschall, der junge Karwansherr von Marienburg und der Karwansherr von Grebin, nebst zwei jungen Ritterbrüdern, den Gästen die Gerichte von der Schenkbank vorsetzten, waren die Pfleger von Meselanz und Montan mit dem Waldmeister, Mühlenmeister und Viehmeister bemüht, die geleerten Becher zu füllen. Die Oberaufsicht über die Ordnung an den Tafeln hatten die drei Vögte von Dirschau, Grebin und Stuhm; sie mußten im Remter umhergehen und zusehen, wo es an etwas gebreche.

Man aß die Suppe mit Mohrrüben, Schoten, Petersilienwurzel und Knoblauch. Dann erschienen als Gemüse bald Kohl, Mohren und Kumst, bald Kresse, Meerrettich oder Erbsen, bald Schoten, Zwiebellauch und andere Gattungen. Hierauf trug man verschiedene Gerichte von Fischen auf; man aß Karpfen, Lachs, Morenen, Schmerlen und Lampreten oder Gerichte von Aal, Bressem, Dorsch, Hecht, auch trockene Fische, als Streckfuß, Bergerfisch, Stockfisch oder auch Krebse. Nun folgten die Fleischspeisen, als Pökelfleisch, Rinder-, Kälber-, Schöpsen- oder Schweinebraten, Schinken, Hühner-, Gänse- und Entenbraten. Dann wechselten die Mehlspeisen, und nach diesen ergötzte man sich am Wildpretsbraten, bald am Reh-, Hirsch- und Elendbraten, bald an Hasen- und wilden Schweinsbraten; als Leckerbissen galten Eichhörnchen, Rebhühner, Stare und mehrere Arten kleiner Vögel; auch Kaninchen und Kraniche wurden bisweilen aufgesetzt. Den Durst reizte man durch Neunaugen oder durch schonische und bornholmische Heringe oder auch durch Käse; der bessere hieß Herrenkäse zum Unterschied vom Gesindekäse; die vorzüglichen Gattungen wurden aus Schweden und England gezogen. Butter kannte man wenigstens unter diesem Namen nicht. Dann ergötzte man sich gerne an Wälschen- und Haselnüssen, an Äpfeln, Birnen, Pflaumen und Kirschen, an Erdbeeren und Weintrauben von inländischen Weinpflanzungen. Den Beschluß des Mahles machten Leckerbissen und verschiedene Konfekt-Arten: man reichte den Gästen Kaneel-, Kubeben-, Koriander-, Kardamom- und Anis-Konfekt, Kaiserbissen, Paradieskörner, Rosinen, Datteln, Mandeln oder Pfefferkuchen. Als Speisegewürze gebrauchte man viel Pfeffer, auch Ingwer, Kaneel, Nelken, Muskatenblume, Anis, Safran, Kümmel und andere Gattungen; man bezeichnete damals alle diese Gewürzarten mit dem Worte „Krude". Zucker war noch etwas kostbar; denn im Jahre 1406 kostete ein Pfund eine halbe Mark; man versüßte daher vieles mit Syrup und Honig. Während des Mahles wechselten die Getränke. Man reichte den Gästen Märzbier, Weiß- und Weizenbier oder auch die vorzüglichen Gattungen, die sich der Meister zu hohen Festen aus Wismar, Danzig, Elbing und Bromberg kommen ließ. Dann erfreute man sich des alten vaterländischen Trankes, des Methes. Man kostete zuerst in kleineren Schenkgläsern reinen, guten Tischmeth, hierauf wechselten aber hohe Gläser für alten und zum Teil sehr starken Meth, der meist aus Riga kam und zu hohen Preisen bezahlt wurde; denn sechs Tonnen alter Rigaer Meth kosteten acht Mark. Hierauf prangte die Tafel von silbernen und vergoldeten Trinkbechern, worin bei den Nachgerichten der Wein gekostet wurde, mit dessen verschiedenen Gattungen der hochmeisterliche Keller reichlich gefüllt war. Fremde Gäste überraschte man zuweilen mit Landwein, der in den Gärten bei Marienburg gewonnen und von solcher Güte war, daß der Meister kein Bedenken trug, selbst fremde Fürsten damit zu beschenken. Im Herbste erschien auch Thorner Most auf der Fürstentafel. Ihm folgte der edlere Rheinwein, den der Komtur von Koblenz jährlich für 400 ungarische Gulden besorgte. Als Köstlichkeit galt alter edler Rheinfall, vom Landkomtur von Böhmen gesandt und in Mischung mit Eiern und Milch gekostet. Er wechselte mit elsaßer, wälschem, griechischem und Ungarwein oder mit Malvasier und anderen Gattungen.

An solchen Festen war auch das Tischgerät und Trinkgeschirr des Fürsten völlig würdig. Jeder Gast hatte seine Handquehle, der Hochmeister die seinige von Seide und mit Gold umbrämt. Die Messer der obersten Gebietiger waren silbern und das des Meisters mit Gold ausgelegt; Gabeln nannte man Beiwerfe. Auch das übrige Speisegeräte, als Löffel, Teller, Schüsseln und Schalen sah man nur von Silber; das Ordenshaus besaß hieran bedeutenden Reichtum; denn im Jahre 1408 allein kaufte der Großschäffer dem Hochmeister für 333 Mark silberne Gefäße, ungeachtet daß vom Jahre 1399 an bis zur Schlacht von

Tannenberg im Ordenshause selbst eine Menge silberner Gerätschaften für den Meister verfertigt wurde. Je edler das Getränk, um so edler war das Gefäß. Man setzte Bier in zinnernen Flaschen oder stählernen und eisernen Kannen auf, den Meth dagegen in silbernen, in übergoldeten den edelsten rheinländischen Rebensaft. Vor dem Meister prangte eine große silberne Kanne, reich übergoldet und aufs kostbarste gearbeitet; aus ihr füllte man sein vergoldetes Bisonshorn, aus dem er gerne den Wein trank. Den Rheinfall kostete er aus einem Kopfe oder Trinkbecher von Alabaster. So standen auch vor jedem Gaste silberne Köpfe, – damals die Benennung einer Art von Trinkbechern,– silberne Karken und silberne Stutzchen; die der obersten Gebietiger waren meist übergoldet und mit Bernstein geschmückt oder „poncionirt". Mit Silber beschlagene und vergoldete Straußeneier schmückten bei festlichen Mahlen die hochmeisterliche Tafel.

Abwechselnd ergötzte die Gäste während des Schmauses Gesang und Saitenspiel. Ein Chor singender Schüler aus der Stadt Marienburg, verbunden mit den Schülern des Hauses, die auch in des Meisters Kapelle zur Messe sangen, erheiterte die ritterliche Versammlung. Den ernsteren Gesang begleiteten des Meisters eigene Musiker, die er als Hofkapelle im Ordenshause unterhielt. Im Jahre 1399 belief sich ihre Zahl auf nicht weniger als 32, und Herr Pasternak und Herr Hensel standen als Direktoren an ihrer Spitze. Ward es aber nötig befunden, so vermehrten ihre Zahl noch „die Fiedeler aus der Stadt Marienburg". Wie auf Reichstagen oder bei Hoffesten immer Spielleute, Pfeifer und Trompeter sich einfanden, so zog bei der Meisterwahl die Zahl der Gäste, von denen jeder reichlich spendete, auch „fahrende" Künstler und Künstlerinnen ins Ordenshaus, wo sie die Gäste durch ihre Kunst erheiterten. So fand sich im Jahre 1405 aus fernen Gegenden am meisterlichen Hofe ein Sänger ein, „der da sang als eine Nachtigall". Aber ihm lernte die Kunst bald der Kapellan des Ordenshauses Papau ab, denn auch er „sang bald so wohl sam die Nachtigall". Schon damals zogen die Musikanten aus Böhmen bis nach Preußen und man hörte „die Fiedeler aus Prag" und „die Pfeifer des Königs von Böhmen" mit solchem Vergnügen, daß der Meister sie an einem Feste mit 25 Mark beschenkte. Ein berühmter Violinspieler des Fürsten der Walachei erschien im Jahre 1399 in Marienburg und ward vom

Meister reich belohnt; an einem Feste bewunderte man einen blinden Spielmann mit der Laute in Begleitung einer Sängerin mit der Leier und des Großfürsten Witold Pfeifer aus Litauen. Kamen fürstliche Personen zum Meister, so wären sie meist von musikalischen Gesellen begleitet, die bei ihnen im Dienste standen. So zogen dem Herzog Konrad von Oels auch seine Pfeifer und Fiedler nach, um sich am hochmeisterlichen Hofe durch ihre Kunst ein Trinkgeld zu verdienen.

Nicht selten zogen an hohen Festen im fürstlichen Hofe auch Menschen mit lustigen Schaudingen ein. Man nannte sie „gehrende Compagnie" oder „gehrende Leute". Da erschien ein Bärenführer, der die Ritter durch den Tanz seiner Bestie erheiterte, oder ein anderer, der sie durch die Künste seines abgerichteten Hirsches in Bewunderung setzte. Wie auch anderwärts an Fürstenhöfen und Reichstagen, so fanden sich gleicher Weise in Marienburg umherziehende Truppen von „Trumelern und Kokelern" ein, ohne Zweifel nichts anderes als Seiltänzer, Luftspringer und Gaukler. Meist verbanden sie mit ihrem Spiele auch die im Mittelalter sehr vervollkommnete Pfeifkunst. Sie kamen gewöhnlich aus Deutschland, vom Hofe des Herzogs von Braunschweig, oder auch aus Böhmen. Zwar verbot freilich das Ordensgesetz dem Ritterbruder die öftere Zerstreuung durch solches Gaffenspiel, „dessen man durch weltliche Hoffahrt pfleget zu des Teufels Diensten", wie das ernste Gesetzbuch sagt; allein an festlichen Tagen ließ es der Meister zu. Wie solche Gaukler und Possenreißer eine alte Erscheinung an fürstlichen Höfen, besonders bei Krönungsfesten waren, sodaß schon Karl der Große sie kannte, so gehörte schon seit alten Zeiten ein Hofnarr zu der fürstlichen Dienerschaft, und da die Sittengeschichte des Mittelalters sogar einen Narrenbischof und einen Narrenpapst kennt, so darf es nicht auffallen, daß auch das ernste Ordenshaus seinen Hofnarren hatte und der Hofmeister es mitunter gern sah, wenn sein Hausnarr mit Beihilfe der hochmeisterlichen Affen durch seine Tollheiten die Gäste erlustigte. Aber es kamen nicht selten von auswärts Narren und Gecken, um vom Ordensmeister eine Belohnung zu erhaschen. Der lustige Geck aus Böhmen, Hans Schlag-in-den-Haufen, reizte schon durch seinen wunderlichen Namen die Lachlust der versammelten Gäste; dann erschien Herr Fischer, der Hofnarr des Großfürsten von Litauen, und verdiente sich durch sein Possenreißen einen neuen Narrenrock, der dem Meister fünf Mark kostete. Als einstmals William, der Hofnarr des Herzogs von Burgund, im Ordenshause einsprach, wußte er durch närrisch-witzige Äußerungen in solchem Maße zu ergötzen, daß ihn der Hochmeister mit dem Geschenke eines Schildes beehrte, wofür dieser fünf Mark zahlte; denn nicht selten waren solche Hofnarren zu gleicher Zeit auch Ritter, und darum wurden ihnen auch öfter Ritterschilder als Geschenke gegeben. So überließ einst der Hochmeister seinen Hofnarren Henne dem Großfürsten Witold von Litauen, und dieser schlug ihn zum Ritter, jedoch mit der Bedingung, daß er nur des Vormittags Ritter sein und seinen Ritterrock und die Ritterrüstung tragen dürfe, des Nachmittags aber seinen bunten Geckenrock anziehen, die Narrenkappe aufsetzen und bis auf den Abend sein Narrenwesen treiben solle. Da aber beim Ritterrocke dem Lustigmacher die Narrenteien nicht mehr gefielen und er sich weigerte, den Narren zu spielen, so mußte ihm der Großfürst mit einer Ohrfeige drohen, die, wie der Fürst sich ausdrückte, seine krummgewordene Backe wieder in Richtung bringen sollte. Meist geschah es auch, daß solche Narrenritter mit Empfehlungsbriefen von einem Fürstenhofe zum anderen zogen und überall ihre Schwanke trieben. So empfahl ein Markgraf von Brandenburg dem Hochmeister einen Narrenritter in folgender Weise: „Es kommet zu euch dieser gegenwärtige Hans von Cronach, ein ehrloser Ritter aller Gutthat, die er in mannigfaltigen Sachen hoch bewähret, sich auch in solcher Ritterschaft bei uns und anderen mit Worten und Werken also geübet hat, deshalb er billig nach seinem Stand als ein einäugiger Ritter hoch geachtet und der Ritterschaft zu Ehren solchermaß gehalten wird, als ihm nach Herkommen und allem Erzeigen seines Wesens möglich zugebühret, so ihr das alles eigentlicher vom ihm werdet vernehmen, nachdem er es an Worten nicht gebrechen läßt. Darum, und auch, weil uns der genannte Ritter als unser Diener und Hofgesinde zugehört und auch in anderen Wegen seiner Redlichkeit halber, und weil er auch sonst vor anderen Narren solchermaßen gewandt ist, daß wir ihm viel Gutes gönnen, so bitten wir euch gar freundlich und mit ganzem Fleiße, so der genannte Ritter also zu euch, als ein Landfahrer und Nachfolger der Ritterschaft, darinnen er sich auf die Fahrt begeben hat, kommen wird, daß ihr ihm dann zuvoran um seines Verdienstes und darnach auch von unser wegen förderlichen, günstigen, guten Willen beweisen und tun wollet mit solchem Erzeigen."

In solchen geräuschvollen Zerstreuungen lebte der Meister aber nur an glänzenden Festtagen. Weit einfacher waren Erheiterungen und Lebensweise in seinen einsamen Wohngemachen. Für dieses sein Stilleben hatte ihm ein berühmter Arzt diätetische Vorschriften mitgeteilt, „ein Regiment des Lebens" genannt, die er aufs pünklichste befolgte. Darin hieß es: „Wenn ihr umfahret in eurem Lande, so schicket es, wenn die Luft sehr feucht oder kalt ist, daß ihr stetiglich bei euch habet einen Apfel des Sommers und des Winters, wo ihr reitet und ziehet, und an dem riechet in solcher Luft oder auch in der pestilenzialen Luft. Wo ihr liegen sollt, so lasset das Gemach wohl rein machen und ein gut Feuer von dürrem Holze daselbst bereiten, ehe denn ihr darein kommet. Lasset stetiglich im Winter euer Gemach beräuchern mit Einbeeren, Myrrhenweihrauch oder Bernstein, geschüttet auf Kohlen oder Salbei oder Dostenkraut, im Sommer mit Weidenlaub oder mit Essig und frischem Wasser." Als Speisen an seinem täglichen Tische werden ihm, außer gewissen feinen Fleisch- und Fischgattungen, als zuträglich empfohlen Mandelmuß und Mandelmilch mit Grütze, Weinmußgrütze, Mohnmuß, Hanfmuß, Rüben, Rosinen, Petersilienmuß, besonders Gerstenmuß „gemacht in einer fetten Fleischjauche". Dann heißt es: „Meidet auch mancherlei Speise zu nutzen an einem Tische. Lasset euch genügen an zwei oder drei Gerichten, die gut sind. Euer gemeiner Trank soll sein ein guter rheinischer Wein mit etwas gesottenem Wasser im Sommer und Winter. Wenn es kalt und feucht ist, möget ihr eines Rheinfalls oder Malvasier oder wälschen Weines des Morgens gebrauchen. Nach der Mahlzeit sollet ihr genießen: Ingwer, überzogenen Koriander und andere Konfekte, die die Kraft der Verdauung stärken. Auch wäre es Not, daß die beiden Mahlzeiten sechs oder sieben Stunden von einander geschieden wären. Gehet in eurem Gemache auf und nieder, daß ihr warm werdet, ehe ihr zum Essen gehet, und dasselbe tuet auch vor dem Abendessen. Es ist eine böse Gewohnheit bei Hofe, daß man alsobald nach der Mahlzeit reitet mit vollem Bauche. Auch mit nichten sollet ihr euch schlafen legen mit vollem Bauche, sondern ergehet Euch ja vor wohl, daß ihr keine Beschwerung der Speisen oder Getränke fühlet. Wenn ihr schlafen wollet, so leget euch zuvor auf die rechte Seite und lieget etwas hoch mit dem Haupte, und wenn ihr erwachet, so kehret euch auf die linke Seite. Schlafet, mit nichten auf dem Antlitze oder auf dem Rücken und behelfet euch wohl mit sechs Stunden, drei vor der Messe und drei darnach. Möget ihr auch mehr Zeit gehaben, die nehmet darzu. Meidet, des Tages zu schlafen; es wäre denn, daß ihr die Vornacht nicht wohl geschlafen hättet, so möget ihr wohl eine Stunde ruhen und nicht zuhandes nach dem Essen. Auch möget ihr unter Zeiten baden nach euerer Gewohnheit des Morgens nüchtern, und nach dem Bade haltet euch warm, besonders das Haupt nach dem Waschen. Schicket euch Freude, wie ihr möget, mit eurem Gesinde; seid fröhlich und übergebet alle Betrübnis, wenn ihr esset, trinket oder schlafen gehet. Ist es, daß ihr von Geschäften wegen euch der Sorge nicht entschlagen könnet, so lasset vor euch spielen die Spielleute, die da fröhliche Gebärden können treiben, damit ihr die Gedanken möget überwinden".

Diese Vorschriften bildeten die Norm des Stillebens des Hochmeisters. Gern vertrieb er seine Mußestunden mit Musik am Klavikordium, auch am Brettspiel fand man ihn nicht selten, wo er im Schachzabel seinen Gegner zu bessern suchte. Ihm war es erlaubt, um Geld zu spielen, den anderen Ordensrittern dagegen war im Remter alles Spielen um Geld und mit Würfeln untersagt und nur der Schachzabel und andere Spiele ohne Geld unverboten. Mitunter benutzte der Meister die Stunden seiner Muße auch zum Briefschreiben und zur Lektüre. Wie bedeutend in den Jahren 1400 bis 1406 die hochmeisterliche Korrespondenz war, ergibt sich daraus, daß für des Meisters Briefe allein jährlich zweihundert Bücher Papier für fünfzehn Mark und hundert Bogen Pergament, ebenfalls zu Briefen, für fünf Mark gekauft werden mußten.

Ansehnliche Summen verwandte der Meister auf seine Bibliothek. Zu seiner Erholung und Belehrung las oder ließ er sich vorlesen die Chronik von Preußen, die Chronik von Livland, der Väter Buch, das speculum historiale, das Gedicht Barlam und Josaphat, den Roland, den Stricker, eine römische Chronik, den wälschen Gast, Esther und Judith und so manche andere Bücher. In einem seiner Wohngemache hing eine Landkarte von der ganzen Erde, eine Mappa Mundi, zierlich in einen Rahmen eingefaßt, auf deren Besitz der Meister großes Gewicht legte. Zur Vermehrung seiner Büchersammlung unterhielt der Meister

Konrad von Jungingen, der überhaupt für Ankauf und Abschreiben nützlicher Bücher bedeutende Summen aussetzte, einen besonderen Bücherschreiber, der nur dieses Geschäft betrieb. Ein Buch war damals eine kostbare Sache. Zu einem einzigen Antiphonium, das der Meister im Jahre 1400 schreiben ließ, mußte in Danzig auf dem Dominiksmarkte für siebzehn Mark Pergament gekauft werden und sechs Mark erhielt der Schreiber als Schreiblohn. Zwei Psalter wurden ihm mit zwölf Mark und ein Gesangbuch mit zwei Mark bezahlt. Andere Kosten verursachte noch das Ausmalen der Bücher mit sogenannten „gepayrierten" oder verzierten Buchstaben, welches Geschäft des Meisters Hofmaler für besondere Belohnung besorgte.

Zu bestimmten Tagesstunden, welche das Gesetz ihm vorschrieb, hielt der Meister seine kirchlichen „Gezeiten" oder Horen in der seinen Wohngemachen gegenüber liegenden Hauskapelle. Dort verrichtete er mit seinem Hauskaplan Gebete und hier nahm ihm dieser sein Kaplan als Beichtvater auch die Beichte ab. Für die Messe in dieser Kapelle unterhielt der Meister seine eigenen Singschüler, und waren Gäste am Hofe, die diese Kapelle besuchten, so ward hier der Gottesdienst mit ganz besonderer Feierlichkeit gehalten. Zur Sommerzeit lebte der Meister inmitten der freien Natur, und nach der nordöstlichen und südöstlichen Gegend um das Ordenshaus an dem Wege nach Elbing hin prangten die schönsten Gärten und herrliche Anlagen.

Wie gern er sich in diesen schönen Umgebungen aufhielt, beweist der Umstand, daß er in der Mitte dieser Pflanzungen wohnte. Hier stand des „Meisters Sommerhaus", in dem außer seinen Wohngemachen auch ein Sommerremter zur Bewirtung der Gäste war.

In mäßiger Entfernung von den Gartenanlagen befand sich des Hochmeisters Falkenschule, die er von seinem Garten aus sehr oft besuchte; denn auf wenige Gegenstände des Vergnügens ward im Ordenshause so viel Sorgfalt und Pflege und zugleich auch eine so bedeutende Summe Geldes verwandt als auf die Falkenzucht.

Der Meister liebte das edle Jagdvergnügen. Am meisten gab er sich ihm in dem nicht weit von Marienburg gelegenen Stuhm hin, wo die vollständigsten Jagdanstalten eingerichtet waren.

Dort sah man die größte Zahl seiner Jagdhunde, seine Hühner- und Leithunde, die zuweilen den Bewohnern manchen Schaden anrichteten; denn einmal mußte der Meister 21 Schafe, ein andermal 17 Gänse, dann wieder einmal 15 Schafe den Eigentümern vergüten, weil seine Jagdhunde sie zerbissen hatten. In gleicher Weise ersetzte er den Landleuten immer allen Schaden, den sie bei der Jagd auf ihren Feldern am Getreide erlitten. Seine Windhunde erhielt er größtenteils aus Gothland oder von anderen Orten als Geschenke; selbst von Rom aus beehrte man ihn mit Sendungen von Federangeln, Windstricken, Beizenstielen und anderen Jagdgeräten. Es versteht sich, daß der Meister immer die ausgezeichnetsten Jagdfalken hatte, die, sobald sie ihm der Vogler auf die Jagd nachbrachte, mit goldenen oder silbernen und mit dem meisterlichen Wappen gezierten Schildchen versehen waren. Bald jagte der Meister am Weichsel-Strome, bald in der Scharffau, oder auf seinen Reisen durch das Land. Nicht selten hielt er sich mehrere Tage zum Jagdvergnügen auf der damals reichbewachsenen und waldigen frischen Nehring auf, wohin dann sein Kompan die nötigen Lebensmittel beibringen und selbst der hochmeisterliche Koch und Kellermeister nachfolgen mußten. Hohes Wild, als Hirsche und Rehe, wurde eingegarnt und durch gedungene Treibleute zusammengetrieben. Zur Jagd auf Eichhörnchen, die man gerne aß, wurden für Taglohn arme Leute bestellt, welche die Tierchen aus ihrem Lager aufscheuchen mußten. Übrigens war das Jagdvergnügen außer dem Meister nur noch den obersten Gebietigern und Komturen erlaubt; denn ein bestimmtes Gesetz verordnete, daß in einem Konvente außer dem Komtur und Hauskomtur kein anderer Ritterbruder Jagdhunde halten oder Federspiel und Weidwerk betreiben durfte, und selbst jenen war Mäßigung in diesem Vergnügen zur Pflicht gemacht. Wie jedoch der Meister selbst den Konventsrittern zuweilen die Jagd ausdrücklich erlaubte und ihnen dazu das nötige Geld auszahlen ließ, so geschah dieses mitunter auch von den Komturen für ihre einzelnen Konventsbrüder.

Außer diesen Vergnügungen ergaben sich noch andere Veranlassungen zur Freude und Heiterkeit, die des Meisters gewöhnliches Tagesleben angenehm unterbrachen. Erschien der sogenannte Hochmeistertag, der entweder sein Wahltag oder sein Geburtstag war, so ließ der Meister den gesamten Bewohnern des Ordenshauses ein köstliches Mahl ausrichten; für die vornehmere Tafel wurde dann Rheinwein von der edelsten Gattung, von der das Faß von sechs Ohm 34 Mark kostete, in reichem Maße aufgetischt, und Feigen, Mandeln, Rosinen und andere Leckerbissen eingekauft. Ähnliche Festgelage wurden veranstaltet, wenn die Bischöfe von Kurland, Livland oder aus Preußen in Marienburg gekrönt wurden oder fürstliche Personen des Hochmeisters Gäste waren, die zwar niemals in dem eigentlichen Ordenshause selbst, aber doch in schön eingerichteten Gemachen auf der Vorburg wohnten und auf Kosten des Meisters in allen ihren Bedürfnissen unterhalten wurden; denn nie zahlte im Ordenshause ein Gast auch nur das Mindeste. Außerordentliche Vergnügungsfeste fanden indessen für solche Besuche nur äußerst selten statt; nie aber ließ der Hochmeister vornehmere Gäste vom Ordenshause ziehen, ohne sie selbst und ihre ganze Dienerschaft ansehnlich beschenkt zu haben. Freilich entsprechen unseren Sitten solche Geschenke wohl keineswegs; als der Herzog Swidrigail von Litauen im Jahre 1402 nach Marienburg kam, ließ ihm der Hochmeister ein neues herzogliches Kleid verfertigen, wozu der Taffet vier Mark kostete; außerdem erhielt der Fürst auch vier Paar Stiefeln und vier Paar Niederschuhe als Geschenk; man überreichte ihm zum Jagdvergnügen eine schöne Weidtasche und führte ihm ein prächtiges Roß zu, womit der Meister ihn beehrte. Bei einem ändern Besuche erhielt derselbe Fürst ein Faß guten griechischen Weines, den der Meister mit dreizehn Mark bezahlt hatte, daneben auch Rheinwein und guten preußischen Landwein, den der Hauskomtur von Thorn, die Last für zwölf Mark, in Thorn selbst gekauft hatte. Ein junger Herzog von Oels, der den Hochmeister im Jahre 1408 in Marienburg besuchte, bekam von ihm als Geschenk eine Unterjoppe, die an Baumwollenzeug, Leinwand, gezwirnter Seide und Macherlohn dem Meister eine Mark und vier Schillinge kostete. Dagegen beehrte der Meister den Erzbischof von Riga und die Bischöfe von Kurland und Ermland mit silbernen Köpfen oder Trinkbechern, und noch ausgezeichneter den freilich für den Orden auch sehr wichtigen Großfürsten Witold von Litauen; denn bei einem Besuche ließ er ihm drei prachtvoll gearbeitete Rittersättel und Aftereisen mit den nötigen Ritterzäumen und einen vorzüglich schönen Hengst und ein andermal einen künstlich gearbeiteten silbernen Panzergürtel als Ehrengeschenke überreichen; als Witolds Gemahlin das Ordenshaus mit ihrem Besuche erfreute, ließ ihr der Meister mehrere Fingerringe, die ihm fünfzehn Mark kosteten, und zwei kostbar gearbeitete und vergoldete Köpfe oder Trinkbecher von Silber verfertigen. Die Frauen und Jungfrauen, welche die Fürsten begleiteten, erhielten seidene Borten und seidene Tollen oder kleine Quasten, die zum Schmuck der Kleider gebraucht wurden. Kamen die Ordensgebietiger aus Deutschland nach Marienburg, so waren es Handschuhe und Hosen von sämischem Leder, die ihnen der Meister als Geschenke geben ließ; so wurden im Jahre 1405 zu diesem Zwecke der ersteren dreißig, der anderen sechzehn Paare verfertigt.

Nicht selten wurde der Meister von Leuten, die bei der Ordensburg im Dienst oder in Arbeit standen, bei ihrer Verheiratung zur Hochzeit gebeten, wobei er nie verfehlte, die Brautleute mit Geld oder sonst mit irgend etwas zu beschenken; bald erhielt ein Brautpaar sechs, bald ein anderes zehn Mark, oder der Meister ließ dem Bräutigam das nötige Bier und Meth zu seiner Hochzeit anweisen, und war dieser von etwas vornehmerem Stande, so wurden ihm wohl auch einige Hirsche zu seiner Hochzeitstafel zugesandt. Auch geschah es öfters, daß sich heidnische Litauer oder Samaiten in Marienburg taufen ließen, wobei der Hochmeister Patenstelle vertrat. Gewöhnlich gab er den Neugetauften nicht bloß ein ansehnliches Patengeschenk von fünf bis acht Mark, sondern ließ sie meistens ganz neu einkleiden und richtete ihnen nach der Taufe noch ein besonderes Gastmahl aus. Als sich dagegen ein Jude in Marienburg taufen ließ, erhielt er vom Meister nur eine halbe Mark als Patengeschenk.

In der Mitte seiner Konventsbrüder ging der Meister gewöhnlich in ganz einfacher Kleidung, doch war sie ziemlich mannigfaltig. Im Sommer trug er einen kurzen Überrock mit weißem Unterfutter; reitend dagegen erschien er in einem langen Rocke mit Büchsen; im Winter war sein Reitrock mit schwarzen Schaffellen gefüttert. Die Farbe seines Tuches war beständig schwarz. Unter dem Rocke trug er ein Unterkleid von Baumwolle. Die Beinkleider waren zum Teil von Tuch, doch meist von sämischem Leder, Hirsch- oder Rehleder; denn lederne Hosen trug man damals ganz allgemein, weshalb in Marienburg auch eine ungemein große Masse von Leder zur Kleidung der übrigen Ordensritter zubereitet wurde. Ein kostbares Staatskleid des Hochmeisters, worin er an hohen Festen oder beim Besuche fürstlicher Personen an der Tafel erschien, war die Schaube, ein mantelartiges Kleid, das bis an die Knöchel reichte, aus dem feinsten Tuche bestand und mit goldenen Borten besetzt war. Zu seinem Rittermantel nahm der Meister englisches weißes Tuch, und auf seinem Waffenmantel trug er ein äußerst schön gearbeitetes Kreuz, dessen Verfertigung allein 15 Mark kostete. Außer dieser Kleidung von schwarzer und weißer Farbe liebte er auch manches von grauem „werweschen" Tuche, wie denn überhaupt zur Bekleidung des Meisters und seiner Ritter und ihrer Dienerschaft eine Menge ausländischer Tücher im Gebrauche waren; man hatte amsterdamisches, mechelnisches, leydensches, brüggesches, brüsselisches, bergisches, aldenardensches, ipernsches, werwesches, londisches, walmisches, mabusches, poppernsches, vallentisches, herrentalisches und russisches Tuch. Im Winter gebrauchte der Meister zu seiner Kleidung viel Pelzwerk; denn er trug nicht bloß einen großen und weiten Umschlagpelz, sondern auch seine übrigen Kleider waren stark mit Pelz gefüttert. Daher ließ er jedes Jahr über 100 Zobelbälge zubereiten und zu Pelzen und Futter verarbeiten. Seine Winterschaube war immer mit dem kostbarsten Zobelpelz gefüttert, und ebenso sein schwarzer Arrasrock. Zu anderen Kleidern gebrauchte er auch Marderfelle und aus Fuchsbälgen ließ er seine Handschuhe oder seine Fuchswannen, enge um den Leib anschließende Pelzleibchen, oder auch seine Fuchsdecken zur Erwärmung der Füße verfertigen. Außerdem trug er auch Biberfelle und mitunter auch wohl Lämmerfelle, obgleich solche nach der Ordensregel nur die gewöhnlichen Ritter oder die Herren im Konvente als Pelze trugen; denn außer dem Hochmeister durften nur die obersten Gebietiger kostbares Pelzwerk zu ihrer Kleidung nehmen. Die Kopfbedeckung des Meisters bestand teils in Hüten, teils in Mützen. Im Sommer sah man ihn meist mit einem in Danzig verfertigten und mit Seide gefütterten Strohhute oder auch mit einem russischen Filzhute, deswegen so genannt, weil es in der Regel Russen waren, die nach Preußen kamen, um eine besondere Art von Filzhüten zu verfertigen; die des Hochmeisters wurden wenigstens alle von Russen in Marienburg gemacht. In den Umgebungen des Hauses sah man den Meister mit einer Sammetmütze, deren er einmal drei für zwölf Mark kaufte. Aber er wechselte auch mit braunen Tuchmützen, die im Winter mit feinem Pelze gefüttert waren. Mitunter bediente er sich auch der Kogel, einer damals in Deutschland gebräuchlichen Art von Kappe, die etwas ähnliches mit der Mönchskapuze hatte und den Kopf warm hielt, da sie meist mit Grauwerk gefüttert, oft aber ziemlich kostbar war. Zur Erwärmung der Füße bei strenger Winterkälte waren Wärmflaschen im Gebrauche, die auf dem Fußboden von Stuck oder Fliesen im Winter ganz besonders nötig wurden. Zur Leibwäsche ließ der Meister in der Regel westfälische Leinwand über Lübeck zur See kommen, wovon hundert Ellen damals 5 Mark kosteten. Außerdem gebrauchte er viel Seidenzeug, Taffet, Atlas, Damast, seidene und golddurchwirkte Tücher und seidene und goldene Borten. Ein seidenes Tuch kaufte er im Jahre 1402 für 8 Mark, und für vierzehn andere seidene Tücher zahlte er 77 Mark. Eine goldene Borte zu einer Zobel-Schaube kostete nahe an 3 Mark.

Bekanntlich war den Ordensbrüdern im Gesetze nur ein sehr einfaches Ruhelager vorgeschrieben; das Bett bestand bloß aus einem Beltsacke, einem Kopfkissen, einem Bettuche und einer leinenen oder wollenen Decke. Indessen machte der Meister auch hier eine Ausnahme. Er schlief in einem Flaumfederbette, im Sommer auf Bettkissen mit Bettzügen von sämischem Leder; auch war sein Bett, was man den gewöhnlichen Ordensbrüdern nicht erlaubte, mit einem blauen Vorhang umzogen, der nicht weniger als 26 Mark kostete. Bei ihm schlief in demselben Schlafgemache entweder einer seiner Kompane oder ein getreuer Kammerdiener.

Machte der Hochmeister Reisen im Lande, was er oft, bald in geringer Begleitung, bald mit zahlreichem Gefolge tat, so änderte sich natürlich vieles in seiner gewöhnlichen Lebensweise. Auf die Nachricht seiner Ankunft zog ihm das Volk aus den Städten mit den Musikanten und Stadtschülern jubelnd entgegen, und nie unterließ es der freundliche Herr, die Singenden und Spielenden mit Geschenken zu erfreuen. Wo der Meister hinkam, beeiferte, man sich, ihm allerlei kleine Geschenke zu überreichen. Hier brachte ein Mann ihm Haselnüsse, weil er diese gerne aß; dort machte man ihm ein Geschenk mit jungen Bären; heute wollte ihn eine arme Frau mit einem Lilienstrauß erfreuen; morgen erschien ein armer Greis, „der den Meister mit einem Biberzagel ehrete" und dafür eine Mark erhielt. Zog der Meister nach Memel über die kurische Nehring, so „beehrten" ihn regelmäßig die Frauen von Rositten mit Fischen, Eiern und Öl. Tanzten die Mädchen einer Stadt, wo der Meister übernachtete, des Abends vor seinen Fenstern, so fiel auch ihnen ein Geschenk aus des Fürsten Händen zu. Regelmäßig bedachte der Meister auch die Armen und Kranken der Stadt, die Siechen in den Hospitälern und die armen Schüler. Ganze Gebiete erfreuten sich in unglücklichen Jahren seiner reichlichen Unterstützung, sobald er sich auf seinen Reisen von ihrer Not und ihren Verlusten überzeugt hatte; ehrbaren und redlichen Leuten, die ihm als der Aufhilfe bedürftig empfohlen wurden, ließ er öfter, auch wenn sie keine Verluste erlitten hatten, Unterstützungsgelder auszahlen, um damit ihre Wirtschaft zu verbessern.

Daher trat man dem Meister auf seinen Reisen überall mit Beweisen der Liebe und Ergebenheit entgegen und die Städte beschenkten ihn bald mit dieser, bald mit jener Ehrengabe nach der Sitte der Zeit. Aus Elbing empfing er eine Last des besten Elbinger Biers, „do mete yn die Bürger zum Elbing ereten", die Danziger erfreuten ihn mit einem Faß guten Rheinfalls, und ein Mann ans Danzig, der dem Meister eine Tonne neuer Heringe brachte, „do mete In der Rath von Danzig ehrete". erhielt eine Mark als Trinkgeld. Die meisten Reisen machte der Meister in seinem besonderen Wagen. Zwei Reisewagen und einen Weinwagen zu bauen, kostete im Jahre 1412 nicht mehr als sechs Mark. Zu kleineren Ausfahrten bediente er sich eines mit blauem Tuch ausgeschlagenen „Hangelwagens", der für zehn Mark gebaut war, oder auch eines kleinen, blau ausgeschlagenen Kammerwagens. Bei weiten Reisen wurden auf einem großen Kammerwagen in Körben und Laden die nötigen Kleider mitgenommen. Auf solchen Reisen kehrte der Meister bei den Landes-Bischöfen und in den Ordenshäusern ein, wo für ihn beständig ein schön eingerichtetes Wohngemach zur Aufnahme bereit stand. Hier fand er jederzeit alles, wessen er bedurfte; nur sein Reisebett führte er beständig mit sich. Für den Unterhalt wurde nicht das Mindeste gezahlt; nur der „Stobenroch" oder Einheizer, der den Meister auch beim Bade bediente, erhielt ein mäßiges Trinkgeld. Reiste der Hochmeister zu einer Zusammenkunft mit einem benachbarten Fürsten, so folgten ihm außer seinem Silberwagen, worauf das silberne Tischgerät befindlich war, auch seine Wein-, Speise- und Fischwagen, und auf Kriegsreisen brachte ihm der Harnischwagen seine Kriegsrüstung und Waffen nach. Außer dem Hochmeister durften nur die obersten Gebietiger, die Komture, die Kaplane und anderen Geistlichen nebst des Meisters Kämmerer ihre Reisen zu Wagen machen, denn die gemeinen Ritterbrüder konnten nur zu Pferde reisen.

Auf solchen Reisen ergab sich dem Meister Gelegenheit, mit dem Zustande des Landes aufs genaueste bekannt zu werden. Aber auch in Marienburg selbst konnte er jeden Tag die zuverlässigsten Nachrichten einziehen. Es bestand nämlich schon zu Ende des vierzehnten Jahrhunderts durch ganz Preußen eine förmlich eingerichtete Reitpost, die ausschließlich für den Hochmeister und die Ordensbeamten vorhanden war und deren Mittelpunkt immer der Hof und Aufenthalt des Meisters blieb. Der oberste Pferdemarschall zu Marienburg war der Hofpostmeister; denn unter seiner Oberaufsicht standen die Reitpostpferde, damals Schweiken oder Briefschweiken genannt, und unter seinen Befehlen die Postillons, die Briefjungen hießen; er war der obere Beamte des sogenannten Briefstalles oder des Postamtes. Die Briefschweiken wurden nur für diese Reitpost gebraucht; und wie im Haupthause Marienburg, so war die Einrichtung der Post auch in jeder anderen Ordensburg; denn in jeder wechselte man den Briefjungen und das Postpferd, und der Komtur des Hauses war verpflichtet, auf der Adresse des Briefes anzugeben, in welcher Stunde der Brief bei ihm angekommen und von ihm weitergesandt worden sei. Demnach las man auf einem vom Ordensmarschall an den Hochmeister nach dem Sommerauf enthalt Stuhm gesandten Briefe:

„Dem ehrwirdigen Homeister mit aller Erwirdikeit, Tag und Nacht ohne alles Säumen, sonderliche Macht (das heißt Wichtigkeit) liegt daran.
Gegangen zu Königsberg am Abend Conception Maria nach Mittag hora V.
Kommen und gegangen von Brandenburg am selbigen Abend vor Mitternacht hora X.
Kommen und gegangen von der Balga am Tage Conception vor Mittag hora IX.
Kommen und gegangen von Elbing am selben Tage nach Mittag

hora VIII.
Kommen und gegangen von Marienburg am Sonnabend darnach vor Mittag hora VIII."

Sonach konnte der Hochmeister vergleichen, ob die Briefe prompt weiterbefördert worden und welcher Komtur darin etwa säumig gewesen war. Schwieriger war des Meisters Korrespondenz ins Ausland, wozu Läufer und reitende Boten dienten. Einen Brief des Hochmeisters nach Rom zu bringen, kostete zehn Mark, und einen Brief an den König von Schweden drei Mark. Dagegen erhielt ein Mönch, der mit einem Briefe nach Rom lief, nur eine Mark, weil ihm die Zehrung auf dem Wege überall ganz leicht ward. Einem Boten, der Briefe des Meisters nach Österreich brachte, wurde für jede Meile ein Schilling Botenlohn angerechnet, sodaß er für die ganze Reise die Summe von drei Mark erhielt. Fremde Boten und Gesandte, die zum Hochmeister kamen, wurden zu Marienburg jederzeit auf Kosten des Meisters unterhalten, indem sie in eine Herberge einquartiert, ihrem Stande gemäß versorgt wurden, und bei ihrer Abreise bezahlte man die Rechnung für sie auf des Meisters Befehl aus der hochmeisterlichen Kasse. Dies hieß, sie aus der Herberge lösen. So bezahlte einmal die Kasse des Meisters die Zehrung von zwei Rittern, die der König von Polen als Gesandte nach Marienburg geschickt hatte, mit acht Mark, und einen Ritter aus Burgund, der in der Herberge lag, löste der Treßler mit fünf Mark und siebzehn Scoter. Ein Bischof von Persien mit einem Barte kostete der Kasse des Meisters zehn Schock böhmischer Groschen, und ein griechischer Bote aus Konstantinopel, der im Jahre 1409 im Ordenshause ankam, verzehrte in der Herberge zwanzig ungarische Gulden . Den Burggrafen von Nürnberg, der mit seinem Gefolge sieben Tage zu Marienburg gelegen hatte, mußte der Meister mit 156 Mark aus der Herberge lösen, und 177 Mark nach Thorn und Kulm senden, um dort die Herbergsrechnungen des Herzogs von Oels zu bezahlen.

Werfen wir einen Blick auf den Hof des Meisters, so finden wir ihn nach einem sehr zweckmäßigen Plane geordnet, indem die gesamte Hausverwaltung in bestimmte Ämter geteilt war, an deren Spitze Beamte standen, die das Gesetz zu Buch und Rechnung verpflichtete und jeden Augenblick einer Kontrolle unterwarf. Man zählte dieser Ämter im ganzen 32, deren Vorgesetzte zum Teil auf den nahegelegenen Höfen und Vogteien wohnten. Alle diese eigentlichen Beamten des Haupthauses, mit denen der Meister fast jeden Tag Geschäfte zu besprechen hatte, gehörten ohne Ausnahme als Brüder dem Orden an; ein Umstand, der für die gesamte Verwaltung der Angelegenheiten des Ordenshauses von außerordentlicher Wichtigkeit war, indem kein einziger das mindeste an Besoldung und Gehalt bezog und alle Beamten das bloße und ausschließliche Interesse für den Orden und dessen Oberhaupt, den Hochmeister, beherrschte . Was der einzelne bedurfte und das Gesetz erlaubte, das gewährte ihm der Orden, und was die Ordensregel nicht gestattete, das konnte ihm der Meister jederzeit entziehen, und was er irgend besaß, fiel bei seinem Tode sofort wieder dem Orden anheim. Außer diesen eigentlichen Hausbeamten hatte der Meister noch zwei Kompane und sein sogenanntes Hofgesinde. Es war alte Einrichtung im deutschen Orden, daß der Hochmeister beständig von zwei Ordensbrüdern begleitet und bedient werden mußte; diese Kompane standen ihm am nächsten, hatten ihre Wohngemache ganz in der Nähe der hochmeisterlichen Schlafkammer, sodaß sie jeden Augenblick zum Meister kommen konnten; sie hatten zu jeder Stunde, selbst zur Nachtzeit, freien Zutritt in seine Gemache, begleiteten ihn auf Reisen, zu Tagsatzungen mit fremden Fürsten, – kurz, sie durften ihren Herrn nie und nirgends verlassen. Ihre Wahl hing ganz allein vorn Meister ab; ihre Stellen galten für Ehrenämter, und Kompan des Hochmeisters zu sein, war der erste Schritt zu einem höheren Ordensamte.

Des Meisters Hofgesinde bestand dagegen aus Hofdienern, von denen kein einziger Ordensbruder war, sondern jeder auf bestimmten Gehalt und Lohn diente. An der Spitze dieser Hofdienerschaft stand, dem Range nach, des Meisters Hofjurist, ein doctor juris, daher gewöhnlich Magister und Meister tituliert. Sein vollständiger Titel war: Doininm N. N., doctor decretorum et iurista Ordinis. Er stand auf einem Jahresgehalt von zwanzig Mark; außerdem fiel ihm meist noch eine Rente von zehn Mark zu, und, wie es scheint. hatte er noch einzelne Nebeneinkünfte, teils aus der hochmeisterlichen Kasse, teils von Geschäften, für die er besonders honoriert wurde. Begleitete er den Hochmeister zu einer Tagsatzung nach Thorn, so erhielt er eine außerordentliche Zahlung von zehn Mark. Er wohnte nicht in der Ordensburg selbst, sondern in der Stadt, und hatte seine vom Hochmeister besonders gelohnten und gekleideten Schreiber und Diener. Auf diese Weise stand auch des Hofmeisters Haus- und Hofarzt auf einem bestimmten Gehalte, der im Jahre 1400 dreißig Mark betrug, aber im Jahre 1408 auf siebzig Mark erhöht war. Bisweilen erhielt er vom Meister besondere Ehrengeschenke, wie das nötige Pelzwerk zu einer Schaube, Tuch zur Kleidung oder ein Faß Wein. Er mußte immer Magister in seiner Wissenschaft sein und auf weiteren Reisen den Hochmeister begleiten. Der Augenarzt und der Wundarzt des Meisters scheinen keinen bestimmten Gehalt gehabt zu haben, sondern jedesmal besonders belohnt worden zu sein. Für die Heilung eines Bein- oder Armbruches zahlte der Hochmeister dem Wundarzte eine Mark; ebensoviel erhielt der Barbier für einen Aderlaß am Hochmeister. Der Roßarzt dagegen hatte ein festes Jahresgehalt von zehn Mark, wurde jedoch zuweilen noch außerordentlich belohnt.

Da das Bad damals zu den notwendigsten Leibesbedürfnissen gehörte, so hielt sich der Hochmeister einen besonderen Bader, der in der Badestube ihm zur Hand sein mußte. Es wurde beim Baden sehr viel sogenanntes Questenlaub gebraucht, indem man entweder durch das Schlagen mit diesem Laube, wie heutzutage bei den russischen Dampfbädern, die Haut reizte oder die Blöße damit bedeckte, wiewohl dieses sehr unwahrscheinlich ist.

Wie Musik und Gesang an dem Meister immer ihren Beförderer fanden, so hielt er an seinem Hofe auch einen eigenen Hofmaler, beschäftigte daneben aber noch andere Künstler in der Malerei; denn er machte mit Gemälden nicht bloß Geschenke an Ordenshäuser und Kirchen in Preußen, sondern auch an auswärtige Fürsten. Auf die Schönheit dieser Kunstwerke läßt sich aus den ansehnlichen Summen schließen, die dafür gezahlt wurden; so erhielt ein Meister Johann im Jahre 1397 für ein Gemälde vom Hochmeister nicht weniger als 121 Mark; es war ein Prachtgeschenk für den König von Ungarn. Ein schönes Marienbild, von seinem Hofmaler verfertigt, schenkte der Hochmeister der Ordenskirche zu Tapiau. Der Maler Albert aus Elbing malte, auf seinen Auftrag, für den Komtur von Elbing, Konrad von Kiburg, ein ausgezeichnet schönes Altarblatt, welches noch in späterer Zeit am Hochaltare der Ordenskirche zu Elbing bewundert wurde, und ein anderes ähnliches Altargemälde kam in demselben Jahre 1404 in die Kirche zu Neidenburg. Außer diesen nach auswärts verschenkten Gemälden ließ der Hochmeister mehrere Jahre hindurch auch sehr vieles für das Ordenshaus selbst malen, und wir finden den Hofmaler bald beschäftigt mit Gemälden in des Meisters Kapelle, wo besonders eines Gemäldes aus Prag erwähnt wird, das von großer Schönheit gewesen sein muß; bald arbeitet er für diese Kapelle an zwei Altarblättern, die nach den angegebenen Preisen gewiß sehr ausgezeichnet waren; dann bemalt er ein Gehäuse zu einem Marienbilde oder es beschäftigt ihn ein Gemälde auf der seidenen Heerfahne des Hochmeisters mit dessen Wappen in Gold; bald wieder ziert er mit seinem Pinsel mehrere Streitschilde oder er schmückt ein Gesangbuch mit „gepayrierreten Buchstaben" oder er malt das Bild des verstorbenen Meisters in das kleinere Remter. Auch die Glasmalerei fand an den Hochmeistern immer günstige Beförderer, und man versorgte mit Bildwerken, auf Glas gemalt, von Marienburg aus fast alle Ordenskirchen des Landes.

Zu des Meisters Hofgesinde wurde auch der Goldschmied gezählt, der beständig für den Meister in Arbeit war; er verfertigte Fingerringe, die als Geschenke an Fürstinnen und vornehme Frauen dienten, ein Silberservice für den Meister oder silberne Schüsseln und Schalen, silberne Löffel, mit Gold und Silber belegte Messer und Beiwerfe oder Gabeln, silberne Köpfe oder Trinkbecher, übersilberte Wisenthörner und endlich mit Silber und Gold eingefaßte Straußeneier. Wir finden unter den Künstlern im Hause auch Bildhauer, Bildschnitzer, Orgel- und Uhrmacher genannt. Endlich gehörten zu des Meisters Hofgesinde auch Kapläne und Pfarrer, die Tischleser und Glöckner, des Hochmeisters Kämmerer und Unterkämmerer, die in des Meisters Begleitung beim Ausgehen Almosen verteilen mußten, überdies sein Kammerdiener und mehrere andere Diener, die auf bestimmtem Jahrlohn standen und mit des Meisters innerem Hausleben und Hauswesen beschäftigt waren.

Dies waren die Beamten und die Dienerschaft, in deren Umgebung der Hochmeister in seinem Haupthause täglich lebte. Er lebte aber in der Tat auch wirklich mit und unter ihnen und bewies durch dieses tägliche Zusammensein mit seinen Ordensgenossen, daß er den Bruder in dem Meister nicht vergessen habe. Meistens aß er mit ihnen an demselben Tische. Zwar hatte er, wie wir sahen, sein eigenes Speiseremter, allein er benutzte dieses gewöhnlich nur, wenn die Gebietiger, Komture oder Fremde zu Gast geladen wurden. In der Regel folgte er dem Ordensgesetze, nach welchem der Meister und alle gesunden Ordensbrüder an den Konventstafeln im Konventsremter beisammen sitzen und gleiches Essen genießen sollten; denn es war gesetzlich bestimmt, daß auch in anderen Ordenshäusern kein Gebietiger oder Komtur außerhalb des Konventes essen durfte, ausgenommen, wenn Prälaten, oberste Gebietiger oder sonst Gäste bei ihm waren. Im Konventsremter zu Marienburg standen mehrere Tafeln unter besonderen Namen, an denen eine bestimmte Rangordnung galt: Die erste hieß die Gebietigertafel, weil an ihr der Hochmeister, der Großkomtur, der Treßler und der Hauskomtur ihre Sitze halten. Der Meister erhielt an Speisen viermal so viel als ein anderer Ordensbruder, damit er gegen Brüder, die zur Buße saßen, mildtätig sein könne; denn so bestimmte es das Ordensgesetz. Eine zweite Tafel nannte man den Konventstisch, weil an ihr sämtliche eigentliche Konventsbrüder saßen, und zwar Priester- und Laienbrüder nebeneinander. An Tagen, die nicht Fisch- oder Fastentage waren, aß man an diesem Tische drei Gerichte nebst Käse und Weißbrot. Die dritte Tafel hieß der Jungentisch, weil hier die jungen Herren speisten, das heißt, solche Ordensbrüder, welche die vom Ordensgesetz bestimmte „Zeit der Probacie" oder Prüfung zur förmlichen Aufnahme in den Orden noch nicht bestanden hatten. Auch hier wurden drei Gerichte und Weißbrot, aber kein Käse gegeben. Während des Essens herrschte nach dem Ordensgesetze allgemeine Stille, weil nach der Ordensregel während der Tischzeit Vorlesungen oder sogenannte „Leccien" gehalten wurden, „auf daß den Ritterbrüdern nicht allein die Gaumen werden gespeiset, sondern auch ihre Ohren hungern nach Gottes Wort". Zu diesem Zwecke hielt der Hochmeister mehrere Tischleser, von denen einer der oberste Tischleser hieß; es waren ihrer bald drei, bald vier im Hause. Auch zur Abendzeit fand sich der Meister öfter im Konventsremter bei seinen Konventsbrüdern zur sogenannten Collacie ein; so hieß nämlich die Versammlung der Ordensritter zum Abendessen an Festtagen, wo indessen mehr getrunken als gegessen wurde. An Festtagen ließ der Meister den Konventsbrüdern zur Collacie Leckerbissen, zuweilen auch Wein aufsetzen; regelmäßig geschah dieses am Christfeste und an den meisten Heiligentagen.

Es scheint nötig, einen Blick auf die Einnahmen des Haupthauses zu werfen, durch welche der Fürstenhof des Hochmeisters unterhalten und seine nicht geringen Ausgaben bestritten wurden. So viel zu ermitteln ist, befand sich in der Ordensburg ein dreifacher Schatz; es gab nämlich drei verschiedene Treßel, in die alle Einnahmen des Ordens flössen und aus denen auch alle Ausgaben gezahlt wurden. Der eine hieß „der große Treßel im Keller", der andere schlechthin „der Treßel auf dem Hause" und der dritte wurde „die Silberkammer auf dem Hause" genannt. Der erste war der eigentliche allgemeine Ordensschatz, aus dem man die großen Ausgaben bestritt, der zweite mochte der besondere Schatz des Konvents von Marienburg sein, die Silberkammer dagegen war der besondere Treßel des Hochmeisters.

Der Treßler des Ordens war zugleich Schatzmeister des Hochmeisters, indem er nicht bloß das Buch über den eigentlichen Ordensschatz, sondern auch die Rechnung über die Kammerkasse des Meisters führte, und diese Rechnung ist uns für eine Reihe von Jahren vollständig erhalten worden. Der Treßler zahlte dem Hauskomtur, der für die Bedürfnisse des Konventes sorgte, immer die Summen im ganzen aus, weil dieser für sich selbst Buch und Rechnung führen mußte. Im Durchschnitt erhielt er jährlich für den Konvent die Summe von 2500 Mark. Am Schlüsse des Jahres wurden vom Treßler in Gegenwart des Hochmeisters und des Großkomturs sowohl die Einnahmen als die Ausgaben des Hochmeisters und des Konventes in das große Treßlerbuch eingetragen, und dann ward, gemäß dieser Zusammenstellung, ein Rechnungsabschluß angefertigt.

Nachdem wir den Hochmeister in seinem Tun und Treiben also kennen gelernt, bleibt noch übrig, ihn zu seiner letzten Ruhestätte zu begleiten. Sobald der Meister entschlief, trat sofort der Großkomtur als Statthalter in seine Stelle und ordnete mit dem Treßler und Hauskomtur seine feierliche Bestattung an. Bevor der Verstorbene zur Ruhe beigesetzt ward, wurden nicht bloß die gewöhnlichen Seelenmessen gelesen und Vigilien gehalten, sondern man teilte auch reichliches Almosen aus. Die Bestattung war schlicht, aber würdig; sie geschah zur Abendzeit in Begleitung aller Brüder des Hauses, der nahen Gebietiger, Komture und der Landesbischöfe. Der Sarg wurde auf einer mit blauem Tuche belegten Bahre von auserwählten Ordensrittern in die St. Annen-Kapelle getragen und nach den üblichen Feierlichkeiten in die Gruft gesenkt. Ein ganzes Jahr wurde darauf für den hingeschiedenen Meister Messe gelesen und, um das Andenken an den Dahingeschiedenen gegenwärtig zu erhalten, ward dem Hofmaler der Auftrag erteilt, sein Bildnis in dem kleineren Remter an die Wand zu malen.

Des Grafen Christoph des Ältern von und zu Dohna Hof- und Gesandtschaftsleben

Jugendzeit des Grafen Christoph von Dohna.– Universitätsleben.– Erste Reise nach Italien und Frankreich. – 1604-1606.

Gebhard Truchseß von Waldburg war nach der Abdankung des Kurfürsten Salentin von Köln durch die Fürsprache des Grafen Hermann von Nuenar zum Erzbischof von Köln gewählt und vom Papst bestätigt worden. Als er bei einer Prozession die schöne Gräfin Agnes von Mansfeld erblickte, erwachte in ihm, dem erst dreißigjährigen Manne, unpriesterliche Leidenschaft. Der Wunsch ihres Besitzes konnte nur eine Zeit lang unter einem verbotenen Umgange verborgen bleiben. Von den Brüdern der Geliebten gedrängt und von seinen Freunden, den Grafen Nuenar von Solms, ermutigt, beschloß er, den Wünschen seiner Agnes nachzugeben, sich mit ihr zu vermählen, jedoch nach dem Beispiel des brandenburgischen Prinzen Joachim Friedrich, Erzbischofs von Magdeburg, die Verwaltung des Erzstiftes auch ferner fortzuführen. Der Entschluß kam bald zur Ausführung. Im Dezember 1582 schied Gebhard öffentlich aus der katholischen Kirche aus, und einige Monate nachher ward ihm zu Bonn durch einen reformierten Geistlichen die schöne Gräfin Agnes angetraut. Am 1. April 1582 aber erfolgte von Rom aus gegen ihn der Bann und zugleich die Entsetzung aller seiner Ämter und Würden. Sein früherer Mitbewerber, Prinz Ernst von Bayern ward an seine Stelle gewählt. Der Schritt des Papstes, die Absetzung eines Kurfürsten, erregte in Deutschland gewaltiges Aufsehen, und als es dem Neuerwählten durch Beihilfe des spanischen Feldherrn, Herzogs von Parma, von den Niederlanden aus gelang, seinen Gegner aus dem rheinischen Teil seines Erzstiftes zu verdrängen, traten die drei Kurfürsten von Brandenburg, Sachsen und der Pfalz am kaiserlichen Hofe mit einer Klage auf über das verfassungswidrige Eingreifen des päpstlichen Stuhles in die Rechte des Kurfürsten-Kollegiums und über die Einmischung Spaniens in die deutsche Sache. Dessenungeachtet zeigten sie wenig Bereitwilligkeit, den Erzbischof Gebhard gegen seine Widersacher zu halten, weil es der protestantischen Gesinnung der Kurfürsten von Brandenburg und Sachsen nicht zusagte, daß Gebhard die ihnen verhaßte Lehre Calvins der lutherischen vorzog. Nur der eifrige Anhänger des Calvinismus, Pfalzgraf Johann Kasimir, rüstete einen Heerhaufen und sandte ihn im August 1583 unter der Führung seines Feldmarschalls, des Grafen Fabian von Dohna, seinem Glaubensgenossen zu Hilfe. Allein er war der Gegenmacht nicht gewachsen, und da Geldmangel den Pfalzgrafen nötigte, nach einigen Monaten seine Truppen wieder zu entlassen, blieb Gebhard völlig hilflos; er lebte noch 16 Jahre zu Straßburg als Dechant des dortigen Domkapitels, jedoch ohne dem Titel eines Kurfürsten, an den er seine Anrechte knüpfte , zu entsagen.

Wenige Jahre nachher war es wieder die Religionssache in Frankreich, welche die Teilnahme der drei Kurfürsten von Sachsen, Brandenburg und der Pfalz, sowie anderer deutscher Fürsten und Reichsstände, lebhaft in Anspruch nahm. Eine von ihnen an den König Heinrich III. ergangene Aufforderung, den seinen reformierten Untertanen bewilligten, von ihm feierlich beschworenen Frieden wiederherzustellen, war von ihm so zweideutig beantwortet worden, daß sich der Pfalzgraf Johann Kasimir, damals Regent der Pfalz, für seinen Neffen, den Kurfürsten Friedrich IV., bewogen fand, zum Schulz seiner Glaubensgenossen in Frankreich mit dem König Heinrich von Navarra am 11. Januar 1587 über die Werbung eines Hilfsheeres einen Vertrag zu schließen. Durch die Gelder des Königs, der deutschen Fürsten und der Königin Elisabeth von England gelang es bald, aus dem Elsaß, der Schweiz und einigen Ländern Deutschlands ein Heer von 29 000 Mann aufzubringen, welches mit den in Frankreich gesammelten Heerhaufen des Herzogs von Bouillon, des Grafen La Mark und anderen freiwillig herzuströmenden Scharen eine Streitmacht von 40 000 Mann bildete. Der Oberbefehl war vom Pfalzgrafen abermals dem kriegskundigen Grafen Fabian von Dohna anvertraut; denn kein anderer kam ihm an Mut und Kühnheit gleich. König Heinrich, in seinen Streitkräften viel zu schwach, um sich der feindlichen Macht entgegenstellen zu können, sah die Deutschen unter Dohnas Führung durch Lothringen und Burgund verheerend und plündernd bis an die Loire vordringen, wo er die Übergänge besetzt und befestigt hatte. Dies und der Mangel an Lebensmitteln in den ausgeplünderten Gebieten der Loire nötigten das deutsche Heer, sich in nördliche, wohlhabendere Gegenden zu wenden. Schon war Paris bedroht. Da folgte allerlei Ungemach. Niederlagen einzelner Heeresteile, Uneinigkeit unter den Befehlshabern, Ungehorsam unter den Truppen, die Weigerung der Schweizer, gegen ihre Landsleute im königlichen Heere zu streiten, der Mangel aller Hilfe und Teilnahme von Seiten des Königs von Navarra, ungesunde Witterung bei herannahendem Winter und Unmäßigkeit im Genuß: alles dies schwächte und entmutigte das deutsche Heer in dem Maße, daß es seiner völligen Vernichtung entgegensah. Gern nahmen daher die Führer einen vom König ihnen dargebotenen Vertrag an, in dem ihnen freier Abzug über die Grenze des Reiches bewilligt ward, wogegen sie versprechen mußten, nie wieder ohne des Königs Befehl in Frankreich zu dienen.

Unmutig ging Graf Dohna in die Pfalz zurück und begab sich noch 1588 in sein Geburtsland Preußen. Hier fand er im Hause seines Bruders, des Grafen Achatius von Dohna, einen Knaben, der bald seine volle Liebe auf sich zog. Christoph, der jüngste von dreizehn Geschwistern, deren mehrere aber schon in früher Jugend gestorben waren, zählte damals erst fünf Jahre. Allein schon in diesem Kindesalter zeigte er eine Wißbegierde, die über seine Jahre ging. Wenn der Oheim von seinem Hofleben in der Pfalz, den Burgen am Rheinstrom oder den vielfältigen Widerwärtigkeiten erzählte, die er in Frankreich selbst erduldet oder als Augenzeuge wahrgenommen, hing der Knabe an seinen Lippen und unterbrach ihn jeden Augenblick durch neue Fragen.

Wohl mochten es diese Erzählungen sein, die den regen Geist des aufgeweckten Knaben aus dem engen Kreise der heimatlichen Umgebung in die Welt schweifen ließen. Der Vater aber förderte, was der Oheim angeregt. Graf Achatius, der mehrere Jahre am Hofe des Kaisers Maximilians II., dann als Gesandter am polnischen Hofe gelebt, mit Auszeichnung im ungarischen Kriege gedient und auf dem Reichstage zu Speyer das Reichstagsleben kennen gelernt hatte, liebte es, von den Erfahrungen und Schicksalen seines früheren Lebens zu erzählen. Er unterhielt eine ausgedehnte Korrespondenz und pflegte daraus der Familie die wichtigsten politischen Zeitereignisse mitzuteilen. So gewannen die Söhne nicht nur Kunde von allem, was in der Welt vorging, sondern sie mußten auch häufig die dem Vater zugekommenen Zeitungen, die damals meist nur geschrieben wurden, abwechselnd abschreiben, wenn er sie Freunden oder Verwandten senden wollte.

Christoph zählte das sechste Jahr, als sein Vater die Stadt Mohrungen, seinen bisherigen Aufenthalt, verließ und das alte Stammschloß seiner Ahnen, Schlobitten im Preußischen Oberlande, bezog, mit ihm eine Tochter und sieben Söhne, Friedrich, Heinrich, Fabian, Abraham, Dietrich, Achatras und Christoph. Bis 1597 genossen sie sämtlich häuslichen Unterricht. Die zwei ältesten, Friedrich und Heinrich, bezogen darauf die Universität; jener ging nach Jena, dieser nach Wittenberg und dann nach Heidelberg. Der dritte Bruder, Graf Fabian, lernte zuerst auf einer Reise mehrere Länder Deutschlands kennen, begab sich darauf nach Ungarn, wo er in Kriegsdienste trat und einer der ersten war, die das feste Gran erstürmten. Später, in den Niederlanden, wo er mehrere Reiterkorps befehligte, stand er in hoher Gunst bei dem Prinzen Moritz von Oranien. Auch die drei übrigen Brüder blieben nur noch kurze Zeit im elterlichen Hause, wo sie von einem Lehrer den nötigen Unterricht in Sprachen und Wissenschaften erhielten. Er wurde ihnen in einer kleinen Kammer eines abgelegenen Hauses erteilt, deren Wände sie ringsum mit vielen ans der Bibliothek ihres Vaters entnommenen Bildern von orthodoxen Theologen beklebt hatten, worunter aber auch Beza, Zwingli und verschiedene Calvinisten waren, wobei es ihnen viele Mühe kostete, die unter den Bildern befindlichen lateinischen Verse zu verstehen. Graf Christoph wunderte sich späterhin selbst darüber, wie es die streng orthodoxen Eltern hatten dulden können, die Bilder der ihnen verhaßten Calvinisten unter den ehrwürdigen Orthodoxen aufgereiht zu finden.

Nachdem sich bald darauf die jungen Grafen Dietrich und Achatius in Begleitung ihres Oheims Fabian, der noch in kurpfälzischen Diensten stand, nach Heidelberg begeben, befand sich Christoph allein im väterlichen Hause; denn sein Bruder Abraham war nach Rostock gegangen, wohin ihn der bisherige Lehrer der jungen Grafen, David German aus Riga, hatte begleiten müssen. Da Christoph mit vielem Eifer schon in seinem vierzehnten Jahre die Reden Ciceros gelesen und sein neuer Lehrer, Engelbrecht aus Kolberg, „ein guter Poet" war, so mußte er sich täglich nun in lateinischen Versen üben. Damals schon pflegte er alles, was ihm merkwürdig schien, so genau wie möglich aufzuzeichnen, wobei ihm die Kalender als Tagebücher dienen mußten; eine Gewohnheit, die auch für sein späteres Leben von bedeutendem Einfluß war.

Als der junge Graf sein fünfzehntes Jahr zurückgelegt hatte, verließ auch er das väterliche Haus, um in Begleitung seines Bruders Heinrich, der auf kurze Zeit nach Preußen zurückgekehrt war, im August 1598 die Universität Altdorf zu beziehen. Nicht ohne Absicht hatte der Vater diesen jüngsten seiner Söhne, der trotz der Aufsicht im elterlichen Hause schon manche Untugend kennengelernt, dem religiös gesinnten Bruder Heinrich anvertraut. Dieser sollte auf der Universität sein Führer sein und seine Studien leiten. Er benutzte schon auf der Reise jede Gelegenheit, auf seinen Bruder wohltätig einzuwirken. Nach alter Sitte versäumten sie nie, jeden Morgen mit dem Gebete eines Psalms zu beginnen, wie es schon im elterlichen Hause herkömmlich war. Beide Brüder erreichten indes das Ziel ihrer Reise nicht; denn in Nürnberg angekommen, erkrankte Graf Heinrich sehr gefährlich. Sie setzten zwar die Reise fort, die Krankheit aber wiederholte sich und nahm so bedeutend überhand, daß der Leidende schon nach wenigen Tagen in einer Dorfschenke starb. Dadurch in die traurigste Lage versetzt, eilte Christoph nach Altdorf, wohin sich, nach kurzem Aufenthalt zu Rostock, auch sein Bruder Abraham begeben und bald zum Rektor der Universität erwählt worden war. Auch der Bruder Achatius fand sich dort aus Heidelberg ein, um die nötigen Anstalten zur Beisetzung des Verstorbenen zu treffen. Die drei Brüder verweilten den Winter über in Altdorf; denn die dortige hohe Schule stand damals in großem Ruf; besonders glänzten die Namen mehrerer Professoren der Rechtsgelehrsamkeit, bei denen die Grafen Vorlesungen hörten.

Indessen stand das Studentenleben in Altdorf damals nicht im besten Ruf: Ein großer Teil der Studierenden vergeudete die

Zeit bei Trinkgelagen und mit Mummereien auf Schlittenfahrten oder ähnlichen Ergötzlichkeiten.

Da Graf Abraham im Frühling 1599 sich nach Frankreich begab und Achatius nach Heidelberg zurückkehren wollte, so konnte es nicht der Eltern Wille sein, den jungen Sohn Christoph in Altdorf sich selbst zu überlassen. Auf des Vaters Befehl begleitete er seinen Bruder nach Heidelberg. Sie nahmen den Weg über Nürnberg, wo sie, dem obersten Ratsherrn Hieronymus Baumgärtner empfohlen, die Ehre hatten, vom Rat zu einem stattlichen Mittagsmahl auf dem Rathause eingeladen zu werden. Sie verweilten mehrere Tage in der interessanten Stadt; ihre eigentümliche Physiognomie, die große Zahl ihrer Kunstschätze, das rege industrielle Treiben ihrer Bürgerschaft,– alles nahm Christophs Wißbegierde in Anspruch; es machte auf ihn einen Eindruck, dessen er sich auch in den spätesten Jahren seines Lebens noch mit Freuden erinnerte.

Der Name Dohna stand am kurpfälzischen Hofe im besten Klang. An ihn knüpften sich viele Verdienste, die sich Fabian von Dohna um das kurpfälzische Haus erworben, und während der ganzen Regierung des Kurfürsten Friedrich IV. hatte er als Geheimer Rat bedeutenden Einfluß auf die gesamte Verwaltung des Landes. Durch ihn wurden die beiden jungen Neffen, bald nach ihrer Ankunft in Heidelberg, am Hofe eingeführt, und der junge Kurfürst Friedrich, damals erst 25 Jahre alt, schenkte ihnen seine Gunst. Es fand kein Hoffest statt, bei dem sie nicht als Gäste erschienen, kein fürstliches Vergnügen, an dem sie nicht teilnehmen mußten. Der junge Kurfürst liebte es, zur Waffenübung seiner Untertanen kriegerische Kampfspiele anzuordnen. Dann wurden etwa 90 mit langen Spießen oder Piken bewaffnete Bürger einigen 30 von Adel, mit großen Schilden oder Tartschen bewehrt, gegenübergestellt. An ihrer Spitze standen bald Graf Johann von Nassau und Graf Otto von Solms, bald auch der Kurfürst selbst und ein Graf von Dohna; gerieten die Haufen aneinander, so gab es in der Hitze des Kampfes harte Stöße. Bei diesem ersten Eintritt in das Hofleben zu Heidelberg lernte Graf Christoph auch den Fürsten Christian von Anhalt kennen, mit dem er später, durch Freundschaft verbunden, soviel zusammen lebte. Mitunter erlaubte sich der junge Kurfürst am Hofe allerlei Schwanke. Als er eines Tages dem Markgrafen Ernst Friedrich von Baden-Durlach einen Besuch abstattete, kamen sie beim Trinkgelage auf den Einfall, allen Leuten die Bärte abschneiden zu lassen, und es wurde dies auch sogleich an allen Gästen vollführt, „was," wie Dohna sagt, „sonderlich an den alten, vornehmen geheimen Räten ein großer Übelstand gewesen, denn man sie kaum noch kannte".

Bei diesen Zerstreuungen des Hoflebens vergaßen die Grafen jedoch ihre Studien nicht. Sie hatten – was auf ihre Ausbildung wohltätig einwirkte – ihren Tisch bei dem berühmten calvinistischen Theologen Magister Abraham Scultetus, einem Schlesier, der, nachdem er in Wittenberg und Heidelberg seine Studien vollendet und sich durch mehrere Reisen ausgebildet, vom Kurfürsten Friedrich IV. als Gehilfe seines Hofpredigers Bartholomäus Pitiscus angestellt wurde. Bei ihm hörten sie Vorlesungen über Logik, über Ethik und übten sich unter seiner Leitung im lateinischen Stil, wobei ihnen die Briefe und Reden Ciceros zur Nachahmung dienten. Besonders aber war der tägliche Umgang mit diesem gelehrten Mann auf ihre Bildung von großem Einfluß. So freundlich er sie auch behandelte, so sah er ihnen doch keinen Fehler ohne Rüge nach. „Ich", sagte Graf Christoph von sich selbst, „der ich immer alles mit Eile und Gewalt ausrichten wollte und dabei von Natur auch geneigt war, viel zu schwatzen und schnell zu urteilen, wurde deshalb von Scultetus nicht selten durch lateinische Kernsprüche gewarnt und zurechtgewiesen."

In Heidelberg, wo Graf Christoph auch mit mehreren Professoren persönlichen Umgang hatte, verweilte er zwei Jahre. Nachdem er, wahrscheinlich nicht ohne Einfluß des Scultetus, das reformierte Glaubensbekenntnis angenommen, trat er mit seinem Bruder Achatius 1600 eine Reise nach Italien an. Sie besuchten zuerst Venedig, wo sich für Dohnas empfänglichen Geist eine ganz neue Welt eröffnete. Dann gingen sie über Ferrara und Bologna nach Florenz. Hier hielten sie sich längere Zeit auf, teils, um sich in der italienischen Sprache möglichst zu vervollkommnen, teils, um die dortigen Kunstschätze gründlich kennen zu lernen; vorzüglich fesselte sie auch der nähere Umgang mit mehreren deutschen Fürsten, die damals in Florenz verweilten. Am interessantesten war für die jungen Grafen die Bekanntschaft mit dem wissenschaftlich gebildeten Fürsten Ludwig von Anhalt, dem Begründer der nachmals so weit verbreiteten „Fruchtbringenden Gesellschaft", als deren erstes

Oberhaupt er von seinem Sinnbild, einem gut ausgebackenen Weizenbrot, den Beinamen des „Nährenden" führte. Seine große Vollkommenheit im Lautenspiel gab Anlaß, daß sich Graf Christoph bei dem damals berühmten Florentiner Musiker Lorenzo Allegri auch bedeutende Fertigkeit auf der Laute erwarb.

Von Florenz eilten die beiden Grafen im September 1601 zunächst nach Neapel und begaben sich von dort nach Rom, wo sie im November ankamen. Auf Christophs Seele machte die Weltstadt den gewaltigsten Eindruck; alles übertraf seine gespannten Erwartungen. Höchst günstig für ihre Belehrung und den Genuß alles Großartigen und Schönen, war es für die Grafen, daß sie an dem Herrn Fabian Konopatzki, der in des Papstes Clemens VIII. Diensten stand, einen Verwandten fanden, durch dessen Vermittelung ihnen die Bekanntschaft mit allen Merkwürdigkeiten außerordentlich erleichtert wurde. Alles, was Graf Christoph an interessanten Gebäuden, Denkmälern aus dem Altertum, schönen Gemälden oder Kunstwerken sah, zeichnete er mit großer Genauigkeit in einem Itinerarium auf. Dabei versäumte er auch die Leibesübungen nicht, die damals zur Ausbildung eines Kavaliers gehörten, lernte Fechten, Voltigieren, Fahnenschwingen und ähnliche Künste. Vielen Fleiß verwandte er bei dem berühmten Meister Nanino auf die Musik.

Die unerwartete Nachricht vom Tode ihres Vaters, der gegen Ende 1601 gestorben war, veranlaßte sie zu einer früheren Abreise von Rom als ursprünglich in ihrem Plane lag. Sie hatten während ihres Aufenthaltes, durch mannigfache Verhältnisse begünstigt, für ihre Ausbildung in aller Hinsicht viel gewonnen. Auf der Rückkehr besuchten sie Genua, Mailand, Verona, Brescia und Bergamo, auch Venedig und Florenz wieder; hier ließ sich Graf Christoph den Platz zeigen, wo der berühmte Mönch Geronimo Savonarola seine begeisternden Reden gehalten, das Kloster, wo er gewohnt, und den Ort, wo man ihn auf dem Scheiterhaufen verbrannt hatte. „Noch heute", schrieb Dohna in sein Tagebuch, „halten viele gelehrte Leute in Florenz hoch auf ihn." Von da nahmen die beiden Grafen die Rückreise durch die reizenden Gegenden Tirols, über den Comersee, durch Graubünden in die Schweiz, wo sie aber so lange verweilten, daß sie über Straßburg erst im August in Heidelberg ankamen.

Hier hatten sie früher lehr- und genußreiche Tage verlebt, die Stadt war ihnen so lieb geworden, das Leben und Treiben an dem heiteren Hofe des Kurfürsten, wo sie bei Staatsmännern, kurfürstlichen Räten und fremden Gästen lehrreiche Unterhaltung fanden, – dies alles fesselte sie so sehr, daß sie ihren Aufenthalt von Monat zu Monat verlängerten. Graf Christoph lernte damals mehrere fürstliche Personen kennen, mit denen er später in Berührung kam, den Herzog von Bouillon, der, einer verbrecherischen Verbindung gegen den König Heinrich IV. angeklagt, aus Frankreich entflohen war, den Markgrafen Johann Georg von Brandenburg, damals Administrator in Straßburg, und den Landgrafen Moritz von Hessen. Es ergab sich bald Gelegenheit, den Grafen mit dem höheren Staatsleben bekannt zu machen. Um das Getriebe auf einem Reichstage kennen zu lernen, begleitete er 1603 seinen Oheim, Fabian von Dohna, den der Kurfürst zu seinem Bevollmächtigten ernannt hatte, auf den Reichstag nach Regensburg, und des Oheims ausgebreitete Geschäftskenntnis und diplomatische Gewandtheit waren für ihn ebenso lehrreich, wie sein stets heiteres Wesen anziehend und gewinnend. Die Nachricht von dem am 26. April 1603 erfolgten Tode des Markgrafen Georg Friedrich von Brandenburg-Ansbach, des bisherigen Administrators von Preußen und Vormunds des blödsinnigen Herzogs Albrecht Friedrich, machte für Fabian von Dohna eine Reise nach Preußen notwendig, wohin ihn sein Neffe Christoph begleitete.

Nachdem er bis zum März 1604 dort verweilt hatte, trat er mit seinem Bruder Achatius eine Reise nach Frankreich an. Die Fahrt ging über Dessau, wo der Fürst sie mehrere Tage aufs Schloß nahm, über Frankfurt. Heidelberg, Straßburg und Basel, wo sie den gelehrten Johann Jakob Grynäus kennen lernten, zunächst nach Genf. Hier fesselte sie auf längere Zeit der Umgang mit vielen Fremden von Adel, die sich zahlreich in Genf aufhielten, und vorzüglich die Bekanntschaft mit mehreren Gelehrten, mit denen Graf Christoph auf seinen Reisen vor allen gern in nähere Berührung zu kommen suchte. Unter diese gehörte in Genf der ehrwürdige Theodor Beza, zwar schon ein Greis von 85 Jahren, aber frischen Geistes. Unter dessen Leitung vervollkommnete Graf Christoph seine Kenntnisse in der griechischen Sprache; außerdem wurde auch das Französische mit dem größten Fleiß betrieben, sodaß er in wenigen Monaten der Sprache völlig mächtig wurde. Neben diesem Gewinn für seine Bildung sprach ihn auch das Volksleben an. „Ich muß bekennen", schreibt er in sein Tagebuch, „daß der fromme und eingezogene Wandel, den man zu Genf führt, wie auch die gute Ordnung und Disziplin, so allda gehalten wird, mir sehr wohl gefiel und mir großen Nutzen gebracht. So hat man im Monat Mai an den Stadtgraben und Bollwerken zu Genf zu bauen angefangen. Damit nun aber das Volk zur Arbeit desto williger wäre, hat man die Fremden von Adel aufgefordert, mit dem Volke auszuziehen und sich in Ordnung mit ihm nach dem Ort hin zu verfügen. Als man nun dahin gekommen, wohin auch mein Bruder Achatius mit deutschen und niederländischen Studenten gegangen, hat man zuerst Gebet gehalten; hernach hat ein jeder seinen Spaten genommen und etliche Stiche gegraben; darauf das Volk, so zur Arbeit verordnet, fröhlich zu schanzen angefangen."

Da es Hauptzweck der Reise war, Volk und Land genau kennen zu lernen, so eilten sie nicht sofort der Hauptstadt zu. Sie sahen, von Genf aus, über Chambery, Grenoble und Lyon durchs südliche Frankreich eine große Menge von Städten bis nach Bordeaux hin, wo sie einen Teil des Sommers verlebten. Was sie auch jetzt noch von Paris fern hielt, war die Nachricht von dem Tode der einzigen Schwester des Königs Heinrichs IV., Katharina, Gemahlin Herzogs Heinrich von Lothringen, die am 30. Juli 1604 gestorben war. Dieser Todesfall versetzte den König, der seine Schwester innigst liebte, in tiefste Trauer. Graf Christoph bemerkt darüber in seinem Tagebuch: „Obwohl die Herzogin einen päpstlichen Herrn gehabt, ist sie ihrer Religion doch beständig geblieben und als sie nun gestorben war, hat der ganze königliche Hof groß Leid getragen, wie auch die fremden Gesandten, unter welchen der päpstliche Nuntius sich anfangs lange bedacht, ob er auch trauern solle; hat jedoch endlich schwarz angelegt und dem König das Leid geklagt, mit Vermelden: Andere beweinten den Leib, sein Herr aber, der Papst, und er müßten auch die Seele beklagen. Der König hat darauf geantwortet: ‚Er stehe in keinem Zweifel, daß seiner Schwester Seele der ewigen Seligkeit teilhaftig geworden.' Diesen Tod hat der König so tief betrauert, daß seine Majestät sich anfangs gar nicht hat wollen trösten lassen, sondern begehrt, man solle ihm Zeit geben, sich des Schmerzes zu erholen."

Unsere Grafen setzten hierauf ihre Reise über La Rochelle, Poitiers, Bourges, Orleans, Blois, Tours bis Saumur fort. Hier fesselte sie der Umgang mit einem der gebildetsten und einflußreichsten Staatsmänner Frankreichs. Es war Philipp von Mornay, Herr du Plessis-Marly, damals königlicher Rat und Gouverneur von Saumur. Schon in seinem dreiundzwanzigsten Jahre hatte er auf Colignys Antrag ein wichtiges Memoire verfaßt, worin er seine Ansicht über den Krieg gegen Spanien für den König Karl IX. aussprach. Als strenger Reformierter verfocht er die Sache seiner Glaubensgenossen immer mit solchem Feuereifer, daß man ihn häufig den protestantischen Papst nannte. Dies entfernte ihn auch vom königlichen Hofe, als Heinrich IV. zur katholischen Kirche übertrat, und er lebte längere Zeit in Saumur, wo er für Reformierte eine Universität gestiftet hatte. In der Unterhaltung mit diesem Staatsmann fanden die Grafen Dohna mehrere Wochen die gründlichste Belehrung über die damaligen Zustände in Frankreich.

Erst gegen Ende des Mai 1605 kamen sie, von Chartres aus, in Paris an, wo sie zwei Vettern aus Böhmen, die Grafen Wladislaw und Otto von Dohna und einen dritten Verwandten, Karl Hannibal von Dohna. anwesend fanden. Da jene beiden Lutheraner, dieser Katholik, Christoph und Achatius Reformierte waren, so sah man in ihnen drei Religionen vertreten. Außer der Bekanntschaft mit dem alten Grafen Ludwig von Wittgenstein, die Graf Christoph schon in den ersten Tagen machte, war besonders die mit dem berühmten Geschichtsschreiber Jacques Auguste de Thou (Thuanus) für ihn von großer Wichtigkeit. Von ihm, der früher Präsident im Parlament gewesen, erhielt Dohna über viele Zeitverhältnisse Aufklärungen und Mitteilungen, wie er sie von keinem anderen erwarten durfte. Während des Aufenthalts der Grafen in Paris war in der vornehmen Welt Hauptgegenstand lebendigster Unterhaltung die Rückkehr der ersten, im Jahr 1600 verstoßenen Gemahlin Heinrichs IV., Margarethe, der Tochter des Königs Heinrich II. von Frankreich. Der König hatte damals diese seine Gemahlin, um seine Geliebte Gabrielle d'Estrées zur Königin zu erheben, als Gefangene in ein entferntes Schloß verbannt. Da aber Gabrielle bald darauf gestorben war, hatte sich der König mit der florentinischen Prinzessin Maria von Medici vermählt. Jetzt hatte Margarethe, wie Dohna berichtet, die Erlaubnis erhalten, an den Hof zurückzukehren, wo sie von der Königin stattlich empfangen wurde. Dies gab Anlaß, den König zu beschuldigen, er habe zu gleicher

Zeit drei Frauen gehabt. In Paris liefen damals die Verse um:
   Le plus grand Roy, qui ait jamais ete,
   C'est le mari de trois femmes en estre
   L'une qui l'est, l'autre qui l'a este
   Et une encore, qui a tout droit de l'estre.
Ein anderes wichtiges Ereignis, von dem Graf Christoph berichtet, war ein Angriff auf des Königs Leben: Als dieser, eines Tages von der Jagd nach Paris zurückkehrend, an eine Brücke kam, stürzte ein Mensch auf ihn zu und hielt ihn am Mantel fest. Auf die Frage des Königs, was er wolle, antwortete der Verwegene „Euer Leben" und griff alsbald nach dem Dolch. Ehe es aber zur Tat kam, fielen Hofleute über ihn her und nahmen ihn gefangen. Die Untersuchung ergab, daß der Mensch, schon mehrmals von Wahnsinn befallen, einmal sogar seinen Bruder habe ins Feuer werfen wollen, um ihn, wie er angab, schon auf Erden durch Fegefeuer von seinen Sünden zu reinigen. Der König schenkte ihm das Leben, verurteilte ihn jedoch zu lebenslänglichem Gefängnis. Indes ging bald das Gerücht, der Verbrecher sei ein heimlicher Jesuit, oder, wie andere behaupteten, von versteckten Jesuiten zu seinem Mordanfall gewonnen.

Nichts aber hielt gegen Ende des Jahres 1605 die Unterhaltung mehr in Bewegung als die englische Pulververschwörung, wozu die Zeitungen reichen Stoff boten. „Aus England", so schrieb man damals, „haben wir Nachrichten, daß zu London man an dem Tage, als die Versammlung der Stände des ganzen Königreichs hat gehalten werden sollen, ein Impressa wider den König und alle Räte, sie umzubringen, hat vornehmen wollen, welches aber dergestalt entdeckt worden ist: Ein guter Freund hat einem Herrn vom Lande ein Brieflein zugeschickt, so aber von niemand unterschrieben, darin er ihn ermahnt, es werde heutiges Tags ein Anschlag auf den König und seine Räte gemacht; er bitte und rate ihm, er wolle sich nicht dabei finden lassen. Der Autor werde sich selbst auch abwesend halten. Dieser zeigt das Brieflein dem Könige stracks morgens um 7 Uhr. Der König aber will anfänglich solchem keinen Glauben geben; letzlich jedoch läßt er den Saal der Zusammenkunft, den man Whitehall nennt, nächst bei der großen Kirche Westminster, untersuchen. Daselbst findet man, daß ein großer Keller daran stößt, darin ein Hartschierer des Königs etliches Holz und Stroh gehalten; man findet dort 33 Tonnen und zwei große Weinfässer mit Pulver, auch ein Meßgewand, Weihwasser und ein Kruzifix, auch einen Knecht, der mit Stiefel und Sporen herausgeht, welcher alsbald ergriffen wird und, da man ihn examiniert, bekennt er, daß man den Saal, darin der König, die Königin und ihre junge Herrschaft, samt über 700 Herren vom Rate und 4000 vorn Lande hätten sein sollen, habe in die Luft sprengen wollen. Alsdann wird ein Aufruhr in der Stadt. Der Profoß wird ausgeschickt, welcher 18 Personen, die wie der Hartschierer dieses Handels teilhaftig und Päpstische gewesen sein sollen, so auch den Grafen von Northumberland gefangen genommen. Man hat alsbald den Spaniern, die zu Dover gelegen, ihre Waffen abgenommen und dem spanischen Gesandten eine Guardia in sein Losament gelegt. Man hat auch Schreiben aus London, daß noch viele Herren und Grafen, an 200, gefangen worden seien und daß von des Königs wegen ein Edikt publiziert worden: es solle sich niemand unterstehen, etwa ausheimische Könige, Fürsten, Herren und Gemeinden mit diesem Werke zu bezichtigen, bis zu der Zeit, da ihre Majestät und deren Räte von allem wohl informiert, solches selbst ans Licht bringen wollen.

Das Edikt, welches der König am 15. November 1605 hat publizieren lassen, lautet also:

„Kund und offenbar, daß ein Edelmami und Pensionär Ihrer Majestät, genannt Thomas Percy, die gräulichste und erschrecklichste Verräterei unternommen hat, die nie erhört und erdacht worden, nämlich, daß er hat wollen in die Luft sprengen den König, die Königin, seinen Sohn, den jungen Prinzen, alle Edelleute und Kommittirten mit einer großen Menge Pulver, die er heimlich gebracht hat in einen Keller unter einer Kammer des Parlaments, da die Versammlung sein sollte, welches Pulver diesen Morgen gefunden worden; dazwischen hat sich der Percy davon gemacht. Ist darum unser Wille und Begehren an alle unsere Offiziere und Untersassen, daß sie wollen willigüch vollbringen, daran wir nicht zweifeln, nämlich, daß sie fleißige Nachforschungen haben sollen, den Percy durch alle möglichen Mittel zu bekommen, auf daß seine anderen Konspiratoren mögen offenbar werden. Der gedachte Percy ist ein langer Mann mit einem großen, breiten Bart, von einer bequemen Statur, die Gestalt seines Hauptes und sein Bart sind vermischt mit greisen Haaren; sein Haupt ist weißer als sein Bart; er ist etwas breitschulterig, seine Augen goldfarbig, hat lange Füße und dünne

Beine. Gegeben in unserem Palast Westminister im Jahre unserer Regierung von Großbritannien im V."

Bald darauf lasen die Grafen Dohna in den Pariser Zeitungen: „Thomas Percy, ein naher Verwandter des Grafen von Northumberland, solle gefangen worden sein. Derjenige aber, der bei den Fässern mit Pulver, mit einem falschen Licht im Gewölbe unter dem Palast, da man das Parlament halten wollte, gewesen, ist auch ergriffen und des Percy Diener, de Huson genannt, hat sich höchlich beklagt, daß sein heilsam Fürnehmen, welches ihm der Allmächtige inspiriert hätte, durch den Teufel ans Licht gebracht worden sei. Als ihm durch den königlichen Rat vorgehalten worden, daß er doch wohl gewußt, daß in solchen Versammlungen auch viele Herren erscheinen würden, die der römischen Religion zugetan, und man gerne wissen wolle, mit welchem Gewissen er denselben das Leben hätte nehmen können, hat er geantwortet: Da es vollzogen worden, wäre es unmöglich gewesen, daß nicht auch viele gute Katholische solches hätten entgelten müssen; aber man sollte bedenken, daß dieselben als Märtyrer oder Zeugen Gottes nachmals kanonisiert und für Heilige sollten gehalten sein. Als man ihn weiter gefragt: wer seine Mitgesellen wären? hat er nichts anderes bekennen wollen, als daß er vor zwei Monaten in Brabant, Flandern und Frankreich gewesen und mit etlichen jesuitischen Patres Konversation gehalten hätte, hat aber nicht gestehen wollen, was ihre Kommunikation gewesen, ja noch dazu gesagt: wenn man ihm auch die größte Marter antäte, wolle er doch nichts davon bekennen. Aus London wird auch an eine vornehme Person des Hofes allhier geschrieben, dort gehe die Sage, daß die Verräterei mit Vorwissen und aus Anstiftung der holländischen Staaten verursacht und bestellt gewesen und daß der Prinzipaltäter Thomas Percy alsbald nach Holland geflohen sei und daselbst noch zur Zeit seinen Aufenthalt habe. Die abwesenden Stände in England, die auf dem bestimmten Tag des Parlaments in Westminster nicht erschienen, entschuldigen sich damit, daß sie etliche Tage zuvor durch ein unbekanntes Schreiben gewarnt worden, welches sie auch dem Könige überschickt, ehe der Anschlag hat ins Werk sollen gerichtet werden; dadurch aber machen sie sich noch mehr verdächtig und man will es für eine genügsame Entschuldigung ihres Abwesens nicht passieren lassen. In Summa, die Vermutung geht stark, auch sind erhebliche Ursachen zu glauben, die ganze Verräterei sei eine holländische Praktik mit vielen malcontenten Ständen in England gewesen."

Das Leben in der Hauptstadt fesselte die Grafen ein ganzes Jahr. Sie hatten die Freude, im Frühling 1606 auch den Herzog von Bouillon, den sie schon in Heidelberg kennen gelernt und dessen nähere Bekanntschaft besonders dem Grafen Christoph später von großer Wichtigkeit wurde, in Paris begrüßen zu können. Der Herzog nämlich hatte sich aus Deutschland nach Sedan begeben. Der König wünschte eine Versöhnung mit ihm; allein die angeknüpften Unterhandlungen blieben ohne Erfolg; denn der Herzog erklärte sich zwar bereit, den König, wenn er mit seinem Hofgefolge nach Sedan komme, dort aufnehmen zu wollen, weigerte sich aber standhaft, ihm den Platz zu übergeben, bevor er durch eine feste Zusage der königlichen Gnade gesichert sei. Der König brach im April 1606 mit einem Heere nach Sedan auf, um, wie man meinte, den Herzog mit Gewalt zur Ergebung zu zwingen. Als er sich der Stadt näherte, leitete der kluge Staatssekretär de Villeroi eine Zusammenkunft mit dem Herzog ein, versicherte diesen der wohlwollenden Gesinnungen des Königs, worauf jener sofort in die vorgeschlagenen Bedingungen einwilligte und dem Könige bis Donchery entgegenzog. Hier kam es zur völligen Versöhnung. Der König zog in Sedan ein, verweilte dort einige Tage, übergab die Stadt vorläufig einem Gouverneur, der sie nach einem Monat dem Herzog wieder einräumen mußte. Dieser begleitete den König nach Paris zurück, wo er am Hofe als welterfahrener Staatsmann mit außerordentlicher Auszeichnung behandelt wurde. In die Gesellschaft der vornehmen Welt, die sich häufig bei ihm versammelte, lud er regelmäßig die jungen Grafen von Dohna ein; denn mit ihnen unterhielt er sich besonders gern. Aus seinem früheren Leben erzählte er dem Grafen Christoph einst folgende, sonst unbekannte Tatsache: er sei, von katholischen Eltern abstammend, in seiner Jugend Katholik gewesen. Eines Tages sei er in Montauban in eine reformierte Kirche gegangen, um in jugendlichem Übermut den Prediger auf irgend eine Weise in Verlegenheit zu setzen. Allein die Rede des Geistlichen habe auf ihn den gewaltigsten Eindruck gemacht, sodaß er über sich und seinen Glauben zu ernster Gesinnung gekommen und endlich auf diesem Wege der Selbstbekehrung zur reformierten

Kirche übergegangen sei.

Durch Vermittelung dieses Staatsmannes glückte es den Grafen Dohna, in einer Audienz dem König Heinrich IV. vorgestellt zu werden. Sie wurden in ein Lusthaus an den Tuilerien eingeladen, wo sich der König in der großen Galerie befand. Er hatte, wie Christoph in seinem Tagebuch bemerkt, ein Kleid von braunem, gewässertem Tobin an, trug einen schwarzseidenen Mantel, um den Hals eine Kröse und auf dem Kopf einen schwarzen Hut. Als der Herzog von Bouillon ihm die beiden Grafen vorstellte, nahm der König den Hut ab und begann seine Unterredung mit den artigen Worten: „Je serai bien aisé de vous faire plaisir." Während der Unterhaltung ging er mit den Grafen im Garten spazieren.

Bald darauf, noch im Frühling 1606, kehrten die Grafen, um auch das nördliche Frankreich kennen zu lernen, über Soissons, Laon, Sedan, Nancy und Saarbrück nach Heidelberg zurück, wo Graf Achatius die Stelle eines Gouverneurs des zehnjährigen Kurprinzen Friedrich, ältesten Sohnes des Kurfürsten Friedrichs IV., erhielt.

Zweite Reise nach Frankreich, – Hofleben in Heidelberg.– 1606-1608.

Am kurpfälzischen Hofe befand sich der Fürst Christian I. von Anhalt, dem bei der Teilung der anhaltischen Lande der Anteil von Bernburg zugefallen war. Er hatte bisher aber wenig in seiner heimatlichen Herrschaft gelebt. Reiselust trieb ihn schon als Jüngling in die Türkei. Nach seiner Rückkehr gewann er seine Hofbildung an den Kurhöfen von Brandenburg und Sachsen. Von beiden aber schreckte ihn die damals dort herrschende Sauflust hinweg; denn diese haßte er ebenso sehr, wie er dem Kriegshandwerk ergeben war. Im Kriegswesen hatte er sich früher schon einen reichen Schatz von Kenntnissen erworben, und so stand er jetzt als ein Mann da, der wegen seiner Entschlossenheit im Handeln, seiner Gewandtheit in Staatsgeschäften und seiner kriegerischen Tapferkeit überall Achtung und Vertrauen genoß. Er hatte soeben, als die Grafen Dohna nach Heidelberg zurückkehrten, vom Kurfürsten Friedrich den Auftrag erhalten, eine Gesandtschaft an König Heinrich IV. zu übernehmen, und war bereits mit einer Instruktion versehen, worin die wesentlichsten Bestimmungen zur Errichtung eines Bündnisses aller protestantischen Fürsten in Deutschland zur Abwehr gegen katholische Anmaßungen in Sachen des Glaubens und der Kirche vorgezeichnet waren. Seine Aufgabe war, den König Heinrich zur Unterstützung dieses Bündnisses zu gewinnen.

Er wünschte, bei seinem wichtigen Auftrage einen Begleiter zu haben, der die Verhältnisse des französischen Hofes aus eigener Anschauung kannte, und sein Auge konnte kaum auf einen anderen fallen als auf den Grafen Christoph von Dohna. Dieser zählte damals zwar erst 25 Jahre; allein seine genauere Bekanntschaft mit de Thou, mit Mornay du Plessis, der eine Zeitlang in Paris lebte, mit dem Herzog von Bouillon und anderen Staatsmännern empfahl ihn vor allen. Der Fürst teilte seinen Wunsch dem Grafen Fabian von Dohna mit, auf dessen Anraten Graf Christoph, dessen Reiselust auch längerem Besinnen nicht Raum ließ, das Anerbieten sofort annahm.

So trat Graf Christoph im Juni 1606 seine zweite Reise nach Frankreich an, durch die er ins diplomatische Leben eingeführt wurde. Der Fürst, begleitet von seinem Schwager, dem Grafen von Bentheim, kam mit seinem Gefolge am 21. Juli in Paris an und ließ sich alsbald durch ein Handschreiben beim Könige anmelden. Da dieser indes in der Hauptstadt nicht anwesend war, benutzte er die erste Woche, um sich in Begleitung des Grafen Christoph mit den merkwürdigsten Lokalitäten, Gebäuden und Sammlungen von Kunstgegenständen bekannt zu machen. Nachdem der König am ersten August nach Paris zurückgekehrt war, ließ er den Fürsten aufs freundlichste willkommen heißen und zugleich am anderen Tage zu sich in die Tuilerien einladen, wohin diesen ein kostbarer königlicher Wagen abholte. Achtzehn deutsche Edelleute, die seinen Hof bildeten, begleiteten ihn. Vom König mit außerordentlicher Freundlichkeit empfangen, unterhielt sich dieser mit ihm ganz allein über eine Stunde, und der Zweck der Sendung des Fürsten war erreicht; denn der König sagte Unterstützung des beabsichtigten Bündnisses bereitwillig zu. Nachdem darauf dem Könige mehrere Begleiter des Fürsten vorgestellt waren, unter denen er besonders den ihm schon bekannten Grafen von Dohna freundlich ansprach, unterbrach die Messe bei den Kapuzinern, die der

König hören wollte, die weitere Unterhaltung. Fürst Christian verweilte in Paris noch bis gegen Ende August. Als sein Begleiter machte Dohna die interessantesten Bekanntschaften mit den ersten Staatsmännern Frankreichs. Zu diesen gehörte der im höchsten Ansehen stehende Marquis von Rosny, Maximilian von Béthune, den der König soeben zum Pair und Herzog von Sully erhoben hatte. Seit seiner Jugend Waffengefährte des Königs und in die geheimsten Pläne der französischen Politik eingeweiht, war er für Graf Dohna Gegenstand schärfster Aufmerksamkeit. Da Fürst Christian das Arsenal kennen zu lernen wünschte, so führte ihn Sully, der Großmeister der Artillerie und Oberintendant der Festungen war, selbst umher. Damals machte auch Graf Dohna nähere Bekanntschaft mit ihm, an die sich später vielfache Geschäftsverhältnisse knüpften. Auch mit Villeroi, einem der bedeutendsten Staatsmänner, kam Dohna damals schon in nähere Berührung. Nicht minder wichtig war für ihn die Bekanntschaft mit Jeannin, der sich aus dem Handwerkerstande – er war der Sohn eines armen Lohgerbers – bis zur Würde eines Parlamentspräsidenten emporgehoben hatte und jetzt am Staatsruder saß, von seinem König mit dem vollsten Vertrauen beehrt, besonders in der Geschäftsverwaltung der auswärtigen Angelegenheiten.

Alle diese und zahlreiche andere Bekanntschaften, namentlich auch mit den am französischen Hofe damals accreditierten Gesandten von England, den Niederlanden und Florenz, waren für Dohna späterhin von größter Wichtigkeit.

Im übrigen brachte seine amtliche Stellung den jungen Grafen in angenehme Verhältnisse. Er nahm an allen Hoffesten teil; denn der König fand Gefallen an seiner Unterhaltung. Er erhielt auch eine Einladung, als in der königlichen Familie eine dreifache Kindertaufe, nämlich die des ältesten Sohnes des Königs, des Dauphin Ludwig und der beiden Prinzessinnen Isabelle und Christine zu Fontainebleau stattfand, wobei es dem Grafen auffallend war, daß bei der königlichen Tafel, an der auch er als Gast saß, der königlichen Familie Fürsten von Geblüt, dem päpstlichen Legaten aber, der für den Papst Paul V. Patenstelle vertrat, sowie den anderen Gevattern, die Fürsten des Hauses Lothringen und andere großen Herren aufzuwarten hatten und ausdrücklich angeordnet war, daß Religionsverwandte nur von Religionsverwandten, zum Beispiel der päpstliche Legat vom

Sohne des Duc de Sully, bedient werden durften.

Wenn sich hier die Religionsspaltung nur in mildester Form zeigte, so sah sie Graf Dohna damals in den Provinzen an vielen Orten weit schärfer hervortreten. Zu Montauban in Gascogne, las er im Dezember 1606 in den Pariser Zeitungen, ist der Bischof samt seiner Klerisei ohne einige Ursache weggezogen, vorgebend, er könne Gewissens halber nicht neben den Ketzern und Hugenotten sein Amt verrichten. Man will dafür halten, es sei eine jesuitische Finte, auf einen neuen Lärm und auf ein Blutbad abgesehen. Allhier in Paris lassen sie noch nicht nach, diejenigen Evangelischen, die zu dem Exercitium gehen, zu verfolgen, auszulachen, ja auch mit Kot zu bewerfen, nur damit sie Ursache zum Tumult erlangen möchten, und also wird es in die Länge keinen Bestand haben, wo der König nicht selbst wehrt. Der gemeine Pöbel sucht nichts anderes als Aufruhr. Also läßt sichs gar zu einem Blutbade ansehen und haben etliche, fügt Dohna hinzu, schon soviel Luft von den Praktiken, daß sie dem Wetter nicht trauen, sondern ihre Sachen richtig machen und von Paris sich gen Straßburg zu begeben Vorhabens sind.

Erst im Anfang des Oktober 1607 konnte Graf Dohna an die Rückkehr denken. Er hatte am 8. dieses Monats im Garten der Tuilerien zuvor noch eine Audienz beim Könige, um sich bei ihm zu verabschieden. Dieser entließ ihn nach einer längeren Unterhaltung mit den freundlichen Worten: „Vous allez trouver Mr. le Prince d'Anhalt; dites lui, que je le prie de se souvenir de ce qu'avons traité emsemble et depoursuivre. Je lui suis toujours bien affectionné; et pour vous en votre particulier je vous serai toujours bien. affectionné."

Um auch das mittlere Frankreich kennen zu lernen, schlug Dohna auf der Rückreise den Weg über Chalons, Verdun und Metz ein und kam über Kaiserslautern und Mannheim nach Heidelberg, wo er seinen Bruder Achatius als Prinzen-Instruktor des jungen Pfalzgrafen Friedrich, des nachherigen Kurfürsten und späteren Königs von Böhmen, am Hofe fand. Er verweilte in Heidelberg den größten Teil des Winters, oft an den kurfürstlichen Hof geladen; denn der kränkliche Kurfürst liebte es, zu seiner Erheiterung unterhaltende Gäste zu versammeln. „Zum Abendessen", bemerkt Dohna in seinem Tagebuch, „haben Sr. Kurfürstliche Gnaden mich sehr oft lassen erfordern; da hat jedermann müssen Historien erzählen, um Ihro Kurfürstlichen

Gnaden, welche am Podagra und Stein litten, die Zeit zu kürzen, da es denn allerhand gute Historien und Discours gegeben."

Dennoch bemächtigten sich in einsamen Stunden der Seele Dohnas trübe Stimmungen. Wer, wie er, die Erscheinungen der Zeit beobachtete und mit so richtigem Urteil in ihren möglichen Ausgängen und Folgen erwog, konnte nicht verkennen: die drückende Gewitterluft drohe eine Katastrophe herbeizuführen, die alles Bestehende in Staat und Kirche um so schrecklicher erschüttern werde, je mehr der unheilvolle Zündstoff Zeit gewann, sich nach allen Richtungen hin in seiner furchtbaren Masse aufzuhäufen. Zwar suchte Dohna, fromm wie er war, im Worte Gottes Halt und Trost. Der Gedanke an eine göttliche Vorsehung kehrte dann in seine bekümmerte Seele zurück. Er nahm in solchen Stunden, wie er selbst erzählt, gern die Bibel zur Hand und schlug sie auf, ob ihm vielleicht ein Trostspruch in die Augen falle. Und wenn er dann las: „Euere Haare auf dem Haupte sind alle gezählt" oder „Gott sind all' unseres Herzens Sorgen samt den Gedanken unverborgen", so kehrte in seine Seele weder Ruhe zurück. Allein neue drohende Ereignisse verscheuchten sie auch immer wieder.

In solchen Stimmungen wurden die Gedanken an die väterliche Heimat immer lebendiger. Die Sehnsucht, die Seinigen im elterlichen Hause wiederzusehen, drängte sich so unüberwindlich auf, daß er den Fürsten von Anhalt, in dessen Dienst er noch stand, um Urlaub zu einer Reise nach Preußen bat. Er erhielt ihn, jedoch nur auf kurze Zeit, und trat mit seinem Bruder Dietrich, der aus den Niederlanden nach Heidelberg gekommen war, zu Ende Januar 1608 bei sehr strenger Kälte die Reise an. Erst nach vier Wochen sahen sie ihr geliebtes Stammschloß Schlobitten wieder. Der erste Besuch galt dem hochbejahrten Oheim Fabian, damals Oberburggraf zu Königsberg, nach dem sich König Heinrich von Frankreich oft aufs angelegentlichste erkundigt hatte. Graf Christoph wurde wiederholt von der Herzogin Maria Eleonore von Preußen zur Tafel geladen, wo sie viel mit ihm in französischer Sprache konversierte; denn die Fürstin, eine Rheinländerin, liebte diese fast mehr als ihre Muttersprache. Auch in Preußen fand Dohna alles in Aufregung und Parteiung; denn nachdem Kurfürst Joachim Friedrich von Brandenburg nach vielen Schwierigkeiten und Hindernissen die Kuratel über den blödsinnigen Herzog Albrecht Friedrich vom polnischen Hofe zugesprochen erhalten, trat ein großer Teil des preußischen Adels, der den günstig scheinenden Moment zur Erweiterung seiner Rechte nicht vorübergehen lassen wollte, mit einer Unzahl von Klagen und Beschwerden auf, die man abgestellt wissen wollte, bevor man die übertragene Kuratel anerkenne. Die Familie Dohna stand in dieser Parteiung auf der Seite des Kurfürsten. „Es ist damals", berichtet Graf Christoph selbst, „im ganzen Herzogtum große Unruhe gewesen; weil auf einer Seite mein Herr Vetter (Graf Fabian, der Oberburggraf) nebst meinen Brüdern und anderen Gutherzigen auf des kurfürstlichen Hauses Brandenburg als des Landesfürsten Hoheit gesehen und sich bemüht, solche zu des Vaterlandes Besten zu erhalten; die anderen aber, die sich die klagenden Räte genannt, allein auf ihre Privilegien und Freiheiten drangen und darüber in großen Zwist, Unkosten und Widerwillen geraten sind."

Die Union.– Gesandtschaftsreise des Grafen nach Venedig.– Dritte Gesandtschaftsreise nach Paris.– 1608-1609.

Dieses verderbliche Parteiwesen erleichterte dem Grafen Christoph den Abschied von Preußen. Er trat die Rückkehr nach Amberg zum Fürsten von Anhalt schon zu Ende April an. Ehe indes der Graf beim Fürsten anlangte, war ein wichtiges Ereignis erfolgt, wobei auch seine Tätigkeit von neuem in Anspruch genommen ward. Wir hörten bereits, daß schon früher der Gedanke eines Bündnisses der protestantischen Fürsten die wichtigste Veranlassung zur Sendung des Fürsten von Anhalt an den französischen Hof gewesen. Heinrich IV. hatte längst den Plan verfolgt, unter den protestantischen Fürsten Deutschlands eine Union gegen das habsburgische Haus zustande zu bringen und ihm die Kaiserkrone zu entziehen. Schon 1602 hatte er darüber mit dem Landgrafen Moritz von Hessen bei dessen Besuch in Frankreich vieles unterhandelt und 1606 hatte er zunächst den Kurfürsten Friedrich von der Pfalz für den Plan einer Union zu gewinnen gesucht, indem er ihm vorstellen ließ, wie notwendig eine Vereinigung der deutschen Fürsten und namentlich derjenigen sei, die Ansprüche auf die jülich-cleveschen Länder machten, damit nicht die immer steigende Macht des spanisch-österreichischen Hauses sich durch ihren Besitz vergrößere. Der

Plan einer solchen Verbindung wurde wahrscheinlich zwischen dem König und dem Fürsten von Anhalt näher verabredet, indes erst die Bedrückungen der Protestanten in Deutschland, das immer gewalttätigere Auftreten des Kaisers und endlich auch der Tod des alten Herzogs Friedrich von Württemberg, der jeder Verbindung gegen den Kaiser widerstrebt hatte, mußten hinzukommen, um den Plan wirklich zur Ausführung zubringen. Am 4. Mai 1608 traten der Kurfürst Friedrich von der Pfalz, der Pfalzgraf Philipp Ludwig von Neuburg, der Markgraf Johann Friedrich von Baden-Durlach, der Herzog Johann Friedrich von Württemberg und die Markgrafen Christian und Joachim Ernst von Brandenburg-Kulmbach und Ansbach im Kloster Ahausen im Ansbachischen zur Sicherung des evangelischen Gemeinwesens in einen Bund zusammen, nach der Überschrift des darüber lautenden Rezesses die Union genannt. Der Fürst von Anhalt hatte sich damals dem Bunde noch nicht angeschlossen; er trat ihm, nebst anderen Fürsten, erst im folgenden Jahre für sein ganzes Haus bei und noch später (1610) nahmen auch der Kurfürst von Brandenburg, der Landgraf von Hessen und vier Reichsstädte an der Union teil. Doch wurde 1608 schon bestimmt, daß in Friedenszeiten das Bundesdirektorium vom Kurfürsten von der Pfalz geführt werden solle. Vor allem aber erforderte der Zweck des Bundes, unter möglicherweise bald eintretenden Umständen auf sichere Geldmittel rechnen zu können. Es sollten wegen des von der Krone Frankreich zu zahlenden Geldes Wechsel auf einige reiche Kaufleute in Venedig ausgestellt werden. Es kam darauf an, einen Mann dahin zu senden, der, außer der italienischen Sprache, auch Umsicht und Gewandtheit besitze. Man fand keinen mehr geeignet als den Grafen Christoph von Dohna. Er erhielt von den Mitgliedern der Union den Auftrag zu einer Gesandtschaft nach Venedig, indem er zugleich angewiesen wurde, sich über den Stand der Streitigkeiten zu unterrichten, die seit einigen Jahren zwischen Papst Paul V. und der Republik obwalteten.

Die Republik hatte bisher mit staatsmännischer Klugheit die Rechte der Geistlichkeit in politischen Dingen in festen Schranken gehalten. Geistliche wurden, wenn es das Wohl des Staates erforderte, ohne weiteres festgenommen und mit weltlichen Strafen belegt. Ein altes Gesetz untersagte der Kirche jede Erwerbung von Grundstücken und gebot zugleich, daß jedes

Grundeigentum, das ihr durch letztwillige Bestimmungen zufiel, sofort von ihr wieder verkauft werden solle. Nach den Ansichten des Papstes Paul V. widersprach dies den Freiheiten der Kirche; er verlangte nicht nur die Aufhebung dieses Gesetzes, sondern auch die Freigebung zweier Geistlichen, die schwerer Verbrechen wegen gefangen gesetzt worden waren. Der Doge Leonardo Donato, erst seit dem 10. Januar 1606 erwählt, machte dagegen am römischen Hofe Vorstellungen, jedoch ohne Erfolg. Der Papst schleuderte gegen den Dogen und den gesamten Senat den Bann und belegte Venedig mit dem Interdikt. Da diese Strafen nicht schreckten und die venetianische Geistlichkeit, mit Ausnahme einiger Mönchsorden, die das venetianische Gebiet verließen, ihren Gottesdienst nach wie vor fortsetzte, so ließ der Papst, der sich Hülfe von den spanischen Statthaltern in Italien versprach, Truppen werben. Die Republik rüstete ebenfalls, und Heinrich IV. versprach ihr Beistand, sobald der König von Spanien feindlich gegen sie auftreten würde. Nun kam es zwar dahin, daß der Papst das Interdikt aufheben ließ und in die Vertreibung der Jesuiten willigte, während der Senat die gefangenen Geistlichen frei gab. Allein der Papst konnte es der Republik nicht vergessen, daß er seine übrigen Forderungen hatte zurücknehmen müssen; denn als gegen Ende des Jahres 1607 der Patriarch von Venedig starb und der Senat seinem Recht gemäß einen Nachfolger ernannte, glaubte der Papst an jenem dadurch Rache üben zu können, daß er eine alte Verordnung zur Geltung bringen wollte, nach welcher die von einer weltlichen Macht ernannten Bischöfe sich einer Prüfung unterwerfen sollten. Er verlangte, gegen die bisherige Gewohnheit, daß diese Prüfung in Person zu Rom abgehalten werden müsse, und als man endlich nach langen Verhandlungen in seine Forderung willigte , rächte er sich noch dadurch, daß er zum Examinator des Patriarchen einen Jesuiten bestellte, wodurch er den Venetianischen Senat von neuem gegen sich erbitterte.

So fand Graf Dolina die Verhältnisse, als er in der zweiten Hälfte des Juli 1608 in Venedig ankam. Seine erste Bekanntschaft knüpfte er mit dem französischen Gesandten, einem Herrn von Champigny, an und unterhandelte mit ihm wegen der französischen Hilfsgelder. Dieser erbot sich, auch, ihn in einer Audienz dem Dogen vorstellen zu wollen; er sah dies umsomehr als seine Pflicht an, weil der Fürst von Anhalt ihn mit einem schmeichelhaften Schreiben beehrt hatte. Graf Dohna nahm das Anerbieten an, obgleich er sich durch einen anderen berühmten und damals beim Dogen vielgeltenden Mann, den er schon früher kennen gelernt, seine Audienz hatte verschaffen wollen. Auch der englische Gesandte Wotton, dem Dohna durch den Fürsten von Anhalt ebenfalls empfohlen war, wollte sich die Ehre nicht nehmen lassen, ihn beim Dogen einzuführen und zugleich Gelegenheit zu nehmen, diesen mit der Persönlichkeit des Fürsten von Anhalt bekannt zu machen. Dohna aber konnte zu ihm kein rechtes Vertrauen gewinnen und lehnte das Anerbieten durch eine feine Entschuldigung ab. Am 23. Juli ward der Graf durch den französischen Gesandten in einer Audienz beim Dogen eingeführt. Am Mittwoch morgens, berichtet er darüber selbst, ging ich nach St. Marcus, um des Ambassadors von Frankreich Ankunft zu erwarten. Er kam, und als er nach dem Audienzsaal hinaufging, sagte er mir: ich würde sogleich gerufen werden. Bald wurde ich auch von einem Sekretär einberufen. Als ich hineintrat, fand ich den Dogen in der Mitte sitzend, den französischen Ambassador zu seiner Rechten und um ihn her dreißig Signori. Ich machte eine dreimalige Verbeugung. Darauf redete mich der Doge mit folgenden Worten in italienischer Sprache an: „Der Ambassador des christlichen Königs hier hat mir Kunde gegeben von Euerer Ankunft in dieser Stadt und daß Ihr Briefe habet vom Fürsten von Anhalt an diese Signorie. Wir wünschen, sowohl aus Liebe zum christlichsten König als auch zum Fürsten von Anhalt, daß wir in dem, was Ihr in Eueren Geschäften nötig haben möchtet, Gewährschaft leisten könnten. Wir wollen gerne die Briefe sehen, die Ihr habet." Dohna antwortete: „Durchlauchtigster Fürst, Exzellenzen und hochedelste Signori! Ich bin von dem erlauchtigsten Fürsten von Anhalt, meinem Herrn, in gewissen Angelegenheiten hierher gesandt, wie Euere Durchlaucht aus dem Schreiben ersehen werden, das ich überbringe. Mein Fürst hat mir aufgetragen, Euerer Durchlaucht, Eueren Exzellenzen und Euch, Hochedelsten, ihn aufs ergebenste zu empfehlen und dieselben der Gewogenheit zu versichern, die er zu Euerer Größe und Euerer Wohlfahrt hegt, indem erbittet, meinen Auftrag zu befördern, den Euere Durchlaucht aus diesem Schreiben ersehen wird." Nachdem ein Sekretär das Schreiben eröffnet und laut vorgelesen, sprach der Doge: „Es ist uns sehr angenehm, die wohlwollende Gesinnung des erlauchten Fürsten zu vernehmen. Ihr könnt Euere Geschäfte, die Ihr habt, in Ordnung bringen. Diese Signorie hier wird Euch gern jegliche Unterstützung gewähren und wir werden auf das Schreiben bei Euerer Abreise Antwort geben." Hierauf machte der Graf wiederum eine dreimalige Verbeugung vor den hohen Herren und entfernte sich. Am anderen Tag benachrichtigte er den englischen Gesandten von dem Ausfall seiner Audienz, der sich darüber sehr zufrieden äußerte.

Drei Tage darauf hatte Graf Dohna beim Dogen eine Privataudienz. Hier setzte er ihm die politischen Verhältnisse Deutschlands, den Zweck der Union, ihre Stellung zu Frankreich und England, auseinander und schilderte ihm vorzüglich auch die Persönlichkeiten des Kurfürsten von der Pfalz und des Fürsten Christian von Anhalt. Während er die Machtstellung des Kurfürsten, seinen Einfluß auf den Reichstagen, seinen Eifer für die Religion, seine bedeutende Militärmacht hervorhob, um den Dogen zu überzeugen, wie wichtig die Freundschaft dieses Fürsten auch für die Republik werden könne, ergoß er sich über die Eigenschaften des Fürsten von Anhalt im vollsten Lobe, sprach von seiner wichtigen Verwandtschaft mit den ersten Fürstenhäusern Deutschlands, seiner Gunst bei den Königen von Frankreich, England und Dänemark, von seinem hohen Ansehen bei allen deutschen Fürsten, von seiner Geltung bei dem Kurfürsten von der Pfalz und von dem unbedingten Vertrauen, das alle seine Glaubensgenossen, wie in Deutschland so in Frankreich und England, ihm schenkten.

Die meiste Zeit, die Graf Dohna von seinen Geschäften erübrigen konnte, widmete er dem lehrreichen Umgange mit dem Pater Paolo, „dem frommen Mönch", wie er ihn nennt, „mit welchem ich", wie er hinzufügt, „damals gute Gelegenheit gehabt, vieles insgeheim und unvermerkt zu reden, und in große Vertraulichkeit mit ihm geraten bin". Es war dies kein anderer als der berühmte Servitenmönch Fra Paolo Sarpi, aus Venedig gebürtig, „einer der seltenen Heroen in der Geschichte des menschlichen Geistes", damals ein Mann von 56 Jahren, gleich ausgezeichnet durch seine Kenntnisse in der Theologie und Philosophie, im kanonischen Recht, in den alten Sprachen und in der Mathematik, wie nicht minder bewandert in den Naturwissenschaften und der Arzneikunde. Er stand damals als mutvoller Verteidiger der Sache der Republik gegen den Papst zu Venedig in hoher Achtung. Beim Dogen und im Senat war sein Rat stets von außerordentlichem Gewicht. Für Graf Dohna hatte die Unterhaltung mit diesem anspruchslosen Mönch eine magnetische Kraft; er fühlte sich immer stärker zu ihm hingezogen; so oft er konnte, suchte er ihn in seinem dunkeln Kloster auf und unterhielt sich mit ihm stundenlang. Gegen ihn sprach er sich offen und frei über den Streit der Republik mit dem Papst aus; nach der Ansicht der protestantischen Fürsten Deutschlands sei das, was die Republik gegen den Papst verfechte, nicht blos ihre Sache allein, sondern eine gemeinsame Sache aller derer, die sich gegen solche Tyrannei aufrecht zu erhalten suchten; denn sie sähen wohl, daß der Papst solche Pläne gegen alle hege; darum freuten sie sich sehr, daß die Republik erkannt habe, daß solche schrankenlose und tyrannische Herrschsucht dem Worte Gottes widerstrebe, und sie hofften, daß diese Erkenntnis der Republik heilsam sein solle. Auch über die jüngst erfolgte Union der deutschen Fürsten und über die etwaige Teilnahme der Republik an diesem Bündnis teilte der Graf manches mit, empfahl jedoch vorerst Geheimhaltung der Sache. Wie Dohna, so sprach sich auch gegen ihn Fra Paolo immer mit Offenheit über Sachen des Staates und der Kirche aus, und dies war es vorzüglich , was den Grafen zu dem interessanten Mönch so gewaltig hinzog. Außer dieser Bekanntschaft wurde er durch den französischen Gesandten auch in das Haus des reichen Senators Francesco Morosini eingeführt, wo er eine ausgezeichnete Gemäldesammlung, Werke der ersten italienischen und deutschen Meister, fand.

Dohna hatte in Venedig einen Monat zugebracht und trat, nachdem er beim Dogen eine Abschiedsaudienz gehabt, am 26. August die Rückreise an. Er fand den Fürsten von Anhalt mit dem Kurfürsten zu Alsheim in der Unterpfalz mit den Fürsten der Union in Unterhandlungen begriffen; denn man hatte auf einem zweiten Unionstage (27. Juli 1608) zu Rotenburg a. d. Tauber den Markgrafen Joachim Ernst von Brandenburg-Ansbach zum General der Union, außerhalb der unirten Lande, ernannt und den Fürsten von Anhalt als General-Oberstleutnant ihm beigeordnet. Um die Verhandlungen mit dem französischen Hofe in betreff der nötigenfalls zu leistenden Beihilfe zum Schluß zu bringen und Bestimmungen darüber festzustellen, übertrug der Fürst von Anhalt dem Grafen Dohna im Anfang des Jahres 1609 eine neue Gesandtschaft nach Paris, wohin ihn abermals sein Bruder Achatius begleitete. Seine Aufgabe war mit manchen Schwierigkeiten verbunden; denn im Königlichen Rat herrschten damals in Beziehung auf die auswärtige Politik entgegengesetzte Ansichten und Bestrebungen. Villeroi, Jeannin und Sillery, katholisch-spanisch gesinnt, hielten ein enges Anschließen an Spanien und eine Verbindung mit dem Papst und dem Kaiser für das zweckmäßigste Mittel, den französischen Einfluß auf das Ausland zu sichern. Der König dagegen und mit ihm Sully hielten Spanien und Österreich für Frankreichs gefährlichste Feinde. Graf Dohna konnte unter solchen Umständen nur beim Könige für die Union etwas zu bewirken hoffen. Da dieser bei seiner Ankunft in Paris eben im Begriff war, sich nach Meaux zu begeben, so schloß sich der Graf dem königlichen Gefolge an, um ihm dort seine Aufträge vorzutragen. Bevor er aber noch um eine besondere Audienz gebeten, bemerkte ihn der König unter den ihn umgebenden Edelleuten, ließ ihn sogleich rufen, reichte ihm die Hand und ergoß sich in großes Lob über seinen Oheim, den Grafen Fabian; da bald auch der Herzog von Mayenne hinzutrat, sagte der König : „Voici le neveu du Baron de Dohna, qui a fait tête a votre pere au combat de Vimory."

Da der König ihn zur näheren Verhandlung über seine Angelegenheiten auf eine spätere Audienz verwies, so trat Dohna zuerst, gleichfalls in diplomatischen Aufträgen der Union, eine Reise nach dem Haag an, setzte aber nach kurzem Aufenthalt nach England über, stets von seinem Bruder Achatius begleitet. Der Besuch Englands hatte keinen politischen Zweck. Sie fanden indes Gelegenheit, auch den König Jakob und die Königin kennen zu lernen, machten dem Prinzen von Wales ihre Aufwartung und sprachen damals auch die Prinzessin Elisabeth, nachherige Gemahlin des Kurfürsten Friedrichs V. und später Königin von Böhmen, freilich nicht ahnend, daß sie ihr einst so nahe stehen würden.

Nach Paris zurückgekehrt, ließen sich die Grafen beim Könige anmelden, der sie in einer Audienz zu Fontainebleau aufs freundlichste empfing. „Der König", schreibt Graf Christoph, „hat uns gar gnädig angeredet und den Bruder Achatius viel über den Zustand in England gefragt, dann auch seinem Premier valet de chambre anbefohlen, uns das Schloß und alle Kammern zu zeigen." Da Graf Achatius bald nachher nach Sedan abreiste, so blieb Christoph allein zurück. Kaum von einer Krankheit, die Folge der anstrengenden Reisebeschwerden, genesen, wurde er auch vom Kurfürsten Johann Sigismund von Brandenburg in diplomatischen Geschäften in Anspruch genommen.

Bekanntlich trat dieser Kurfürst mit Ansprüchen auf den Besitz der Jülich-Cleveschen Erblande auf; ein zweiter Bewerber war der Pfalzgraf Wolfgang Wilhelm von Pfalz-Neuburg; ihnen gegenüber aber behaupteten auch die beiden Linien des sächsischen Hauses Ansprüche an die Erbschaft. Während nun Sachsen die Gültigkeit seiner Ansprüche im ordentlichen Wege durch den Ausspruch des Kaisers erwartete, schlössen die beiden anderen Fürsten im Juni zu Dortmund einen Vertrag, worin sie sich gegenseitig versprachen, bis zum Austrage der Sache auf gütlichem oder rechtlichem Wege als nahe Verwandte freundlich zusammenzuhalten und zur Verteidigung der Lande allen anderen Ansprüchen entgegenzutreten. Was Heinrich IV. aber schon früher geahnt, war bereits erfolgt. Der Kaiser hatte einen Befehl erlassen, durch den er Prätendenten vorlud, binnen vier Monaten ihre Ansprüche an seinem Hofe auszuweisen. Während Brandenburg und Pfalz-Neuburg sich beeilten, von den Ländern Besitz zu ergreifen, wurde vom Kaiser der Erzherzog Leopold, damals Bischof von Straßburg, bevollmächtigt, sie in Sequestration zu nehmen, und die Festung Jülich wurde ihm durch Einverständnis mit dem Befehlshaber geöffnet. Die Absicht des Kaisers, sich als obersten Lehnsherrn die Länder als ihm heimgefallen zuzueignen und einem ihm gefälligen Fürsten zu verleihen, war nicht zu verkennen. Aber es war ebenso gewiß, daß Heinrich IV. auf dieses Verfahren des Kaisers nicht gleichgültig hinsehen werde. Um so mehr durften Brandenburg und Pfalz-Neuburg von ihm nötigenfalls Hilfe erwarten. Beide sandten Abgeordnete an ihn, der Pfalzgraf einen Grafen von Hohenzollern, der Kurfürst zwei Grafen von Solms, beide mit dem Auftrage, den König zur Unterstützung ihrer Ansprüche zu gewinnen. Der Kurfürst ließ überdies dem Grafen Christoph von Dohna ein Schreiben überbringen, worin er ihn ersuchte, seine Gunst beim Könige zu benutzen, um bei diesem für seine Sache zu wirken. Da nun die kurfürstlichen Gesandten wünschten, Dohna möge zuvor, ehe sie eine Audienz erhalten würden, dein Könige die Verhältnisse des Kurfürsten in betreff seiner Ansprüche ins rechte Licht setzen, so beschloß dieser, sich nach Fontainebleau zu begeben, wo sich Heinrich damals aufhielt.

Nach einem freundlichen Empfang am königlichen Hofe wurde er zur Tafel geladen. Als der König ihn erblickte, rief er ihn zu sich, und „viele große Herren", sagt Dohna, „mußten weichen und mir Platz machen, damit ich zu des Königs Stuhl kommen konnte"; der König sagte zu ihnen: „C'est le neveu du Comte de Dohna, qui a été en nos armées", wobei er sich mit großem Lob über den alten Grafen Fabian von Dohna aussprach.

Graf Dohna benutzte bald darauf eine Audienz, die Sache des Kurfürsten von Brandenburg dem Könige angelegentlich zu empfehlen. Er vernahm zu seiner Freude, daß Heinrich sich ungleich mehr für den Kurfürsten interessiere als für den Pfalzgrafen. Er meldete daher sofort dem Kurfürsten: Der König habe in der Audienz ihm offen mitgeteilt, daß er dem Kurfürsten stets sonderlich zugetan gewesen, noch sei und auch allezeit bleiben wolle; denn die große Freundschaft und die guten Officia der Vorfahren des Kurfürsten seien bei ihm noch in gutem Andenken. So habe der König zu verstehen gegeben, daß er den Kurfürsten ganz besonders hochachte. Dabei gibt Dohna dem Kurfürsten den Rat: Wenn er in dieser oder einer anderen Sache am französischen Hofe etwas betreiben wolle, sei es nötig, nicht allein an den König, sondern zugleich auch an den Kanzler, Duc de Sully, Monsieur de Villeroi und Monsieur de Puissieux zu schreiben; die seien die geheimsten Räte; dem Duc de Sully aber dürfe man nicht weniger als „Illustrissimus", den übrigen nur „Illustris" geben. Es seien nun einmal große Herren, auch werde es zuträglich sein, wenn der Kurfürst an den obersten Rat und Kammerherrn von Beringen schreibe, „ihn desto affectionirter zu machen". Die Bevorzugung des Kurfürsten gab der König auch dadurch zu erkennen, daß er dem pfälzischen Gesandten, dem Grafen von Hohenzollern, geraume Zeit keine Audienz gewährte, während er die brandenburgischen mit ganz besonderer Huld empfing. Man schrieb damals aus Paris: „Ein Abgesandter vom Herrn Kurfürsten von Brandenburg ist beim König angelangt und von Ihrer Majestät ganz stattlich mit vielen Caressen empfangen worden, hat seiner Werbung halber allen guten Bescheid und Satisfaction von derselben erlangt, darauf er sowol Ihrer Majestät als der Königin herrliche Geschenke im

Namen seines Herrn Principalen verehrt. Vom Grafen von Hohenzollern weiß man nichts von Audienz und was seine Werbung gewesen. Ihre Majestät war und bleibt dem Kurfürsten als dero Alliirten und Befreundeten ganz und gar gewogen und zugethan und will sich, ihm gegen diejenigen, welche ihn in seiner Possession und Prätension in und auf die jülichschen Lande turbiren würden, alle Hülfe und Beistand zu leisten, keineswegs abschrecken lassen, gleichwie Ihre Majestät sich vor diesem gegen Ihre kurfürstliche Gnaden, wie auch gegen andere Polentaten und noch neulich auch gegen den Erzherzog Leopold genugsam erklärt hat." Erst später hatte auch der pfälzische Gesandte eine Audienz beim Könige, reiste aber schon bald darauf von Paris wieder ab; doch empfing dieser eine zweite pfälzische Gesandtschaft, die kurz nachher ankam, mit seiner gewöhnlichen Freundlichkeit.

Die angenehmsten Stunden, die Graf Dohna von seinen diplomatischen Geschäften erübrigen konnte, verlebte er im Umgang mit den berühmtesten Staatsmännern. Auch jetzt war es vor allem der berühmte Geschichtsschreiber, der Präsident de Thou, den er immer am liebsten aufsuchte. Wir lesen in seinem Tagebuch: „Unter anderen gelehrten vornehmen Leuten habe ich am öftersten den Präsidenten de Thou gesprochen, welcher eine schöne lateinische Historie geschrieben. Er war nicht abergläubisch, papistisch, haßte die Jesuiten, verstieß die Religionsverwandten nicht, hat seine Freiheit im Schreiben sich nicht nehmen lassen, derwegen man seine Bücher in Rom verbrannte." Es wirft ein schönes Licht auf Dohnas Geist und Gesinnung, daß er sich zu diesem aller Frömmelei abholden Manne ganz besonders hingezogen fühlte. Auch im Hause des Herzogs von Bouillon brachte er manche für ihn sehr lehrreiche Stunde zu; denn dieser hohe Gönner schenkte ihm fortwährend großes Vertrauen und teilte ihm oft und gern vieles über geheime Verhältnisse des Hofes mit. „Er hat zwar", sagt Dohna von ihm, „nichts studiert, ist aber mit einem großen Verstand begabt und hat in Kriegs- und Regimentssachen eine gewaltige Erfahrung, nebst einer Scharfsinnigkeit, die allzu hoch und ihm fast selbst schädlich ist, also daß man von ihm sagt: ‚C'est un couteau qui coupe sa gaîne'." Unter den fremden diplomatischen Personen, die er näher kennen lernte, war ihm der Gesandte des Herzogs von Mantua, Traiano Guiscardi, der interessanteste, ein ebenso gelehrter und durchgebildeter Staatsmann als auch in seinem Charakter höchst achtungswert. Dohna besuchte ihn oft, besprach sich mit ihm über Dinge des Staates und die Ereignisse der Zeit. Häufig war auch die protestantische Glaubenslehre, die Guiscardi, obgleich Katholik, sehr richtig beurteilte, Gegenstand ihrer Unterhaltung. Wie mit dem geistreichen Mönch Paolo Sarpi in Venedig blieb Dohna auch mit Guiscardi, als dieser Großkanzler zu Casale geworden, fortwährend im Briefwechsel.

Dohna hatte während seiner Anwesenheit in Paris oftmals Gelegenheit, am Hofe den außerordentlichen Glanz und die verschwenderische Pracht zu bewundern, womit sich der König umgab, besonders, wenn er vor dem Volk erschien. Er beschreibt einen glänzenden Einzug, den der König nach einer Abwesenheit von einigen Monaten in Paris hielt: Der König saß auf einem weißen Roß, der Sattel von schwarzem Samt mit reicher Stickerei von Silber, bekleidet mit. einem weißen Wams, die Beinkleider von schwarzem Samt mit silberner Stickerei niedlich verziert, auf dem Hut eine glänzend weiße Feder. Ihm zur Linken der Herzog von Sully zu Fuß, den Hut in der Hand, während der König lange mit ihm sprach. Nach ihnen zwanzig Prinzen und Herzöge und eine große Schar von Grafen und Edelleuten, alle stattlich ausgerüstet und prachtvoll geschmückt, ihre Kleidung glänzend von Gold und Silber, das Geschirr ihrer Rosse, ihre Federbüsche so reich als möglich. Die Zahl der Edelleute konnte wohl 5 bis 600 sein, sämtlich aufs prächtigste gerüstet; dann eine unzählige Volksmasse, die den König mit Jubel empfing, aber alles dies so „pêle-mêle" unter- und durcheinander, daß es zwei Stunden währte, bis der König vom Tore St. Antoine bis nach dem Louvre kam.

Während Dohnas Abwesenheit hatte sich in Deutschland der Stand der Dinge bedeutend verändert. Der Union waren nun auch der Kurfürst von Brandenburg, der Landgraf Moritz von Hessen, die Fürsten von Anhalt, der Graf von Öttingen, die drei „ausschreibenden Städte" Straßburg, Nürnberg und Ulm, nebst mehreren kleineren Reichsstädten, Speier, Worms, Hall in Schwaben, Heilbronn und andere beigetreten. Ihr gegenüber aber standen bereits seit dem 10. Juli 1609 der Herzog Maximilian von Bayern, der Erzherzog Leopold von Österreich, die Bischöfe von Würzburg, Augsburg, Regensburg, Salzburg und Konstanz nebst mehreren schwäbischen Reichsprälaten unter dem Namen der Liga in einem Gegenbündnis, an das sich bald auch die drei geistlichen Kurfürsten und mehrere katholische Stände anschlossen. Der Zweck dieses Bundes war die Aufrechterhaltung des Friedens und der Reichsordnung gegen die Unternehmungen der Union und Schutz der katholischen Kirche und der ihr zugewandten Stände. An seiner Spitze stand als Haupt und Urheber der Herzog von Bayern, der seine Stiftung mit großem Eifer betrieben hatte. Jetzt aber entwickelte auch der Fürst Christian von Anhalt für die Sache der Union eine ungemeine Tätigkeit. Er war es, der (18. Juli 1609) an der Spitze einer Gesandtschaft der Unirten an den Kaiser Rudolf zu Prag den Vortrag über die Beschwerden des Bundes hielt und in einer Privataudienz, die ihm der Kaiser gestattete, mit solcher Schärfe und so eindringlichem Ernste sprach, daß diesen für den Augenblick die Furcht übermannte. Jetzt schien es an der Zeit zu sein, den König Heinrich von Frankreich zu tätiger Hilfe für die Union aufzurufen, und Fürst Christian war es wieder, der im Dezember 1609 nach Paris eilte. Er fand den Grafen Dohna dort noch anwesend, wurde vom König aufs freundlichste empfangen, erhielt auch Zusage einer kräftigen Unterstützung und kehrte darauf in Eile nach Deutschland zurück, mit ihm Graf Dohna, der am 1. Januar 1610 in Heidelberg anlangte.

Vierte Gesandtschaftsreise nach Paris.–Fünfte Gesandtschaftsreise nach dem Haag und nach Paris.– 1610-1616.

Im Januar 1610 traten die Bundesverwandten der Union zu einem Beratungstag in der Bundesstadt Hall in Schwaben zusammen. Er war zahlreich von Fürsten und Gesandten besucht; außer den älteren Bundesgliedern war auch der Kurfürst von Brandenburg erschienen. Den Fürsten von Anhalt hatte Graf Dohna dahin begleitet. Die Beratung galt zunächst der Jülichschen Erbschaftsache der possidirenden Fürsten, denn so hießen jetzt Kur-Brandenburg und Pfalz-Neuburg. Da man Kunde erhielt, daß ein französischer Gesandter, Johann von Thumery, Herr von Boissise, im Anzuge sei, der die Gesandtschaft des Fürsten von Anhalt erwidern solle, so bekam Graf Dohna den Auftrag, mit einigen anderen Räten ihm entgegenzuziehen, ihn ehrenvoll zu empfangen und in seine Wohnung zu begleiten.

Nachdem man zuvörderst über die vom Kaiser dem Fürsten von Anhalt gegebenen, aber unerfüllt gebliebenen Zusagen Bericht erstattet, wurde beschlossen, man wolle sich im Jülichschen Erbschaftstreit der evangelischen Interessenten gegen jede ungerechte Gewalt annehmen, die Union über den ganzen Norden Deutschlands verbreiten und mit den Evangelischen in Österreich, Böhmen, Mähren, Schlesien, selbst mit denen in England, Dänemark, Holland, Venedig und der Schweiz in nähere Verbindung treten. Um die Freiheit Deutschlands gegen die Kaisermacht zu sichern, versprach der König von Frankreich seinen Beistand in betreff der Jülichschen Sache jenen Fürsten, denen die Erbfolge in den Jülichschen Landen zustehe. Man kam am 11. Februar 1610 mit dem Gesandten überein, daß diesen Fürsten sowohl die Union als der König mit 4000 Mann zu Fuß und 1200 Reitern zu Hilfe kommen sollten.

Graf Dohna erhielt sofort von den versammelten Unionsfürsten den Auftrag, als Unionsgesandter nach Paris zu gehen, dem König für sein bereitwilliges Erbieten „zur Erhaltung der deutschen Libertät als fürnehmlich zur Manutenirung der interessirten Fürsten in ihrer Possession" zu danken, ihn gleicher Willfährigkeit von seiten der Union zu versichern, teils ihm auch über die gefaßten Beschlüsse Bericht zu erstatten und ihn um deren Genehmigung und Bestätigung zu bitten. Auch sollte er ihm vorstellen, daß Hilfsleistung große Eile erfordere, weil die Gegenpartei bereits stark rüste, weshalb der König zu bitten sei, seine zwei in den Niederlanden stehenden Regimenter unter dem Herrn von Chatillon nach den Jülichschen Landen ziehen zu lassen. Endlich sollte er den König um seine Genehmigung ersuchen, daß „zur Verhütung vieler Inconvenienzen, die unter unterschiedlichen Generalen im Felde leicht eintreten", der oberste Feldherrnbefehl und das Direktorium über das gesamte, also auch über das königliche Kriegsvolk, dem Fürsten von Anhalt übertragen werden könne.

Nach einer höchst beschwerlichen Reise bei strenger Kälte, sehr erschöpft und fast erkrankt, kam Graf Dohna in der Mitte des Februars in Paris an. Von Herrn von Villeroi beim König angemeldet, erhielt er sogleich Audienz. „Ich ging", so berichtet er selbst, „stracks zum Könige; er war in der Königin Cabinet und stand bei ihr am Fenster; als ich hereintrat, hatte ich die Ehre, daß er mich mit Affection umarmte; dann sprach er zur

Königin: ‚Madame, le voilà, le prendriez vous bien pour un Allemand?' Darauf hörte er mein Anbringen ganz gnädig an und als ich bat, mich in vier oder fünf Tagen abzufertigen, antwortete er: ‚Ich will Euch in drei Tagen Bescheid geben; die übrigen könnt Ihr in Eurer Lust zubringen.' Das Gespräch gab dann, daß man von dem Zustand der Jülichschen Lande zu reden kam. Da fragte Ihre Majestät: ‚Was da vorfiele?' Ich erzählte von der Belagerung des Schlosses Bredenbend. Als der König durch das Fenster sah, daß es schneite und böses Wetter war, antwortete er: ‚Das ist wohl ein schön Wetter zur Belagerung.' Sodann fragte er nach dem Markgrafen von Anspach und fügte hinzu: ‚Der Gesandte hätte der Fürsten gute Affection gegen Ihre königliche Majestät sehr gerühmt.' Hierauf befahl er mir, ins Logement zu gehen."

Dohna benutzte die wenigen Tage zu Besuchen bei den königlichen Räten, um ihre Ansichten auszuforschen. Alle aber verhielten sich sehr schweigsam oder gaben nur allgemeine Antworten; so der Kanzler, Jeannin und Villeroi. Selbst Sully hielt mit seiner Meinung zurück. „Der König werde Wort halten und er werde helfen, daß alles gut gehe", war fast alles, was er sagte.

Nun war während des letzten Aufenthalts Dohnas in Paris folgendes Ereignis vorgefallen: Der Prinz Heinrich II. von Condé hatte sich mit dem ausgezeichnet schönen Fräulein von Montmorency, einer Tochter des Connetable Heinrich von Montmorency, vermählt. Er war ein Neffe des Königs; denn Heinrichs IV. Vater und des Prinzen Großvater, Ludwig von Bourbon, Prinz von Condé, waren Brüder. Der Prinz fand indes in der heftigen Neigung des Königs zu seiner jungen Gemahlin und in dem beleidigenden Benehmen des Königs gegen ihn hinreichend Ursache, sich mit seiner Gemahlin auf seine Güter in der Picardie zu begeben. Der König folgte dieser nach und suchte sich ihr verkleidet zu nähern. Der Prinz aber, davon unterrichtet, entfloh heimlich, worüber Heinrich sich so entrüstete, daß er den Flüchtlingen einen Reiterhaufen nachsandte, um sie aufgreifen zu lassen. Allein es war zu spät; sie waren bereits, nicht ohne viel Beschwerden, bei strenger Kälte in den Niederlanden angekommen, wo sie in Brüssel ehrenvolle Aufnahme und spanischen Schutz fanden.

Der König hatte sich in seinem Zorn auch jetzt noch nicht

beruhigt; denn, als Graf Dohna nach drei Tagen zur Audienz beschieden wurde, brachte jener sogleich das Gespräch auf das erwähnte Ereignis. „Ich hatte", erzählte Dohna in seinem Tagebuch, „eine gnädige Audienz beim König, indem er mich ganz allein ins Cabinet kommen ließ, wo er eine gute Zeit mit mir auf und abging und sonderlich des Prinzen Condé erwähnte, daß er mit seiner Gemahlin entwichen sei. Er entrüstete sich sehr heftig über ihn, nannte ihn einen Undankbaren und befahl mir, ich sollte in Deutschland ihm nacheilen und etwa 20 Reiter zu mir nehmen, ihn zu ergreifen. Dann gedachte er auch unserer Handlung zu Hall, ließ sich dieselbe aber nicht gefallen, deshalb, weil zuviel Conditionen und zu viel ‚si' darin wären. Er sagte: ‚Il y a trop de si. Il n'y a que les fols, qui s'y fient. Toutefois j'ai tout ratifié, pour aigréer a ses Maîtres.' Darauf ließ mir der König durch Mr. de Villeroi sagen: Ihre Majestät wolle mir eine Verehrung oder Recompenz tun für meine Reise; allein ich wollte solche nicht annehmen und bedankte mich." Am 24. Februar hatte der Graf eine Abschiedsaudienz; der König brachte das Gespräch wieder auf den Prinzen von Condé und schloß mit den Worten: „Dans deux ou trois mois je ferai que mes ennemis se repentiront du tort qu'ils me font d'avoir debauché le Prince de Condé."

Dohna kehrte nach Heidelberg zurück. In Wimpfen, wo er mit dem Fürsten von Anhalt zusammentraf, machte er ihm ausführliche Mitteilung über seine Unterhaltung mit dem Könige. Da der Fürst ersah, daß Heinrich mehr Interesse für den Jülichschen Erbstreit als für die Sache der Union gezeigt und seine Äußerungen über die Unionsverhandlungen zu Hall seine Unzufriedenheit an den Tag gelegt hatten, so entschloß er sich schnell zu einer Reise nach Paris, um den König über die Bedeutung der Union aufzuklären und für sie zu gewinnen. Er durfte dies um so mehr hoffen, da der König zu Dohna in der Audienz geäußert hatte: „Pour Mr. le Prince d'Anhalt I. il est tout à nous. Je ne lui fierois pas tant seulement mon secours, mais toutes les troupes que je ferois." In Paris angelangt, wurde er ausgezeichnet empfangen. Der König ließ ihm nicht nur prachtvolle Gemächer im Louvre einräumen, sondern erwies ihm auch alle mögliche Aufmerksamkeit und vielfache Ehrenbezeugungen. So zeigte er selbst im Louvre ihm das Gemach, wo er in der Bartholomäusnacht unter fünf in Blut schwimmenden Leichen sich verborgen gehalten. Der Fürst war wahrscheinlich auch noch an dem Tage (14. Mai) in Paris, an dem Heinrich auf offener Straße dem Mordmesser Revaillacs erlag. Am anderen Tage scheint er die Stadt verlassen zu haben.

Höchstwahrscheinlich brachte er die erste Nachricht von dem Königsmord nach Deutschland. Gewiß ist, daß der französische Gesandte, Herr von Boissise, sie durch den Grafen Dohna zuerst erfuhr. Sie machte auf die Unirten, welche immer noch große Hoffnung auf Heinrichs Hilfe gebaut, erschütternden Eindruck. Dohna erhielt alsbald den Auftrag, nach Paris zu gehen, um der Königin-Regentin Maria von Medici wegen des Todes ihres Gemahls zu kondolieren und zugleich in betreff der von Frankreich zu leistenden Hilfe neue Unterhandlungen anzuknüpfen. Laut seiner Instruktion mußte er sich zuerst nach dem Haag begeben, um dort dem Prinzen Moritz von Oranien Mitteilungen über die Stärke der Liga, über ihre Rüstungen, über die seit dem Tode des Königs Heinrich drohenden Gefahren, über die unzureichenden Kriegskräfte der Union zu machen und ihn zu bitten, in möglichster Eile das bewilligte Hilfsvolk nach Xanten oder Berg ins Feld zu schicken. Dohna vollführte diesen Auftrag und eilte dann über Vlissingen und Boulogne nach Paris. Hier erhielt er schon am 6. Juni eine Audienz bei der Königin. Inbetreff seiner Kondolenz bemerkte er: „Die Wahrheit zu sagen, so habe ich äußerlich keine große Betrübniß an ihr sehen können, obwol ihr Herr der König kaum drei Wochen todt gewesen. Man gab vor, sie habe befürchtet, man würde sie verstoßen und die von Condé oder eine andere nehmen."

Dohna hatte in seiner Instruktion den Auftrag, die Königin und den jungen König an die unter dem verstorbenen König aufgerichteten und bestätigten Verträge, zu erinnern und sie namentlich zu ersuchen, die in Holland liegenden französischen Regimenter mit dem Kriegsvolk der Generalstaaten nach Düsseldorf ziehen zu lassen. Er fand es jedoch geraten, sich in dieser Angelegenheit auch an den Connetable von Montmorency, die Herzöge von Epernon, von Guise und Mayenne zu wenden, deren Einfluß von Gewicht war. Die Königin sicherte dem Grafen die Hilfsleistung ohne weiteres zu, fügte jedoch hinzu, man könne sich über die Wahl des Anführers der Hilfstruppen noch nicht vereinigen. Ihre Aufforderung, er möge selbst einen Herrn, der den deutschen Fürsten genehm sein werde, auswählen, lehnte er mit kluger Vorsicht ab und stellte die Wahl der Königin anheim, indem er versicherte, die Fürsten würden mit jeder von der Königin getroffenen Wahl zufrieden sein. Sie wählte hierauf den alten Marschall de la Chatre, der auch sofort die Hilfstruppen zum Auszuge rüstete.

Von allen Seiten her, durch die Herzöge von Sully, von Bouillon, von Guise, Nevers, Villeroi, auch von de Thou, den er oft besuchte, mit den festesten Zusicherungen der kräftigsten Unterstützung der Union erfreut, kehrte Dohna nach Deutschland zurück. Die possidirenden Fürsten waren mit dem Erfolg seiner Sendung außerordentlich zufrieden. Sie hatten einen solchen unter den obwaltenden Umständen kaum noch erwartet. Der freigebige Pfalzgraf von Neuburg, der kein Verdienst unbelohnt ließ, beehrte den Grafen zum Zeichen seines Wohlwollens mit der Auszeichnung einer Medaille auf den Hut. Die Hoffnungen der Fürsten wurden noch mehr gefestigt, als es in einem Schreiben aus Paris vom 15. Juni hieß: „Die königliche Hülfe soll binnen vier oder fünf Tagen aufbrechen und ist in Allem 15,500 Mann stark, darunter 2000 zu Roß. Monsieur le Maréchal de la Chatre ist Commandator. Es sollen auch sonst sehr viele Vornehme von Adel und Herren auf ihre eigenen Kosten mit fortziehen, und wird das schönste und beste Volk aus der ganzen Armada ausgelesen. Der papistische Nuntius hätte solches gern verhindert, sodaß die Hülfe gar keinen Fortgang hätte nehmen sollen. Er hat aber nichts bewirken können und ist darüber sehr übel zufrieden." Graf Dohna ward bald darauf, während man zum Kriege rüstete, nach Köln gesandt, um bei der Stadt eine Geldanleihe aufzunehmen. Er erfreute sich zwar auf dem Rathause dort einer sehr ehrenvollen Aufnahme; man entließ ihn dann aber mit einer höflichen Entschuldigung, daß es nicht möglich sei, sein Gesuch zu erfüllen. Ehe aber noch die französische Hilfe herankam, brach zwischen den beiden possidirenden Fürsten ein Zwiespalt aus, der von den verderblichsten Folgen hätte sein können. Es kam zwischen ihnen so weit, daß sie sich zum Duell forderten. Der Fürst von Anhalt trat als Vermittler dazwischen, indem er noch um Mitternacht den Grafen Dohna zum Pfalzgrafen schickte, um ihn durch Vorstellungen zu beruhigen. Am folgenden Morgen begab sich auch der Fürst selbst mit dem französischen Gesandten zu ihm. Dieser drohte mit dem nachdrücklichsten Ernst: Wenn sich beide nicht sofort versöhnten, werde er bewirken, daß die bereits heranziehende Kriegshilfe sich wieder zurückziehe und selbst seine Rückreise antreten. Er war so kühn hinzuzufügen: „J'ai vu plusieurs princes; mais j'en ai vu de plus sages que vous." Die ernste Drohung hatte den Erfolg, daß beide Fürsten sich wieder versöhnten.

Mittelerweile hatten sich die Kriegskräfte der Union ansehnlich verstärkt. Nicht bloß der kühne Parteigänger Graf Ernst von Mansfeld hatte sich ihr angeschlossen, sondern auch der Prinz Moritz von Oranien war zur Beihilfe gewonnen. Der Krieg hatte im Frühling begonnen. Es galt, das Jülichsche Gebiet, von feindlichen Truppen zu säubern und namentlich die befestigte Stadt Jülich zu gewinnen, die der Feind besetzt hielt. Nachdem sich der Prinz Moritz am 28. Juli mit dem Fürsten von Anhalt vereinigt, warfen sich beide, in Verbindung mit den brandenburgischen und neuburgischen Truppen vor die Stadt. Im Lager befanden sich auch die beiden Grafen Dohna. Bevor man indes einen ernsten Angriff wagte, erwartete man die bereits gemeldete Ankunft des französischen Hilfsvolkes. „Als nun", so erzählt Graf Christoph als Augenzeuge, „der Marschall de la Chatre mit 8000 zu Fuß und 2000 zu Pferd angezogen kam, hatten wir vier kleine Feldgeschütze auf einer Höhe aufgestellt, sie damit zu empfangen. Als diese aber losgebrannt wurden, wußten die Franzosen als neue Kriegsleute nicht, was das zu bedeuten habe, und fielen auf die Knie, damit die Kugeln über sie weggehen sollten., weil sie meinten, es wäre des Feindes Geschütz. Sie wurden darüber sehr ausgelacht; doch wollten wir sie nicht beschämen, sondern wir halfen es vertuschen, so gut wir konnten. Ein Franzose, der neben mir hielt, schalt schändlich auf seine eigene Nation. Wäre es uns Deutschen widerfahren, so würde man uns gräulich verachtet und übel nachgeredet haben."

In drei Heerlagern standen vor Jülich Deutsche unter dem Befehl Christians von Anhalt, Engländer unter dem Obersten Cecil, Holländer unter der Führung des Prinzen von Oranien und Franzosen unter dem Marschall de la Chatre. Ungeachtet dieser starken Streitmacht aber dauerte die Belagerung länger als man erwartet hatte; denn die Besatzung, hinreichend mit Munition und Proviant versehen, verteidigte sich mit rühmlichster Tapferkeit und brachte den Belagerern vielen Verlust. Auch die Brüder Dohna waren, wie wir aus einer genauen Beschreibung der Belagerung ersehen, mehrmals in Lebensgefahr. Als am 10. August Fürst Christian, begleitet vom Grafen Abraham, ins Zelt des Prinzen von Oranien reiten wollte, schlug zwischen beiden eine aus der Stadt geschossene Stückkugel mit solcher Gewalt in die Erde, daß beide mit Staub bedeckt wurden. Am nämlichen Tage nachmittags ritt Graf Abraham unmittelbar hinter dem Fürsten, als eine Kugel dem Oberst-Wachtmeister Sednitzky das Bein zerschmetterte und dem Fürsten das Pferd unter dem Leibe tötete. Erst nachdem in der Stadt Mangel an Munition eintrat, ergab sie sich am 10. September 1610 und der Krieg ruhte in diesen Landen.

Kurze Zeit darauf (19. September) starb zu Heidelberg der Kurfürst Friedrich IV. von der Pfalz eines frühzeitigen Todes, für die Union ein großer Verlust. Ihm folgte in der Regierung sein erst vierzehnjähriger Sohn Friedrich V., der sich damals im Hause des Herzogs von Bouillon zu Sedan befand, wo er erzogen wurde. Zwischen den Kriegsparteien trat Waffenstillstand ein, Graf Dohna wurde inzwischen mehrmals mit Gesandtschaften der Union beauftragt; im Anfange 1611 begleitete der Graf den Fürsten von Anhalt nach Berlin, wo sich in einer wichtigen Unionssache viele Fürsten versammelt hatten. Kaum dort angelangt, ließ ihn der Kurfürst Johann Sigismund zu sich einladen und machte ihm den Vorschlag, eine Gesandtschaft in seinen Angelegenheiten an den Kaiser Rudolf II. nach Prag zu übernehmen. Der Graf erklärte sich bereit, bat jedoch, der Kurfürst möge zuvor wegen seines Dienstverhältnisses den Fürsten von Anhalt befragen. Dies geschah auch; allein der Fürst lehnte den Auftrag geschickt ab, aus welchem Grunde, konnte Dohna nicht erfahren.

Fürstentag zu Nürnberg.– Sechste Gesandtschaftsreise nach Paris.– Gesandtschaft an den Brandenburger Hof. – Die junge Kurfürstin Elisabeth von der Pfalz.– 1611-1613.

Graf Dohna trat hierauf eine Reise nach Preußen zum Besuch seiner Verwandten und Freunde an. Allein wenn er, wie er sagt, sich auch freute, in der Nähe von Königsberg wieder einmal die Nachtigall schlagen zu hören, so ekelten ihn desto mehr die Verhetzungen und widerwärtigen Zänkereien an, die damals unter dem Adel in Preußen im Schwünge waren, weil eine Anzahl adeliger Hauptleute und Landräte nicht dulden wollten, daß den Baronen und denen vom Herrenstande in manchen Dingen ein gewisser Vorrang eingeräumt werde.

Im August (1611) kehrte Dohna nach Heidelberg zurück. Ohne dort lange zu verweilen, begleitete er den Fürsten von Anhalt nach Nürnberg, wohin Kaiser Rudolf im Oktober einen Kurfürstentag ausgeschrieben hatte. Es war für ihn nicht bloß von großem Interesse, die bedeutende Zahl von Fürsten, Bischöfen, Staatsmännern und Gesandten aus allen Teilen Deutschlands kennen zu lernen und mit vielen auch eine nähere Bekanntschaft anzuknüpfen, sondern, ein genauer Beobachter des Hoflebens, tat er auch manchen Blick in die damaligen Fürstensitten. Er zeichnet sich jeden Tag auf, was er davon gesehen und gehört. Er bemerkt es, wie der Kurfürst von Sachsen die Fürsten verschieden behandelt: bei einer Einladung zu seiner Mittagstafel sei dieser bei der Ankunft des Pfalzgrafen Wolfgang Wilhelm nicht aus seinem Zimmer gegangen und habe ihn nur von zwei Edelleuten empfangen lassen; hingegen dem Administrator Pfalzgrafen Philipp Ludwig sei er aus der Türe heraus bis auf die Gasse entgegengeeilt. Er zeichnet es auf, daß die Stadt Nürnberg wie andere Fürsten so auch den von Anhalt mit vier Zober Fischen, zwei Wagen mit Hafer und einem Wagen mit süßem und rheinischem Wein beschenkt habe. Aber er vergißt auch nicht zu bemerken, wie die Fürsten den edeln Saft genossen haben: „bei einem Frühmahle im Hause des Pfalzgrafen sind sie alle toll und voll gewesen; sie haben nit getrunken sondern nur gesoffen". An einem anderen Tag, bei einem Mittagsmahl beim Kurfürsten von Mainz, wobei auch gewaltig getrunken wurde, beschwerte sich der Erzbischof von Köln über seine Schwachheit und sein Alter, die es nicht mehr ertragen wollten. Da entgegnete ihm aber der von Mainz mit Stichelworten: „O, dieses Trinken geht noch wohl hin, kann Euern Liebden nicht schaden; aber die Schlaftrünke, die Schlaftrünke, die man bisweilen thut, die machen schwach und matt." Dazu hat der Kölner gelacht. Allein es blieb nicht immer bei solchen Scherzen. Waren die hohen Herren voll Wein, so kam es auch oft zu ärgerlichen Streithändeln. So kam es bei einem Mittagsmahle zum Streit über die kurpfälzische Administration, indem sich der Pfalzgraf Wolfgang Wilhelm darüber beschwerte, daß Sachsen dem Philipp Ludwig beigestanden habe. Da antwortete der Kurfürst: es wäre ohne ihn so weit gekommen; nun sei es nicht zu ändern. Darauf jener: aber es müsse anders werden. Der Kurfürst wieder: es müßte ein schlechter Doktor sein, der die Sache nicht verzögern könnte, bis der junge Kurfürst seine Jahre erreicht habe; interea ist Philipp als Administrator in der Possession. Und ich, sagt der Pfalzgraf, bin in der Possession von Jülich! Dem entgegnet der Kurfürst: Was? So einen Pfalzgrafen kann ein Kurfürst von Sachsen doch wohl auch noch herausbringen. Der Streit würde noch heftiger geworden sein, wenn ihn nicht der Mainzer gestillt hätte.

In Nürnberg übernahm Graf Dohna in Aufträgen des Fürsten von Anhalt eine abermalige Gesandtschaft nach Paris. Sie betrafen die Forderungen an die französische Krone wegen der noch nicht entrichteten Kriegsgelder. Er fand, dort angelangt, in den staatlichen Verhältnissen fast alles verändert. Der Kriegsplan des verstorbenen Königs zur Demütigung des habsburgischen Hauses war längst aufgegeben. Man hatte die letzte Beihilfe den Erben der Jülich-Kleveschen Länder nur deshalb geleistet, weil sich Heinrich IV. einmal dazu verpflichtet, weil es die Ehre Frankreichs erfordert und die Nichterfüllung Schwäche verraten hätte. Sully stand auch nicht mehr an der Spitze der Verwaltung. Von seinen Feinden am Hofe gedrängt, hatte er schon seit Anfang des Jahres 1611 seinem Amte eines Oberintendanten des Finanzwesens entsagt. Die Leitung der Finanzverwaltung war jetzt in den Händen des Präsidenten Jeannin, dem als Direktoren der Präsident de Thou und der Marquis de Chateauneuf zur Seite standen. Mit ihnen hatte auch Graf Dohna die Verhandlungen zu führen und es glückte ihm, schon im Anfang des Jahres 1612, darin so weit vorzuschreiten, daß in betreff der Abzahlungen ein Abkommen auf sechs Jahre zustande kam.

Es herrschte während Dohnas Anwesenheit in Paris eine aufgeregte Stimmung. Das Tagesspräch war lange Zeit der heftige Streit der Sorbonne mit den Jesuiten, an dem auch der Graf das lebendigste Interesse nahm. „Schon im Jahre 1611", heißt es in einem seiner Berichte aus Paris, „haben die Jesuiten beim Parlament angehalten, daß sie bei der Universität zu Paris möchten einverleibt werden. Da hat man ihnen aufgegeben, sie sollten schriftlich bezeugen, daß sie mit der Universität und Sorbonne einerlei Lehre in folgenden Punkten führten: daß die Concilien mehr seien als der Papst und über dem Papst; daß der Papst in weltlichen Sachen keine Gewalt habe; daß ihm nicht zugelassen sei, die Könige von Frankreich zu excommuniciren, auch nicht die Unterthanen ihres Eides zu entbinden. Bei diesen Verhandlungen haben sich damals auch der Prinz von Condé und zwei Bischöfe beteiligt. Anjetzt, im Anfang Januar 1612, haben die Doctores der Sorbonnisten und die Jesuiten dreimal in voller Versammlung öffentlich wider einander disputiert und der Rector der Sorbonnisten alle drei Mal seine Streitsache selbst angezeigt, aber die Jesuiten nur durch ihren Advocaten, der in den ersten Audienzen allein erschien; jedoch bei der letzten Audienz haben die Jesuiten Schande halber in eigener Person erscheinen müssen; gleichwol aber ist der Pater Cotton, der Königin Beichtvater, nicht erschienen. Ein Doctor der Sorbonnisten hat eine kurze, aber herrliche Oration gehalten und der Jesuiten Lehre, List und Falschheit mit Grund und Beweis ihrer eigenen Bücher herausgestrichen und sie öffentlich ‚perturbatores reipublicae et justitiae' genannt, sodann auch sonderlich sie angeklagt, daß sie ihre beiden letzten Könige Heinrich de Valois und Heinrich de Bourbon ums Leben gebracht, und endlich ihre Lehre verdammt. Als der Doctor seine Oration beschlossen, verhofft jedermann, die Jesuiten als gelehrte Leute würden stattlich widersprechen, aber sie waren ganz erschlutzt und erstummt, gingen davon, ohne Antwort zu geben, weshalb die Zuhörer so verhaßt auf sie geworden, daß wenig gefehlt, man hätte sie gar aus dem Palast verjagt. Endlich hat das Parlament einhellig ein Urtheil ergehen lassen, welches der oberste Präsident Mr. de Vertun, obwol ein Discipel der Jesuiten, wider seinen Willen hat aussprechen müssen und lautet also: 1) Daß der Papst den Concilien unterworfen sein soll; 2) daß er über Kaiser, Könige, Fürsten und Herren nicht zu commandiren haben soll; 3) daß die Jesuiten keine Universitäten oder öffentliche Schulen haben sollen; 4) daß sie sich der Justitia unterwerfen müssen; 5) was sie für Geheimnisse wider die Krone Frankreich durch Berichte oder andere Mittel erfahren, sollen sie offenbaren. Diese Punkte sollen die Jesuiten in drei Monaten von ihrem General aus Frankreich unterschrieben bringen." Bald nachher, im Februar, meldet ein anderer Bericht aus Paris, das Parlament habe den Jesuiten geboten, alle Schüler aus Clairmont auszuschaffen, damit nicht unter dem Schein der Theologie sich fremdes Volk einmische, welches dem König nach dem Leben stelle, wie mit dem König Heinrich geschehen sei. Endlich schreibt Graf Dohna seinem Bruder Dietrich im März: „Die Königin ist perturbirt, daß die Sorbonnisten und das Parlament so heftig wider die Jesuiten sind. Auch der Papst ist sehr erzürnt. Wenn ers könnte gen Rom bringen, so würden alle auf dem Scheiterhaufen braten müssen. Nun möchte die Königin gern dem Papst und den Jesuiten zu Willen sein, darf aber wider die Sorbonne und das Parlament nichts vornehmen. Die Bischöfe halten neben dem Cardinal du Peron oft Rath, wie sie der Sorbonne begegnen oder sie mit den Jesuiten wieder vereinigen möchten. Aber bei Hofe ist sonst kein Fürst, der sich unterstünde, zu Gunst der Jesuiten zu reden als der duc de Epernon, der ist ihrer Aller Patron und hat auch der Königin remonstriert, daß man nicht gestatten solle, die Büchlein wider des Papstes Macht und die wider die Jesuiten in der Stadt feil zu tragen und auszurufen."

Nach Heidelberg kaum zurückgekehrt, erhielt der Graf vom Fürsten von Anhalt wichtige diplomatische Aufträge an verschiedene vornehme Personen in Böhmen und Mähren. In Brunn, wo er beim Erzherzog Maximilian, damaligen Hochmeister des Deutschen Ordens, eine sehr freundliche Aufnahme fand, hatte er an diesen im Namen seines Fürsten eine vertrauliche Mitteilung abzustatten. In Prag war seine interessanteste Bekanntschaft der Graf Heinrich Matthias von Thurn. Als Haupturheber des Majestätsbriefes stand er in ganz Böhmen im höchsten Ansehen und das ganze Volk huldigte ihm mit vollem Vertrauen. Auch an ihn hatte Dohna Aufträge vom Fürsten von Anhalt. Von Prag ging er auf kurze Zeit zum Besuch der Seinigen nach Preußen. Auf der Rückkehr nahm er den Weg über Danzig, wo er gerade ankam, als der Kurfürst Johann Sigismund von Brandenburg und der Fürst Radziwill, die sich einige Tage dort aufhielten, sich bei einem glänzenden Bankett bei einer reichen Frau Schwarzwald befanden. Sobald der Kurfürst des Grafen Ankunft erfahren, ließ er ihn zur Tafel laden. Man machte sich dabei im Gespräch sehr lustig über eine lächerliche Verordnung des jüngst verstorbenen Kurfürsten Christian II. von Sachsen, daß alle Junker fortan lange Stiefel tragen sollten, wobei der Kurfürst erzählte: Ein kleiner Edelmann habe auf den Befehl geantwortet: „Ich werde und kanns nicht tun, denn da ich ein kurzer Kerl bin und keine langen Beine habe, kann ich auch keine langen Stiefel tragen."

In Amberg zu Ende des Jahres 1612 angekommen, erhielt Dohna den Auftrag zu einer neuen Gesandtschaft zuerst nach Wien, und dann an den Hof des Kurfürsten von Brandenburg. Auf seiner Reise durch Böhmen machte er Bekanntschaft mit Albrecht von Wallenstein, der schon damals, mit der reichbegüterten Lucretia Nikessin von Landeck vermählt, für einen der angesehensten Standesherren in Böhmen und Mähren galt. Erst im Februar kam Dohna wieder in Preußen an; denn der Kurfürst von Brandenburg hielt sich damals einige Zeit in Königsberg auf. Als Gesandter empfangen und im Auftrage des Kurfürsten von einem kurfürstlichen Geheimen Rat, „gar cortesisch" bewillkommt, erhielt er eine Wohnung im Schloß. Dies hatte für ihn die üble Folge, daß er jeden Abend mit dem Kurfürsten, einer Prinzessin Elisabeth Sophie und dem reichen Fürsten Radziwill, der damals um die Hand dieser Prinzessin warb, Karte spielen mußte, wobei er wenig Glück hatte, weil er vom Spiel wenig verstand. Überall aber hörte er Klagen über die schlechte Landesverwaltung, den traurigen Zustand der Finanzen, die Verwahrlosung der Ämter durch faule, untaugliche und gewinnsüchtige Beamte und Verwalter und dabei den noch die Verschwendung und Vergeudung der Landeseinkünfte am kurfürstlichen Hofe. Man brachte eben damals in Königsberg eine Komödie auf die Bühne, „Der ungerechte Haushalter" genannt, worin dessen Weib alle möglichen Mittel häuslicher Zucht und Ordnung anwendet, um den verschwenderischen Gemahl zur Sparsamkeit zu bekehren. Jedermann deutete das Stück auf den anwesenden Kurfürsten. Graf Dohna bekam auch selbst hinreichende Beweise von den traurigen Finanzverhältnissen des Kurfürsten in die Hände. Sein Auftrag ging nämlich dahin, den Kurfürsten an den Rest seines Geldbeitrages für die Union an und eine Summe von 14 000 Talern zu erinnern, die er dem Fürsten von Anhalt als Besoldung in dem Jülichschen Krieg schuldete. Um nur etwas von dieser Forderung zu erhalten, ließ der Fürst dem Kurfürsten das Anerbieten machen, er möge ihm sofort 4000 Taler auszahlen lassen, auf die übrigen 10 000 Taler wolle er dann Verzicht leisten. Allein so dringend auch der Fürst seine Geldbedürfnisse vorstellen ließ und so unermüdlich Dohna, wie er selbst sagte, „alle Tage sollicitirte", konnte er doch keinen Bescheid erhalten und ward immer nur vertröstet. Vom kurfürstlichen Kanzler endlich ganz abgewiesen, mußte er dem Kurfürsten nach Berlin nachfolgen und wurde auch dort erst nach einiger Zeit von jenem mündlich dahin beschieden: „Er möge es beim Fürsten dahin richten helfen, daß diese seine magere Abfertigung nicht sinistre aufgenommen werde. Er, der Kurfürst, habe gar große Ausgaben, stecke überall in Schulden, habe auch den König von Polen nicht bezahlen können, wäre noch gar nichtgefaßt, wolle nunmehr erst gute Ordnung und Verfassung machen und den Fürsten nicht in diesem allein, sondern in mehrerem künftig contentiren. Er bitte aber, der Fürst wolle deshalb die Hand nicht abziehen, sondern bei ihm und seinem Hause, wie bisher löblich geschehen, umtreten." So trat Dohna unverrichteter Dinge seine Rückkehr nach Heidelberg an, wo man schon Festlichkeiten und Vergnügungen aller Art vorbereitete. Der junge Kurfürst Friedrich V. von der Pfalz befand sich nämlich seit Januar 1613 in England, wo er sich mit der liebenswürdigen, nicht minder durch hohe Bildung als durch Schönheit ausgezeichneten, damals erst siebzehnjährigen Prinzessin Elisabeth, des Königs Jakob I. einziger Tochter, im Februar vermählte. Am königlichen Hofe hatten bei dieser Vermählung keine besonderen Festlichkeiten stattgefunden, weil nicht lange zuvor der Prinz von Wales, Heinrich Friedrich, des Königs ältester Sohn, gestorben war und der Hof Trauer trug. Desto glänzender und festlicher sollte der Empfang der Fürstin auf deutschem Boden sein. Der junge Kurfürst kehrte früher zurück. Schon anfangs April traf man zu seiner Aufnahme in Holland und am ganzen Rheinstrom große Vorbereitungen. Er hielt jedoch erst am 29. Mai seinen Einzug in Heidelberg. In den ersten Tagen des Juni landete Elisabeth an der Küste bei Haarlem. Ihre Aufnahme in Amsterdam war äußerst glänzend. Alle Schiffe im Kanal bewiesen ihr Ehrerbietung. Am Rathaus begrüßte sie der Magistrat auf einer prachtvoll ausgestatteten Tribüne, worauf sie durch zwei Triumphbogen unter dem Klang von Zinken und Schalmeien, Trompetenmusik und Glockengeläute in den festlich geschmückten Prinzenhof fuhr, während von den Wällen und Mauern das grobe Geschütz und von den Brücken und Schiffen die Geschosse von 18 Fähnlein Bürger und zwei Fähnlein Kriegsleuten in den Jubel des Volkes hineindonnerten. „Es war so lustig zu hören, als wenn eine der allergrößten Victorien im ganzen Lande gewonnen wäre." Am anderen Tage ergötzte sich die Fürstin an einem lustigen Wasserturnier, wobei die Matrosen ihre außerordentliche Kunst im Schwimmen zeigten. Eine ausgesuchte Gemäldesammlung, verbunden mit einer reichen Ausstellung von Edelsteinen aller Art, stellte ihr die Meisterwerke der holländischen Schule und andere ausgezeichnete Kunstschätze zur Schau. Dann führte man die Fürstin ins ostindische Gewürzhaus, wo ein glänzendes Bankett stattfand. So oft neue Speisen aufgetragen wurden, verkündigten, der Sitte nach, Trompeten den veränderten Tafelsatz. Die Stadt Haarlem hatte der Fürstin eine Wiege nebst einem Korb mit köstlichen Windeln im Wert von 50 000 Gulden verehrt. Die Stadt Amsterdam beschenkte sie mit einem goldenen Becken, angefüllt mit neugemünzten goldenen Triumphpfennigen, über 50 000 Gulden an Wert, ohne die kostbaren Geschenke, die ihr vom Ostindischen Hause und sonst noch gespendet wurden.

In gleicher Weise erfreute sich die Fürstin auf ihrer weiteren Reise, überall des festlichsten Empfanges. Am 3. Juni kam sie, begleitet vom Prinzen Moritz von Oranien, Don Antonio di Portugal und vielen anderen vornehmen Herren, bei Köln an, von einer ihr entgegenkommenden Gesandtschaft im Namen des Kurfürsten feierlichst bewillkommt und in dessen Schutz und Geleit genommen. Am Tage nach ihrem Einzüge gab ihr der Rat „ein schönes Bankett von Zuckerwerk und vielen anderen Lieblichkeiten", wogegen sie den ganzen Rat dreimal zu ihrer Tafel lud. Er beehrte sie hinwieder mit einem goldenen Handbecken, mehreren anderen kostbaren Geschenken, nebst einem Fuder des besten Weines. Hierauf setzte sie ihre Reise nach Andernach fort, unter dem Donner des schweren Geschützes und „herrlicher Triumphmusik", von der Kölner Ritterschaft und dem gesamten Rat begleitet.

Mittelerweile war man in Heidelberg mit Vorbereitungen aller Art zum festlichen Empfang der schönen Fürstin beschäftigt. Man übte Ritterspiele zu Roß in voller Waffenrüstung, Turniere zu Fuß, freie Wettrennen, Tänze und ähnliche Belustigungen ein, und Graf Dohna nahm an allem teil. Architekten bauten Triumphbogen, Feuerwerker arbeiteten an brillanten Kunstfeuern zu Wasser und zu Land, Schöngeister sannen möglichst geistreiche Devisen aus. Am 17. Juni langte endlich die gefeierte Königstochter in der Nähe von Heidelberg an. Dort zog ihr der junge Kurfürst, umgeben von zwölf Fürsten, einer großen Anzahl Grafen und edler Herren, unter ihnen auch Graf Dohna, mit einer Schar von 2000 Pferden von der Ritterschaft und 38 Fähnlein Fußvolk bis zum Städtchen Ladenburg entgegen, die Gemahlin feierlich zu empfangen. Gegen Abend hielt die Fürstin an der Seite ihres Gatten, mit ihrem englischen Geleite, dem Herzog von Lenox, dem Grafen von Arundel, dem Vicomte von Lesley, dem Grafen von Harrington und dem General Cecil, unter festlichem Glockengeläute in Heidelberg ihren Einzug, wo sie am Schloß von der verwitweten Kurfürstin im Kreise vieler Edeldamen aufs herzlichste bewillkommt wurde. Nach einigen Tagen der Ruhe und Erholung von den Beschwerden der Reise begannen die glänzenden Festlichkeiten. Jeder Tag wechselte mit anderen Spielen und Vergnügungen, mit Turnieren, Ringelrennen, Freirennen, Tänzen, kurzweiligen Mummereien, Feuerwerken und allerlei lustigen Aufzügen. Als unter diesen eines Tages auch ein sogenannter Jasons-Zug vorüberzog, flüsterte ein kurfürstlicher Rat dem Grafen Dohna die Worte zu: „Diese Historie bringt eine böse Vorbedeutung; denn der Ausgang mit Jason ist eben gar nicht glücklich gewesen." Und die böse Ahnung ging wirklich in Erfüllung. So glänzend war der Empfang der englischen Königstochter auf deutschem Boden und in der Residenz ihres glücklichen Gemahls. Sie ahnte in den jubelvollen Tagen noch nicht, welchem Schicksal sie auf diesem Boden entgegengehe und daß sie einst, als hilfloser Flüchtling, heimatlos Haus und Hof werde verlassen müssen. Indes lag damals schon auf manches edeln Mannes Brust bange Besorgnis. Graf Dohna schrieb in jenen Tagen in sein Tagebach: „Es kamen mit der Ankunft der Engländer auch viele neue, ungewöhnliche Muster und Moden zu uns nach Deutschland, darunter sonderlich auch eine Art von kleinen Sätteln, die wie Bauersättel aussahen. Da sagte zu mir der alte Cölbinger, als wir eines Tages den Schloßberg zu Heidelberg hinabgingen: Merkt's wohl, diese Bauersättel bedeuten, daß wir alle zu Bauern und Bettlern gemacht werden sollen. Und so ist's endlich auch ergangen."

Reise nach Italien. – Hofleben in Heidelberg. Siebente Gesandtschaftsreise nach Paris.– Stellung der Union und der Liga.– Gesandtschaft nach München und Berlin.–1613-1616.

Im Herbst 1613 änderte sich auf einige Zeit Dohnas bisheriger Wirkungskreis, indem er vom Fürsten von Anhalt den Auftrag übernahm, dessen ältesten Sohn Christian von 14 Jahren auf einer Reise nach Italien zu begleiten. Er begab sich zuerst mit diesem Prinzen auf den Reichstag nach Regensburg, wo er seinen Bruder Abraham als kurfürstlich-brandenburgischen Gesandten fand. Dort sah er das merkwürdige englische Mädchen, das kein Fremder in Regensburg zu sehen versäumte, eine Jungfrau von 16 Jahren von einem enormen Körperbau: ihr Fuß hatte das Gewicht von 52 Pfund, die Dicke des Knies einen Umfang von zwei Fuß und vier Zoll, der Umfang der Wade betrug zwei Fuß, die Breite ihres Schuhes vier Werkschuhe; am rechten Fuß hatte sie sechs, am linken nur drei Zehen, von denen die große acht Zoll dick; „sonst ein schönes, lustiges Weibsbild, an Verstand völlig gesund, sprach auch geläufig mehre europäische Sprachen." Ohne in Regensburg lange zu verweilen, trat Dohna hierauf mit dem jungen Prinzen die Reise nach Italien an. Glücklich in der Nähe Veronas angelangt, wurden sie dort an der weiteren Reise gehindert, bis sie, wegen der in Deutschland herrschenden Pest in einem Dorfe neun Tage eingesperrt, unter allerlei Ungemach die angeordnete Quarantäne gehalten. In Venedig besuchte Dohna wieder seinen alten Bekannten Fra Paolo Sarpi fast jeden Tag in dessen Kloster und hatte, so lange er in Venedig war, mit ihm sehr interessanten Umgang. Ihm beschrieb er „die sonderlich admirirte hebräische punktirte Bibel", die er vor einiger Zeit in der Heidelberger Bibliothek gesehen und von der er sagt, daß jeder Jude, der sie sehe, auf die Knie falle und sie küsse. Merkwürdig war ihm, aus des Mönches Munde die Äußerung zu hören, die meiste Unruhe und Empörung in der Welt werde von den Geistlichen durch ihr leidenschaftliches, ungestümes Predigen gegen Ketzerei veranlaßt. Er verweilte in Venedig bis Anfang 1614. Den übrigen Teil des Winters brachte er dann in Florenz zu. Hier besuchte er die überaus reiche Kapelle von San Lorenzo, deren Wände sämtlich mit kostbaren Edelsteinen besetzt und getäfelt waren, so daß, wo man hinblickte, man lauter Edelsteine sah. Der Großherzog Ferdinand II. ließ eben damals einen großen Diamanten schneiden und polieren, der ihm 80 000 Scudi gekostet hatte. Der Polierer, der die Arbeit übernommen, hatte damit schon zwei Jahre zugebracht; man zahlte ihm jeden Monat 50 Scudi. Nach vollendeter Arbeit war ihm überdies ein Geschenk von 1000 Scudi zugesagt. In der Rüstkammer zeigte man ein Schlachtschwert Karls des Großen, worauf die Worte: Domine da mihi (victoriam). Auch die Kunstkammer bot einen außerordentlichen Schatz von bewunderungswürdigen Gegenständen dar. Von Florenz begab sich Dohna nach Padua, wo er seinen jungen Prinzen in die hohe Schule aufnehmen ließ. Sie kamen dort eben an, als die Akademie ein festliches Ringelrennen veranstaltet hatte.

Dohna kehrte bald darauf allein nach Heidelberg zurück. Er fand am dortigen Hofe ein wildes wüstes Leben. Fast jeden Tag war er mit Jägern, Hunden und Jagdgeräten angefüllt, und an der fürstlichen Tafel blieben kühne Weidmannskämpfe mit wilden Ebern und ähnliche Geschichten oft stundenlang die einzige Unterhaltung. Als Intermezzo trat in diese Hof- und Tafelgespräche damals zuweilen der wunderliche Unfall ein, der nicht lange zuvor einem Grafen von Schwarzenberg am Rhein begegnet war. Dieser hatte sich, mit einem schönen Fräulein von Dallenbroch verlobt. Auf dem Schlosse zu Hambach sollte eben die Hochzeit sein. Alles war schon vorbereitet, eine große Zahl von Hochzeitsgästen auch bereits anwesend und von Stunde zu Stunde erwartete man die Mutter mit der Braut. Aber es ward Abend und Mitternacht und sie kamen nicht. Sie waren auf dem Wege nach Hambach von einem Freiherrn von Luith, der ihnen an der Spitze eines Reiterhaufens in einem Busche aufgelauert, überfallen, aus dem Wagen genommen und auf das feste Schloß Altenkirchen auf der anderen Seite des Rheins gebracht worden. Von dort schrieb nun der Freiherr dem Grafen von Schwarzenberg: das Fräulein sei seit vier Jahren schon seine Braut; um sie sich zuzueignen, habe er, der Graf, das Gerücht verbreitet, er sei in Moskau geviertelt worden. Jetzt, da er, wie er ihm bewiesen, noch lebe, habe er sich seine Braut geholt und werde sie nun behalten, sollte es auch Blut und Leben kosten. Der Graf, durch diese Nachricht aufs bitterste ergrimmt, beschloß alsbald die blutigste Rache und rüstete sich zur Fehde. Alles, was ihm verwandt und befreundet, wurde von ihm zu Hilfe gerufen. Ehe es aber noch zum Ausbruch kam, trat der Kurfürst von Trier vermittelnd dazwischen, um den Freiherrn durch dringende Vorstellungen zu bewegen, die Braut nach Koblenz zu bringen, bis die Sache rechtlich entschieden sei. Da indes die Entscheidung des kurfürstlichen Offizials dahin lautete: Die Braut müsse dem Grafen von Schwarzenberg ausgeliefert werden, der Freiherr stehe im Unrecht, daß er seine Prätension mit Gewalt und nicht auf dem Wege des Rechts auszuführen gesucht, so glaubte dieser, mit dem Bescheid unzufrieden, nun zu neuen Gewalttaten schreiten zu dürfen. Es kam zur förmlichen Fehde, in deren Folge aber der Prinz Georg Wilhelm von Brandenburg, der seinen Hof zu Düsseldorf hatte, wo in der Nähe der Freiherr angesessen war, diesen als Räuber für vogelfrei erklärte. Zugleich brachte es der Graf von Schwarzenberg beim Erzherzog Albrecht von Österreich auch dahin, daß alle Güter des Freiherrn in Beschlag genommen und 12 000 Goldgulden, die er auf den Zoll zu Bonn gelegt, konfisziert werden sollten. Da legten sich endlich die beiden Grafen von Nassau und Wittgenstein ins Mittel und es gelang ihnen, zwischen dem von Schwarzenberg und dem Freiherrn auf eine gewisse Abstands- und Entschädigungssumme einen gütlichen Vergleich zustande zu bringen.

Das Jahr 1614 verlief für Dohna ohne wichtige Ereignisse. Es gefiel ihm nicht lange an dem wüsten und geräuschvollen Hofe zu Heidelberg, wo an ernste Geschäfte kaum gedacht wurde. An der Art von Vergnügungen und Lustbarkeiten, wie sie dieser Hof damals liebte, hatte er nie Gefallen gefunden. Er trat eine Reise nach Preußen an. Von seinem Aufenthalt am Hofe zu Berlin weiß er indes nichts weiter zu berichten, als daß bei dem Verlöbnis des Herzogs Friedrich Ulrich von Braunschweig-Wolfenbüttel mit des Kürfürsten Johann Sigismund von Brandenburg ältester Tochter Anna Sophie ein etwas wildes Bärenfangen angestellt wurde, wobei es sehr lustig herging.

Erst im Anfang 1615 kehrte Graf Dohna nach Heidelberg zurück. Es war dort wieder mehr Ernst in das Leben am Hof gekommen. Seit dem 16. August 1614 hatte der junge Kurfürst das achtzehnte Jahr erreicht und als vollmündig die Regierung nun selbst übernommen. Ihm standen Männer zur Seite, die es mit dem Wohl des Landes redlich meinten und vollkommen ersetzten, woran es dem jungen Fürsten gebrach; an der Spitze dieser Räte der Fürst Christian von Anhalt, der durch vieljährige Dienste der Pfalz schon weit mehr als seinem eigenen Geburtslande angehörte, dann der ruhig-besonnene Graf Johann Albrecht von Solms als Großhofmeister, die Grafen Johann von Nassau, Ludwig von Wittgenstein, Reinhard und Otto von Solms, Fabian und Achatius von Dohna; außer ihnen mehrere Herren von Adel. Zur Beratung über Angelegenheiten der Kirche, der Universität und in Gerichtssachen saßen die angesehensten Theologen, akademische Lehrer und Rechtsgelehrte, die beiden Hofprediger Pitiscus und Scultetus, der Historiker Gruter und Marquard Freher, die Professoren Paräus und Plato mit im kurfürstlichen Rat. Man wünschte allgemein, daß auch Graf Dohna in diesen aufgenommen werde und nie mehr als jetzt entsprach das auch seinen Wünschen, denn nie weniger als gerade jetzt verlangte er, nach Preußen zurückzukehren. „Es ist in diesem Jahr (1615)", schreibt er selbst, „und auch noch in den folgenden in Preußen große Uneinigkeit und ein sonderlicher Haß wider meine Brüder und unser ganzes Haus herrschend gewesen, weil meine Brüder Friedrich zum Landhofmeisteramt und Fabian zu der Hauptmannschaft zu Brandenburg befördert wurden." Dazu kam noch der im ganzen Land verbreitete Haß gegen die Reformierten, der so weit ging, daß die Verordnung erneuert wurde, kein Reformierter solle ein Amt erhalten dürfen. So nahm Graf Dohna gern im März 1615 die ihm vom Kurfürsten angetragene Stelle eines kurpfälzischen Rates an und trat sofort ins Ratskollegium als Mitglied ein, freilich als jüngster Rat nur mit einer Besoldung von zweihundert Gulden.

Bald darauf erhielt Dohna wieder einen Auftrag zu einer Gesandtschaft; an den französischen Hof. Sie machte ihm indes wenig Freude. Er sagt selbst: „Ich habe dabei mehr Widerwärtigkeit als Glück und mehr Verdruß als Vergnügen gehabt."

Der königliche Rat bestand jetzt ausschließlich nur aus katholisch-spanisch gesinnten Männern. Jeannin, Villeroi, der Kanzler Sillery und dessen Sohn Puisieux saßen noch am Staatsruder, und mit ihnen kam Dohna in seinen Angelegenheiten am meisten in Berührung. Die Königin indes, die Regentin, ließ sich noch weit mehr durch den Einfluß des päpstlichen Nuntius, des spanischen Gesandten, des Jesuiten Pater Cotton und besonders des Marschalls von Ancre (Concini) und dessen Frau, die ihren geheimen Rat bildeten, beherrschen. Schon der erste Empfang Dohnas bei Puisieux war für ihn wenig erfreulich; er erhielt von diesem nur einsilbige, nichtssagende Antworten. Der König und die Königin ließen ihn zwar durch einen Hofmann, wie herkömmlich, freundlich bewillkommnen, allein eine Audienz konnte Dohna nicht erhalten, angeblich wegen der eintretenden Feste. Der Grund davon lag jedoch anderswo. Er hatte in seiner Instruktion die ausdrückliche Weisung bekommen: bei der Audienz vor dem König und der Königin als Gesandter der Union nicht anders als mit bedecktem Kopfe zu erscheinen. Über diesen Punkt hatte er sich sogleich nach seiner Ankunft mit dem Herzog von Bouillon besprochen, der kein Bedenken geäußert, daß man dies am Hofe ihm als Gesandten gestatten werde, da es einem früheren Gesandten der Union ebenfalls schon zugestanden worden sei, den König in der Audienz mit bedecktem Kopfe anzureden. Villeroi aber, der davon bereits Nachricht erhalten, hatte, wie Dohna erfuhr, erklärt, er werde unter keiner Bedingung zugeben, daß der Graf vor dem König mit bedecktem Kopfe erscheine. Wie Puisieux diesem mitteilte, hatte man vorlängst schon eine Veränderung in jener Sitte vorgenommen. Indes ließ der König den Grafen als Gesandten nach üblichem Gebrauch durch seinen Oberhofmeister mit einer Sendung von Brot, Wein und Fisch beehren, alles von ausgezeichneter Güte. Der Herzog von Bouillon riet daher auch, der Graf möge, als anerkannter Gesandter, im Betreff der früheren Sitte in keiner Weise nachgeben. Wenige Tage nachher versicherte Villeroi in einer Unterredung dem Grafen zwar, daß der König stets bereit sei, den Fürsten der Union seine Freundschaft zu beweisen. Als indes Dohna erwähnte, er könne in einer Audienz beim Könige nur mit dem Hut auf dem Kopfe erscheinen und er hoffe, der König werde den Fürsten diese Ehre vergönnen, entgegnete der Minister in aufbrausender Hitze: Das wäre beispiellos! So was hat man noch nie verlangt! Wir werden unsere Sitten um eueretwillen nicht ändern. Dohna erwiderte, er habe die bestimmte Weisung, nur mit bedecktem Kopfe eine Audienz anzunehmen. „Mag sein", antwortete der Minister, „aber dann hättet Ihr vor Euerer Reise hierher schreiben oder mit unserem Geschäftsträger bei Kurpfalz darüber verhandeln sollen." Endlich brummte er noch die Worte durch die Zähne, man werde darüber im Conseil sprechen. Nicht lange nachher erhielt Dohna von Villeroi den Bescheid, die Königin sei nicht gesonnen, während des Königs Unmündigkeit in der Sitte etwas zu ändern. Und er, ließ

Dohna ihm sagen, könne und werde anders keine Audienz weder verlangen noch annehmen. Er müsse sich darüber an die Fürsten der Union wenden.

Die Sache wurde in Paris bald Tagesgespräch. Als nun Dohna dem Minister Villeroi ein Schreiben der Unionsfürsten an den König einhändigte, kam noch ein neuer Streitpunkt hinzu. Die Fürsten nämlich hatten sich in der Unterschrift der Ausdrücke: „très-humbles et très-affectionnés" bedient. Der Minister aber nahm auch hieran Anstoß, verlangend, in offiziellen Schreiben an Seine Majestät gezieme es sich, daß die Fürsten sich als „très-humbles et très-obéissants" unterzeichneten. Graf Dohna erwiderte zwar, man könne solches doch nur von dem Könige untertänigen Fürsten verlangen und es scheine fast: „Ihr behandelt uns wie euere Untertanen." Allein der Minister beharrte bei seiner Ansicht und forderte in künftigen Schreiben der Fürsten durchaus diese Ausdrücke.

Ueber beide formellen Streitpunkte stritt man sich ohne Erfolg von einer Woche zur anderen. Villeroi schien es, wie Dohna endlich einsah, absichtlich darauf anzulegen, es überhaupt zu keiner Audienz kommen zu lassen. Er äußerte auch mehrmals, er glaube gar nicht, daß Dohna in seiner Anmaßung der Kopfbedeckung eine wirkliche Anweisung von den Fürsten in Händen habe, und es sei wahrscheinlich, daß der Graf entweder nach eigener Willkür oder auf Antrieb anderer handele. Zu dieser Annahme bewog den Minister sowohl der Umstand, daß Dohna wirklich nichts Schriftliches darüber aufzuweisen hatte, als auch die ihm zugekommene Nachricht, daß außer dem Herzog von Bouillon, auch mehrere Gesandte, namentlich die von England und den vereinigten Niederlanden, sich dem Verlangen des Grafen beifällig erklärt hätten. Vergebens setzte der Graf dem Minister die Gründe seiner Forderung sowie die Folgen der Verweigerung auseinander. Nachdem sechs Wochen unter nutzlosen Verhandlungen hingegangen waren, beschloß Dohna, seine Aufträge schriftlich am Hofe übergeben zu lassen und ohne Audienz abzureisen. De Thou, Jeannin, Boissise und mehrere Gesandte, denen er diesen Entschluß mitteilte, billigten ihn nicht nur, sondern nannten es eine rohe Behandlung, daß man ihn ohne Audienz gehen lasse. Villeroi war höchst aufgeregt und äußerte sich nur im Ton des Zornes über Dolinas Abreise, als dieser sie ihm persönlich anzeigte.

So verließ Graf Dohna Paris am 25. Mai sehr verstimmt und unzufrieden; es war die erste seiner Gesandtschaften, die gar keinen Erfolg gehabt. Er begab sich, seiner Instruktion gemäß, zunächst nach dem Haag. Allein auch hier fand er die Verhältnisse für den Zweck seiner Sendung nicht günstiger. Sein freundlicher Empfang beim Statthalter Prinz Moritz und bei dessen Bruder, dem Prinzen Friedrich Heinrich von Nassau-Oranien, sowie die nähere Bekanntschaft mit dem großen Staatsmann Oldenbarneveldt ließen ihn zwar in den ersten Tagen bessere Hoffnungen fassen. Allein nachdem seine schriftlich übergebenen Anträge der Versammlung der Generalstaaten vorgelegt und beraten worden waren, berichtet er als Resultat dieser Beratung: „Alles, was ich sowol aus des Prinzen, als aus Barneveldts Relation vernommen, geht fast dahin, daß die Staaten, obwol sie wegen ihrer Verheißung, auch aus obliegender unumgänglicher Notwendigkeit den versprochenen Succurs billig leisten sollten, doch sich ziemlich kalt und nachlässig erzeigen, teils weil sie die Kosten fürchten, teils auch weil sie über ihre Tresure ganz fest und steif halten. Sonderlich aber könne der verheißene Succurs auch deshalb so bald nicht vor sich gehen, weil sie sich nie anders erklärt, als nur ‚coniunctim' mit Frankreich und nicht ‚separatim' zu helfen."

So kehrte Dohna auch aus dem Haag ohne Erfolg nach Heidelberg zurück. Der junge Kurfürst Friedrich gab ihm jedoch wiederholte Beweise seiner Gunst und seines Vertrauens. Er nahm ihn als Begleiter mit, als er mit seiner jungen Gemahlin die Oberpfalz bereiste, um verschiedene Unordnungen im Kirchenwesen abzustellen, und Dohna bewies sich auch hierbei so tätig und einsichtsvoll, daß ihn der Kurfürst zum Präsidenten des Kirchenrates zu Amberg ernannte.

Bereits aber rüsteten sich beide Bündnisse zum drohenden Kampfe. „Man ist um diese Zeit", schreibt Dohna in seinem Tagebuch, „in Deutschland sehr mit Kriegsgedanken umgegangen und insonderheit haben die Unirten viele Zurüstung und Kriegsbereitschaft im Werke gehabt; zumal hatten Kurpfalz, Ansbach und Durlach schöne Zeughäuser, Geschütz und Zubehörung. Aber die mehrsten Fürsten sahen doch mehr auf Putz und Pracht als auf Verteidigungsmittel, mehr auf schöne Kleider und krause Haare als auf Waffen, sodaß einmal ein fürnehmer Fürst zu mir sagte: Vor diesem rühmte man die Edelleute, welche schön zu Roß saßen und eine schöne Lanze führen konnten, auch ihre Waffen wohl zu brauchen wußten. Anjetzt aber lobt man diejenigen, welche ihre Überschläge und Krößen hübsch anzustechen und ihre Haare wohl zu kraußen wissen. Es ist wol wahr: Wir haben mehr Wissen, aber weniger Gewissen; die alte Kirche hat mehr Gewissen, aber weniger Wissen."

„Man pocht auf die Union", fährt Dohna fort. „So ging man damals damit um, auf Kosten der Venetianer unter einem anderen Vorwand ein Heer von 15,000 Mann zu werben. Fürst Christian sollte es führen. Die Sache war in einer Versammlung der Räte der Unirten beraten worden. Nun hatte man unter Anderen aber auch den Prinzen Heinrich von Oranien, des Prinzen Moritz Bruder, genannt, welches jedoch die unirten Fürsten, besonders Ansbach, Baden und Anhalt verdrossen, weil sie nicht gemeint, daß ihnen Jemand in solchem Amte sollte vorgezogen werden. Außerdem hat man unter die Evangelischen auch mit der sächsischen Prätension auf Jülich den Zankapfel der Uneinigkeit geworfen, und so war, wie es überall zugeht, auch bei der Union viel Eigennutz, Rachgier und Geiz."

Das Jahr 1615 beschloß Dohna mit einer Reise nach Waldsassen in der bayrischen Oberpfalz, wo er wegen einer diplomatischen Verhandlung eine Konferenz mit dem kaiserlichen Abgesandten Oberst Lucan haben sollte. Er fand an ihm einen stattlichen Mann von vielem Verstand und reicher Erfahrung. Weil er im Krieg einen Arm verloren hatte und auf einem Beine hinkte, so sagt Dohna von ihm: er sei ein treues Abbild des damaligen Deutschen Reichs gewesen, welches ebenso an allen Gliedern gelähmt sei.

Seit Anfang 1616 hatte die Liga ihr Oberhaupt, ihren Mittelpunkt verloren. Herzog Maximilian von Bayern hatte die Oberleitung des Bundes aufgekündigt, weil man österreichischerseits immer mehr Bundesmitglieder an sich zu ziehen suchte, die Kräfte der Liga dadurch mehr und mehr geschwächt wurden, und auch, weil viele Bundesstände überhaupt alle ernsten Anstrengungen scheuten. Bald wurde es kund, daß man am österreichischen Hofe bemüht war, die Liga, so viel nur möglich, zu beseitigen. Der Erzherzog Maximilian trag in einer Vorstellung beim Kaiser Matthias darauf an, mit Beihilfe aus Spanien und den Niederlanden eine bedeutende Kriegsmacht im Reiche aufzustellen, um widerspenstige Reichsstände zu schrecken und nötigenfalls zu züchtigen oder parteilose zu ihrer Schuldigkeit für das Interesse Österreichs zu bringen. Der Erzherzog hatte dem Kaiser ferner angeraten, er solle sich bei der bevorstehenden römischen Königswahl unbedingt die Designation vorbehalten, um unter allen Umständen Succession des österreichischen Hauses zu sichern. Dieser Vorschlag kam noch vor der Zeit zur Kenntnis der weltlichen Kurfürsten. Er erregte bei allen die größten Besorgnisse, die selbst der Herzog Maximilian von Bayern teilte; er lud daher den Fürsten Christian von Anhalt zu einer Zusammenkunft ein, um sich mit ihm über Mittel und Wege vertraulich zu beraten, wie unter den Reichsständen feste innere Einigkeit zur Aufrechterhaltung sowohl des Friedens als der Freiheit, den gefährlichen Plänen des österreichischen Hauses gegenüber zu bewirken sei. Fürst Christian konnte der Einladung des Herzogs nicht sogleich folgen; um jedoch in einer Sache von so großer Wichtigkeit nichts zu verabsäumen, sandte er den Grafen Dohna nach München. „Wir versehen uns", sagt Fürst Christian in der dem Grafen Dohna gegebenen Instruktion, „der Herzog werde unsere geschehene Eröffnung nicht nur im Besten aufnehmen, sondern auch mittels seiner großen Liebe zu allem friedlichen, geruhigen Wesen, seiner Erfahrung und besonderer Geschicklichkeit auf nützliche Mittel bedacht sein, damit das alte krachende Haus dieser Maschine nicht auf einmal vollends über den Haufen falle, sondern wiederum durch gutes Vertrauen gestützt und wol erhalten werden möge."

Von dem sehr ernst gestimmten Hof zu München, wo Graf Dohna an der herzoglichen Tafel mit dem im Dreißigjährigen Krieg so berühmt gewordenen General Tilly Bekanntschaft machte, begab er sich als Gesandter in denselbigen Angelegenheiten an den geräuschvollen und vergnügungslustigen Hof des Kurfürsten von Brandenburg. Nachdem er zuvor in einer Audienz zu Küstrin sich seiner Aufträge entledigt, verlebte er in Berlin einige Zeit in sehr angenehmen Verhältnissen am dortigen Hofe. Da die Vermählung des Kurprinzen Georg Wilhelm mit der Schwester des Kurfürsten Friedrich von der Pfalz, Elisabeth Charlotte, nahe bevorstand, so befanden sich damals am Berliner Hofe viele fürstliche Gäste. Kein Tag ging ohne Festlichkeiten und Vergnügungen hin. Bald findet ein glänzendes Bankett statt, wobei die lustige Herzogin von Braunschweig nach aufgehobener Tafel mit zwölf schönen Jungfrauen einen

Aufzug hält und einen zierlichen und künstlichen Ballettanz aufführt; bald veranstaltet der Kurfürst zu Ehren des eben am Hofe angekommenen Landgrafen Otto von Hessen auf der Spree ein prachtvolles Feuerwerk; bald begeben sich die Herrschaften zu einer lustigen Mummerei nach Spandau, bald zu einer großen Jagd nach Schöneberg, und an allen diesen Lustbarkeiten nahm auch Graf Dohna teil. Aber er macht dabei auch seine Bemerkungen über manche tadelnswerte Sitte der Zeit. Es mißfällt ihm, daß die Frauen am Hof sich eine gewisse jugendliche Frische durch starke Schminke erkünsteln wollen und das Gesicht mit Pflästerchen belegen, die sie „lustres" nennen. Er findet es ferner auffallend, daß an den fürstlichen Höfen viel stolze Hofleute sich im Kleiderschmuck noch weit prachtvoller und stattlicher halten als selbst die Fürsten, und daß es sogar manche gibt, die ebenso viel oder noch mehr Edelsteine auf dem Hute tragen, als die größten Potentaten. Überhaupt ist es eben kein günstiges Urteil, das Dohna über die damaligen deutschen Fürstenhöfe fällt. „Auch auf den Unionstagen und anderen Zusammenkünften der Fürsten", bemerkt er in seinem Tagebuch, „ist immer viel Aufwand getrieben worden, weil die Herren jeder Zeit viel Volk und großen Staat mit sich brachten. Fürst Christian dagegen hatte stets nur sehr wenig Leute um sich. Als er einmal zu Heidelberg der Kurfürstin seine Reverenz machte, zeigte er dann auf den hinter ihm stehenden jungen Fürsten Christian, seinen Sohn, und auf mich, sagend: ‚Voilà mon train', und die Fürstin lachte."

Reise nach Savoyen, Frankreich und England – Gesandtschaft an den sächsischen Hof und nach England – Zweite Gesandtschaft an den sächsischen Hof – 1617-1619

Im Sommer des Jahres 1617 erhielt Graf Dohna vom Fürsten Christian von Anhalt das Anerbieten, seinen Sohn Christian auf einer Reise durch Savoyen, Frankreich und England zu begleiten, und der Graf, stets reiselustig, nahm es gern an. Schon im Juli trafen sie in Turin ein. Der Herzog Karl Emanuel, wie ihn Dohna schildert, ein unruhiger, ehrgeiziger, rachgieriger und wankelmütiger Fürst, der es jedoch wohl verstand, die Menschen mit süßen Worten für seine Absichten zu gewinnen, lag damals gegen Pietro di Toledo, den Governatore von Mailand, im Kriegsfeld. Graf Dohna und der junge Prinz begaben sich zu ihm ins Lager und nahmen an mehreren Gefechten teil. Für Dohna hatte indes das Kriegsgetümmel niemals Reiz. Viel interessanter war es ihm, an der herzoglichen Tafel und wo sich sonst Gelegenheit bot, den alten Marschall Lesdiguières, die Herzoge von Rohan, von Angoulême, von Candale und den jungen feingebildeten Markgrafen Karl von Baden, die sich damals beim Herzog von Savoyen im Lager befanden, näher kennen zu lernen.

Als es im Herbst in Savoyen endlich zur Waffenruhe kam, trat Dohna mit seinem Prinzen die Reise nach Paris an. Er versprach sich keine besonders freundliche Aufnahme. Die Art, wie man ihn am Hofe bei seiner letzten Gesandtschaft vor zwei Jahren abgefertigt, war ihm noch in frischer Erinnerung. Überdies stand der Marschall von Ancre noch an der Spitze der Verwaltung und bei der Königin in höchster Gunst. Villeroi, bei Dohnas letzter Anwesenheit in Paris sein hartnäckigster Gegner, war zwar jetzt von der Leitung der auswärtigen Angelegenheiten verdrängt, hatte jedoch immer noch Anteil an den Verwaltungsgeschäften. Der dem Grafen ungleich freundlicher gesinnte Jeannin hatte nur noch den Titel eines Oberintendanten der Finanzen, die Geschäfte waren einem anderen übertragen. Der Herzog von Bouillon, der alte Freund Dohnas, war vom Hofe verwiesen und einer von Ancres unversöhnlichen Feinden. So konnte sich der Graf auch schon nach diesen Verhältnissen am Hofe nicht die freundliche Aufnahme versprechen, wie er sie früher bei Heinrich IV. gefunden. Dazu kam noch, wie ihm der Herzog von Rohan mitgeteilt, daß, weil sein Bruder Dietrich mit einem deutschen Reiterhaufen gegen Frankreich gedient hatte, er mit diesem verwechselt und von den königlichen Räten die Meinung verbreitet worden war, er sei es, der die Waffen gegen das Reich geführt habe. Dieser Irrtum klärte sich indes bei Dohnas Ankunft bald auf und alle seine Besorgnisse wurden beseitigt; „denn", sagt er in seinem Tagebuch, „Gott hat es also geschickt, daß man mir überall große Ehre angetan und Alles wohl abgelaufen ist. Auch der junge Fürst Christian, der dem Könige die Reverenz getan, ist sehr gnädig gehalten und hernach zum Abschied mit einer Medaille von Diamanten beehrt worden. Es hat aber sehr dazu gedient, daß wir so wohl empfangen wurden, weil der Herzog von Rohan und andere Herren, die uns zuvor im savoyischen Lager gesehen, zuvor von dieser Kundschaft berichtet hatten. Besonders hat der Herzog von Rohan darin viel Gutes gethan."

Nach einem Aufenthalt von einigen Wochen in Paris begab sich Dohna mit dem jungen Fürsten über Calais nach London, wo diesen besonders der König und die Königin mit ausgezeichnetem Wohlwollen empfingen. Die großen Verdienste des Vaters um das pfälzische Haus fanden am Sohne vergeltende Belohnung. Sie verweilten am königlichen Hofe bis Mitte Dezember und kehrten dann durch die Niederlande nach Deutschland zurück.

Hier fand Dohna die Lage der öffentlichen Verhältnisse vielfach verändert. Den Herzog Maximilian von Bayern hatte das Verfahren des Kaisers zur Auflösung der von ihm geleiteten katholischen Liga dem österreichischen Interesse ganz entfremdet. Er hatte bereits mit den fränkischen Bischöfen ein neues Bündnis geschlossen „zu vertraulicher, nachbarlicher Versicherung". Der nun offen vorliegende Plan des alternden Kaisers, die römische Königskrone auf das österreichische Haus zu bringen, hatte die Unirten und Ligirten in ihrem gemeinsamen Interesse einander näher geführt. Kurpfalz an der Spitze der Unirten mochte am liebsten die Königskrone auf dem Haupte seines Vetters, Maximilians von Bayern, sehen. Seinerseits aber verfolgte auch der Kaiser sein Streben, die Krone seinem Hause erblich zu sichern. Obgleich die protestantischen Stände in Böhmen alles aufboten, um ihr Wahlrecht zu behaupten, und Graf Dohna nach Böhmen gesandt wurde, um besonders den Grafen Andreas von Schlick, einen der Angesehensten der protestantischen Partei, zum kräftigsten Widerstand gegen des Kaisers Plan zu gewinnen, so gelang es diesem doch, seinen Vetter, den Erzherzog Ferdinand zum designirten König von Böhmen gewählt und gekrönt zu sehen. Jetzt aber kam es vor allem darauf an, für die Wahl Ferdinands zum römischen König den Kurfürsten Johann Georg von Sachsen zu gewinnen. Der Kaiser begab sich deshalb selbst von Böhmen aus zu Ende des Jahres 1617 nach Dresden, und der Kurfürst fand sich dadurch so geehrt, daß er den Kaiser nicht nur mit den glänzendsten Banketten, Jagden, Tanzfesten und allen möglichen Vergnügungen erfreute, sondern auch für sich und den Kurfürsten von Brandenburg das erwünschte Versprechen gab, bei der römischen Königswahl dem Wunsche des Kaisers gemäß zu stimmen.

Inzwischen buhlten um den Herzog von Bayern beide Parteien. Der Kurfürst Ferdinand von Köln bot bei einem Besuch, den er dem Herzog, seinem Bruder, abstattete, alles auf, um ihn von der Annäherung zu den Unirten zurückzuhalten. Anderseits begab sich im Anfang des Jahres 1618 der junge Kurfürst von der Pfalz ebenfalls nach München, um Maximilian für die Union zu gewinnen. Da dieser indes immer noch schwankte, so traten die Unirten im Frühling zu einem neuen Unionstag zu Heilbronn zusammen. Graf Dohna war in Begleitung des Kurfürsten von der Pfalz dort anwesend. Man fand ratsam, über die Verhältnisse am kursächsischen Hofe und was dort jüngst vorgegangen war, genauere Kundschaft einzuziehen. Man beschloß, einen Mann dahin zu senden, der mit diplomatischer Gewandtheit die Gesinnung des Kurfürsten auszuforschen verstehe, und die Wahl fiel wieder auf den Grafen Dohna.

Gegen Ende Juni in Dresden angelangt, wurde ihm am 30. eine Audienz beim Kurfürsten angesagt. Zwischen zwei und drei Uhr, so berichtet er darüber, holten ihn fünf vom Hofe an ihn abgesandte Edelleute in einer Kutsche mit sechs schönen Pferden aufs Schloß ab. Drei von den Edelleuten mußten neben der Kutsche zu Fuße gehen; nur die beiden Vornehmsten, einer von Ködritz und einer von Ende, begleiteten ihn im Wagen. Auf dem Schlosse in ein prachtvolles Gemach geführt, ward er nach einer Stunde zur Audienz eingeladen und von einer Anzahl aufwartender Trabanten in das Gemach des Kurfürsten geleitet, wo er verschiedene Geheime Räte anwesend fand. Seiner Instruktion gemäß hatte der Graf dem Kur Fürsten vornehmlich über zwei Punkte einen ausführlichen Vortrag zu hallen. Der eine betraf die Befestigung des Fleckens Udenheim in der Nähe von Speyer, die der Bischof Philipp Christoph von Speyer unternommen, der Kurfürst von der Pfalz aber in seinem Interesse hatte niederreißen lassen. Der Graf mußte dem Kurfürsten den ganzen Vorgang der Sache, weil sie in Deutschland viel Aufsehen erregt, genau auseinandersetzen: der Bischof habe vor zwei Jahren dem Kurfürsten angezeigt, er beabsichtige, seine Residenz zu Udenheim durch Graben an umliegenden sumpfigen Orten mit einigen Fisch wassern zu versorgen und sie zugleich vor Überfällen zu sichern. Der Kurfürst, nichts Arges ahnend, habe auf des Bischofs Bitte ihm dazu auch seinen Baumeister geschickt. Bald habe er aber erfahren, daß der Bischof um Udenheim einen Bau von sieben Real-Bollwerken habe anlegen lassen wollen. Aus Besorgnis, daß von einem solchen, nur drei Meilen von der Residenz Heidelberg entfernten befestigten Orte dem Kurfürstentum großer Schaden geschehen könne, habe der Kurfürst den Bischof von dem Festungsbau abmahnen lassen, jedoch ohne Erfolg. Dieser vielmehr, erklärend, es sei auf keine Festung, sondern nur auf „eine kleine Verwahrung" abgesehen, habe den Bau mit um so größerem Eifer fortgesetzt und nicht einmal so lange damit einhalten wollen, bis Schiedsrichter darüber gehört worden seien. Jetzt habe der Kurfürst ernstere Mittel zur Hand nehmen wollen, um sein Land gegen den gefährlichen Bau zu sichern. Da habe sich zwar der Bischof zu einem Vergleich verstanden; allein das Domkapitel habe diesem nicht nur die Ratifikation verweigert, sondern sich dabei auch so übermütig, trotzig und halsstarrig benommen, daß nun der Kurfürst auf andere Mittel habe denken müssen, denn „mit einer Generalcaution von Feder und Tinte" habe er sich nicht abfertigen lassen wollen. Er habe sich entschließen müssen, den Bau durch seine Beamten und das Landvolk demolieren zu lassen, doch mit dem Befehl, dem Bischof, den Bürgern und Untertanen nicht den geringsten Schaden zuzufügen. So sollte Graf Dohna dem Kurfürsten den wahren Verlauf der Sache vortragen, um jeder Mißdeutung zu begegnen, „zumal", heißt es „in dieser Zeit, da das eingerissene Mißtrauen unter den Ständen sonderlich durch diejenigen, die nach ihrem Beruf mehr ihr Breviarium abwarten, als sich um den Bau starker Festungen bekümmern sollten, in aller Weise gemehrt und von ihnen nur dahin gesehen wird, wie den evangelischen Ständen des Reiches je mehr und mehr Abbruch geschehe und sie allgemach gänzlich unterdrückt werden möchten."

Der zweite Punkt, über den der Graf dem Kurfürsten eine Mitteilung zu machen beauftragt war, betraf den bereits im Mai (1618) erfolgten Ausbruch der Unruhen in Böhmen. Kurpfalz habe auf sicheren Wegen in Erfahrung gebracht, daß die evangelischen Stände in Böhmen wegen ihrer in Religionssachen erlittenen Drangsale gleiche Beschwerden führten wie die Kurfürsten und Reichsstände schon seit vielen Jahren. Um so mehr halte Kurpfalz dafür, daß man auch in Deutschland auf der Hut sein müsse; denn wenn Böhmen um seine Religion komme und wieder unter den Papst gebracht werde, so sei wohl Grund, ähnliches auch für die Stände im Reiche zu fürchten. „Weil nun aber, wie Kurpfalz gerne vernommen habe, die böhmischen Stände nicht gemeint seien, sich der kaiserlichen Majestät Gehorsam zu entziehen, sondern sich zu aller schuldigen Submission erbieten, so würde es ein sehr gefährlicher und Ihrer Majestät schädlicher Rat sein, wenn wider sie solche Maßregeln gebraucht werden sollten, wodurch sie zur Desperation gebracht würden, woraus dann ein Feuer angezündet werde, welches sehr weit um sich greifen möchte, auch wol das Reich selbst damit impliciert werden könnte. Könne daher Kurpfalz mit den Kurfürsten von Sachsen und Brandenburg zur Abwendung von Gewaltschritten beim Kaiser etwas Gutes wirken, so sei es dazu sehr bereit, damit die Stände in Böhmen im Gehorsam gegen den Kaiser, aber auch bei ihren Freiheiten in der Religion und ihren stattlichen Concessionen blieben."

Nachdem Graf Dohna diese Punkte dem Kurfürsten vorgetragen, bat er diesen um seine Meinung in der Sache. Der Kurfürst indes wies ihn damit an seine Räte, und so fand Dohna auch hier wieder eine Erfahrung bestätigt, die er schon oft in seinem diplomatischen Leben gemacht hatte, indem er sagt: „Ich bin bei vielen deutschen Höfen als Gesandter gewesen, habe aber fast überall gesehen, daß die Fürsten ihre schwersten Geschäfte von sich weisen und auf ihre Räthe und Diener legen."

Während Dohnas Anwesenheit in Dresden wurde er jeden Tag zur kurfürstlichen Tafel geladen und zwar allein obenan gesetzt. „Man hat aber damals", schreibt er, „am kursächsischen Hofe über alle Maßen sehr getrunken und sonderlich an der kurfürstlichen Tafel, welches ich mit Verwunderung und mit Schmerz angesehen . Von dem von Schulenburg, wie auch sonst erfuhr ich, daß sich beim Kurfürsten wegen des starken Trinkens etwan heftiger Zorn und harte Worte zeigen, also daß es schwer ist, allda zu dienen. Es waren zur selbigen Zeit auch von den böhmischen Ständen Gesandte da, nämlich Herr Leonhard Colonna von Fels, Feldmarschall, nebst zwei anderen, die mit mir in einer Herberge lagen. Wir haben auch an der kurfürstlichen Tafel zusammen gesessen. Da man einmal stark zu saufen angefangen, habe ich gethan, als wenn ich entschliefe, um das viele Saufen zu vermeiden, und weil man sah, daß ich mich nicht erwecken könne, hat man mich endlich weggehen lassen müssen. Einstmals beim Weggehen aus dem kurfürstlichen Gemach fiel mir ein Gemälde in die Augen, worauf man allerhand unfläthiges Viel, Schweine und Hunde an einer Tafel sitzend abgemalt hatte, mit den Versen:

,Quid mirare, tuos hic aspicis, helluo, frates;
Qui toties potas, talis es ipse pecus.'

Unter dem Gesundheitstrinken:

,Una salus sanis; nullam potare salutem
Non est in poto; vera salute salus.'„

Größeres Interesse als diese meist unerwünschten Freuden der kurfürstlichen Tafel hatten für Grafen Dohna seine ernsten Unterhaltungen mit dem erwähnten böhmischen Gesandten, dem Feldmarschall von Fels; von dem erfuhr er auch, daß, obgleich der Kaiser erklärt habe, er werde mit aller seiner Macht die Ungehorsamen in Böhmen zu bestrafen und seine getreuen katholischen Untertanen zu schützen wissen, der sächsische Hof in seiner Gesinnung ebenso entschieden auf Seite des Kaisers als den böhmischen Ständen abgeneigt sei. In dieser Lauheit der Gesinnung für die Sache der Böhmen war auch die Antwort abgefaßt, welche Dohna dem Kurfürsten von der Pfalz zu überbringen hatte. Es hieß darin nur: man wünsche von seiten Kursachsens ebenfalls, daß man in Böhmen mit Moderation verfahre; man sei daher auch einer Teilnahme an einer Intervention zwischen den böhmischen Ständen und dem Kaiser nicht abgeneigt.

Am Tage darauf, nachdem Graf Dohna diese Antwort erhalten, kehrte er nach der Oberpfalz zurück, wo er am 5. Juli zu Waldsassen ankam. Einige Wochen nachher begann in Böhmen der Krieg. Man hielt unter den obwaltenden Verhältnissen vor allem eine Erneuerung des Bündnisses zwischen der Union und England für notwendig und Dohna ward beauftragt, zu diesem Zweck wieder als Gesandter nach London zu gehen. Er wäre dessen, wie er selbst gesteht, gern überhoben gewesen. In verhältnismäßig kurzer Zeit hatte er, wie er berechnete, auf verschiedenen Reisen 912 deutsche Meilen zurückgelegt und fühlte, daß die ununterbrochenen Reisebeschwerden seine sonst so feste Gesundheit mehr und mehr zu erschüttern anfingen. Der Kurfürst Friedrich hatte ihm auch eben erst die Verwaltung des Amtes Neuenburg in der Oberpfalz übertragen, wo er sich bereits die Fischbach'schen Güter gekauft. Außerdem hatte er soeben beim Grafen Johann Albrecht von Solms, der ihm schon seit vielen Jahren sein volles Vertrauen schenkte und in dessen Haus in Heidelberg Dohna immer mit größter Freundlichkeit aufgenommen worden, um dessen Tochter Ursula angehalten und sehnte sich jetzt mehr als je nach stiller häuslicher Ruhe. Allein wie ihm stets in seinem Leben die Pflicht eines höheren Berufes über alle seine Wünsche ging, so auch jetzt. „Ein ehrlicher Mann", schreibt er um diese Zeit, „muß sich stets deß freuen, daß er seinem Beruf gemäß treu und aufrichtig handelt; den Ausgang mag er Gott befehlen. Ich muß bekennen, daß ich in dieser Zeit voll guter Hoffnung bin, die Sache der Evangelischen in Deutschland werde auf einen guten Grund gebracht und recht befestigt werden." Und dieser Gedanke war es besonders, der über alle seine Wünsche nach Ruhe siegte.

Er trat die Reise nach England im Winter bei strenger Kälte an. Im Haag beim Prinzen von Oranien, an den er ebenfalls Aufträge hatte, sehr freundlich aufgenommen, mußte er ihm an der Tafel die Kriegsereignisse in Böhmen auseinandersetzen; denn der Prinz nahm an der böhmischen Sache das lebendigste Interesse. Im Anfang Januar 1619 kam Dohna in London an. Hören wir ihn hier selbst über den Erfolg seiner Gesandtschaft sprechen: „Nachdem ich bei dem Könige Jakob I. Audienz gehabt, haben Seine Majestät mich an die Räte gewiesen, mit denselben in Unionssachen wegen Prolongation des Bündnisses zu tractiren, sintemal die Zeit des ersten Verbündnisses zu Ende gelaufen. Es sind sechs der königlichen Räte zu der Handlung verordnet worden: Der Erzbischof von Canterbury, der duc de Lenox, der duc de Buckingham, welchen man Marquis genannt, nebst drei Gelehrten (conseillers d'etat), welche, als sie versammelt gewesen, mir eine Stunde benannt, bei ihnen im königlichen Palaste zu erscheinen. Als ich in den Rat gekommen, haben sie sich an eine Tafel niedergesetzt, mir aber die Oberstelle allein zu sitzen angewiesen, und hat man also (in Abwesenheit des von Buckingham, welcher nicht bei der Hand sein können), die Handlung angefangen. Sie wurde bald verrichtet, und erklärte sich der König, er wolle das Bündniß mit den Unirten noch auf einige Jahre verlängern, also daß ich meinen Zweck und was mir befohlen war, erlangte. Daneben aber waren mir noch andere Sachen übertragen, belangend den Zustand von Deutschland, und daß es sich ansehen ließe, als ob nach Kaiser Matthias Tod die Stände in Böhmen, Mähren und benachbarten Landschaften einen anderen Herrn erwählen möchten, dabei denn etliche Leute sich die Einbildung machten, als ob solche Wahl auf einen evangelischen Reichsfürsten und namentlich auf den Kurfürsten Pfalzgrafen, Seiner Majestät Eidam, sollte gebracht werden können. Dies Alles ist zwar Seiner Majestät mit gebührendem Grund und mit Bescheidenheit vorgebracht, aber doch allerdings nicht wohl aufgenommen worden. Denn obwol Seine Majestät sich dahin erklärte, daß sie, wenn auf gemeldetem Todesfall eine electio legitima vorginge, alsdann ihres Eidams sich anzunehmen nicht unterlassen wolle, so gab dennoch Seine Majestät zu verstehen, er wolle von einem Kriege nichts hören. Er sehe wohl, wir gingen damit um, einen Krieg anzuheben, aber er, der König, wolle damit nichts zu thun haben; denn er merke, daß sich etliche Fürsten in Deutschland damit groß zu machen suchten. Es wäre sein Rath, daß sich sein Eidam wohl in Acht zu nehmen hätte, ehe er einen Krieg anhöbe; er solle als ein junger Herr seinem Schwiegervater folgen, wie die Verse Virgil's lauteten, welche Ihre Königliche Majestät mir vorhielten und vorsagten:

,O praestans animi juvenis, quantum ipse feroci
Virtute exsuperas, tanto me impensius aequum est
Prospicere atque omnes volventem expendere casus'

„Ich blieb am königlichen Hof", fügt Dohna hinzu, „den ganzen Januar und in dem Anfang des Februar, um London kennen zu lernen; den König begleitete ich oft zur Kapelle wie die anderen Hofleute; häufig folgte ich ihm auch in die Gerichtssäle, zuweilen auch auf die Jagd und bei anderen Gelegenheiten, wobei mich der König mit einem Platz in seinem Wagen beehrte und sich von mir über Alles belehren ließ. Auch von der Königin wurde ich sehr wohlwollend aufgenommen. An der königlichen Tafel fand ich oft Gelegenheit zur Unterhaltung mit dem Erzbischof von Canterbury, einem klugen und kenntnißreichen

Prälaten."

Bei der Abreise wurde der Graf vom Könige mit verschiedenen Geschenken, einem sehr schön gearbeiteten Geschirrbecken, einem Becher und eine Gießkanne von Silber, sein Sekretär mit einer goldenen Kette beehrt. Auf der Rückreise in Briel landend und im Haag angelangt, hatte er Audienz bei den Generalstaaten und stattete dem Prinzen Moritz von Oranien Bericht von seiner Gesandtschaft ab. In Heidelberg fand er beim Kurfürsten eine äußerst gnädige Aufnahme; denn man war mit dem Erfolg seiner Sendung sehr zufrieden.

Jetzt drängte aber mehr und mehr die Frage einer Entscheidung entgegen, wem die deutsche Kaiserkrone und wem die böhmische Königskrone zufallen sollten? Zu dieser hatte Kurpfalz längst ein geheimes Gelüste, worauf schon Dohnas Verhandlungen in London hindeuteten; denn gewiß nicht ohne Auftrag hatte er des Königs Jakob Meinung darüber auszuforschen gesucht. Um so eifriger war man am kurpfälzischen Hofe bemüht, die Kaiserkrone nicht auf das Haupt dessen kommen zu lassen, der sich für den rechtmäßigen König von Böhmen erklärte.

Mittlerweile hatten sich die drei geistlichen Kurfürsten und die Gesandten der weltlichen zu dem bestimmten Wahltage in Frankfurt versammelt, waren indes über die Wahl uneinig.

Während man in Frankfurt verhandelte, verfolgten der Pfalzgraf Friedrich, der seit des Kaisers Matthias Tod das Reichsvikariat führte, und der Fürst von Anhalt auch jetzt noch ihren Plan. Da es von größter Wichtigkeit war, den Kurfürsten Johann Georg von Sachsen auf ihre Seite zu ziehen, so erhielt von ihnen Graf Dohna in den letzten Tagen des Juli den Auftrag, als Gesandter eiligst an den sächsischen Hof zu gehen. Nach der ihm vom Kurfürsten Friedrich und dem Fürsten von Anhalt erteilten Instruktion sollte er dem Kurfürsten von Sachsen vorstellen, ob es nicht besser sei, daß man sich, bevor man zur Kaiserwahl schreite, über Stillung der in Böhmen und im ganzen Reiche entstandenen Unruhen und über die Mittel zur Wiederaufrichtung eines allgemeinen Vertrauens berate und vergleiche, „denn obwol von den geistlichen Kurfürsten einzig und allein auf die Erlangung eines Hauptes durch die Wahl des Römischen Königs gedrungen wird und sie erhoffen, daß Alles darnach gleichsam wohl gehen werde, so möchte es doch sehr bedenklich und dem

Reiche nicht wenig gefährlich sein, sich mit einem Haupte zu beeilen, das bei der böhmischen Kriegsunruhe mehr als kein anderer mit interessirt sei. Der Kurfürst von der Pfalz wolle sich gegen den von Sachsen mit Herz und Gemüt aussprechen, nämlich daß, weil wir vermerken, daß bei den Geistlichen auf König Ferdinand ein großes Auge geschlagen wird, wir in unserem Gewissen nicht befinden können, ihn gleicher Gestalt unser Votum so pure und simpliciter zu geben, in Ansehung, daß derselbe, mit dem wir sonst in Ungutem nichts zu thun haben und dem wir seine Prosperität und Dignität auch ganz gern gönnen, doch jeder Zeit bei allen Evangelischen gar wenig beliebt gewesen, sondern für einen starken Persecutor der evangelischen Religion gehalten worden. Kurmainz werde es selbst nicht in Abrede stellen, daß Ferdinand noch als Erzherzog den Jesuiten zu viel eingeräumt und auch dadurch bei den Evangelischen sich unwert gemacht habe. Dazu komme, daß er mit seinem Königreich und Erblanden nicht allein in großem Widerwillen, sondern in offenem Krieg und Aufruhr stehe und das Reich und die Stände je länger je mehr mit darein verwickeln werde. Vor Allem aber gehe dem Kurfürsten sehr zu Gemüt, daß hierdurch die hereditaria successio imperii bei dem östreichischen Hause confirmirt, unsere libertas eligendi in eine bloße Verjahung und Confirmation Desjenigen, was von Anderen beschlossen sei, verwandelt und die Dignität und das Ansehen des kurfürstlichen Collegii zum Höchsten geschmälert würde."

Am 2. August in Dresden angelangt, ließ sich der Graf sogleich bei Hofe melden und wurde sofort am folgenden Tage, in eben der Weise, wie bei seiner vorigen Gesandtschaft, von mehreren adeligen Herren in einem sechsspännigen Staatswagen ins Schloß geleitet. Weil er dem Kurfürsten hatte anzeigen lassen, sein Auftrag sei von großer Wichtigkeit, so wurde ihm sogleich Audienz erteilt. Nachdem er seiner Instruktion gemäß Vortrag gehalten, antwortete der Kurfürst, er müsse die Sache überlegen. Die darauf erfolgende Aufforderung des Kurfürsten, sein Anbringen schriftlich einzureichen, mußte Dohna, seiner Instruktion gemäß, ablehnen. Schon am Abend hatte er eine zweite Audienz beim Kurfürsten, bemerkt dabei aber, „Il me sembloit qu'il etait bien yvré."

In beiden Audienzen erwähnte der Kurfürst des Königs Ferdinand mit keinem Worte. Seine gereizte Stimmung schrieb

Dohna zum Teil dem Umstände zu, daß er schon am Mittag und ebenso am Abend „einen starken Trunk zu sich genommen". Deshalb mußten auch am anderen Morgen die zu Hofe bestellten Räte wieder heim gehen, weil der Kurfürst wegen des vielen Trinkens am Abend und am anderen Morgen sehr lange geschlafen.

Am Mittag des anderen Tages wurde Dohna wieder zur Audienz und dann zur kurfürstlichen Tafel geladen, wo er obenan allein saß. Es wurde wieder stark getrunken und dabei dem ganzen Kurfürstenkollegium, sowie dein Kurfürsten von der Pfalz auch besonders Gesundheiten ausgebracht. Dabei gefiel dem Kurfürsten ganz vorzüglich ein Gesandter des Bischofs von Bremen, ein Doktor, weil er unter allen an der Tafel immer der erste war, der seinen Becher wieder geleert hatte. Der Kurfürst knüpfte ein neues Gespräch mit Dohna an. „Was die unterschiedlichen Subjecte anlangt," äußerte er, „die Euer Herr mir im Vertrauen eröffnet, darauf wollte ich mich gern weitläufiger erklären; aber erstlich so weiß ich nicht, wozu es nunmehr dienen soll, dieweil es so weit gekommen, und dann so gehört so etwas nur vor uns Kurfürsten mündlich und auch nur kurz zuvor, ehe man ins Conclave geht. Ich sehe die Motive wohl, die wegen König Ferdinands in der Wahl zu betrachten wären. Aber man muß es nunmehr dahingestellt sein lassen, wie es Gott schicken wird. Was die Böhmen anlangt, so ists nicht zu loben, daß sie den Herrn, den sie einmal anerkannt, nun wieder verstoßen wollen. Es ist ein bös Exempel. Auf diese Weise könnte man es überall so machen, auch in meinen Landen, da Gott vor behüte, und ich will es wohl verhüten. Man gibt mir Schuld, ich bekümmere mich um nichts. Ich weiß aber wohl ein anderes. Meine Räte dürfen nichts tun ohne mein Wissen. Was wollen wir nun machen bei der Wahl? Was wollen wir nun tun? Was ich nicht heben kann, das lasse ich liegen. Was soll ich allein tun? Ein Mann kein Mann!"

So sind die Äußerungen des Kurfürsten. Es hätte kaum der Bemerkung Dohnas bedurft, daß, als er sich so aussprach, der Wein ihn schon etwas erhitzt hatte. „Man bemerkte aber bald", so schließt der Graf seinen Bericht über diese Gesandtschaft, „daß diejenigen, welche beim Kurfürsten die eigentliche Leitung dieser Angelegenheiten in den Händen hatten, auch bereits Partei genommen, und man konnte auch bald bemerken, daß man bei Hofe sehr gern hörte, wenn es den böhmischen Ständen übel ging. Man ist insgemein an diesem Hof sehr ruhmredig und doch wird gemeinhin schier mehr von Saufen und Fressen und von Jagden als von ändern Sachen discurrirt."

Bald nach Dohnas Rückkehr wurde zu Frankfurt trotz der Protestation der Böhmen die Kaiserwahl am 28. August vollzogen und Ferdinand als römischer Kaiser ausgerufen. In dem Augenblick, als die Wahl öffentlich verkündigt ward, traf die Nachricht ein, daß Ferdinand von den Böhmen des Königtums entsetzt und bald darauf die böhmische Krone in einer Versammlung der Stände zu Prag dem Kurfürsten Friedrich von der Pfalz zuerkannt worden.

Gesandtschaft nach England.–Aufenthalt am Hofe zu Prag. – Gesandtschaft an den Fürsten Bethlen Gabor von Siebenbürgen. – Kriegsereignisse in Böhmen.–Flucht aus Prag.–1619-1621.

Graf Dohna verweilte während dieser Tage zu Amberg, um die Verwaltung seiner Besitzungen zu regulieren, seine Angelegenheiten zu ordnen und sich vom diplomatischen Geschäftsleben zurückzuziehen. Bereits war seine Vermählung mit der jungen Gräfin von Solms beschlossen. Da erhielt er vom Kurfürsten Friedrich die Aufforderung, nach Heidelberg zu kommen. Dort angelangt, wurde er vom Fürsten von Anhalt von der Nachricht über die böhmische Königswahl in Kenntnis gesetzt und ihm mitgeteilt, es sei infolgedessen eine eilige Gesandtschaft nach England notwendig; der Kurfürst sei überzeugt, der Graf werde ihm bei dieser Angelegenheit zu Diensten stehen, obgleich er nicht verkenne, welch große Beschwerden ihm diese Sendung verursachen werde. Dohna erklärte sich bereit, obwohl ungern. Er wurde in Eile mit der nötigen Instruktion versehen. Auch die Kurfürstin händigte ihm ein Schreiben an ihren Vater ein, „worin sie als eine gehorsame Tochter Seiner Majestät die böhmische Sache zu Gemüte führte, weil er früher unter gewissen Bedingungen sich seinen Kindern zum Beistand erboten und diese Bedingungen jetzt fast alle erfüllt seien".

Dohna trat am 29. August die Gesandtschaftsreise an. In Haag benachrichtigte er den Prinzen Moritz von Oranien, wie es mit der Königswahl zu Prag zugegangen sei und die Nachricht davon den Kurfürsten mehr betroffen und betrübt gestimmt, als erfreut habe. Der Prinz dagegen schien zufrieden, forderte den Grafen auf, seine Reise aufs möglichste zu beschleunigen, und versprach, er wolle selbst die Sache schon aufs beste und in gebührenderweise bei den Generalstaaten anbringen. Auf seine Frage, ob auch alle Stände in die böhmische Wahl wohl eingewilligt? antwortete Dohna: Nicht nur die böhmischen Evangelischen, sondern auch etliche katholische Stände, nebst denen in Mähren, Schlesien und in der Lausitz hätten eingestimmt. „Cela est quelque chose", entgegnete der Prinz. Als er dann fragte: Was die Prinzessin-Kurfürstin dazu gesagt habe? und der Graf erwiderte, die Prinzessin habe geäußert, sie wolle für die Sache alle ihre Kleinodien versetzen und verkaufen, lachte der Prinz und sagte: „Cela n'est pas assez."

Der Graf ging dann in Rotterdam zu Schiff. Schon bei Briel aber ließ es der betrunkene Schiffskapitän auf eine Sandbank laufen, und Dohna geriet dabei in große Lebensgefahr, langte jedoch glücklich in London an. Er ließ sich sofort beim König melden. Hören wir ihn selbst: „Ich fand den König zu Bagshot. Er gab mir zwar gnädige Audienz; wie er aber von der Wahl seines Eidams hörte, war er ganz heftig wider uns gesinnt, also daß er sich nicht wollte erbitten lassen, sich der böhmischen Sache anzunehmen. Seine ersten Worte waren: ‚N'espérez pas de retourner sitot en Allemagne.' Ich brachte vor, daß Ihrer Königlichen Majestät Eidam wegen der Wahl sich nicht resolviren könnte ohne Seiner Königlichen Majestät Rat und um denselben bäte. Des Königs Antwort war: Er wolle sich bedenken."

Dohna war wegen der nichtssagenden Antwort, noch mehr aber wegen der Kälte und kurzen Abfertigung, womit der König die Sache aufgenommen, höchst verstimmt und mißmutig, umsomehr, da er sicher gehofft hatte, eine so wichtige Gelegenheit, seinen Kindern und der ganzen evangelischen Lehre so treuliche Beförderung zu erweisen, werde der König als „Protector fidei" nicht aus den Händen lassen. Zu dieser trüben Stimmung kam noch der Unfall, daß er auf der Jagd im vollen Rennen vom Pferde stürzte, weil er sich auf den losen englischen Sätteln nicht erhalten konnte. Nach seiner Heilung begab er sich mit dem König nach Windsor und bat abermals um Entscheidung wegen Hilfe für seinen Herrn, jedoch wiederum ohne Erfolg. Der Herzog von Buckingham, beim König von großem Einfluß, gab zwar tröstende Worte, allein sie blieben erfolglos. „Ich habe bald gesehen," sagt Dohna, „daß ich anfangs des Königs Natur nicht genug erkannt, weil er teils aus Furcht der Gefahr und wegen der großen Kriegskosten das Haus Oesterreich nicht wollte vor den Kopf stoßen, teils auch aus Eifer gegen den Eidam und die Tochter Bedenken trug, dem Werk unter Augen zu gehen. Ich fand auch bei dem Minister wenig Unterstützung, außer bei einigen Freunden, die mir nach Möglichkeit beistanden. Übrigens nannte man bei Hof und überall meinen Herrn König von Böhmen und der Fourier schrieb auf die Thür meines Zimmers: ‚Ambassador from the King of Bohemia'. Allein beim König konnte man nichts erhalten. Er hatte am spanischen Hofe anzeigen lassen, England habe mit den Böhmen keine Gemeinschaft." Am 22. September erhielt Graf Dohna von seinem Hofe die Nachricht, der Kurfürst habe auf dringendes Anhalten der böhmischen Stände die Krone Böhmens angenommen, ohne die Genehmigung und den Rat des Königs von England abzuwarten. Es kam ihm zugleich der Befehl zu, dies dem König anzuzeigen und ihm ein zugesandtes Schreiben des Kurfürsten zu überreichen. Dieses Schreiben übersandte Dohna zuerst. Da es aber vom kurfürstlichen Sekretär in deutscher Sprache abgefaßt war, so kamen der König und seine Räte auf die Vermutung, nicht der Kurfürst, sondern Dohna selbst habe das Schreiben abgefaßt und dazu ein Blankett des Kurfürsten benutzt. Diese völlig ungegründete Annahme und der Umstand, daß sein Eidam ihn erst wegen Annehmung der Krone um Rat gefragt und sie nun dennoch ohne seinen Rat angenommen, hatte den König mit solcher Erbitterung erfüllt, daß er den Grafen bei einer von diesem erbetenen Audienz lange Zeit wie ganz unbeachtet im Garten stehen ließ, während er den erst später angekommenen sardinischen und spanischen Gesandten Zutritt gestattete. Diesem ließ er ein neues Schreiben an den König von Spanien überreichen, worin er abermals erklärte: England habe mit der böhmischen Sache durchaus nichts zu schaffen; er habe seinem Schwiegersohn genug abgeraten; jetzt, da er nicht gefolgt, sei es seine Sache, seine Handlungen zu verantworten.

Graf Dohna ging inzwischen im Garten auf und ab, wie er sagt, „mit Scham und Verdruß". Endlich wurde er in eine Galerie gerufen, wo sich der König mit mehreren seiner Räte befand. Kaum war er eingetreten, so fuhr ihn dieser mit barschen Worten an, beschuldigte ihn geradezu einer unverantwortlichen Unredlichkeit in betreff des deutschen Schreibens und fügte dann hinzu: Wenn man seinen Rat mit Ernst begehrt hätte, so würde man ihn ja wohl haben abwarten können; nun aber sehe er, sein Eidam habe sich übereilt und ihm als seinem Vater die gebührende Ehrerbietung mit Erwartung seiner Meinung nicht erwiesen, und so möge er nun sich selbst helfen, wie er könne. Endlich fand am 26. September noch eine letzte Audienz statt, worin Dohna an die Vorgänge bei seiner letzten Anwesenheit in England und an die Bedingungen erinnerte, die damals der König in betreff seiner Unterstützung gestellt, an die sich der Kurfürst bisher auch gehalten und wonach er gehandelt habe. Allein der König antwortete darauf nichts von Bedeutung; er trug dem Grafen nur auf: „Er solle nach seiner Rückkehr dafür sorgen, daß ihm, dem Könige, die Fundamenta der böhmischen Stände, worauf sie ihre Wahl gegründet und was zur Beweisung diene, daß sie eine rechte Sache hätten, aufs allererste zur Hand gebracht und überschickt würden." Darauf verabschiedete er den Grafen, jedoch auf milde und ehrenvolle Weise.

Dohna reiste über Calais und Laon nach Sedan, wo er dem ihm befreundeten Herzog von Bouillon, in dessen Familie der Kurfürst Friedrich erzogen worden, einen Besuch abstattete. Der Herzog riet ebenfalls, der Kurfürst möge sich, wenn er die böhmische Krone auch schon angenommen habe, mit der förmlichen Krönung nicht übereilen. Während aber Dohna noch dort verweilte, überbrachte ein Postreiter aus Heidelberg ein Schreiben des Kurfürsten an den Herzog mit der Nachricht, der Kurfürst habe sich, durch eine Aufforderung nach der anderen von den böhmischen Ständen gedrängt, entschließen müssen, möglichst bald mit seinem Hofe nach Böhmen abzugehen. Dohna beschleunigte jetzt seine Rückkehr nach Heidelberg. Hier angelangt, fand er alles wegen des bereits erfolgten Abgangs des Hofes in großer Trauer, besonders Friedrichs Mutter, die Kurfürstin Luise Juliane, die vergebens ihren Sohn mit Tränen gebeten, das gefährliche Geschenk der Königskrone zurückzuweisen, und nun in bangen Sorgen über die Schritte ihres Sohnes auf einer so schlüpfrigen Laufbahn sich nicht trösten konnte, so daß sie bedenklich erkrankte. Selbst die Kurfürstin, die ihr England mit trockenem Auge hatte verlassen können, hatte der Abschied von Heidelberg viele Tränen gekostet.

Nach kurzem Aufenthalt eilte Dohna nach Böhmen, wo er den Kurfürsten nun als König mit dem ganzen Hofstaat auf dem Schlosse Wischerad in der Nähe von Prag fand und vom Könige sehr huldvoll empfangen wurde. Dieser ließ ihm noch am Tage seiner Ankunft durch den Oberstkämmerer Herrn von Ruppa den goldenen Kammerherrenschlüssel überbringen. Auch die Königin gab ihm Beweise ihrer freundlichen Gesinnung; doch macht Dohna bei dieser Gelegenheit die Bemerkung: „Die königliche Prinzessin hat unter anderen auch den Mangel gehabt, daß sie immer zu viel mit Hunden und Meerkatzen umgegangen ist."

Er wohnte am 4. November der mit vielem kostbaren Gepränge vorgenommenen Krönung des Königs in der Domkirche zu Prag bei und am 7. November auch der der Königin. Man hat es nachmals bemerklich gefunden, daß an seinem Krönungsfest der König bei Tafel die Krone auf dem Haupte gehabt, weil sie ihm aber zu schwer geworden, habe er sie neben sich auf die Tafel setzen lassen. Viele Aufmerksamkeit erregte bei dem Feste der kostbare Kleiderschmuck des Grafen Erdödy, den der Fürst Bethlen Gabor von Siebenbürgen, dieser Erbfeind von Österreich, als Gesandten zur Begrüßung Friedrichs geschickt hatte. Dieser Fürst, nach der ungarischen Krone lüstern, halte vorzüglich auch Friedrich zur Annahme der böhmischen Krone ermuntert, sich bereits in Mähren mit dem böhmischen Kriegsvolk unter den Grafen von Hohenlohe und Thurn vereinigt und, nachdem er sich in Oberungarn schon fast aller festen Plätze bemächtigt, war er in Österreich eindrungen und stand in denselben Tagen, als Friedrich in Prag gekrönt wurde, beinahe vor den Toren von Wien.

Der glanzvolle Krönungstag zu Prag war aber der Höhepunkt von Friedrichs trügerischem Glücksstern und seit diesem Tage schon begann sein Niedergang.

Dohna spricht sich über die damaligen Verhältnisse in Böhmen also aus: „Man hat damals immer fleißig Rath gehalten über die schweren Sachen der Zeit; aber besser, man hätte mehr Freigebigkeit und weniger Sorge in Haussachen bewiesen; denn ich habe wohl erfahren, daß verständige Leute nicht die geringste Ursache all' ihres Unglücks dem Geiz und der Kargheit zugeschrieben. Des Königs Volk wurde nicht bezahlt und fing bald an, sich sehr zu beklagen. Die böhmischen Stände, von denen wenig oder keine Bezahlung erfolgte, wollten dies Alles dem Könige aufbürden; dieser aber wollte mit der Bezahlung auch nichts zu tun haben, sondern nur besondere Regimenter, die er durch den Herzog von Weimar, den jungen Fürsten von Anhalt und andere anwerben lassen, besolden. Der ältere Fürst von Anhalt hielt auf eigene Kosten besondere Truppen und hatte dabei das Generalkommando in Böhmen, opferte Alles der böhmischen Sache auf und hat Land und Leute, Gemahl und Kinder in die Schanze geschlagen, sodaß es wol nicht zu verwundern, wenn er hernach andere Rathschläge gefaßt und nicht allein mit Kurpfalz und dem König von Böhmen alle Correspondenz abgeschnitten, sondern sich auch ganz zum Kaiser gewandt. Aus dem Mangel an Bezahlung aber und aus der Unordnung bei den böhmischen Truppen ist späterhin alles Unheil entstanden. Die Compagnien wurden schwächer, die Befehlshaber unwillig, das ganze Lager verdrossen und mehr zu Aufruhr als zum Dienst oder Kämpfen geneigt. Die Böhmen meinten, sie hätten genug getan, daß sie einen König erwählt; der möge nun zusehen, wie er sich und das Volk erhalten könne. Die beiden Generale aber, die Grafen von Hohenlohe und von Thurn hatten nicht allein kein Vertrauen zueinander, sondern einer haßte den anderen und einer redete dem anderen übel nach. Der von Thurn war bei dem Volke geliebt, sonderlich bei den Böhmen und Mähren, weil er die Sprache kannte und nebst seinem Sohn unter ihnen geboren und erzogen war. Der von Hohenlohe hatte mehr Ansehen bei den Deutschen und Niederländern im Lager und ging dem von Thurn vor, weil ihm der Vorzug gegeben worden, welches zwar der von Thurn geschehen lassen, aber wie gern er es gesehen, kann Jeder denken. Die Landoffiziere, deren in allem elf waren, sieben vom Herrenstand und vier von der Ritterschaft, hatten auch die Erfahrung und den Eifer nicht, der zur Sache nötig, und erinnere ich mich, daß, als ihnen einmal zur Bezahlung des Kriegsvolkes nicht allein mit barem Geld, sondern auch mit Kleidern, Tuch, Schuhen und dergleichen von wohlhabenden Kaufleuten annehmliche Vorschläge geschahen, einer von ihnen, den man für den Verständigsten gehalten, dies Alles abwies, also daß man sah, diese guten Leute hatten zwar die Hand an den Pflug gelegt, wiesen aber Alles auf die Seite; denn sie hatten mit halbem Gelde geistliche Güter an sich gebracht, wollten wol Krieg führen, jedoch ihre eigenen Mittel und

Schätze dabei nicht angreifen. Unterdessen lebte man am Hofe zu Prag in Saus und Wohlleben und ließ den General, Fürsten von Anhalt, sich mit dem unwilligen und unbezahlten Kriegsvolk plagen und abmatten. Ich für meine Person hatte zwar die Ehre, daß seine königliche Majestät mich in ihren Geheimen Rath berufen ließ, wo ich denn den angelegensten Geschäften beigewohnt habe und bei dem Könige und der Königin in Gnaden gewesen; aber ich konnte die Gefahr, in der wir alle waren, doch nicht ganz ermessen."

Im Januar 1620 trat Friedrich, um sich die Huldigung leisten zu lassen, eine Reise nach Mähren und Schlesien an, auf der ihn Dohna begleiten mußte. Er machte jedoch auch hier wenig erfreuliche Erfahrungen. Überall fand er laue Gemüter, die Ämter mit Menschen ohne Kenntnisse und Ansehen besetzt, die wichtige Stelle des Oberlandeshauptmanns von Mähren in den Händen eines heftigen, unbesonnenen und unwissenden Mannes, der, dem Trunke ergeben, ein wüstes, ruchloses Leben führte. In Brunn angelangt, beschloß der König an die Generäle und Stände eine Ansprache zu halten. „Als nun Seine Majestät", so berichtet Dohna, „eines Morgens bereit war, die Herren anzureden, und ich bei ihm im Gemach allein, hat Seine Majestät versucht, die Rede auswendig mir vorzusagen, ob er auch Alles wohl behalten. Hierauf hat er die gemeldeten vornehmen Herren mit einer so guten und auf diese Zeit accomodirten Rede angesprochen, daß sie solche nicht genug loben konnten. Allein die mährischen Herren sahen bei der Annehmung des Königs nur auf die äußerlichen Dinge, auf die Union, des Königs von England Verwandtschaft, auf der Staaten Bündnis und hingen ihm nur so lange an, als sie glaubten, er habe englische Unterstützung zu erwarten. Jeder sah nur auf seinen eigenen Nutzen, hoffte auf Belohnung vom Könige und die evangelisch waren, auf Gelegenheit, den Päpstlichen etwas abzuzwacken, um sich groß zu machen."

Aus allen diesen Verhältnissen erkannte Friedrich immer mehr, daß er, um sich in seiner Stellung zu behaupten, fremde Hilfe suchen müsse. Er hoffte immer noch auf Unterstützung von seinem Schwiegervater und rechnete auf den Beistand des Fürsten von Siebenbürgen. Er beschloß, von Brunn aus an beide Gesandte zu schicken. Bethlen Gabor hatte im Anfang November des vorigen Jahres seine Truppen, mit denen des Grafen von

Thurn vereinigt, bis in die Nähe von Wien vorrücken lassen, dann sich aber unerwartet von Thurn getrennt, und nachdem er mit dem Kaiser einen Waffenstillstand abgeschlossen, war er nach Oberungarn zurückgezogen. An Friedrichs Hof erregte dies großes Befremden; niemand begriff, was den Fürsten zu diesem Verfahren bewogen habe. Graf Dohna fand den Grund darin, daß der Fürst, mit Friedrich unzufrieden, es besonders übel aufgenommen habe, daß ihm dieser, da er ihm doch den Grafen Erdödy zur Gratulation gesandt, nicht einen Gegengesandten zugeschickt habe, was er als eine Ehrenkränkung angesehen. „Außerdem", fügt er hinzu, „gab es am kaiserlichen Hof Leute, die des Fürsten Natur und seine Räte kannten und mit Geschenken und Verheißungen zu gewinnen gewußt, sonderlich weil er von Natur zum Geiz geneigt und auch wohl gesehen hat, daß er bei uns wenig zu erlangen, vom kaiserlichen Hofe aber großen Nutzen und Freigebigkeit würde zu erwarten haben." Ob Friedrich die versäumte Höflichkeit jetzt noch nachholen wollte? Er beschloß jedenfalls, von neuem seine Hilfe anzusprechen und übertrug die Gesandtschaft dem Grafen Dohna.

Noch in strenger Winterszeit, bei heftiger Kälte trat dieser sogleich von Brünn aus die Reise nach Ungarn an. Die ungarischen Magnaten, meist Reformierte, nahmen ihn überall sehr freundlich auf. Vor allen zeichnete sich durch Gastfreundschaft der ungarische Palatinus Graf Thurso auf dem Schlosse Besiercze in der Gespanschaft Trentschin aus, wo er einen wahrhaft fürstlichen Hofstaat hielt. Er beschenkte den Grafen mit einem kostbaren Pelz und riet ihm, auf seiner Reise durch Ungarn, seiner eigenen Sicherheit wegen, seine deutsche und französische Kleidung abzulegen und sich nur im ungarischen Pelz ohne Kröse und Überschläge sehen zu lassen. Auf seiner Reise über Rosenberg, Leutschau und Eperies fand Dohna überall, daß man nicht dem Kaiser, sondern dem Fürsten Bethlen Gabor und den Ständen Gehorsam erzeigte und überall sprach man von jenem mit höchster Achtung, Stolz und Begeisterung, nannte ihn als Oberherrn von Ungarn „Hungariae et Transsylvaniae Principem", welchen Titel er sich auch selbst beilegte; allenthalben priesen ihn die ungarischen Großen als den tapfersten Kriegshelden und erzählten von seinen 42 Schlachten und Gefechten, denen er beigewohnt habe. Am 20. Januar kam Dohna in Kaschau an, wo der Fürst, damals seine Hofhaltung hatte. Nachdem er ihm seine Ankunft gemeldet, wurde er am folgenden Tage zur Audienz gerufen und in einem prächtigen Staatswagen mit sechs weißen, mit rotem Samt bedeckten Pferden, begleitet von 500 in Blau gekleideten Schützen von der Leibgarde, in das fürstliche Schloß abgeholt. „Nachdem ich", so berichtet Dohna, „dem Fürsten meine Reverenz bezeigt, brachte ich Lateinisch meine Werbung an, zuerst einen Glückwunsch, dann die Einladung zur Gevatterschaft bei einem Sohn, der dem König geboren war, und endlich wegen Hülfe und Beistand in der böhmischen Sache. Der Fürst hatte in seinem Gemach Niemand mehr bei sich als seinen Bruder Graf Stephan, einen anderen Herrn, der seiner Gemahlin Bruder und ein Papist war, und seinen Kanzler, seines Glaubens ein Arianer, durch welchen er mir in lateinischer Sprache antworten ließ, mit Erbietung, von den Sachen ferner noch mit mir zu deliberiren und zu communiciren, wie auch nachmals geschah. Er ließ mich darauf nicht allein an seiner runden Tafel mit sich essen, sondern auch in seine Kammer kommen, wo er selbst in lateinischer Sprache oder durch seinen Hofprediger Petrus Alointus, wenn ihm das Latein zu schwer wurde, mit mir vernünftig discurirte." Der Fürst sprach viel und gern von seinen zahlreichen Schlachten und schilderte dabei auch die vornehmsten ungarischen Magnaten, besonders den päpstlich gesinnten Esterhazy. den er aber sehr schmähte. Dohna erfreute sich während seines Aufenthaltes am fürstlichen Hofe großer Auszeichnung und wurde täglich beim Fürsten zur Tafel geladen. Bei seinem Abschied am 26. Februar erhielt er vorn Fürsten als Ehrengeschenk einen mit Türkissen besetzten türkischen Säbel.

Über den Erfolg seiner Gesandtschaft hat Dohna nichts weiter mitgeteilt. Sie hatte auch keinen wesentlichen Einfluß auf Friedrichs fernere Schicksale.

In Prag folgten bald nach Dohnas Rückkunft und nachdem im März auch der König von seiner Huldigungsreise aus Schlesien zurückgekehrt war, ein Freudenfest nach dem anderen und Hof Vergnügungen aller Art, wie der König und die Königin sie liebten. Nachdem noch im März (1620) ein Generallandtag in Prag gehalten war, wo ein Bündnis zwischen Böhmen einer- und dem Königreich Ungarn andererseits, mit dem vom Fürsten Bethlen Gabor gesandten Grafen Thurso abgeschlossen wurde, fand zuerst die feierliche Taufe des am 27. Dezember 1619 geborenen Prinzen Ruprecht mit großem Aufwand statt. Der Graf, der seines Fürsten Patenstelle dabei vertrat, übertraf fast alle Fürsten durch seinen überaus glänzenden, reichen Schmuck. Dann folgte Dohnas Hochzeit mit der Gräfin Ursula von Solms im königlichen Schloß, an der auch der König, die Königin, der Herzog von Lauenburg, der Markgraf Johann Georg von Jägerndorf, Herzog Wilhelm von Weimar, Fürst Ludwig von Anhalt, des Königs Bruder Pfalzgraf Ludwig Philipp , der ungarische Magnat und der ganze übrige Hof teilnahmen. Auch dieses Fest war ebenso glänzend als freudevoll. Wenige Tage darauf wurde des Königs ältester Sohn Heinrich Friedrich zum böhmischen Thronfolger designiert oder, wie sie es nannten, als „Crekanetz", Erwarter oder Expektant der Krone angenommen. Da dem König zuvor gemeldet wurde, die Stände würden ihm dies persönlich anzeigen, erhielt Graf Dohna den Auftrag, dem erst sechsjährigen Prinzen an die Hand zu geben, was er bei der Feierlichkeit zu sagen und zu antworten habe. So konnte man unter Festlichkeiten und rauschenden Vergnügungen am Hofe ganz vergessen, welch' drohende Gefahren aus schweren Gewitterwolken bevorstanden und wie ernst die Zeit mahnte.

Graf Dohna hatte mit seiner jungen Gemahlin einen Teil des Frühlings und den Sommer hindurch auf seinen Gütern in der Oberpfalz gelebt. Erst im August nach Prag zurückgekehrt, ward er zum Oberkammerherrn ernannt. Aber schon zog das Ungewitter immer näher. „Der kaiserliche General Bouquoi", erzählte Graf Dohna, „rückte mit der österreichischen Armee vor und man erhielt Nachricht, daß das kaiserliche Lager sich näher nach Prag heranziehe. Dies bestimmte den König Friedrich mit seinen Truppen aus Prag aufzubrechen (am 28. September) und den Oesterreichern entgegenzugehen. Er begab sich zunächst nach Cochowitz auf das dortige schöne Schloß. Hier erhielt er Nachricht, daß sein Lager in der Nähe sei. Da sandte er mich an den Obergeneral Fürst Christian von Anhalt, um zu ermitteln, wo am füglichsten eine Vereinigung der Armee zu bewirken sei. Ich habe das Lager im Fortziehen angetroffen, aber den Fürsten nicht so bald sprechen können, weil das Lager groß und der Zug zwei Meilen lang war. Erst gegen Abend habe ich den Fürsten gefunden und bin dann in der Nacht zum König zurückgekommen. Wir brachen nun auf, haben uns aber von unserem Troß ganz verirrt, sodaß der König in der Nacht in einem Dorfe bleiben mußte, und da sein Bette und anderes Geräte nicht bei der Hand war, mußte er sich behelfen, wie er konnte. Nachdem wir darauf bei Stenkwitz ins Lager gekommen, zogen wir weiter und kamen am 9. Oktober mit dem Lager nach Rokizan. Die böhmischen Landoffiziere wollten nichts Anderes hören als von Sieg und verlangten, man solle doch schlagen. Man hat da lange gelegen. Am 21. Oktober sind wir mit dem Könige und unserer Reiterei durch viele Wälder, Berge und Täler nach dem feindlichen Quartiere geritten, um dem Feinde einen Einfall zu thun, haben aber den Weg verfehlt und mußten unverrichteter Dinge wieder zurückziehen. Der Zustand unseres Lagers und die große Macht des Feindes, der auf eine Stunde von uns lag, waren Ursache, daß wir unsere Schanze wohl wahrnehmen mußten. In unserem Lager aber hatten wir böse Bezahlung; daher kam es, daß man Niemand strafte und weil keine Strafe erfolgte, wurde das Volk mutwillig. Hingegen hielt der Feind in seinem Lager strengen Gehorsam und war mit Waffen gut versehen. Unsere Reiter warfen oft die Waffen aus Feigheit und Ungeduld weg; die kaiserlichen aber waren gut armirt und uns überlegen."

„Bald darauf ging der König nach Prag zurück und ich mit ihm. Er begab sich aber kurz nachher wieder ins Lager bei Rakonitz näher bei Prag und ich wiederum mit ihm. Da war der Feind schon ganz nahe bei uns, sodaß unser Volk mit ihm zu Scharmützeln anfing. Wir hatten unsere Stücke auf einer Höhe und gaben Feuer auf das feindliche Volk. Am 29. Oktober schickte mich der König nach Prag, um mit den königlichen Landoffizieren dort wegen der Provision und der nötigen Geldmittel zur Bezahlung der Truppen zu verhandeln, zugleich aber auch, um die Königin zur Abreise nach Schlesien zu bewegen, weil die Gefahr täglich Überhand nehme, der Feind sich mit aller seiner Macht der Stadt Prag nähere und diese sperren könnte. Allein die böhmischen Stände wollten die Königin nicht abreisen lassen, und sie selbst ward auch unwillig, daß von einer Flucht die Rede sei"...

Über die Ereignisse nach der Schlacht bei Prag gibt Dohna folgenden Bericht: „Am 8. November geschah die Schlacht vor Prag, da unser Volk die Flucht ergriffen. Der König war ebenhinaus nach dem Lager geritten, kam aber bald wieder zurück, weil er schon am Stadtthor den Verlust vernommen. Ich war etlicher Geschäfte halber im Schlosse geblieben. Da kam des Königs Stallmeister Obentraut und zeigte mir an, daß ich der Königin anzumelden hätte, daß sie sich hinüber in die alte Stadt über das Wasser in sicheren Verwahrsam begeben solle. Die Königin aber wollte sich dazu nicht bewegen lassen. Bald darauf kamen der König, der Fürst Christian und alle die Herren ins Schloß, und man zog nun hinüber in die alte Stadt, der Hoffnung, daß man da sicherer sein könnte. Die Nacht über ritt ich oft zum Fürsten Christian und auch oft zum König. Krone und Scepter wurden diesem in die alte Stadt gebracht, der sie den Landoffizieren wiedergab. Des Morgens (9. November) zogen wir von Prag aus nach Nimburg hin an der Elbe. Da wurde über den Verlust der Schlacht viel discurirt. Hierauf kamen wir nach Jaromierz. Daselbst wollten die Soldaten des Königs Rüstwagen und Schatz anhalten, um sich ihre Bezahlung zu verschaffen. Man mußte ihnen eine Schrift ausfertigen, daß sie in Breslau Geld erhalten sollten; deswegen lag man einen Tag still. Hernach reisten wir nach Glatz. Die Königin und der ganze Hof haben den großen Schrecken mit vieler Standhaftigkeit ertragen, auch hat jene nie ein ungeduldiges Wort hören lassen, obgleich sie auf der Reise sehr großes Ungemach ausgestanden. Weil sie aber in ihrer letzten Zeit ging, hat man für gut geachtet, sie solle nach der Mark Brandenburg oder auf Halle zu ihrer Base ziehen, um da ihr Kindbette abzuwarten. Mir wurde anbefohlen, der Königin aufzuwarten. Man gab uns 60 Reiter zu."

„Am 17. November zogen wir weiter nach Breslau zu, wo wir wohl empfangen und logirt wurden. Dann ging die Fahrt in großem Schnee auf Neumarkt, Liegnitz, Polkwitz, Beuthen, Grünberg und Krossen nach Frankfurt an der Oder, wohin ich überall vorausgeschickt und Alles so bestellt hatte, daß wir ziemliche Herberge fanden. Nach Berlin hatte ich, weil der Kurfürst und die Kurfürstin damals in Preußen waren, an die Räte geschrieben mit der Bitte, daß die Königin zu Küstrin eine Wohnung haben möchte, um ihr Kindbette da abzuwarten. Man schlug es zwar gar höflich ab, aber ich ließ ein deutsches Schreiben in der Königin Namen an die Räte abgehen, wie daß Ihre königliche Majestät nicht anders könne, sondern ziehe gerade auf Küstrin zu. Dies geschah auch, also daß wir am 8. December zu Küstrin wohlankamen, wo die Räte durch etliche Abgeordnete die Königin willkommen heißen und ihr allerhand gute Beförderung tun ließen. Der König hielt sich noch einige Zeit in Breslau auf, kam dann ebenfalls nach Küstrin und fertigte den Grafen von Hohenlohe ab, auf Dresden zu ziehen. Fürst Christian von Anhalt zog nach der Mark Brandenburg."

Graf Dohna blieb noch eine Zeitlang in Küstrin, weil er nicht wußte, ob der König seiner Dienste ferner noch bedürfe. Er unterhielt auch einige Zeit noch fleißige Korrespondenz mit ihm und begab sich hierauf nach Preußen zu seinen Verwandten. Damit endigt sein vieljähriges Hof- und Gesandtschaftsleben. Er war zuletzt Gouverneur zu Oranien, starb am 13. Juli 1637 und hinterließ sieben Söhne und fünf Töchter.

www.ingramcontent.com/pod-product-compliance
Lightning Source LLC
Chambersburg PA
CBHW071405300426
44114CB00016B/2193